踏着铁人的足迹

《踏着铁人的足迹》编写组◎编

石油工業出版社

图书在版编目（CIP）数据

踏着铁人的足迹 /《踏着铁人的足迹》编写组编
.—北京：石油工业出版社，2024. 3
ISBN 978-7-5183-6553-1

Ⅰ . ①踏… Ⅱ . ①踏… Ⅲ . ①石油工业 – 工业企业 – 思想政治教育 – 中国 – 文集 Ⅳ . ① D412.62-53

中国国家版本馆 CIP 数据核字（2024）第 037147 号

踏着铁人的足迹

出版发行：石油工业出版社
（北京安定门外安华里2区1号　100011）
网　　址：www.petropub.com
图书营销中心：（010）64523731
编 辑 部：（010）64523591
电子邮箱：nianjian@cnpc.com.cn
经　　销：全国新华书店
印　　刷：北京九州迅驰传媒文化有限公司

2024 年 3 月第 1 版　2024 年 3 月第 1 次印刷
787 × 1092 毫米　开本：1/16　印张：29
字数：600 千字

定　价：138.00元
（如发现印装质量问题，我社图书营销中心负责调换）

《踏着铁人的足迹》
编　委　会

“弘扬铁人精神　讲好技服故事”
主题征文大赛组委会

主　　任： 张宝增　霍恚明

副主任： 胡欣峰　付仲凯

成　　员： 潘　登　刘光木　汪国庆　李雪岗　张少华
金明权　刘岩生　艾　鑫　王治平　彭　飞
冯艳成　张忠志　刘绪全　芦文生　衣应俭
高　健　马　军　王　勇　喻著成　赵玉昆
王兆飞

“弘扬铁人精神　讲好技服故事”
主题征文大赛评委会

主　　任： 付仲凯　张　瑾

副主任： 王一端　刘　铮　潘　涛　宋景龙　刘　虎

评审专家： 樊　鹏　白　煜　陈家军　张长海　杜红印
任玉昌　刘　伟　李俊东　王景洲　李　晓
张　辉　刘泓波　吴夏炎　闫建文

序

精神是国家强盛之魂、民族存续之根、企业立身之本。石油精神和大庆精神铁人精神作为中国共产党人精神谱系的重要组成部分，是中华民族精神在石油战线的具体体现，蕴含着坚定的政治立场、崇高的革命精神、优良的作风纪律、鲜明的石油特色，是推动石油事业发展最基本、最深沉、最持久的精神力量。坚定弘扬伟大的建党精神，做石油精神和大庆精神铁人精神传承者、践行者，是全体石油人必须履行好的政治责任、完成好的政治任务，是贯彻好习近平新时代中国特色社会主义思想和党的二十大精神的实践行动，是落实好集团公司“牢记重大嘱托，当好标杆旗帜，全力奋进高质量发展，全面建成基业长青的世界一流综合性国际能源公司”中心任务的有力保证。

中国石油集团油田技术服务公司成立以来，坚决贯彻习近平总书记重要指示批示精神和集团公司党组决策部署，高举旗帜、观大势、谋全局，志存高远、志创一流，忠实履行助力油气勘探开发职能职责，全力推进“储量增长高峰期”“原油稳中有升”“天然气快速发展”“长庆、新疆、海外规模上产”等工程实施，为集团公司保障国家能源安全和海外效益开发提供了强有力的技术支撑。

中国石油集团油田技术服务公司党委开展的“弘扬铁人精神，讲好技服故事”主题征文活动，是贯彻落实习近平文化思想和新时代文化引领战略的具体行动，是集团公司纪念铁人王进喜诞辰100周年系列活动的重要组成部分，是工程技术干部员工队伍赓续石油红色基因、弘扬石油精神和大庆精神铁人精神的真实写照，一篇篇感人至深的故事，讴歌了以铁人王进喜、

“新时代铁人”李新民、“大国工匠”谭文波等为代表的一大批石油典型人物，生动表现了石油技服人“听党话、跟党走”政治忠诚，真实展现了工程技术队伍在艰苦中创业、奋斗中成长、发展中壮大的战天斗地、探索创新、服务人民的精神风采，树立了中国石油海内外良好形象，在奋进世界一流企业新征程上贡献了工程技术力量。

伟大的事业需要崇高的精神，崇高的精神支撑和推动伟大的事业。大庆精神铁人精神跨越时空、历久弥新、永续相传，永远是激励石油人自觉将铁人精神内化于心、外化于行，坚定贯彻习近平总书记重要指示批示精神的强大动力。希望工程技术队伍，坚定落实好“中国石油是党的中国石油、国家的中国石油、人民的中国石油”，以笃行实干做好“压舱石”、当好“顶梁柱”，持续锻造“铁人一般信仰、铁人一般信念、铁人一般纪律、铁人一般担当”的石油铁军，勇毅担当新时代铁人精神的弘扬者、主流价值的塑造者、石油工业的奉献者，奋力书写“我为祖国献石油”新时代答卷。

目 录

第一章 薪火不熄

第二章 西行战纪

第三章　气壮江河

第四章　海外长歌

第五章　百舸争流

第六章　砺剑淬锋

第七章　时代丰碑

第八章　巾帼英雄

第九章　星火生辉

第一章

薪火不熄

与铁人“对话”

大庆，它因油而生，因油而兴，因油而发展，自诞生之日起，就始终与祖国同呼吸、共命运。它无愧是“油之骄子”。

几十年来，外地的参观团，本地的学者、工人、学生、军人，一年一年，一批一批，涌向大庆，去“朝圣”，去与铁人“对话”。

汩汩油脉流中国，纵横当有凌云志。

大庆钻探是铁人王进喜带过的队伍，孕育了铁人精神，从这里，更走出了两代铁人。从“宁肯少活二十年，拼命也要拿下大油田”的王进喜，到“宁肯历尽千难万险，也要为祖国献石油”的李新民……不同时代的铁人初心不改，风雨兼程，在为国“加油”的征途上永不停歇。他们是闪亮的“精神坐标”，更是进取的“硬核力量”，跨越时空的壁垒心意相连、团结奋斗，始终让铁人队伍的红旗熠熠生辉。

100 岁的铁人啊，您，从未走远。拥有得天独厚的地理因素和红色基因血脉的大庆钻探人，正踏着您的足迹，走着、学着；学着、找着……

无论何时何地、何种方式，与您“对话”，总能找到那股奋发进取的、向上涌动的精神力量……

宣誓：赤子情怀永不变

“我们是铁军闯将，千里征战踏歌而行；我们是钢铁之师，枕戈待旦披甲出征……传承铁人志，建功新时代，打造新钻探，永远踏着铁人的脚步，前进、前进、前进！”

2023 年 4 月 6 日上午，铿锵有力的誓言久久回荡在大庆钻探的会议室上空。

庆祝钢铁 1205 钻井队、尖刀 1202 钻井队建队 70 周年暨“传承铁人志、建功新时代、打造新钻探”主题活动誓师大会在这里召开。现场，猎猎红旗高高飘扬，与钻井人的红色工服、与员工们兴高采烈涨红的脸，交相辉映……

“正中间的第一排座，就给 05、02 的员工留着，70 年了，就让他们感到像过生日一样被重视。对了，还要披红戴花地过！另外，最后誓师环节，让 05、02 的旗手一定一定要跑到最中间……”大庆钻探党委副书记王兆飞刚开完每周四一次的推进会，回办公室还没坐稳椅子，便抄起电话，又是一阵连珠炮，手里的笔也在纸上不住地划着。

大庆钻探举办庆祝钢铁尖刀双子星建队 70 周年暨“传承铁人志，建功新时代，打造新钻探”主题活动誓师大会

这两个月，大庆钻探党委成立专班，很多人都在为纪念 1205、1202 队建队 70 周年的事儿忙乎着，撰写脚本、录制视频、准备材料、人员彩排、现场布置……虽忙，但好像参与这件事的每个人都像在冲锋陷阵，排除一切困难全力以赴。

作为牵头部门的宣传部部长谢瑞姣也感慨，“再过十年的下一个庆典，我可就赶不上了，得退休回家喽，这次，我一定不留遗憾，和大家一起把这件大事儿办好。”

是啊，一个人的一生又有几个十年？他们不但是两支队伍历史演进中的见证者，更是推动者、实践者。铁人诞辰 100 周年，1205、1202 建队 70 周年，能赶上这样的重大历史时刻，身在铁人精神的发源地，见证两支英雄队伍的发光时刻，这不仅是何其有幸，更是重任在肩啊！

抚今追昔，川中找油、战略东移、松辽曙光、纵横海外……说起 1205、1202 钻井队，大庆人乃至全国的石油人都知道这两个名字的分量与意义。在波澜壮阔的历史进程中，他们 70 年的发展轨迹就是钻井人为国分忧的历史担当、矢志奋斗的历史见证啊！

党的十八大以来，两支队伍善用习近平新时代中国特色社会主义思想，牢记钢铁是党打的、尖刀是党铸的，把血加热，把劲鼓足，主动请战非常规，迎风斗雪战疫情，1205 钻井队实现年进尺 10 万米“四连冠”，1202 钻井队打成中国石油“650”示范工程标杆井，把胜利的旗帜牢牢插在主峰上。建队以来，两支队伍创造 24 项全国纪录、7 项世界纪录，累计钻井超过 5000 口、进尺突破 650 万米，为国家能源建设书写了钻探铁军的时代答卷。

听党话、跟党走，对党绝对忠诚，不仅是1205、1202人的本色，更是全体大庆钻探人一往无前的动力之源。前方有光，未来便有路。

“以党支部建设为核心的基层建设是石油工业的传家宝，作为党领导下的国有企业、铁人带过的队伍，公司上下必须以更高的政治站位、更强的责任意识，切实抓好基层建设工作。基层党组织是贯彻落实党中央决策部署的最后一公里。”面对大庆钻探的500多支基层队伍，党委书记赵玉昆非常重视抓基层组织建设这个“基础工程”。五年来，圆满完成滚动提升计划。

3天，我们能做些什么？读完一本书、追完一部剧，甚至到距离最近的城市来一场说走就走的旅行……而大庆钻探在喜迎中国共产党成立102周年之际，利用3天时间，组织公司中层以上领导观摩了11个基层建设示范基地，还举行了七一表彰大会，用实际行动为党的生日献礼。3天的行程内增设“与铁人对话”环节，3个观摩组先后向铁人雕像敬献鲜花，与铁人说出了自己的心里话。

6月20日，细雨丝丝，柔柔和和地飘落在地下。在“铁人一口井”教育培训基地大门口，组织部的同志们正在雨中翘首期盼着第二波观摩团成员的到来。

“由于观摩的基地点比较多，又是三路车马同时进行，‘铁人一口井’是必经一站，我们想来想去，决定就把这里当作我们的指挥部。3天，正好我们还能多与铁人对对话，机会多难得啊！”组织部党建科科长时晓锋边给记者递伞，边微笑着补充。

展板展示、视频演示、专人讲解、现场实操、VR展览……11个基层建设示范基地也都摩拳擦掌，使出浑身解数，迎接着“观光客”们的到来。

它们是从基层标杆建设“30”强中脱颖而出的标杆旗帜，是落实大庆钻探“标杆变模板、模板可复制”理念的重要实践，从提速提质、开源节流、深化改革、党建引领等不同角度，展示了大庆钻探基层建设的鲜明做法和宝贵经验。

立直一支标杆，竖正一面旗帜。

服务保障示范基地——运输一公司硬骨头十三车队驰援黑河抗疫，2021年11月5日，迎着暴风雪行车34个小时，跨越1300多千米，把600多吨防疫物资送到疫区人民手中，传递了大庆钻探温度，跑出了大庆钻探速度。

市场营销示范基地——地质录井一公司海拉尔录井队以市场效益最大化为导向，近年来，评价井录井投资在原计划基础上提高30%，增收1220万元；开发领域录井率从原计划的75.2%上升至100%，增收1837万元。

业务转型示范基地——综合服务公司“放下刹把、拿起扫把”，工种由3个递增至50余个，服务涉足科研、化验、实验、检验等高科技尖端领域，蹚出了业务转型崭新道路。

大庆钻探干部员工向铁人雕像敬献鲜花

科技创新示范基地——钻井工程技术研究院完井技术研究与应用所厚植创新精神、探索创新机制、培育创新人才，矢志不渝，接续奋斗，令大庆钻探的调整井固井技术始终保持国际领先，深井防气窜及页岩油水平井固井等十大固井技术处于国内领先水平，成果转化年人均创效 300 万元以上。

党建引领、精神传承示范基地——钻井二公司 1205 钻井队始终牢记习近平总书记“要把红旗一直扛下去”的殷切嘱托，持续开展践行“五条铁律”，从钻井总进尺 321 万米到页岩油施工屡破纪录，从会战时期的钢铁钻井队到“新时代新钢铁”，不断实现新跨越新发展。

……

“钻机到了没？井位在哪里？这里钻井的最高纪录是多少？” 1960 年 3 月 25 日，从甘肃玉门乘火车来到石油大会战主战场大庆油田的王进喜下火车后，率先提出了这样 3 个问题。

时间已经过去了一个甲子，如今，他们这样回答老队长的提问——

钻机到了没？随叫随到！

井位在哪里？在海拉尔，在塔里木，在四川盆地……在蒙古国，在伊拉克，在南苏丹……

这里钻井的最高纪录是多少？最高纪录一直在被刷新！

“这是‘铁人三问’的新时代答卷！”1205 钻井队第 21 任队长张晶说。他眼里的光，像极了铁人的模样。

汇报：能源饭碗端牢

但是，大庆钻探人钢铁般的革命意志，不仅表现在他们听党话、跟党走的赤胆忠心，能够顶得住任何艰难困苦。更可贵的是，他们胸怀“国之大者”，能够用发展的眼光，把冲天的革命干劲同严格的科学态度结合起来，这正是他们在斗争中，战无不胜、攻无不克的绝招。

铁人曾说“技术是制胜的法宝”。他大胆突破各种条条框框的束缚，在实践中不断学习和探索快速打井的新方法，取得了“并车起钻”“三泵齐开”“加压钻进”等多项技术创新成果。这些成果迅速转化为生产力，促使钻井工效成倍提高。这就为 1205 钻井队后来在会战中屡创纪录，特别是在 1966 年与 1202 钻井队双双超过苏联格林尼亚功勋钻井队，年进尺跃上 10 万米奠定了坚实基础。

站在星光璀璨的舞台上，注定会奏响人生的华彩乐章。有人则选择了幕后，心甘情愿默默奉献。择一业，钻一生。如今的后生们，也像铁人当年那样永不满足、科学求实，勇于攀登一个又一个高峰。

“不搞自主研发，将永远无法摆脱受制于人的困境。卡脖子难受啊，我们必须打造自己的旋导仪器！”时任大庆钻探钻井工艺研究所所长张振华下定决心，“我不比别人能，但接力棒交到我们手里，不豁出全部打拼一回，我什么时候心里都会不安。”

他们所研究的旋转导向技术被誉为现代钻井技术“皇冠上的明珠”，它就像给钻头装上了眼睛，可以引导钻头像“贪吃蛇”一样在地下几千米坚硬的岩石里自由穿行，准确命中油藏。长期以来，相关工具被知名国际油服公司视为秘密武器，只租不卖，且按小时收取高昂服务费用，维修另外付费且必须在国外。

匍匐在地，擦干祖国身上的耻辱。今天的张振华创新工作室已走过十余个年头。这个团队研发的具有自主知识产权的 DQLWD 随钻测井系统、DQXZ 旋转导向系统、DQCZ 垂直钻井系统和 FENB 型近钻头地质导向系统，实现了多项高端钻井技术从“0 到 1”的突破，彻底打破国外随钻测量技术垄断，引领大庆钻探的钻井技术迈上数字化、智能化发展新阶段，更是真金白银地节省了上亿元的引进资金。

如今的钻头在各种利器和技术的加持下，像一头猛兽，直接面对地下几千米未知和所有可能，奔驰在最前面，身后是万吨重力，高速旋转、不断咬合，向下掘进、向下探索。无论遇到风化岩、火山岩、页岩，还是石英砂岩、碳酸盐岩，都给咬碎、嚼烂。

那是多少个日日夜夜，又是多少人的青春岁月啊！这些或年轻，或年迈，或从意气风发到两鬓斑白的科研工作者们，前赴后继、攻坚克难，步伐扎实，成果丰硕，守得云开见月明。若问他们是否有委屈、有疲惫，不善言辞的他们在试验成功相拥在一起时，那眼角流出的晶莹泪花，便汇成心中的明月皓星，照亮着前路。

石油钻井人的工作就是那样，数得上是油田野外最艰苦、最高危的行业。钻井三公司设备管理部的周万成参加工作20多年来，一直是钻井设备的操作者、维护者、管理者。他一门心思想的就是，怎么能让工人们干起活来省时省力、工作起来更安全些，他见证了钻井设备不断创新改进的点滴。节能环保循环装置、井口钻井液举升装置等革新攻关项目，在周万成的打造下，已经推广走入钻井施工现场，成为提质增效的“好帮手”。

钻井三公司周万成现场测量设备参数

举个例子，封井器拆装是钻井施工中必不可少的重要环节，每套封井器不仅2吨重，而且还不规则。十年前，封井器在受限空间内拆装移进移出井口的工作一直是员工眼里的“老大难”问题。在空间有限，还特别泥泞的井口作业，工人吊装封井器需要靠游钩吊加绷绳绷，再配合人工拉拽来解决。安装一次封井器，五六个人也要忙活两三个小时，还经常发生磕、碰、挤、抽等伤人状况，非常危险。

而十年后的今天，新型封井器自动平移装置，只需一人操作按钮，10分钟内即可完成封井器安装自动升降平移，完全实现自动化了，每次拆装节约了2个小时，每口井也可直接节约经济成本约0.65万元。人机配合所带来的安全风险小了，拆装的效率高了，工人们的劳动强度低了，吊车等吊装设备运行成本也少了，井场上的“变形金刚”越来越多，这就是周万成他们最大的心愿。

可能是厄尔尼诺现象加剧了全球气候异常。今年大庆的7月像下火一样，桑拿天的高温“烤”验着大庆钻探500多支基层队伍。

6月28日上午9点。“气温高，哪儿不舒服一定要休息一下，别硬挺！”黄文军书记叮嘱大家说。在钻井三公司30133队施工现场，黄文军直皱眉：“天气预报说37℃，咱们钻台的地表高温能达到60℃，钻台上摸哪儿都烫手！”

为了安全生产，员工要穿着长衣长裤干活，一会儿工夫衣服就湿透了，每个人的后背都有一个明显的“白地图”。这几天，正赶上30133队打大位移井，施工难度大且周期长，大家必须顶着高温施工。

艳阳高照，热浪扑面，不动都是一身的汗。中午11点的采油五厂杏13-丁3-斜48井施工现场，钻技一公司GJ12003队操作手马涛身着红工服，头戴安全帽，顶着阵阵热浪，摆车、接管线，进行施工前的设备检查。汗水顺着他的安全帽带儿滚下来，他刚擦完一把，汗水再次顺流而下，工服已经湿透，贴在了身上。马涛和同事们正在进行施工前的准备：水泥车大班姜浩蹲在地上清理螺纹，固井工魏巍和孙健连接上水和注灰管线，技术员杨浩哲从地面高低压准备到连接返浆管线、从井口水泥头的安装调试到固井施工组织……大家工作虽然不同，但有一点相同，那就是汗水淌满了脸颊。他们这一干，就是足足 4 个小时。

下午 2 点，大庆市杜尔伯特自治县腰新乡前红河村，钻井一公司 70168 钻井队员工也头顶烈日，忙着施工。钻台上，内外钳工配合接立柱，孙跃彬脸上的汗水从两鬓流下，他用手抹了一把，继续干。不一会儿，司钻吴松达对他们说："你们抓紧去值班房喝点冰镇绿豆水，解解渴，防止中暑，然后再上来干活。""不差这一会儿，干完活的。"内外钳工坚持接完立柱才轮换着去喝了冰凉解暑的绿豆水。

高温酷暑依旧，忙碌的动作依旧，大庆钻探各岗位员工坚守的身影依旧……他们的确是特殊材料制成的。大庆钻探人把坚守默默沉淀成微光，汇聚出保障能源战略安全新画卷里的流光溢彩。

铁训：经得起子孙万代检查

"干工作要为油田负责一辈子，要经得起子孙万代的检查"，这是王进喜说过的话。会战初期，由于部分钻井队过于追求速度，一度出现质量问题，1205 标杆钻井队也打斜了一口井。王进喜眼含热泪对工人们说："没有这一页，队史就是假的。这一页不仅要记在队史上，还要记在我们每个人的心里。我们要让后人知道，我们填掉的不光是一口井，还填掉了低水平、老毛病和坏作风"。

不仅对待关系到整个石油企业命运的大事情如此严格，即使对待一些看来微不足道的小事情，也同样一丝不苟。大庆钻探人说："会战时期铁人就留下的好作风、好传统，必须从最小处培养起。"

2021 年 7 月的一个深夜，室外大雨瓢泼，室内气氛激烈。

刘斌，大庆钻探录井一公司 L10011 队队长。平日里性格随和的他，此时正在和另一位合作单位的同志据理力争。这事儿，还得从页岩油试验区 H4 井二完说起。

"你这口井井深采集的不对，少了 9 米，赶紧把数据改了！"

"原始数据岂能说改就改？而且，录井施工标准误差允许小于 0.1%，这 2000 米的井少 2 米是有可能的，差 9 米？绝对不可能！问题很可能是仪器下井遇阻，下不到底。"

面对这般情形，合作方的那位同志也挺生气，不服气地问刘斌："你咋就这么有底气呢！"

“当然有啊。去年，我们队提出了‘53221’钻具管理法，运行一年多了，我们就是按这个法子一厘不差地执行，从来就没出现过任何这么大的误差。”刘斌丝毫没有退让的意思。

钻井研究院白晓捷检修设备异常部件

听到激烈的争吵声，钻井专家们都来到了仪器房里。见人越聚越多，刘斌有点不好意思了，但转念一想，工作就是工作，实事求是地干工作，不能让人牵着鼻子走，“这套流程可以说是环环相扣，处处有据可查。这样吧，我也不说我没错，咱大伙儿就一起查查钻具管理记录，毕竟解决问题才是当务之急嘛。”

“1 小时内必须落实清楚。如果井深确实少了 9 米，刘斌，你认错，请示调整套管结构。如果是下井遇阻，我们立即正常下套管”“对，拭目以待！”钻井专家们也准备断断这场“官司”。

可能是“观战”的人有点多，他自己的话说得也很满，刘斌心里也有点没底儿，脸涨得通红，额头上还渗着一层薄汗。但随着钻具管理记录和数据采集流程水落石出，事实胜于雄辩。钻井专家们都一致同意正常下套管。直到套管准确下入预定位置，刘斌的心才在套管落底的那刻，再次生发自信的光芒。

新型钻井装置，被誉为钻井装备领域的第三次革命。面对市场需求，钻井研究院钻井工艺研究所项目经理白晓捷，带领团队自主研制出钻井顶部驱动装置，北战内蒙古海塔，南闯川渝海坝，填补了小尺寸钻机通用顶驱技术空白。

白晓捷心细。那是 2019 年，已服役四年的 1 号顶驱在返厂保养时，在齿轮油中出现少量铜末。这在一般人眼里可能不算什么，或者根本不会被发现。但白晓捷心里却打起了鼓。“不应该有啊，铜末从哪来的？可能是轴承存在磨损，如果这么持续下去，短则两个月，长则半年，就极有可能发生部件掉块，造成齿轮卡死或者轴承损坏事故，造成大量损失。”

发现隐患就必须排除，那一周，他吃住在单位，把顶驱外部 1000 多个配件一一拆除，其中易损件需要放到柴油中浸泡、清洗，白晓捷怕挂胶手套堵塞阀门，经常甩掉手套，手在柴油、液压油中一泡就是几个小时，干到后来，白晓捷的手被油液泡得又黑又大，裂开的口子钻心地疼，但工作一点也没耽误，很快就把 1 号机修好了。后来他们算过账，自主维修成本 10 万元左右，仅为外部维修费用的 20%。

修复过程，对白晓捷来说再次加深了对顶驱的理解，也为后来设计出齿轮啮合效果检测等10余项顶驱装配、检测、修复工艺打好了底儿。现在，他们的顶驱维修中心，不仅为大庆钻探节约外部维修1000多万元，还培育出20多名顶驱专业维保人员，真正地把顶驱维修保障权牢牢地抓在了自己手里。

队伍建设，关键在作风。新时期，面对建设世界一流工程技术服务企业、高质量发展等艰巨繁重任务，大庆钻探坚持在“传家宝”中寻找破题破局良计，扎实开展“我学严实、我悟严实、我做严实”大宣讲大实践活动，探索形成“与铁人对话”长效机制，机关“24”字工作标准……近三年，严实作风在大庆钻探蔚然成风，铁人的话语是打在他们身上的聚光灯，光束里不停上演着新时代大庆钻探人动人的严实故事。

国有召：铁军集结，山海亦可蹈

风雨中飘摇的赤子，也曾黯然神伤。自2008年整合以来，大庆钻探历经全球金融危机、油价剧烈波动、市场化大潮等多重冲击，加之体制机制引发的结构性矛盾日益突出，资产负债率一度高达150%。亏损就像压在钻探人心中的大石头，让人喘不上气。这种历史遗留与现实差距，需要他们保持清醒与理性，抬起头颅、擦亮眼睛，客观审视思考内部面临的矛盾与挑战、外部存在的要求与机遇。怎么办？生存与生活的差别，像是萤火虫置于灯光下，还是山野间。

改革，对于大庆钻探而言早已是“家常便饭”。自2008年以来，这个曾经最具行业特色的“龙头”老大，先后经历8次内外部机构改革重组。近年来，在深化改革方面他们频出高招、快招、狠招，仿佛打通了任督二脉。

神龙摆尾，先要转头。“要扭亏解困，唯有打破思想藩篱，先解开观念的困。”大庆钻探连续4年开展“解放思想向前看、改革创新促发展”大讨论大实践，对照严实作风和会战传统找差距，对照岗位责任制找不足，对标同行业发展找短板……从一场场形势任务教育，到一次次专项调研座谈，从机关到基层，大庆钻探人打破条条框框，通过务虚会谋思路、“诸葛亮会”出点子、“头脑风暴”拿措施，厘清“1236”发展思路，明确“7个追赶超越”和“8个坚定不移”的奋进方向，“先生存后发展”“放下身段闯市场、摒弃面子找活干”“地板缝里抠钢镚”等市场观念、效益观念、改革观念入心入脑，改革的初步成效已经呈现。

神龙摆尾，还要靠人。没有冗余的人员，只有错放的资源。在转观念基础上，大庆钻探开始以劳务输出、业务承揽、拓展市场等方式向油田内外输出富余人员，这直接关系到成千上万员工的切身利益。

“公司的观念引导、政策托底，打消了我们的转岗顾虑。”从安全员到保洁员，再到新成立的综合服务公司经理，几年来，张艳追随改革，岗位几经变动。像张艳一样的“先行者”，正享受改革带来的红利。

综合服务公司张艳带头转观念、闯市场

建立劳务输出精准激励机制，奖励当年新增输出人员单位，外闯市场人员岗位系数上浮，拉大内部前线、后方绩效差距，鼓励人员向外走、向前线走。各级领导班子更是放下面子跑市场，“边挖渠、边放水”，在油田内找市场、揽活儿。

截至2023年6月底，大庆钻探已累计对外业务转型5435人，连续两年实现收入逾亿元；累计调剂所属单位间1106人，缓解了单位间缺员与冗员的结构性矛盾；引导1703名员工补充到前线，缓解基层缺员压力。

神龙摆尾，空间要大。2019年以来，大庆钻探全面开展了以市场化为导向，以“五自经营”为核心的承包责任制。376个基层队开展内部自主经营承包，质量效率效益提升，成本大幅下降。

“一个钢丝刷能不能省？能省，因为刷子算我家的。”井队自负盈亏，所有成本自家结算，不用旁人监督，人人都是“老账房”。下放自主权，建立审批事项快速通道，优先保障原材料渠道，把经营收入、利润、收入增长率等纳入考核，实行严考核、硬兑现……一系列措施后，一个充满活力、富有生机的“内部活水渠”诞生了。大潮涨起，善不善游泳，自见分晓。

逆境求生，唯有变革。“龙头大哥”三管齐下借势改革东风，发挥了人的主观能动性，盘活了生产要素，取得了亮眼的改革成果。

时间只过去了短短四年，但面貌已发生根本变化。如今的大庆钻探，身披霞光，精神抖擞，轻装上阵，以更饱满的奋斗者姿态，投入市场化的大潮。面对未来，大庆钻探人始终相信，没有一座高山不可跨越，“只要精神不滑坡，办法总比困难多”。奋战在崇山峻岭的川渝、黄土高坡的陕晋、戈壁沙漠的新疆和海外的钻探队伍，走到哪里就把铁人精神带到哪里，打一口井，就立一座丰碑、树一个品牌，根基越来越深，魂魄气荡山河。

山高路远，但见风光无限。跋山涉水，不改一往无前。时间的册页历经风吹雨打，依然显露峥嵘，仿佛在诉说沧桑。按捺不住神往和激情，前往捡拾光阴缝隙里的珍珠，

钻井施工现场正进行下套管作业

擦拭尘埃，他们依然放出理想的光芒：从筚路蓝缕到奠基立业，一代代大庆钻探人澎湃于“我为祖国献石油”的铿锵脚步，在铁人精神和赤诚情怀的驱动下，把自己融入伟大的信仰，伟大的信仰也给予了大庆钻探人不竭的精神动力。

与铁人“对话”，是传承，更是信仰。“仰之弥高，钻之弥坚，瞻之在前，忽焉在后!”

铁人，您就是那光。

追光的人，终会万丈光芒，大庆钻探，请继续加油!

（大庆钻探工程公司　王　冰）

高扬的旗帜

——大庆油田钢铁 1205 钻井队钻井战记

要把红旗一直扛下去，弘扬铁人精神，牢记艰苦奋斗，不断锐意进取，真正把工人阶级的崇高品质、伟大精神在 1205 钻井队代代相传！

——习近平

“进尺 4987 米，一切正常！”司钻牛彤在操作房里，手握操纵手柄，紧盯着监控屏，一字一句报告。

“33.1 天，比设计提前 12.9 天！”副司钻孙超的声音再次传来。

“成功了！成功了！”

井场沸腾了，在挂满红灯、福字的野营房旁，有人点燃了鞭炮和烟花……

这是 2021 年 2 月 11 日，大年三十儿。晚上六点，钻台上最后一道工序完毕，标志着大庆油田钢铁 1205 钻井队创出陆相非常规钻井最快纪录，再创全国纪录！

大庆钻探钻井二公司 1205 钻井队正在现场标准化施工

“这一战，1205 像一把火炬，点燃参战队伍的斗志，引领大庆钻探创出 69 项高指标、新纪录。”

“这一战，打出铁人队伍的威风和形象！打出大庆钻井队伍的尊严和信心！打出大庆石油人的底气和精神！”

赞叹与肯定纷至沓来，大庆油田主要领导第一时间给予高度评价！

时隔两年，初夏时节。远远地看见“钢铁 1205 队”旗帜，在高高的钻塔尖上呼啦啦地抖，蓝天白云下的井场四周，绿意葱茏，一群群牛羊，悠闲地啃食着青草……

一

“很多钻工当初来 1205 队，是为找个工作、谋生，干着干着，就多了份情怀：我因 05 光荣，05 因我更辉煌！”

刚进井场，迎出来的 1205 钻井队党支部书记段永坚，带我们走进 1205 队“朝圣重地”——“钢铁是这样炼成的”主题队史室。

井队是逐油而迁的部族，打完一口井就要搬家。但无论搬到哪里，队史室始终随队而迁。这是一栋 30 多平方米的板房，里面珍藏着 1205 队从 1958 年的“卫星钻井

大庆钻探钻井二公司 1205 钻井队正在钻前准备

队”，到石油工业部“铁人钻井队”“钢铁钻井队”，再到中国石油“百面红旗”、全国五一劳动奖状等荣誉；从大庆五面红旗，到全国劳模、全国五一劳动奖章获得者……有390多项。

说起“创业史”，85后段永坚如数家珍。建队70年来，1205队的“头雁”从铁人王进喜开始，到大庆新铁人李新民，到现任候补中央委员张晶，已是第21任队长，但每个“头雁”的职责，从未因时光流逝而改变——让铁人精神代代相传，把红旗一直扛下去！

钻井是没有围墙的工厂，从大庆石油会战至今，钻工们仍需克服自然、技术上道道难关。

段永坚2008年从中国石油大学毕业，就来到钻井一线。

“成为一名优秀的钻工是我的理想！”段永坚坦言，当时没分到1205队，一度很失落。井上那些沉重的“铁家伙”，摆弄起来费劲巴力；校园学的理论知识，也与钻井实践存在挺大差距。一次下钻作业，段永坚几次被师傅提醒涂抹螺纹油，这是非常低级的错误。虽然师傅和工友们没有说什么，但他心里不停在想：为什么曾经的石油名校高材生，这点事都干不好？

师傅拉着他的手、拍着他的肩膀，和他讲铁人老队长“识字搬山”、填井的故事……他豁然开朗，犯低级错误不可怕，可怕的是心里拧着疙瘩，没有老队长为国献石油的责任担当。段永坚像换了一个人，锻炼体力、磨炼耐力，专挑重活干，专挑硬骨头啃，不到半年就成为“钻井通”。

2009年，段永坚调任1205钻井队实习技术员。迈进1205钻井队大门那刻起，他暗暗立下誓言：不负韶华，用行动传承好大庆精神、铁人精神。

把井打到国外去，是铁人老队长的夙愿，更是1205人共同的梦想 。

“队长，我申请到海外去！”段永坚的申请很快获批，担任海外修井队工程师，第二天便飞赴伊拉克。

上井第一天，噼啪的枪炮声、呼啸的流弹、烈日的暴晒就给了他下马威。从钻井转到修井，业务不熟呀。害怕、溽热、压力，一股脑袭来，他的头大了。

“铁人队伍出来的，不能被困难吓倒！”喝藿香正气水抵御高温，顶着流弹日夜连轴转在井上作业，累了就在司钻房的墙角靠一会儿，困了就穿着工服蜷缩在床上眯一阵儿，最终按期完成任务，甲方竖起大拇指。交井那天，正好是儿子出生一个月，为此段永坚在日记里这样写道：儿子，今天你满月了，爸爸也交了一口高质量井，今天是属于咱们父子共同的节日，值得庆祝！

扛旗，传承，一直萦绕脑际。2020年10月，段永坚被任命为1205钻井队第32任党支部书记，迎来了新的“赶考”。

二

2020年底，北方大地，寒风呼啸，车如游龙，出征的1205钻井队，率先挺进古龙非常规新战场。尽管有心理准备，但施工难度还是超出了想象。

机械大班修建设说，“队长，咱们一直使用30钻机，现在用70钻机，大家都没用过，耽误打井进度啊……”张晶一下子把脸“撂下”了，“我就不信邪了……当年老队长冲破这困难、那困难，为国家解决缺油的大困难，现在，这点困难算得了什么，‘啃’！”

“困难面前有我们，我们面前无困难。”动员会上，张晶与段永坚立下“35天内必须拿下一口井！”的铿锵誓言。

说到做到，全队员工停止倒班，一点点抠、一项项练。一时间钻井队成为训练营，钻台成为练兵场，宿舍成为学习室。

夜已深，野营房外的风雪刮得更加猛烈，盘亘在张晶脑际的疑问，一个接一个涌现，如何破解？他翻来覆去睡不着，脑海里回响着钻机的吼声，还有各种质疑声——你们行吗？功劳簿上，还能有啥往上写……

“一口水平井要打60天甚至100多天，时间过于长，要完成35天一口井的目标，就得打破常规……”张晶一骨碌坐起来，对工程师余道军说，“咱们能不能从提速角度

大庆钻探钻井二公司1205钻井队干部员工顶风冒雪前往施工现场

考虑……”张晶提出了自己的想法。

最难打的地层是有“魔咒”之称的青山口组。一米厚的地层，有上千个小层，又薄又脆。钻头得先往下钻 2000 多米，还得在青山口组水平穿行 2000 多米，就像用吸管横穿千层酥饼。劲儿小，速度太慢，钻井液就会泡塌井壁；劲儿大，就会裂开、掉渣儿，卡钻具，有 4 支井队在这里遭遇大麻烦。

1205 钻井队也不例外。为稳住井壁、撑住地层，张晶建议每次提高钻井液比重 0.01，经过 6 轮的调整，达到了预期目标，连续 4 次刷新非常规钻井最快纪录，创出 13.77 天的最快纪录，为大庆古龙非常规最优学习曲线贡献 60% 多的指标，打出经验和标准，引领整个试验区钻井大提速，为大庆古龙示范区开发建设贡献了钢铁力量。

张晶的童年，成长在大庆第一口探井——松基一井附近的任民镇。从小张晶就知道，大庆有个王铁人，手握刹把很威风。2008 年初冬，从大庆石油学院毕业的张晶来到钻井二公司 15567 钻井队，向队长李艳平报到。

张晶从场地工干起，把铁人老队长当作榜样，起得比别人早，干得比别人多，暗暗磨砺自己，师傅们眼看着张晶越来越强，五十斤一袋的重晶石粉，二三十吨堆成小山，他一袋一袋抱起来，手脚并用，往一米五高的漏斗里倒，连续奋战三个小时；处理钻井液准备药品，拎起百十斤的药桶往返多次。

张晶的表现，李艳平都看在眼里，不嫌脏，不怕累，这个不起眼的大学生，身上有一股子摧不垮、折不断的劲儿，好好摔打定能成一块好钢。

不久后，张晶成为一名出色的井架工。半年后，被提拔为副司钻，再之后，当上了司钻！张晶一步一个脚印，打牢各个岗位基础，人更黑了，更壮了，眼神儿更自信了。

2018 年，张晶被任命为 1205 钻井队队长。

三

时间回溯到 1959 年，铁人王进喜作为劳模到北京参会。

王进喜来到沙滩，他亲眼看到公交车因没有油用，背上煤气包，身为钻井队队长的他知道，国家缺油呀。

打井，为国家献石油！石头一样压在王进喜的心间。

1959 年 9 月 26 日，大庆油田被正式发现。王进喜率领 1205 钻井队参加大庆油田会战，他一刻不等，“人拉肩扛运钻机”“端水破冰保开钻”，仅用 5 天零 4 小时就钻完第一口生产井，创造出当时世界石油钻井速度的最快纪录，极大地鼓舞了石油会战队伍的士气。

在随后的10个月里，王进喜率领1205钻井队，克服重重困难，创出一个个高指标和新纪录。第一口井搬家时，王进喜不小心碰伤了腿，顾不上去医院，拄着双拐在井场继续指挥；打第二口井时出现井喷，没有搅拌器，王进喜负伤跳进齐腰深的钻井液池搅拌钻井液，井喷被制服。房东赵大娘心疼地说："王队长，你可真是铁人啊！"

就这样，铁人之名在茫茫大荒原找油、打油、采油的队伍里叫开，铁人王进喜等老一辈石油人铸就的铁人精神，如熊熊地火，喷薄燎原，鼓舞了会战，更让伟大领袖的手，握向了铁人，握向了大庆。

光阴倒叙，又轰鸣着向前奔跑。2021年7月1日，中国共产党成立100周年庆祝大会在天安门广场隆重举行，张晶作为嘉宾在现场观礼。盛世中华，一朝绽放，眼前的景象，让张晶激动、自豪，眼眶湿红。

盛典结束，张晶的心绪久久不能平静，他独自漫步在长安街，夜色如水，星空灿烂，不知不觉走到老队长曾走过的沙滩南路。

同一个地点，不同的时空。张晶心里泛出一阵酸楚，他和老队长"念叨"：老队长啊，总书记的庄严宣告您听见了吗？中国人民站起来了、富起来了、强起来了！可是，我们还是缺油啊……想到这，一身"石油红"的张晶，深切感受到老队长当时蹲在街边的心情，他的眼泪一滴一滴流出来。

急三火四地从北京回到大庆，张晶立即召开"动员会"，讲述他在北京对老队长的"告白"。

大庆钻探钻井二公司1205钻井队员工正在计时打一根立柱的时间

“作为石油人，我们扛的旗，不仅是大庆油田的旗，更是国家的旗。”

铁人老队长讲，打井要猛如老虎、细如绣花。

“精益钻井”是1205钻井队从2017年开始探索实施的一种管理模式，核心就是消除浪费，实现钻井生产的高效率、零浪费和低成本。

20世纪60年代，年钻井进尺突破十万米大关，超过美国王牌钻井队和苏联格里尼亚功勋钻井队。

70年代，创出钻井进尺日上千、月上万、年上12.7万米的世界纪录。

2004年，1205钻井队钻井总进尺在全国率先突破200万米。

2019年，1205钻井队钻井总进尺突破300万米。

2020年，1205钻井队连续四年实现了年进尺10万米。

2021年，1205钻井队创出古龙非常规井最短钻井周期13.77天纪录。

当年，铁人老队长参加石油大会战，一不问吃，二不问住，有了著名的“铁人三问”。如今，1205钻井队这样回答。

——钻机到了没？随叫随到！而且智能化操作，钻机下方铺设轨道，液压顶着钻机向前“走”。

——井位在哪里？在海拉尔，在塔里木，在四川盆地……在蒙古国，在伊拉克，在南苏丹……

——这里钻井的最高纪录是多少？最高纪录一直在被刷新！

这是“铁人三问”的新时代回答，是石油精神和大庆精神铁人精神的新时代答卷。

四

2020年8月，从中国石油大学毕业的赵潘怀揣着对铁人的向往来到了钢铁1205钻井队。

刚入队，队里就举行了师徒见面会，赵潘与工程师余道军结成了师徒对子。

俗话说：严师出高徒。一次赵潘汇报井深，少汇报了2米。其实，当时他就发现了这个错误，但他觉得，多2米、少2米，影响不大。余道军仔细核对全天钻井数据，越看脸越黑，指着墙上的字严肃地说：“你给我读一遍，大声读！”赵潘懵了，平时温和的师傅，咋变得这么吓人。他大声读起来：“干工作要经得起子孙万代的检查，要为油田负责一辈子！”赵潘一个数据、一个数据地核对，重新整理全天钻井数据，重新上传技术信息，余道军紧皱的眉头才渐渐舒展开。余道军给他讲铁人带头填井的故事，赵潘也理解了师傅，“技术人员要有严细认真的工作态度，‘差不多’的想法不能有，要对井负责，对队里负责，对大庆油田负责！”

大庆钻探钻井二公司 1205 钻井队员工正在钻进施工

从一名刚走出象牙塔的大学生，到一名合格的钻井技术员，赵潘越干越有劲，不仅自己不想离开井队，还把青梅竹马的爱人从四川接来，在大庆安了家。

33 岁的杨季冰，是 1205 钻井队的工程师，在刚刚结束的全国第四届油气开发专业职业技能竞赛中，一举夺金，这也是大庆油田唯一的一块金牌。

杨季冰总结自己为啥能“木秀于林”，更多的是以铁人老队长为榜样，像铁人那样识字搬山的“学”、像铁人那样精益求精的“练”、像铁人那样树标夺旗的“赛”。通过“师徒对抗赛”，激发师徒们互学共进；通过“工匠争夺赛”，根植了工匠精神！

副队长王磊为抢修设备，在 14 米高的井架上，顶着冬夜零下三十六七摄氏度的严寒，一干就是 3 个多小时……副队长蔡俊哲，雨季搬家工鞋灌了包，一声没吭，硬是坚持 15 个小时，直到井架立起。书记发现他走路一瘸一拐，脱下工鞋一看，脚都泡烂了……

1205 钻井队为啥建队 70 余年红旗屹立不倒？

是因为，他们有大庆精神铁人精神传家宝——严实！严实已经根植于一代代 1205 人血脉里，体现在每时每刻每件小事儿中。他们归纳总结出“五条铁律”：井队物资一钉一铆不私用，食堂账目一笔一项必公开，奖金分配一分一厘全透明，员工利益一丝一毫都不占，说话做事一言一行正能量。小到螺丝钉，大到钻头、井架，件件有明细、事事有人管、人人有专责，这是大庆石油人最鲜亮的底色。

70 年来，1205 人用铁骨雄风，叩问地心，用相当于钻透 364 座珠穆朗玛峰的成绩，垒高壮举与奇迹。

1205 人“迎风斗雪的钻塔意志、攻坚啃硬的钻头作风、撼天动地的转盘力量、忠诚担当的铁人品格”的钢铁誓言，就像日夜叩拜大地的抽油机，持久不息。

一任接着一任干，一棒接着一棒跑。如今，铁人的队伍、铁人精神的接力棒传到张晶手中，他和队友们用行动书写：一代人有一代人的使命，一代人有一代人的担当，无论时代如何变化，都要扛起钢铁 1205 钻井队这面大旗！

（大庆钻探工程公司　梁　艳　郎胤晟　李洪伟）

寻“龙”记

松辽盆地，沃野千里，这里是大庆油田勘探开发的主战场，2023 年，原油总产量已经突破了 25 亿吨大关，成绩举世瞩目。

但历经 64 载开发建设，大庆油田是大油田、好油田，却已是名副其实的老油田，近年来，原油稳产压力一年大过一年，百年油田任重道远，所有人都在期待着一场新发现。

“大庆底下找大庆”，难如登天。但这件事，必须有人干。原油稳产是死命令、硬任务，就是上天入地，也得试一试。

2017 年，有这么一支“老部队”临危受命，担起了重任。他们在长垣这块地下战场可谓身经百战，当年著名的“三点定乾坤”，为大庆油田精准划出了一块“前沿阵地”，测井就曾作出了重要贡献。

这支队伍，就是中油测井大庆分公司，这场仗，就是后来赫赫有名的古龙页岩油勘探开发攻坚战。

今天咱们讲的这《寻“龙”记》的故事，寻的就是古龙页岩油这条“龙”。

“龙”在“泥”中

2017 年，也就是“十三五”规划的第二年，中油测井大庆分公司“泥页岩油甜点评价技术”科研攻关项目开题了。

此时，大庆油田已经进入非常规勘探时代。石油资源的勘探开发，说通俗点就像咱们东北人啃“大骨头”。57 年过去了，“好啃的”，不论肥瘦，咱早就“下嘴”了，甚至经过了三次、四次采油，又咂摸了几遍，那剩下的，个顶个的都是不好啃的“硬骨头”了。

“非常规”三个字，字面意思就能体现出难度，它不常规、不讲理、不遵循已有经验。而古龙页岩油，更是非常规中的非常规了。页岩油的勘探开发堪比一次能源革命，美国本土一度实现“石油自由”就是因为页岩油，但页岩油和页岩油它可不一样。

大庆古龙页岩油为典型的陆相泥页岩油。发现之初，国内外业界均认为无法实现有效开发。西方地质学家曾断言：“海相页岩能生油，陆相页岩不能生油。”

但我们中国人自己的油田，不能让外国人一句话就盖棺定论了。测井人是干什么的？测井被称作“地质家的眼睛”，到底能不能生油，我们要亲眼看一看、想一想。

开题时，大庆分公司组建了古龙页岩油测井技术攻关团队。说是团队，其实一共就 3 名成员，51 岁经验丰富的领头人王艳，37 岁思路开阔的闫学洪，32 岁基础扎实的王慧。他们成了最早的“铁三角”，开始了寻“龙”之旅。

与陆相泥页岩油相关的、国内可借鉴的文献用两只手都能数过来，他们迈入的就是一个勘探领域的“无人区”，等于说地图上，它根本就没画这块！

项目原定的周期是两年，后来延长到 2019 年，好巧不巧，还赶上了疫情。这三年中，种种困难，有如八十一难取得真经。

“泥页岩油甜点评价技术”太过专业，我们先尽可能通俗地说说这次的“真经”究竟是关于什么内容的。

平常我们主要着眼的是哪一类岩石？是砂岩。砂岩存在于我们常说的“储油层”，顾名思义，这里容易发现优质油流。我们对砂岩的认识已经经过了几十年发展，十分成熟，但这种泥页岩，过去一直被认为只是“封盖层”，外国专家的判断就是这么来的。

但古龙页岩之所以让人倍感希望，是因为它在泥页岩中也是特殊的。泥页岩既像页岩又像泥岩，而古龙页岩在两者中更像质软的泥岩，一种有纹路、有页理的泥岩，它是中国国内最有希望的但也是最复杂的生油岩，它并不仅仅是“封盖层”，而是真的

页岩油团队正在讨论成熟技术在陌生领域的实用性

有成为“生油层”的可能。

只是希望吗？不单单是，有证据。

2017 年 12 月，自然资源部中国地质调查局沈阳地质调查中心在大庆打的两口探井，名动一时的松页油 2 井获得日产 4.93 立方米的页岩油工业油流，松页油 1 井获得日产 3.22 立方米的页岩油工业油流。

“古龙页岩广泛发育纳米孔和页理缝，气油比高，证实陆相页岩不仅能生油，还能产油！”

这样的认知是颠覆性的，但研究非常规不就得要颠覆吗？

如此一来，研究思路明确了，必须要建立在页岩构造、沉积的基础上。接下来，战斗就从脑中挪到了手上——快速启动老井筛查工作。

从老井开始筛查，因为缺少资料，老井的资料规格、标准、详尽程度不一，但总比没有好。老井再认识这个过程，虽然烦琐，但很可能有关键的线索，王慧运用核磁测井，接下了这个艰巨的任务。

经过详细的梳理评价，他们收集岩心样品 9000 多块，从“储集性、含油性、可动性和可压性”的新“四性”关系出发，再一点一点地迭代，用现有的知识去“套”。这可没什么聪明取巧的办法，“无人区”地图上没画，更没人指路，那就只能大胆去试，走岔道了，大不了再换条道。

9000 多块岩心样品，其实有一多半还是砂岩的岩心，但也可以用于研究生油岩、泥岩，算是一种“借力打力”的奇招儿。

“甜点”就是咱们打棒球、垒球或者高尔夫球时，最有效的击球区域，最正、最吃劲儿的那个点，泥页岩油甜点评价这一仗，他们终于算是打到“点儿”上了。两年多时间里，技术攻关团队初步建立起了一套适用于泥页岩的新“四性”评价方法，首次形成了陆相纯页岩型储层测井评价技术体系。

“龙”在“泥”中，虽不可窥见全貌，但“龙”腾欲飞之姿，已经浮现。

画“龙”点“睛”

2019 年意义非凡。这是大庆油田发现 60 周年，也是“古龙”腾飞的关键一年。这之后的 2020 年，古页油平 1 井实现高产，这背后，凝聚着无数石油人的心血。而对于古龙页岩油测井技术攻关团队来说，真刀真枪的实战，就是在 2019 年。

“有果儿了，有人重视了，担子也一下就重了。”回想起那时，领头人王艳感受太深了，当时 53 岁的她，真正意识到这可能是自己职业生涯最后的大项目，也是最大的大项目。

身心的双重压力考验着他们，但此时的团队也扩大了，任莉加入了进来。四人分工协作，王艳和闫学洪二人主攻理论研究，王慧专攻储集性，扛起核磁测井解释评价重担，任莉则主要用阵列声波测井进行力学研究，团队的场外支援也相应多了起来。

2019 年，他们排查了大庆油田的 1900 多口探井，包含老井、过路井，从而进一步统计出符合页岩油评价条件的井，仅仅用时四天，便形成了统计分析表，建立起了页岩油研究、开发、选井所必须的基础数据库。

为了将科研成果高效应用于后续页岩油勘探开发的解释评价生产任务中，闫学洪自学了 C++ 语言，软件宏编辑，通过几千行代码，实现了“界面调参”“一键计算”功能，并利用该方法完成页岩油老井评价任务 59 井次。

“这本身是个体力活儿，而且直到 2020 年，我们自己的信息化数据库都还没建立起来，还是一维数据，没有软件互联。我也就是上网瞎查，弄了个小脚本，就是为了从重复中尽量解放出来点儿时间，”闫学洪如此评价自己当时的“小作品”，“其实我写的代码不咋地，就跟一件破皮袄似的，哪有窟窿补哪里，就为了能让新的想法有个落脚的地儿。”

古龙页岩油对于大庆油田而言，是集万千希望于一身的“续命工程”，如果古龙页岩油开发不好，产量提交不上去，大庆油田的原油产量就要递减，所以绝对不容有失。

画龙，要点睛。

就古页油平 1 井而言，“点睛”就是找甜点、选靶层，可是这道选择题，一点也不简单。问题在哪？在于它严重“偏科”：选定的靶层，在储集性、含油性上显示是最佳的，但可动性和可压性则都不理想。

所有测井前期的理论研究都导向了这一个答案，但其他领域的专家们也各有各的依据，理论指导实战，这是头一回，争论是必然。

汇报材料一次次细化、一次次修改，拿到台面上，到大庆油田的领导、各个领域专家们那去“过关”。领导的质疑一番又一番，专家的验证一遍又一遍，每个参与者都在竭尽所能，时常火药味儿浓到要“吵吵起来”，连王艳这位老测井人、老大姐都偷偷哭过。

最终，孙龙德院士等地质专家认为，古龙页岩是最好的生油岩，几乎不含可动水，这一次，我们就选一个依据——良好的物性。

“就像战斗一样，盯着高点和指挥所火力倾斜，我们就针对这个物性，即储集性猛攻。”古龙页岩油测井技术攻关团队的这个解释，简单粗暴理不糙。

古页油平 1 井作为大庆油田探索陆相页岩油的一口水平井，2020 年试油期间最高日产油 30.52 吨，日产气 13032 立方米，成为古龙凹陷陆相页岩油勘探的战略突破井，获集团公司重大发现特等奖。

高产的预测，坐实，科研的信心，狂涌。

“驯龙”高手

龙，不仅要寻到，还必须驯服。

古龙，不仅涉及勘探，更要做好开发。

接下来要讲的，则是“驯龙”高手的故事。

2021 年，“十四五”计划开始了。2021 年 8 月 25 日，中国石油大庆油田召开新闻发布会，宣布大庆油田古龙页岩油勘探取得重大战略性突破，探区面积达 1.46 万平方千米，2021 年落实含油面积 1413 平方千米，新增石油预测地质储量 12.68 亿吨，相当于大庆底下又找到一个“新大庆”！

2021 年 8 月 28 日，在庆祝中国共产党百年华诞的重大时刻、在习近平总书记致大庆油田发现 60 周年贺信两周年之际，大庆古龙陆相页岩油国家级示范区建设推进会暨示范区揭牌和古页油平 1 井揭碑仪式隆重举行，标志着大庆油田页岩油勘探开发全面进入新的发展阶段。

与此同时，古龙页岩油测井技术攻关团队的新征程，也轰轰烈烈地开始了。此时，王艳已经卸下重担退休，攻关团队的大旗，交到了已有 12 年测井评价经验的闫学洪手上。2020 年到 2022 年，成了他工作以来最辛苦的三年。

页岩油团队针对重点井组织的“专家会诊”

2020 年，他一只手要保障测井解释生产，一只手要大力推进公司级项目“古龙页岩油藏测井解释评价研究”的科研攻关，原本朝八晚五的节奏再也不存在了。通信软件消息、实时网络会议连番轰炸，基本变成了朝八晚十一，由于疫情影响，全年 20 多口探评价井，基本都是他去测井解释，周六、周日全用上了。

2021 年，古龙页岩油测井技术攻关团队搬到拥有黑龙江省油层物理与渗流力学重点实验室的大庆油田勘探开发研究院，开始靠前服务，成立页岩油评价研究室，新上任室主任任莉真正有了一种身处前线的感觉。作为新上任的团队负责人，还要分心管理，为团队中的其他 6 个人负责，工作强度、心理压力直接拉满。

非常规油藏开发，不像常规油那么容易找到突破点，但古龙页岩油攻关团队善于博采众长，将各类测井新技术应用于古龙页岩的技术攻关中，一次次在解释评价方法上寻求着新突破。

处于国际领先水平的 0.2 米超薄层测井技术，在页岩油领域发挥了重要作用；团队参与的集团公司级项目“三维电阻率成像测井仪器现场试验”和牵头的公司级项目“古龙页岩油藏测井解释评价研究”突破常规油致密油理念，充分利用成像测井资料，创新含油性参数如游离烃、饱和度等的评价方法，最终将科研成果在实际生产中应用，有力保障了古页页岩油的勘探开发；公司级项目“三维感应成像测井技术在大庆油田应用研究”，将三维感应测井技术与页岩油解释评价方法相结合，取得较好效果。

“我们得对每一口井负责，古龙页岩油难在处处需要创新，我们三天两头被追着问，有没有什么新的进展。”对于任莉来说，那段日子是痛并收获着，痛是真的痛，收获也是实打实。

“十四五”之后，攻关技术团队充分挖掘成像测井资料潜力，构建了 20 多种关键测井参数求取模型，形成多参数组合测井评价方法。古龙页岩油评价方法也由最初的新“四性”评价，一步步发展到了“七性”评价，取得了一系列重大成果。

他们前后开展科研项目和横向课题共 9 项，获得局级科技进步一等奖 1 项，测井贡献奖 2 项，厂处级科技进步一等奖 2 项，申请发明专利及软件著作权共 6 项，核心期刊发表论文 6 篇。形成的技术及时在古龙凹陷 100 多口井中进行应用，完成试油井中 85% 均获工业油气流，为大庆油田原油稳产新的“压舱石”提供了有力的技术支撑。

古龙页岩油测井技术攻关团队，也已然凭借自身努力，成为“驯龙”高手。

“龙”腾四海

何谓“龙”腾四海，先是从东北的松辽盆地，“飞”到了西南的四川盆地。

中油测井大庆分公司坚信，古龙页岩油这套成熟的评价方法，具有极大的推广价值，于是开始尝试将古龙页岩测井评价方法在其他区块的页岩油评价中推广和完善，就是大庆油田川渝流转区块这一“稳油增气”的主战场。

川渝区块纵向上发育碳酸盐岩、碎屑岩两大层系 11 套油气层，既有碎屑岩致密油气储层、页岩油气储层，也有常规和非常规碳酸盐岩储层，对大庆测井解释队伍而言，又是全新的领域。

古龙页岩油攻关团队将特色技术在川渝流转区推广并加以完善，将新方法应用在风险探井——平安 1 井上。

由于该井存在经济、安全等多方面风险，该井的导眼段打完后占用井口时间不可过长，需要各单位在 72 小时内完成精细评价，并进行水平井靶层选取的方案汇报。

这一战，务求速战速决！

团队提前做好多方面准备，优质高效完成了这项急难任务。在各层组综合对比分析的过程中，团队应用古龙页岩油特色评价方法后发现，平安 1 导眼井凉高山组 10、11 号层“七性”均较好，认为应该将水平段靶层由原设计的大安寨组调整到凉高山组。

72 小时一到，中油测井大庆分公司便向甲方进行了详细且精彩的汇报，对为何选取凉高山组作为靶层展开了有理有据的分析，得到甲方采纳。最终，该井水平井钻探，压裂试油获得日产油 112 立方米、日产气 11 万立方米的高产工业油气流，川渝地区页岩油勘探取得重大突破，打破了原来川渝地质区域以气为主、石油稀缺的局面，该成果也在 2021 年获得集团公司勘探开发奖特等奖。

2022 年，党的二十大召开，古龙页岩油，更是迈入了一个全新的时代。

这一年，肇页 1H 井和嫩页 1H 井相继部署，都是当年试油并获得高产，证明了青山口组之外，三肇凹陷与嫩江组也具有页岩油开发潜力，古龙页岩油的“版图”随之扩张。

2022 年春节前，任莉坚守岗位，每天晚上加完班，开车到家都接近 12 点。女儿的生日原本在周三，被她硬给串到了周六，也就陪了她半天。

肇页 1H 井所部署的三肇凹陷是集团重点勘探领域，广泛发育页岩油、双低、稠油等油藏，该区域的中成熟度页岩油勘探是集团公司重大勘探领域。

团队把生产任务当科研课题来做，紧密围绕这个大庆探区纯页岩全新勘探对象持续开展技术攻关，充分挖掘成像高分辨处理技术、全直径岩心核磁扫描技术，创新声波、电阻率校正方法及力学参数模型，形成有机质生烃和核磁渗析可动等新认识，通过多学科综合评价及大数据分析技术进一步完善了甜点分类标准。

说起来够专业吧？实际上也都是“磨出来”的。

做测井解释时，时常面临的是新挑战。同样的方法，可能换一口井，换一个区块就不适用了，算法，都要从头找。有一回，计算成熟度时，传统方法就是用深度计算，但算出来怎么都跟岩心分析结果不一致，团队前后研讨了一个月，配合建立图版，与地质专家反复沟通，最终认为问题就出在该区域地下的地温梯度不一样，引入了井温梯度这一参数，一下就得到了精确的结果。

一次解释工作，涉及十几口井，每口井近500米的测量段，完成任务后，就像翻过了一座5000米的高山。

“四堂会诊”也是一道大关。

2022年下半年，3号试验井组的水平井压裂施工期间，需要测井人员与地质、工程、压裂方面紧密配合。近一个月的时间里，白天做处理解释工作，晚上进行雷打不动的三小时线上会议，一起给页岩油“把脉”。

会议，可不仅是听，是必须解决实际问题的。最忙的时候，大家晚上处理材料要处理到二、三点钟，睡三四个小时就要“上战场”过关。

“哪块好压，哪块不好压？用测井的方法评价能不能真正解决问题？”

中午，边吃着外卖，边带着上午的问题，敲键盘继续修改，节奏就是这么个节奏。

功夫不负有心人。肇页1H井压后获日产油16.8立方米高产稳定油流，获得2022年集团公司勘探开发奖一等奖，该成果有望推动松辽盆地北部近万平方千米页岩油稀油带的整体突破。

他们还结合研究成果，针对纯页岩型油藏，建议采用针对性强的微电阻率、核磁等成像测井系列被采纳，同时积极推介CPLog三维感应测井和车载全直径二维核磁实验等新技术，助力了页岩油水平井的勘探开发。在国内外纯页岩型油藏均无成功开发先例情况下，突破常规油思路，采用基于PALM成像资料高精度处理和自主研发核磁精细布点反演等处理技术，通过多学科综合评价建立储层分类标准，评价参数和解释结论准确可靠。他们更是积极将科研成果数字化，并挂接到集团公司自主研发的CIFLog软件上，极大提高了页岩油测井资料的处理解释效率。

故事到此，也就告一段落了。当初，古龙页岩油测井技术攻关团队能够预测到自己如今取得的成就吗？我们不清楚，也不重要了。

结束的只是故事，这支充满活力的团队，与中油测井大庆分公司的无数个技术攻关团队一样，正发挥着日益凸显的测井一体化专业优势，在页岩油新会战的战场上，全速奔跑。

（中油测井公司　王　薇　高艳芳　闫学洪　任　莉）

树起凌云志　挺进非常规

——记大庆钻探铁军勇闯找油找气新领域的“地海龙宫”

1959 年 9 月 26 日 16 时，由 32118 钻井队打的松基三井“油龙”出世，拉开了大庆油田石油大会战的大幕。60 多年来，钻探人拼搏奉献，见证了大庆油田常规油气勘探开发的艰苦历程。

2020 年 2 月 21 日，50019 钻井队打的古页油平 1 井开始见油，标志着大庆油田非常规油气勘探取得重大战略突破，新时代钻探铁军开启面向非常规“地海龙宫”的又一次创新探索。

古龙页岩油新战场——把胜利的旗帜牢牢插在主峰

母照山：写满“担当”的钻井日记

2019 年 4 月 15 日，古页油平 1 井开钻前夜

忙完一天紧张工作的 50109 钻井队队长母照山回到板房，虽一身疲惫却辗转难眠，刚刚创造 50 型钻机一天完成搬家，三天完成安装的“奇迹”，没有带给他一丝兴奋。

翻看着记得满满的会议记录，脑海中始终回响着领导们殷切的嘱托：“古龙页岩油是一种全新的资源类型，资源禀赋条件和储集层特征都具有特殊性，世界范围内尚无规模化商业开发先例”“要挑战未知、认识未知、战胜未知”。

面对全新的领域，面对未知的挑战，母照山习惯地拿起工作记录本，一条条仔细梳理了一遍明天的开钻要求和注意事项后，大大地写下了一个“稳”字。

2019 年 5 月 10 日，当日进尺未达标

经现场分析调查，是机械转速太快，沙子返不干净，制约了钻进速度。母照山很清楚，在现有条件下最有效的解决方案就是加大排量，他也知道采用大排量、高泵压的钻井参数，对钻井泵是严峻的考验。

钻井进度等不得、钻井液循环停不得、井下安全缓不得，全队就这么三十几号人，24 小时两班倒，怎么办？在倒班的“诸葛会”上，司钻李鑫提出“队长，不要担心，咱两班并一班，平台上下来的修泵，困难克服一下就过去了。我们班先上！”

就这样全体员工放弃倒班，两个班一拨，分别负责钻进和钻井泵维护保障。由于长时间的大排量、高泵压作业，钻井泵体温度达到七十多摄氏度，没有冷却时间、没有隔热装备，他们就在旁边放一桶凉水，把手插进凉水里冰一下再快速地取出凡尔体，凭借顽强的毅力保证了连续平稳钻进。

当天母照山的工作记录中留下了醒目的两个大字“担当”。

2019 年 5 月 21 日，施工井深 2855.37 米，水平段钻进

进入目的层以来，井斜开始缓慢增加，母照山几次发出指令控制旋导全力降斜，均未达到预期效果。

紧急更换旋导工具后，井斜依然没有控制住，“是哪出了问题呢？”母照山在井场踱步，脑海中逐项过滤着施工中的每个环节、每项数据，在走到振动筛附近时，他习惯性地抓起一把岩屑。

突然，母照山愣了愣神，“不对！这个岩屑量有问题！”他意识到井下可能有剥落，迅速喊来录井队长秦迎峰拿尺测量，果然大于理论体积，紧急向专家组汇报，得到肯定后，连夜更换适用的弯螺杆钻具。

“井斜正常！钻进速度正常！”，已经连续几天睡不好觉的母照山，这回总算松了口气，在完成工作写实后，他凝重地写下了一个“准”字，思考良久又在前面添上了个“精”字。

2019 年 8 月 2 日，施工井深 4300 米，达到地质目的

“见到油气显示了！”在值班房里半梦半醒的母照山在欢呼中惊醒，懵懂间怀疑自己幻听了？可随之而来的急促敲门声和欢呼声，让母照山瞬间清醒，他大步流星跑向钻台，攥紧了手中带着油星的岩屑，狠狠一拳砸在地上。

100 多天人不解甲、马不卸鞍，“不负重托，召之能战，成！”这是母照山当天的工作记录上最醒目的一行字。

2021 年 8 月 28 日，在习近平总书记致大庆油田发现 60 周年两周年之际，大庆古龙陆相页岩油国家级示范区建设推进会暨示范区揭牌和古页油平 1 井揭碑仪式隆重举行，标志着大庆油田古龙陆相页岩油勘探开发全面进入新发展阶段。

驻井技术团队：喜欢“琢磨事儿”的一伙年轻人

“莫看毛头小伙子，敢笑天下第一流”，横批为“闯将在此”。这是新时期铁人王启民 1961 年的春节，刚刚分到油田地质指挥所时写的一副对联。

“不仅要干好，更要干出经验、建立标准，多打含‘金’量高的井，打出钻探人的精气神！”60 多年后，在古龙页岩油新战场，也有一群喜欢“琢磨事儿”的年轻人，他们也发出了“闯将在此”的豪迈誓言！

初期施工的页岩油水平井，大都采用三维井设计，随着水平井造斜段井斜逐步增

大庆古龙页岩油会战压裂施工现场

大，井内钻具开始贴紧井壁，钻具磨阻和扭矩呈几何倍数增加，制约了完井速度。虽然采取了一些办法，但是没有见到明显成效，这也成了压在吴磊心头的“大山”。

一天晚上，岩油钻井工程项目部经理王震拿着新一轮的施工数据随口说：“钻具、钻井液、参数都调整这么多次了，咋就没有质的突破呢！是不是思路方向有问题啊？”

一句话惊醒了吴磊：“如果无法在钻具组合和钻井液方面取得良好的减磨降阻效果，就要从源头设计上改变井身结构！”

说干就干！吴磊翻阅了大量的钻井资料，向专家请教，反复模拟推算，终于琢磨出“优化井眼轨道，三维变双二维的井眼轨迹设计”的好点子。通过合理上移造斜点、轨迹剖面三维变双二维，优化井眼轨迹，降低施工难度，单井设计造斜率降低 20%，摩阻降低 15%，防碰井段减少 1500 米以上。

随后，他们又研究出“六化”模式，钻井周期从 113 天到 33.1 天、28.7 天、22.63 天、18.8 天、16.38 天，再缩短到 12.38 天，创造了“一趟钻”进尺最长 3636 米等多项高指标新纪录……

老杨：一个压裂“狂人”

井无压力不出油，人无压力轻飘飘。——铁人王进喜

井不压裂不喷油，人不压裂飘悠悠。——狂人杨学

在古龙页岩油压裂现场，总能够见到一个个子不高却十分精壮的身影，他走起路来风风火火，说起话来铿锵有力，大家都亲切地喊他“老杨”。

一个带队组织压裂20多个年头，临近退休的老同志，先后组织施工各类压裂井近万口，曾带队创造出亚太地区、全国及区域性压裂生产纪录200多项，是一个彻彻底底的“压裂狂人”。

“泵车状况啥样？”“混砂车排量达到多少？”……自接到古龙页岩油示范区松页1区块4号实验区压裂改造任务以来，老杨就带领压裂总监工作组开启了“疯狂”的工作模式。

零下30摄氏度的低温给松页1区块4号实验区带来了前所未有的挑战。老杨在反复研判施工设计的基础上，反复优化施工流程，及时调整设备人员配置，谋取“最小需求”与“最大满足”的科学变量，探索提出了“两组四班”+“应急保障”的24小时连续施工模式，采取“每完成一段进行一次高压件检查、每施工三段进行一次设备紧固、每施工八段进行一次设备保养”的工作措施，精细现场摆布，车辆间隙精确到厘米、区域规划精确到尺、管线间距精确到寸，合理布置安全防护设施，实现了地面流程最小化占地面积、最优化安全距离，最高化规范标准。

页岩油施工大场面，让参战人员回到了大会战的热血年代，踔厉打造样板工程。专家团队和“老杨工作组”反复研究，头脑碰撞，活化完善了工厂化施工五大系统，解决了排量压力高、砂量液量大、粒径体系多等技术难点，创造单车组日完成9段和单车组日注入总量15304立方米的新纪录。

有人问，“老杨，你不累吗？歇会吧”，他总是笑着说“干一辈子压裂了，习惯了，闲不着啊”。

川渝大气区新阵地——铁军驰骋崇山峻岭

1947年8月，晋冀鲁豫野战军南征进入大别山，完成了千里跃进任务，揭开了中国人民解放军战略进攻的序幕。

2018年5月，大庆钻探这支铁军挥师大西南，完成了5500多千米的大跃进任务，揭开了挺进川渝大气区的会战序幕。

五年来，大庆钻探铁军高举红旗去战斗，踏着铁人脚步走，崇山峻岭立井架，云雾深处把井打，为扩大川渝会战场面、加快页岩气上产做出了应有贡献。正像时任大庆钻探川渝前线总指挥张书瑞所写的诗那样：削平山尖建擂台，竞技比武面四海。破解气荒担重任，铁人队伍展风采。

万里跃进大西南

大庆钻探积极响应集团公司“建成百亿立方米页岩气产业化示范区建设”战略部署，正式吹响了挺进川渝的“战斗”号角。

兵马未动粮草先行。“有条件要上，没有条件创造条件也要上”，必须千方百计把钻机、设备、物资等安全迅速投放到“战场”。

由于拉运的井队物资大多都无法拆解需绕行部分高速。承担逢山开路、遇水架桥的运输队伍超前做好路线勘察，优化行车路线，完善装载和运输方案，仅用时 6 天就完成了 2600 吨、75 车的装车任务，确保了按期起运。

都说蜀道难难于上青天，山路十八弯还带九连环。进入山区后 70 多千米的单车盘山路，路面崎岖窄小、转弯角度大、腾挪空间小，再加上持续 40 多度的高温，火热的阳光像沾了辣椒水一样，让人喘不过气来。

这高温，人受不了设备也受不了，一旦出现持续高温就可能出现刹车失灵、车辆失控坠入深渊的风险。山再高再陡，路再弯再转，都挡不住钻探运输先锋前进的脚步。为了给车轮降温，大家就徒步人工给轮毂洒水，硬是顶着高温走了 70 多千米的山路。

工作辛苦大家能坚持，吃饭却成了大问题。队里大多是北方人，而这里地方菜都是麻辣口味，大家都吃不饱，感觉饭菜堵在胃里，上不去也下不来，过大的劳动强度和水土不服，好多人头疼、恶心、呕吐、拉肚子、起湿疹，每天 20 盒藿香正气水都不够用，把县城药店都买空了。

就这样，大家克服高温、高原反应严重等困难，经过 6 个昼夜的艰苦行车，行车距离 5500 多千米，途径吉林、辽宁、河北、山东、河南、湖北、重庆等 7 省（直辖市），几乎是横穿大半个中国，终于按时安全到达施工地点，圆满完成了长途搬迁任务。

平安 1 井不平凡

党员有了精气神，队伍才有精神气。参战队伍的工作热情比当地气温还要热，队伍的精神动力超过了地层压力，队伍的精神气盖过了页岩气。

70150 钻井队作为第一批进入川渝地区施工的队伍，已经累计成功钻完 5 口井，积累了一定的施工经验，但最难忘还是不平凡的平安 1 井。

平安 1 井是大庆油田部署在川渝地区的一口风险探井，设计直导眼井深 3753 米，侧钻水平井井深 4425 米，水平段 961 米。该地区地下情况复杂，极易发生井塌、井漏、溢流、井喷等井下复杂，前期施工都比较顺利，三开钻至 2976 米时突然发生溢流，钻井液工王宇和坐班司钻魏洪庆发现溢流后，立刻组织停泵、关井，有效控制了溢流。

事情发生后，队长张东深感这次事件是一次警示，虽然没有发生严重事故，但因处理不够迅速果断，仍造成溢流 10 余立方米，带来严重施工风险。

为此，专门组织全队员工进行安全警示教育和井控强化培训，并召开“反思会”，谈看法、谈认识、谈感受，司钻魏洪庆诚恳地说，是我没有处理好，队旦怎么处理我都接受。队长张东动情地说，这次事件我是队长负主要责任，有什么处罚我来担。但我们决不能被一块石头绊倒两次，在安全井控意识、操作技能等方面存在的问题，如不及时解决，早晚要出大问题、捅大娄子。我们来到这里代表的不仅是我们自己，更代表着大庆钻探，代表着铁人队伍的形象。我们要向老铁人讲的那样，“打井要猛如老虎，细如绣花，该快则快，该慢则慢”，我们一定要让平安1井成为发现井、争气井。

这次会后，全队员工都暗暗较劲，不蒸馒头争口气，一定要严格遵守规程、苦练操作技能，有效保护和发现油气层，一定要把井打好，决不能给铁人队伍丢脸。

认真总结经验教训，推行录井队专人坐岗，钻井液工＋场地工双人坐岗，干部24小时值班，钻井专家、井控专家、责任工程师和项目部技术人员住井把关等一系列配套措施。

记得邻近井队有一口井刚打到100多米就发生了井漏，如果不及时堵漏，钻井液就会淌进河流造成污染，后果不堪设想。险情就是命令，那个时候，他们紧急成立抢险突击队，党员、副队长武学兵带队，带领新党员李鹏跃和班组人员赶赴现场抢险，大家装沙袋、扛沙包堵漏，半个小时过去了，险情仍然没有解除。这时，李鹏越抱着一袋沙子跳入了钻井液池中，紧接着宇超也跟着跳进了钻井液池，他俩仔细地排查，找到漏点后，很快解除了险情。

2020年11月12日，平安1井顺利完钻并喜获高产油气流，测试获日产油112.8立方米、日产气11.45立方米，成为四川盆地侏罗系凉高山组获高产油气流的首口井，得到了集团公司董事长戴厚良的批示表扬，为大庆油田川渝大发现立起了一座丰碑。

尖刀闪亮耀大安

2022年7月21日17时，随着一声长长的鸣笛，尖刀1202钻井队承钻的浙江油田大安区块首口井大安101井顺利开钻。钻杆带动钻头像尖刀一样快速向地层钻进。甲方对1202队能在这么短的时间里实现顺利开钻给予了高度评价。

2022年6月，接到大安区块施工任务后，队长李文亮和02队全体干部员工，顶着40℃高温，克服了潮湿中暑、蚊虫叮咬、水土不服等严峻考验，倒排工期、挂图作战，抬高标准、争分夺秒，仅用7天就完成了3000多千米的钻机长途搬迁任务，并一次性通过甲方验收。

他们初来乍到，迎接他们的不是鲜花与掌声，而是各种困难与挑战。但对02人来说，困难就是用来战胜的。队长李文亮说，只要精神不滑坡、办法总比困难多，越是面临困难挑战越能激发我们的昂扬斗志。司钻刘楠说，这井谁都不是天生就会打，都有第一次，别人能干的我们也一样能干，还要干得更好。

02 人说干就干，兵分四路，迅速行动。第一路，由队长李文亮带队，多次到甲方浙江油田机关和重庆事业部拜访，详细了解地质特点。第二路，由支部书记姜洪伟带队，到川庆钻探、西部钻探、中原钻井等 10 多个钻井现场走访学习取经，尽量在施工上少走弯路、不走弯路。第三路，由安全副队长付云龙带队，走访地方政府，与相关单位和部门进行深入交流，争取支持理解。

虽然前期做了充分准备，但在施工过程中依然遇到了钻具振动强烈、施工过程出现气侵、井壁剥落掉块、部分地层钻速慢以及井下工具发生故障等问题，为了保证施工的顺利进行，钻探公司专门成立了工作专班和工作群，随时了解生产动态，对现在存在问题进行远程支持指导；各级技术专家吃住在现场，实时跟踪施工情况，提前做出预警，及时做好复杂预防和处理。

李文亮还是时时不放心，凌晨 1 点，他穿好衣服又来到井上，虽然两眼通红，但他仍往返穿梭于司钻房、钻井液罐、泵房之间，一会儿看看指重表里显示的悬重，一会儿到振动筛旁观察返砂情况，同时与技术人员探讨施工情况，提前预判各生产环节中可能出现的问题，直到东方天空已经见亮，才回到营地休息。在各级专家、全队员工和相关专业人员不分你我、通力合作、紧密配合下，终于圆满完成了大安 101 井的施工任务，历史性第一次完成了深层页岩气井，得到了甲方、兄弟单位的高度评价和充分认可。

1202 钻井队大安 101 井施工现场

“有第一就争、见红旗就扛。”02 人是这么说的，也是这么做的。在后来的施工中，他们再接再厉，又顺利完成了大安 101H、大安 104 井的施工任务，创出了旋转导向单趟钻进尺 2854 米、全井钻井周期 56.71 天等 20 项浙江油田大安区块施工纪录，累计收到中油技服贺信和浙江油田的感谢信 5 封，在 3 月中石油川渝页岩气英雄榜评选中位列第三名，甲方竖起大拇指说：“尖刀就是尖刀，尖刀还是尖刀，尖刀插在哪都是一面闪亮的旗帜。”

陕晋煤层气新领域——黄土高原立起大庆标杆

“我家住在黄土高坡，大风从坡上刮过，不管是西北风还是东南风，都是我的歌……”

当年，一首《黄土高坡》唱出了多少西北汉子的心声。

如今，一群豪迈的东北汉子，用轰鸣的钻机声，在黄土高坡唱响了钻探的歌。

成就甲方才能成就自己

“踏上黄土地就要站得稳，立起钻井架就要扎下根”，开拓陕晋煤层气市场的项目负责人张孝辉暗下决心。

他坚信靠优质的服务成就甲方，一切自然水到渠成，这一理念植根每一名“参战”将士，打响打赢“第一仗”成了项目部所有人的首要任务。

第一支来陕晋的 30669 钻井队正赶上旱季，本就缺水的黄土高坡，用水紧张，没法开钻。队长高丰春鼓舞全队“当年打井也缺水，铁人破冰取水保开钻”“没有条件上，创造条件我们也要上”。全队动员起来，到水站连夜排队取水。

快干涸的河道每天有二十几辆车排队，拉走三车，水就没了，必须再等十几个小时蓄水，实在排不到就去更远的地方等，拉回来的水全队都省下来保生产，几天下来终于顺利开钻。

煤层与油层裂缝发育不同，质地较脆，经常发生井漏，以往的经验没了用武之地，只能摸着石头过河。堵漏防卡成了钻井液技术负责人段广亮的一块心病。

他翻山越岭，四处取经，走遍甲方专家和周边钻井队伍，才弄到一个治漏的“良方”。经过反复给施工井调理，收到了较好的效果，逐渐摸清了地下煤层的脾气，井越打越顺，速度越来越快。

吉深 13-6 平 03 井一口气刷新了区块 6 项纪录，甲方特别给予上浮 3% 工程款的奖励。在中国石油首个千亿立方米深层煤层气探明储量区——鄂尔多斯盆地东缘大吉区块，他们施工的吉深 14-5 平 01、平 02 井分别创出水平段长 1127 米、1240 米，箱体钻遇率 100%，煤层钻遇率分别为 93.97%、98.15% 等高指标，喜获单井日产超 10 万立方米高产工业气流，达到国内中浅层煤层气直井平均产量的60至100倍，有力支撑了国内首个深层煤层气开发试验区深煤层气新领域取得重大突破。

2022年，中海油中联公司提出“建设中国海油陆上万亿立方米大气区和陆上清洁能源基地”任务目标，2023年要实现产建40亿立方米，加快增储上产急需钻井保障。当时，马上要到春节了，每逢佳节倍思亲，将士们的回家心情也如增储上产那样着急。

“甲方的急事就是我们的大事”“在这个关键时刻走，失去的就是几年的努力”张孝辉反复给将士们做思想工作。

回想几年来的不易，大家渐渐统一了认识，318名干部职工喊出“降雪不停产，过节不停工”的口号，在万家欢庆新年的时刻，坚守在生产一线。不但首次完成柿庄北区块冬季极寒气候条件下跨年钻井施工，还配合甲方完成了第一口三开大尺寸水平井新工艺试验，打破了中联公司煤层气水平井井深、钻井周期等多项纪录。

五年来，大庆钻探队伍由2支增加到68支，拓展了7个甲方市场，施工区域横跨山西、陕西、内蒙古3省（自治区）11县市，打井438口，进尺超过107万米，先后获得最佳合作服务商、优秀承包商、安全生产先进集体，大庆钻探叫响西北高原。

中联神府铁军

唯一的“中联神府铁军”流动红旗，在50018钻井队井场值班房内格外醒目，这是中联神府分公司给予钻井业务的最高奖项，而谁会相信拥有它的这支队伍，是到神府才一年多的“新兵”。

2022年5月25日，50018钻井队接到开赴山西神府的指令，全队马上开始紧张有序的准备，好多人没来得及回家做一声道别，便匆匆赶赴两千里外的陌生地域。

六月的黄土高原，烈日高悬、黄沙弥漫。30多摄氏度高温让人口干舌燥，飞扬的黄土直往衣服里钻，满身、满脸的尘土早已与汗水和成了泥，只有咧嘴时露出的牙是白的，场地工小赵戏称：“咱们都变成了黄泥人儿了！”。

就这样，全队24人仅用12天就完成170车设备和物资的拆卸装车、远途运输、就位安装，达到开钻标准，安装设备的当地吊车司机老马感叹说：“真是一群干活不要命的人啊！”

比起恶劣的环境，新区块钻井工艺技术、甲方施工标准、安全质量要求，才是最大的考验。

队长李广福组织全员开诸葛亮会，大家一起分析形势、罗列困难，提出问题、分领任务。一次次开会集思广益，一回回严格整改，全队上下努力适应新环境、新标准。当时，队里人员不足，李广福就将所有人编成三个班组，安排副队长、技术员24小时跟班作业，确保生产组织和技术执行及时落实到位。第一口井比设计提前1.27天，第二口井比设计提前4.08天。

李广福心里有了底，信心更足了，第三口井一开钻，他就提出“优快钻井创指标”的口号，全队上下拧紧了发条。

连续暴雨打乱了生产节奏，山下物资运不进来，井场内泥泞不堪，井场一侧山体在雨水冲刷下，随时有滑塌风险，一旦出现险情后果不堪设想。

在没有大型挖掘设备辅助的情况下，李广福组织全队人员边生产、边救灾，连夜挖出一条 70 余米长的防洪渠，人都累散架了，可生产一刻没耽误，而且一举刷新中海油陆上致密气 2000 米井最短钻井周期、神府分公司最高日进尺以及平均机械钻速三项纪录。

大庆钻探 50018 钻井队施工现场

紧接着，用时 37.79 天完成第一口水平井 SM1-72-6H 井，成功打造 SM1-72 优快井台，并创多项中海油陆上致密气施工纪录，在甲方授予 50018 钻井队“中联神府铁军”表彰会上，他们铿锵作答“成绩只能代表过去，新的目标还在前方”。

困难面前有我们　我们面前无困难

黄土高坡山路崎岖，物资保障难。山顶井场狭小，施工组织难。气候条件恶劣，工作条件差……

这就是项目部副经理张清岫来到深 8 煤区块的直观感受，他主动面对复杂艰苦的工作环境，带领管理骨干长驻钻井队，从组织到协调到现场规划……一项一项分析总结，摸索了“钻井经验总结——反演施工过程——完善施工方案——现场施工验证”的循环模式，“一时一策、一井一策、一区一策”，施工效率不断提升。

解决了“地面问题”，还要破解地下难题。煤层情况复杂，地质不稳定，不同煤层甚至同一煤层变化很大，经常导致卡钻、井漏等各种问题，钻井效率不高。

项目部专门组建地质和气藏等方面专家团队，围绕煤层的各种“疑难杂症”，为每个区块“把脉开方”。项目部副总工程师姜满江每到一处就要到周边井队学习经验，收集甲方地质资料，带领专家们深入研究，加深地质认识，做到“知己知彼”。

面对深8煤区块岩层可钻性差、钻进速度慢、地层底部漏失、施工周期长等技术难题。专家团队从先导实验井开始，有针对性地制定水泥封堵技术、负压水力振荡器+四合一钻具组合技术、盐水钻井液成膜封堵技术、钻头地层专打技术，在吉深11-5平02井应用中，较设计周期55天提前18.12天，创工区1300—1500米水平段钻井周期最短纪录，标志着深层煤层气进入高效开发模式，甲方称“将深层煤层气发展带向了新高度”。

在神府区块，专家团队科学制定神府一体化项目提速提效提质措施，仅前5个月就4次获得甲方表扬信和荣誉，以33%的钻机占比完成了区块43%的工作量，创出5项区块施工纪录。大庆钻探成为引领钻井提速的排头兵，以“我们面前无困难，困难面前有我们”的大庆精神，为神府气田贡献了“铁人”力量。

（大庆钻探工程公司　王彦思　杨文涛　宿润冰　孙文军）

湿地寻宝

碧绿的排浪，雪白的浪花，有节奏地向岸边拍来，退去。海浪与沙滩和着千年不变的节律，一回回不知疲倦地舒卷。在这里，辽河入海时，将数千里流程裹挟而来的泥沙带给了河口两岸，淤积而成的沼泽湿地上，长满了芦苇和碱蓬草，大批湿地生灵共同以浩瀚的红滩绿苇为家园，形成了得天独厚的生态文明。盘锦，这座被轻轻放在湿地里的城市，矗立着辽河油田，地表上，美丽的画卷徐徐展开，地层深处，宝贵的石油矿藏滚烫发亮。

50多年前，这片土地宁静得无人问津，举目所至，沼泽如云，没人知道地下藏有液体乌金，雨天泥水路，风吹一身土。随着两支钻井队同时鸣炮开钻，宣布辽河石油会战正式打响，一批又一批的会战人员怀着“干革命”的热情不断赶来，他们擎着铁人精神的丰碑，复制艰苦奋斗的传统，粘贴延安宝塔的光芒，他们头顶蓝天，脚踏荒原，在盐碱滩和芦苇荡中摆开战场，他们以“有条件要上，没条件创造条件也要上”的坚定信念，克服常人难以想象的困难，在此处战天斗地，构筑发展“动脉”，挺起能源“脊梁”。转眼之间，到处是红旗猎猎、口号震天、激荡人心……芦苇荡里的巍巍钻

大平台测井施工现场

辽河口湿地测井施工现场

塔、荒原上的白色井房、沼泽里的地震车辕、地质师们手绘的构造图，是岁月的风雨永远冲刷不掉的印记。

“嘿呦～”黝黑的脸庞，有神的目光，坚硬的臂膀，宽阔的胸膛，石油人在这里喊着一声声的号子，把地球播得砰砰作响。在辽河岸畔的南大荒，中油测井的铁军正和其他石油工作者一道，在这片热土上艰苦奋斗、为油拼搏。他们矢志擦亮地质学家的眼睛，不断探索地宫深处的奥秘，冲锋“凹陷”，攀登“潜山”，攻克重重难关。

人勤春早日争新

春天，千万棵的芦苇破土而出，根根尖挺，株株俊秀，从眼前一直排到海与天的交界，由于地貌的凹凸不平，往往还会出现错落有致的起伏，鲜明的层次感由此而生。此时的苇塘，是一个纯净的世界，既富有童真童趣，又饱含着生机。一支测井队伍，正朝着苇塘的方向，整装出发。春雨后的小路，坑坑洼洼、泥泞不堪，车辆走过的地方，留下两道深深的车辙印子，车上的人被颠得左右摇晃。“咱们像不像鸭子，知道鸭子汤的传说吗？”“在辽河创业的初期，先辈们住帐篷、睡草席、喝鸭子汤。”“就是鸭子游过的水。”C1197 作业队长贾志红笑道。“咱们可幸福多了。”

深夜，在辽河油田重点探井的施工现场，“队长，你去休息一下吧！看你熬的，眼睛里都是红血丝。”“没事，我再盯一会，你和丁哥盯住张力，我下车再去巡查一下。”贾志红戴上安全帽，打开了操作间门，一股凉气袭来，让这个 1 米 8 的年轻人激灵了一下，他紧了紧衣服领子，坚定地走进夜色。安排好各项工作后，他时不时下车在井场巡视一圈，各个关键节点都要检查几遍才会放心。“师父，你给我讲讲中子曲线跟密度曲线有什么区别？”操作间里，实习操作工程师盯着屏幕，观察着曲线，向队长问道。“小张，这个问题师兄我来给你讲讲吧！”操作工程师周天鹤说道，“咱们师傅要求可严，你得好好学，早点独立顶岗啊！”“放心吧师兄，你们教我的知识，我都整理在本子里，每天空闲时拿出来看看。”“好样的，这才像咱们 C1197 的人！”

过去的一年，C1197 作业队圆满完成了中油测井自主 CPLog 装备在辽河油田储气库群的第一次应用，打破了交叉偶极子阵列声波长期以来一直依靠进口仪器的技术壁垒，创造了辽河油区远探测阵列声波钻具传输测量段最长纪录，实现了公司自研的 CPLog-iMRT 偏心核磁二维模式国内首次应用成功，这些都是作业队全员多少个日夜共同坚守取得的成绩。

“仪器快到井口了，准备拆卸仪器。”在井上奋战 5 天后，随着热气腾腾的仪器缓缓起出井口，全部测井项目顺利完成。每个队员疲倦的脸上都露出了欣慰的笑容，阳光照在他们的身上，让人看到春的颜色。

君若夏花之绚烂

有人说，女性尽到相夫教子的本分，可以了。她说，女性力量，无须定义，忠于自己，尽情绽放。危险园里，有群铁娘子，工作中时常与危险品形影相伴，她们就是

女子装炮队分配任务

谢小丽检查射孔枪

中油测井辽河分公司女子装炮队。

“装炮”是许多人都不熟悉的职业。在石油开采过程中，如果想打开地宫深处的油层，就必须经过这样一道工序——为射孔枪装配射孔弹，把高压火药压制而成的射孔炮弹固定在弹架上再安装进射孔枪身内。女子装炮队每天从事的就是这样的工作。

谢小丽是女子装炮队队长，从小谢到老谢，从意气风发到稳重干练的时光里，她把自己磨炼成了这片“危险园”里最需要的模样。2004 年，射孔枪装配队重新组建，当时的生产条件极其艰苦，没有装枪台，只能蹲在地上，依靠人力。谢小丽想了很久，觉得女同志细心谨慎的性格特质在工作中可以发挥重要作用，自己应该做那个领头人。于是，她带着几个姐妹加入了当时国内测井行业第一支以女员工为主要成员的射孔枪装配团队。

器物虽大，手中却是“绣花”的活，力有千钧，心中却系“毫厘”之事。这位“铿锵玫瑰”经常利用工余时间在车间苦练技艺，在上千次的重复练习中，铁屑常常穿透手套，刺痛双手，手套被磨坏了上百副。2009 年 8 月，谢小丽被任命为危险品管理中心女子装炮队队长。她深知，自己肩上的担子更重了。从那时起，她带领这支舞枪弄炮的队伍，保证安全生产“让危险品不再危险”便成为她心头最沉甸甸的责任和无悔的追求。

“干了半天了，大家都歇一会儿，疲劳作业会危险。”谢小丽说话的工夫，黑红的脸上已经淌下成串的汗珠，胸口上的汗也一串串渗进工服里。忙碌的工作气氛缓和下来，大家松了松一直绷紧的神经，有的回休息间喝水，有的依靠着操作台稍休息后才有力气离开。高悬头顶的烈日，吐着火，烧透了钢板房，姑娘们的红工服湿了干、干了湿，结出了一层层的白色盐花。“工房里面不通风，太闷了，像个大蒸笼，还是外面舒服，有风。”装炮员祝捷松了口气说道。雷管、炮弹、火药、导爆锁，每天与这些危险品打交道，始终处在危险工作环境中，她们却创下连续 20 年安全生产无事故的纪录；搬炮弹、抬枪身、日均 8 小时站立操作，她们创下连续 19 年装枪合格率 100% 的成绩。

从一个普通的装炮工到成为女子装炮队的领头羊，谢小丽最大的特点是边工作、边思考、边创新。“我总想在自己岗位上做点什么，即使不能带来行业的变革，只要能降低企业安全生产风险，能为我的队员们带来更方便的操作方法也是好的。”谢小丽带领队员们开动脑筋，从装配射孔枪使用的工具入手，全面开展创新创效活动，把先量尺再切割的工序完善成“量切同步”，大大地提高了枪弹装配精度和效率。此外她们还研制了盘根安装、高孔密射孔枪压脚等多项先进工具，并总结出提高传爆率、预防炸枪装配法等20多项作业经验。

20余载春秋，一万多个日夜，时刻铭记的是坚守，践行的是石油铁人的精神。20余载淬炼，从空旷的厂房到设施齐全的车间，从普通班组到铁人先锋号的团队，不曾停滞的是成长，追随的是石油铁人的足迹。20余载荣光，从默默无闻到自主管理标杆队，在荣誉与掌声中不断前行，铸就着危险园里的传奇，绽放着朵朵铿锵玫瑰。

功到秋实万物丰

“一场雨带来了戈壁滩的秋天，十月的风夹着枯草的香味，抚上鼻尖、划在脸颊，舞动了身上的红装。这个北风呼啸的夜晚，钻机的轰隆声震荡着整片草原，又是夜战，我们已习惯。”这是在外部市场施工的C4172作业队井口工范士鑫写下的日记，今晚他要随队伍来到苏东平台，开好班前会、明确岗位分工、严格操作规程。

厚实的肩膀，粗糙的大手，老范是这个队伍里出了名的“能干”，仪器车后舱的强光照得他的身影格外高大魁梧。单手扶着吊上平台的仪器，快速走到井口跟前，只见他稳稳地将上下两支仪器准确地对接在一起。弓着身子，一手扶着仪器，一手握着钩头，一圈一圈旋转着，一开始看起来甚是轻松，可越拧到最后越吃力，他拿起身后的仪器护帽，用力地敲击钩头的铁把儿，直到钩头再也不能前进一步才肯罢休。测试正常，仪器正在快速下井，这张朴实的面孔上才开始堆满憨厚的笑容。“苦干实干拼命干，石油工人就应该是这个样儿。”老范说道。抬仪器的时候，他总是自己抬粗的一头，其余两人抬另外一头，双手抱着仪器尾部，伴随着“哼”的一声低吟，一个流畅的上举动作，就把碗口一样粗的仪器一端稳稳地放在自己厚实的肩膀上面。秋季的夜晚本是清清凉凉的，但等到仪

射孔施工作业现场

器全部装上了车，汗水却早已沿着面庞成股流下，浸湿了他的衣衫。他习惯性地用手抹了一把满脸的汗珠，却将指间的泥垢涂了一脸。

在井上熬了三天，这支队伍完成了 3 口井 7 段带压射孔施工任务。“不是军人，但是我们有着军人的作风，令行禁止，哪里有需要我们就冲锋到哪里。”老范眼神坚毅地说道。刚刚收摊，C4172 作业队接到项目部任务通知，一早又奔驰 500 千米前往下一口井。“直井桥射需要多些准备工夫，有时从枪串下井到提出井口只有两个小时，但是前期和后续工作却需要一天时间。”他穿着一身洗得有点发白的旧工服，站在十月的阳光下面显得格外耀眼。

为了提升冬季天然气的保供能力，确保温暖过冬有“底气”，这支队伍迅速投身高强度生产任务，短短一个月内共完成 27 井次，桥射 16 段的射孔任务。

荒原踏雪唱豪情

这个冬天，降雪比以往少，但积雪依旧，体感温度比往年还要冷。除夕节前一天，C4168 作业队接到辽河油田大平台的施工任务，没有任何犹疑，队长贾卫东打电话联系确定施工方案，“队长，不能在家过年了，嫂子数落你了吧！”队员们边说边笑着，像上紧了发条一样，爬上爬下仔细检查仪器、车辆和物资，这次外出施工，为保障油田的生产进度，大家已做好了坚守准备。

万里征程万里行，测井人开启了春运逆行，“前车副驾驶，注意观察路况。”“一会到现场，好好勘查现场，看看是否满足要求。”一路上，老贾又开始他的“碎碎念”。“队长，你咋总这么爱唠叨。”操作员崔根嘟囔了一句。“我这心里总是放不下，就怕出现点什么小状况。”老贾挠挠头，憨憨地笑着，黝黑的皮肤显得牙齿白亮亮的。来到目的地，一下车，寒气扑面而来，口罩没几分钟就结了冰碴子，和哈气混为一体贴在脸上，眼睛是脸上唯一温暖的地方，但也得用点力气才能扒开睫毛上的冰珠子。

“时间就是效率”，哪些装备什么时候必须到位，哪些配件需要提前协调……每一个工作计划，每一项工作衔接队长老贾都要求精益求精。吊装井口设备、放电缆、连接仪器，大家铆足了劲地忙碌着，寒风一吹，冷入骨髓，脸上像被刀割一样。井场周围的树，一排排，落尽了所有的叶子，被风吹得呜呜响，“这天真冷啊，这么厚的棉手套都扛不住……”冬天的紫外线透过云层，寒光的映衬下，大家相互交流时“吞云吐雾”，呵气成霜。这口井是一口大斜度水平井，电缆连着仪器和爬行器，下放的过程中要保持“松紧适当”，这对绞车操作人员的技术要求很高。刘贤斌是名测井老师傅了，有些“真本领”在身上，“这可是个细致活儿，一不留心就容易出差错。”只见他边说着边死死地盯着绞车面板，手里不断调整着操作杆。井下的地质情况复杂，最常出现的问题就是

测井工人进行施工前准备

仪器下井后信号不好，返回的数据断断续续。为此，老贾准备了好几套方案，像“破案”一样，一个细节一个细节地琢磨，一道工序一道工序地摸排分析。问题一次又一次回到原点，一场又一场的“头脑风暴”，最终老贾终于抓到了“罪魁祸首”，加大了爬行器的供应电流，一切顺利，数据返回正常。

“看，咱们井场后面是个风电场。”操作员崔根说道。荒原上，传统能源和新型能源在这里撞了个满怀。“你们知道吗？咱们测井在新能源领域也是大有可为的。”低能耗、少污染、可循环、碳中和……这些网络上的热词像有条线连着，在老贾的脑袋里一拉就出来，“我们可以探测地层中的干热岩层，这样就能利用地热水进行供暖。”“在油田 CCUS 业务中，我们还可以对二氧化碳进行动态检测，这都是今后的发展方向啊。”老贾神气地说道。

越是艰难越向前，寒风中的辛勤劳作，荒野中的风餐露宿，测井人追求的脚步永不停歇。此刻的天空万里无云，阳光明媚，闪耀的红工衣更加鲜艳，测井人的内心里，总是藏着一把火，用全部的光和热温暖着万里山河。

弹指一挥间，50 多年过去了，石油人在这片湿地上竖起了一座又一座丰碑，在地层深处，业已搭建了无数条运输管线，每时每刻都在把号称“工业血脉”的石油，源源不断地输入祖国的“经济动脉”，祖国的发展，饱含着这片湿地不可磨灭的贡献。

铁人精神放射着璀璨的思想光芒，在一代又一代人身上不断传承，赋予这片湿地以空前的生机，使其不再是“地处海隅”荒凉冷僻之所，而成了一个让人萌生希望的理想之地。尽管发展的道路上自有九曲十八弯的艰辛，但出生成长于祖国发展最快、最好时代的这一代青年们，没有忘记父辈们的神韵，紧紧握住了他们手里的接力棒，上上下下成了各种力量的中坚。在广阔天地里，他们不断书写着“不畏急、险、重”“不怕苦、累、难”的故事，用激情迎接一场场挑战，用智慧攻克一个个难关，用实际行动践行铁人精神。

（中油测井公司　王　瑞　王　猛）

劈波斩浪赴油路　挥剑成河筑梦想

——中国石油技能专家张良成长之路

梦想这个词很奇怪，以梦开头，却要在现实里完成一切。梦想不会发光，发光的是追梦的自己。一场始于油城、植于油田的邂逅，让张良认识录井、走进录井。相逢盘锦，牵手长庆，放眼全国……让“长城录井”砺而弥坚、更富活力、更有朝气。

技校毕业的张良，历经三十余年勤学苦练，用努力、责任和担当，传承并践行新时代“铁人”精神，铸就了长城录井人的梦想与荣光！2018 年聘为中国石油集团公司技能专家，2021 年被评为盘锦市“兴隆工匠”，在勇闯油路的征途中，他如一位侠客，策马仗剑，开疆拓土，谱写了长城录井不朽的篇章和传奇！

十年铸一剑　霜刃未曾试

良好的家风是一个家庭最好的教育。工人技师的父亲和人民教师的母亲，用脚踏实地和恪尽职守的处事原则，影响并塑造了张良，给予他刻苦奋进、勇往直前的坚毅品格。

1988 年 7 月，初出校门的张良怀揣石油工人的梦想，走进井场、住进板房。艰苦的环境，曾让他一度后悔当初的选择。迷茫时想起父亲的话“没有轻松的工作，只有勤奋的工人”。对知识和技能的渴望以及对梦想的追求，让张良快速调整好心态，开始了录井生涯。

张良跟随工作经验丰富的师傅刘春友，无论做什么工作都请师傅边干边讲，然后央求师傅看着自己重复操作和点评指导；捞完每包岩屑后也总是喜欢拉着师傅虚心求教。每天对照自己上班时的工作查找问题，再找师傅交流心得，下班后把学到的知识记录在学习笔记上，过一遍“电影”才回宿舍。

一口井下来，与他一起毕业的同学在有模有样吸烟、喝酒、侃大山的时候，刘春友师傅却拍着他肩膀说：“良子，我这些年攒下的‘家底’基本都被你掏空了，待这口井完井搬迁后，我向中队领导建议再找个水平高的师傅带你了，就看你能不能把他肚里的货全都掏出来了！”

张良带着在头一口井学到的“技艺”笔记，转战到新井场后又“黏”上了新师傅冯树江。冯师傅有着二十多年的工作经验，井场上大部分岗位也都经历过，对钻井工艺流程了然于心。面对这样一座“宝库”岂能轻易放过，于是乎，他便开始了全天候“盘师傅”模式的求学之路。不管在地质房、钻台、机泵房，还是上下班、路途中，张良就像“万能胶”似的牢牢贴住了冯师傅，休息时也经常吃住在师傅家。就这样，张良成了全井场，甚至全中队的“大忙人”。

经过三口井的历练，张良走上了“地质大班”岗位，完成了自己职业生涯的第一次“跳跃”。7 月的盘锦大地骄阳似火，张良的“大班”旅程同样激情澎湃，火热滚烫。

虽然在新的岗位再不能像过去一样黏在师傅身边，但只要有闲暇和机会，张良就没有让他的师傅们消停过。自己遇到问题解决后要向师傅汇报，并刨根问底讨教更好的方法；平时碰到不明白的地方，也是“刨根问底拦不住”，做一个没有问题创造问题也要“盘师傅”的徒弟。

他把自己多年来学到的一大摞笔记本里的碎片化知识，以独有的方式整理出来，形成图文并茂的工作“百宝箱”，本队员工遇到问题基本都能在这个“百宝箱”里找到答案，甚至连其他小队的人也时常找他讨要“锦囊”。久而久之，那个老旧的百宝箱也变成了地质江湖上的“葵花宝典”了。

有了不断丰富的“葵花宝典”助力，在同学们还沉浸在“小班”或“大班”的岗位上安享青春的时候，张良已经完成了从“大班”到“技术员”的第二次“跳跃”。同时也牢牢锁定了下一个目标：成为“技术员”中的佼佼者。

“宝剑锋从磨砺出，梅花香自苦寒来”。张良用十年的时间完成了技术储备，夯实了业务基础。十年的成长之路虽多磨砺，但也有鲜花和掌声。这期间，他先后被评为 1993 年度辽河石油勘探局地质录井公司“双文明职工”、1994 年度辽河石油勘探局地质录井公司“优秀会员”、1995 年度辽河石油勘探局地质录井公司“优秀团员”和“青年岗位能手”，如愿成了“技术员”中的佼佼者。

人生须亮剑　初试露锋芒

十年铸一剑，一朝试锋芒。随着身份的转变，张良肩负的职责也随之转变。以前是开发井地质技术员，现在被委以重任长年担当探井、重点井地质技术员，十年勤学苦练沉淀的工作经验和技术储备派上了用场。

在重点探井欧 50 井录井过程中，张良直接将行李搬到驻井房，开启了全天候工作模式。24 小时、36 小时连轴转的桥段经常上演，与这口井一段时间的朝夕相处，张良逐渐摸清了该井的“脾气”，也将身边两名地质工培养成了“准大班”，小队在他的带领下，整体业务能力快速得到提升。

有了战斗力爆棚的队伍，打下几场漂亮的硬仗也就水到渠成了。在该井非目的层段发现油气显示，他及时停钻向勘探处汇报并建议钻井取心，勘探处听取张良的各项汇报数据后采纳了取心的建议。取心过程中，张良凭借从冯师傅那学来的技术知识，与司钻一道盯着指重表，取进、磨心、割心，最大限度确保取心收获率。最终实现取心进尺 3.00 米，心长 2.95 米，油斑显示 2.70 米，后经原井眼测试日产油 15 吨。设计目的层外的油气显示成功取心，并取得良好产能，他也受到了油田勘探部的表扬。

在区域重点井欧 607 井录井过程中，为了解决因摩阻较大造成的钻井工程施工困难的局面，采用混油钻井液钻进施工，油气显示识别非常困难。张良再次开启了全天候工作模式。通过一段时间的摸索，逐渐摸清了真假油气显示的识别、判断。在一套厚度 13 米的岩层中，他凭借过硬的业务技能和工作经验，准确分析判断上部 6 米为干层、下部 7 米为低产油层，其解释结果与后期电测解释结论一致，得到了油田开发处领导的称赞。

在兴隆台采油厂重点探井录井过程中，张良习惯性地又开启了全天候工作模式，在本井卡取完钻口袋时发现了油气显示。有人找到他说：弟兄们辛苦钻完一口重点井不容易，都想着早点完井，挣点时效奖，完钻口袋里的一点点显示后期测井一般也测不到，劝他定完钻得了。他对劝他的人解释：我们辛苦钻井为什么？作为录井人发现显示却不要！良心过不去，职业道德也不允许。在他的坚持下，最终本井连续加深 110 米，发现并解释油层 9 米、低产油层 60 米，获得了甲方的表扬信，大家都对他竖起了大拇指。

张良在专家工作室带领技术人员进行地质层位对比

登临钻塔眺辽河，荧光室中觅油气。张良凭借厚积薄发，几番亮剑辽河油区打出了“辽河录井”名号，让各甲方在重点井施工中纷纷点将他来承录录井任务。

不忘初心，砥砺前行。张良在又一个十年录井生涯期间，连续在2000年、2001年参加了录井公司及辽河石油勘探局技术表演赛并连获钻井地质工岗位第一名，先后荣获2001年度辽河石油勘探局技术标兵、2003年度辽河石油勘探局操作技能优秀人才荣誉称号。

所向披靡时　砺剑更生辉

伴随着鲜花与掌声，张良紧跟时代步伐，与时俱进，向着心中更远的梦想阔步前行。自2007年开始，为了适应市场需求，提升公司创效能力，录井公司开始推行水平井地质导向服务。在优选技术精英的过程中，张良又被点将了。面对全新的技术和服务模式，张良收敛剑气，以初学者的身份沉下心来投入学习实践中。第一批“吃螃蟹”的人肯定是最先品尝美味的人，也注定是最先体验“吃螃蟹”艰难的人。新的岗位带给他的除了动力外，还有责任与担当。张良凭着在地质技术员岗位上出色的工作能力和技术功底，很快掌握了地质导向的相关技术知识技能，再加上不服输、肯钻研的工作作风和新师傅的助力，张良在新的岗位上再次攀登上了新的高度。

第一次现场试验新技术服务时，张良提前给师傅倪有利打预防针：咱们师徒两个要保持全天候的通信畅通，任何时间段、任何场合都要畅通！到达现场后，张良习惯性地将行李搬到井场。落靶偏差，给师傅打电话；轨迹不理想，给师傅打电话；影响钻进速度，给师傅打电话；一切顺利，也给师傅打电话。第一周的试验阶段，张良和师傅倪有利一道度过了黑白颠倒的生活状态。

一周后，经过全天候工作模式的摸索，张良逐渐将水平井导向服务的关键技术和各节点的注意事项摸得差不多了。他又投入大数据分析整理工作中，从单井的几口邻井数据到区块的层位数据，再到区域的整体构造数据，最终将数据反映到单井、区块水平井导向建模中，形成对钻井施工的指挥和对甲方的数据支撑，逐项攻克。几口井的实践后，张良凭借对工作的执着和韧劲，在辽河油区打响了水平井导向的名声，甲方也将“重点井点将”平移到了“水平井点将”上。

张良将善于思考、勇于创新的工作作风应用到水平井导向技术、定量荧光分析和气体参数储层评价技术上，在判断物性含油性的好坏、水平段大范围调整轨迹的工作中大显身手。不积跬步，无以至千里；不积小流，无以成江海。在2008年至2009年间，凭借高超的导向技术与服务意识，打开了辽河油田高升采油厂、特种油开发公司地质导向市场的大门，将水平井地质导向服务在这两家施工区域全面应用，直接创效

80 余万元，为公司在辽河油区推广水平井地质导向技术服务夯实了基础。凭借在新技术市场的出色表现，张良连续两年荣获长城钻探录井公司标兵的荣誉称号。2009 年 8 月，他被聘为高级技师，走上了职业生涯新的道路。

有了长城录井特色技术的“剑锋所指，所向披靡”，录井公司将特色技术服务应用推向了外部市场。在大数据实时共享的支持下，导向团队有了充足的底气。遇到问题第一时间“会诊”，第一时间向甲方汇报，当机立断给出调整建议，极大提升了钻井时效。其中一些有建设性的，或存在争议的调整意见，在首轮井完钻后得到了全面的验证。第一轮水平井全部完井后，张良带着亮眼的首轮井导向数据向长庆分部、苏里格气田项目部专家和领导汇报了录井公司水平井地质导向服务项目实力，赢得了各方的高度赞扬和信任，一举实现了从第二轮井开始全面占领水平井地质导向服务市场。

自营区块的首战告捷，让张良的心里有了一丝丝“不安分”的冲动，将眼光看向长庆油区真正的外部市场。心动不如行动，张良又投入收集资料准备建模的工作中。但这次张良遇到了阻碍，各甲方都不愿提供地质资料。吃饱了闭门羹的张良终于摸清了门道，在一次与长庆项目部领导一道去采气三厂回访时，张良试探性地谈到了“水平井地质导向技术”的优势，见甲方领导和技术人员有点兴趣，张良感觉机会来了。他趁热打铁拿出了笔记本展示录井公司近年来在各地承担的水平井导向案例，特别是重点介绍了长庆油区长城钻探自营区块的成功案例，同时详细介绍了该项技术的工作流程和发展前景。这次“搂草打兔子”式的技术推介敲开了一家甲方地质组借阅资料的大门，张良团队非常珍惜这次机会，将区块地质资料抱回来详细研究了一番，精细地完成建模工作。再去甲方时就是非常正式的技术推介了，推介中有区块数据分析、有重点井得失点评、有下一步开发的建设性意见，还有与甲方技术人员的深层次互动。有了采气三厂这块敲门砖，张良顺势一路敲开了 4 家采气厂技术推介的大门，成功拿到了每家一两口井的试验性工作量。

首批试验井大放异彩。留了个心眼的张良在试验井施工工程中，就开始导向师的培养和“一人管多井工作法”的尝试，在一批导向师出徒和甲方对“一人管多井工作法”逐渐认可后，大放异彩的首批试验井也完钻了。张良前瞻性的人才储备和新工作法的成功，对大批水平井导向技术的应用起到了助力作用。

针对长庆油田传统“机械式”水平井着陆对于复杂水平井着陆造成工期延长、井深轨迹较差等问题，张良带领导向团队通过完结井数据的分析，大胆提出水平井软着陆探层、垂直对比技术及用局部地层倾角变化法指导水平段施工等多个创新方法，并用建模演示的方式向甲方技术人员展示，使得这套新工作法得以在水平井施工中应用，并取得了满意的效果。

随着天然气开发井中水平井地质导向技术的成功应用，各油气开发甲方单位纷纷向长城录井导向技术递来了橄榄枝。通过特色技术在长庆油区多年来的推广应用，各甲方对该项技术有了全新的认知，长城录井水平井地质导向服务在长庆油区打开了局面，同时也带动了常规录井市场的进一步扩大。目前长庆油区及国内水平井施工全部采用软着陆探层法进行水平井着陆，极大缩短了水平井施工工期，也提升了水平井的施工质量。

2010 年至 2017 年，长城录井在长庆油田共完成的 573 口水平井导向服务中，取得了 A 点一次着陆成功率 97.26%，平均储层钻遇率 90.66%，油气层钻遇率 88.79% 的优异成绩，直接创造经济效益 2865 万元，并通过水平井地质导向服务带动了常规录井服务市场，共新增了 600 余口井综合录井工作量，间接创造产值 9000 余万元。

仗剑闯油路　大侠未止步

成功的砺剑之路，也让张良时常有了“水满则溢，月盈则亏”的担忧。人才培养、技术进步、技术升级、技术转型……一系列潜在的问题若隐若现。

早在 2011 年长庆油区水平井大爆发的时候，张良即意识到，导向师的培养是能否占领和拓展市场的关键，想要“仗剑走天涯”，就必须做好准备工作。从那时起，张良就开始了人才储备工作。他和第一批开发长庆市场的团队成员，多了个“导向流动教师”的身份。他们轮流在乌审旗、定边、庆阳三个片区，对新导向师通过实战培训、集中培训、微课堂培训、小课件培训等方式进行培训提高。他制定了由浅入深、由点到面的培训流程，在收集邻井资料、绘制设计油藏剖面、预测油藏剖面、跟踪设计轨迹、修正实钻轨迹、编写完井报告等方面逐一开展培训。自 2015 年 5 月至 2018 年 5 月，与张良签订师徒合同的就有盖亮、杨尚德等 9 人。其中盖亮 2015 年被评为企业技能专家、杨尚德 2018 年 6 月被聘为钻井地质工首席技师。

“传道授业”既要“授业”更要“传道”。张良在将自身多年积累的经验和技术倾囊相授的同时，还将自己超强的责任心、担当意识及市场敏感度也一道“卖一送一”进行捆绑式传授。通过多年的努力，目前长城录井在国内外水平井导向服务项目中，活跃着一大批有技术、能吃苦、敢担当、讲奉献、比作为的导向师，他们也成为长城录井的一张张名片，带动新技术生产的延伸，擦亮“长城录井”的品牌底色。

付出终有回报。2018 年，张良被中国石油天然气集团有限公司聘为钻井地质工种技能专家，这也是长城钻探迄今为止钻井地质工种唯一一位技能专家。站在更高的平台上，责任和压力也随之而来，面对新的挑战，他的选择是以此为起点向着更高的目标去攀登，去创造新的辉煌。

2019 年，“张良技能专家工作室”挂牌。工作室坚持全过程参与，关键环节跟踪，反馈与改进闭合管理，建立技术经验交流平台，发掘总结现场创新成果、绝技绝活、特色生产工艺等亮点，切实推动新技术、好成果在现场落地生根。同时，推广地质导向、核磁录井、元素录井、连续轻烃录井等特色录井技术进入长庆、四川等多个市场，为叫响“长城录井”品牌做出积极贡献。

几年来，工作室围绕地质录井、仪器录井以及地质综合导向三个方向，立足辽河、长庆、四川等国内外市场，工作室成员足迹遍布长庆、四川等 14 个地区，推广科技成果 24 项，累计解决生产难题 43 项，其中集团级难题 5 项，完成标准规范制定 3 项，获得国家专利 5 项；孵化高技能人才 40 余人，创效 3000 余万元，为生产排忧解难的同时带动技术进步，为录井公司高质量发展提供坚实保障。

张良以培育高技能人才为己任，发挥技艺传承作用，结合技术研发和现场需求制定培训计划和方案，依据综合型人才、专项技能人才、基础人员的分类，开展专题讲座、导师带徒、技术交流等多种形式的培训，与网课结合开展巡井微培训，与技术攻关结合开展专业拔高训练，不断加快各级人才技能成熟步伐。创立了成熟的培训项目 28 个，编制经典课件 46 个，累计培训时长 1431 课时。仅 2022 年，工作室就培育探井地质师、导向师等 30 人，达到当年录井公司培育的关键岗位人员总数的 23.6%，为培养录井英才提供坚实保障。

2023 年，技能专家工作室扩充到 18 名成员，下辖仪器录井、地质录井、地质导向、定向服务、特色技术、仪器开发等 6 个专业组。

在石油钻井录井行业，守正创新是永无止境的攀登，技术进步是没有尽头的天梯。心怀善美，梦不止息。张良的路在远方，长城录井的路在远方……

人无精神则不立，国无精神则不强。精神的传承无穷无尽，精神的力量生生不息。“铁人精神”是激励中华儿女奋勇向前的精神源泉，是黑暗中为我们照亮前行之路的灯塔。

张良说，他始终牢记铁人王进喜的故事：他们用怒吼战胜苦难重重，推倒精神的巨山，发出浑厚的浓重的豪言壮语：“宁肯少活二十年，拼命也要拿下大油田。”

录井大侠张良，就是无数英勇“铁人”中的一员，是榜样的力量。他们撑起了祖国的大半江山，他们变成一根根钢钎嵌入历史的页码，他们深邃的目光化成一眼眼丛式井，抵达地幔，他们是名词，他们是标志，他们是楷模……

（长城钻探工程公司　张　鹏）

第二章

西行战纪

风从玛湖来

在祖国版图的西北角、新疆准噶尔盆地西北部广袤的戈壁下，蕴藏着目前世界最大的砾岩油田——玛湖油田，它因玛纳斯河尾闾盐湖而得名，拥有10亿吨石油地质储量。

2023年6月底，玛湖油田是这样的壮观景象：夏风阵阵，戈壁滩上十几台井架豪迈雄浑地直插云霄，地下管线成网，地面油井成排，“磕头机”星罗棋布，崭新的道路四通八达，在这6800平方千米的土地上，石油钻井人传承着铁人精神，正演绎热火朝天的奋进战歌。

缘 起

从前的玛湖人迹罕至、荒凉孤寂，路也不好。2011年，西部钻探克拉玛依钻井公司上钻玛131井时，走的是俗称“搓衣板”的沙石路，掀起的尘土在车内弥漫，让人无法呼吸。次年3月，就是这口井获得工业油流，拉开了玛湖地区整体勘探序幕。

专家们一致认为，这口井对玛湖的意义，不亚于黑油山1号井对克拉玛依油田的意义，形容它像一枚关键的棋子，走出了困局，带来了希望，坚定了石油人在玛湖寻找大油气藏的信心。

沉寂的戈壁被唤醒。此后几年，克拉玛依钻井公司在玛湖上钻多口新井，逐步摸清了玛湖油田的轮廓。随着众多油藏被控制与探明，玛湖油田由勘探转向开发，产能建设同步展开。

风沙大？不怕！道路差？不怕！太荒凉？也不怕！人在、井在、事在、心在，钻井人一直保有找油找气的强大信念。从2017年3月起，西部钻探携带专业技术装备的钻井、压裂、试油等施工队伍汇聚玛湖地区，打响了一场规模宏大的产能建设会战。作为油田主力军的克拉玛依钻井公司全力配合，挑选了设备新度系数高、以往业绩优、管理能力强、甲方评价好且具有水平井施工经验的队伍上钻玛湖，在荒滩上“安营扎寨”。

“你们昨晚打了多少米？用多少的泵压？密度多少？”

“地层有些不稳定，有一段泥岩不好打，你们注意点儿。”2017年3月底的一天，

西部钻探克拉玛依钻井公司玛湖零下 40 摄氏度里的钻井人

两个人的对话打破了清晨的宁静。此时，春风吹过玛湖玛 131 井区（玛湖油田被划分成了若干个小区块），冰雪融化的速度加快。

说话的杜合功和扬金凡是两个井队的技术员。他们交谈的时候，背后两部高高耸立的井架成了背景板，像手拉着手的“双子塔”。塔上是轰鸣不停的钻机，塔下是两个队伍上钻新区块的谨慎与忐忑。

他们打的都是水平井，先后隔了 4 天开钻，相互“取经”成了家常便饭。在那个春天里，对石油充满感情的他们肩并着肩，在“双子塔”下一同攻坚克难、忘我拼搏。

“对待玛湖，我们始终是谨小慎微的。”时任克拉玛依钻井公司第四项目经理部党支部书记的田林海说。

同一时空，在距“双子塔”60 千米的玛 18 井区，70209 队经过 53 个小时的奋战，终于把油层套管顺利下入井中，安全固井，为这口井画上了圆满的句号。

这是一口带导眼的水平井，先打一口定向井，确定油层位置后回填，再侧钻，然后按照水平井工序完成后面的施工。

“难。”技术员岳志鹏评价说。按照原设计，这口井只需在指定位置定向、造斜，再增斜稳斜即可。但在实际施工中，为了寻找油层，不得不多次调整井身轨迹。幅度最大的一次由 88 度增至 92.7 度又降到 88 度，这样一来，造斜点以后的 1600 米轨迹，就如一条在油层中起伏的波浪线，给钻井施工带来很大挑战，主要表现在井控风险“大”、钻时“慢”、提下钻“难”。

岳志鹏说：“这口井一共出现过三次溢流险情，但都被很快地控制住了。”他和同事们经历了一个个漫长的不眠夜晚，一次次反复论证和修改施工方案，对风险进行了足够的预判，做出了巧妙的应对措施，最终顺利完井，在与油藏的对阵中赢了气势和风采。

这一年，克拉玛依钻井公司 26 台钻机攻坚啃硬，进一步揭开了玛湖油田的神秘面纱。11月底，新疆油田公司正式对外宣布，玛湖地区发现储量规模10亿吨级砾岩油田。“再造了一个克拉玛依油田。”当时，专家评价说。

当年冬天，20多台钻机打破克拉玛依钻井公司“冬休惯例”，在玛湖零下40摄氏度的寒风中坚持越冬生产，一共完井28口，打进尺14.41万米。创造了最长水平段、最大井斜第一口三维绕障中深水平井、最大爬坡角度、首口不下技术套管井和采用套管滑套试验井等玛湖“四最”。

激 战

玛湖油田的发现，是我国石油勘探近十年来在凹陷区砾岩油藏勘探的最大成果，既奠定了我国在这一新领域的领先地位，也使准噶尔盆地成为国内增储上产的主战场。

2018年6月，集团公司党组着眼于保障国家能源安全、支持新疆稳定发展的战略大局，成立了集团公司玛湖和吉木萨尔地区勘探开发建设现场指挥部，加快两个地区整体勘探开发，助力新疆地区上产、国内原油稳产。

玛湖大会战打响，克拉玛依钻井公司责无旁贷，各参战队伍斗志昂扬，以“宁可少活20年，拼命也要拿下大油田”的铁人精神为鼓舞，势必要把“油龙”从地宫“牵”出来。

“把玛18的平均工期拉到90天之内，把玛131的平均工期拉到70天之内，是我们接下来的目标。”田林海说，除了把井打成，还要打好、打快。

西部钻探克拉玛依钻井公司玛湖会战

因施工严谨、敢打硬仗著称的50217钻井队就是这时上钻了玛湖示范区的平台井。“示范区”，顾名思义，就是要做到最好，打出样板。

党支部书记王传红有33年的钻井经历，风霜都刻在了脸上。他知道接下来将要面临一场“大考”。

“既然下决心打出个样子，就得先学习。”向外他了解最新指标，学习先进经验，向内挖潜力、练内功，一个层位一个层位抠设计，定措施，脚踏实地，专注施工，要做一名合格的“考生”。

“中完钻井周期13.55天，怎样才能把它缩减到10天以内？”每一阶段完成后，他都会对施工数据进行分析和总结，让每个员工都知道快在哪里、慢在哪里，哪里做得不足，哪里还有待提高。

平台井实行工厂化作业，目的就是提高开发效率。当时，队上有一口井完井时间是在下午，要用井架平移装置把井架滑动到新井上，但按照规定必须白天才能进行平移作业。

“夜里行不行？”王传红的脑海里蹦出新念头。他召集大家做足了安全准备，当天伴着夜色，仅用3小时就安全完成了井架平移工作。他的这次大胆尝试开创了玛湖夜间平移井架的先例，也首次在玛湖创出了当天平移、当天安装、当天开钻的“三个当天”纪录。

经过计算，利用钻机平移装置能在不拆井架底座、顶驱、不甩钻具的情况下，把钻机滑移到新井，一口井可节约搬家安装时间5天以上。

新井开钻时，清澈的阳光洒在辽阔无尽的戈壁上，雄浑而壮观。王传红透过高大的井架望去，玛湖油田像海市蜃楼的幻影飘浮在眼前，时隐时现。

在玛湖打井要想快，就得克服地层可钻性由南向北逐渐变差，细砂砾岩机速慢，容易井塌、井漏、溢流，施工周期长，工程成本高等难题。

有一口井，因地层承压能力低，在不同井段发生了3次井漏，最严重的一次持续了近40小时。

那时，王传红眼里的天空灰暗低沉得一如他的心情。他与年轻的技术员李军、陈明璐一起吃住在井场，盯在钻台，跑在罐区，守在井口，不沾床，不合眼，大家各尽其责，配钻井液、加重、加堵漏洞材料，在最短的时间里制止住了复杂，扭转了局面。那一刻，脏污的工衣，龟裂的嘴角，黝黑的面庞，彰显了他们的倔强与坚持。

不畏难、不服输，他们一次一次刷新由自己创造的纪录。3口井接连打出1510米、1563米、1582米的区块最高日进尺纪录。到2018年11月14日，当年安全实现“5开3完”，年进尺17284米，位列克拉玛依钻井公司第一，平均钻机月速度3062.73米/（台·月），较区块平均水平提高94%，用实实在在的数据为其他参战队伍做了榜样。

“快进”

玛湖，因古老而显得悠久；因博大而显出辽阔。而这种悠久和辽阔，穿过了绵长的历史时空，同样呈现在钻井人的眼前。

50574钻井队的MaHW2049井就坐落在这空旷的戈壁上。井场布满了粗砂和砾石，钻台上，变形金刚般的液压大钳钳住了钻杆，飞快地上扣，要把它送入地层深处。

刚来3个月的外钳工马健，第一次来到玛湖看到这片钢铁森林时就被震撼到了。机器的轰鸣好似万马奔腾，让这个热血男儿迫不及待地加入这场夺油上产的战斗中来。

厚重戈壁下蕴含着丰富的宝藏，钻井人盼来了玛湖开发的大场面。然而，玛湖所布超深水平井致密砾岩物性差、埋藏深，要想尽快把油从地底下拿出来，并不是一件容易的事。

为了加快玛湖的勘探开发步伐，克拉玛依钻井公司坚持创新驱动，采取超常规举措，建立了具有玛湖特色的致密油开发新模式，为开发按下“快进键”。

创新之一是钻井技术，指的是在玛18等井区实施的更具攻击性的钻头+旋转导向工具，在玛湖1等井区推广使用的油基钻井液。这些技术的采用，使玛湖综合钻机月速度较上年提高了37%。

创新之二是“中完专打”，在玛湖打井，大载荷钻机是必备，但大规模上钻使大钻机资源明显不足。为缓解矛盾，克拉玛依钻井公司运用“小钻机打中完+大钻机打三开”的组合方式，投入23台中型钻机实施“中完专打”，累计完成进尺28.76万米。

除了抓好统筹组织、生产运行和技术攻关，按下“快进键”的另一项举措就是为井队配备先进的设备和装置。

因此，西部钻探第一套动力猫道、第一套“铁钻工”、第一套钻井平台“铁架工”陆续进入玛湖的井场，以“标准化、专业化、机械化、信息化”为施工作“加持”，以提高钻井速度。

在50071队井场，动力猫道将钻具从地面送上钻台，机械手把它接过推至井口，液压吊卡坐稳卡紧，铁钻工上扣，一根钻具随即入井。

启动、转向、制动……内钳工艾斯卡尔·斯迪克已经熟练掌握了钻台机械手和铁钻工、动力猫道的操作。依靠便携式操作手柄，钻工们变身操作手，让自动化装置平稳、有序地完成各项任务，如此科幻感十足的操作让钻井施工变得更加安全、更为舒适。

戈壁滩上，春秋狂风肆虐，一碗饭菜一层沙；七、八月钻台就是“铁板烧”；冬天严寒、酷寒、极寒，冷的级别一个比一个高。但是自动化装置运行以来，大家的工作环境和劳动强度得到了改善和降低，受到了员工们的喜爱。

22 岁的张坤是净化工，干钻井两年。趁着提下钻净化设备暂时休息，他就跑到钻台上，远远看师傅们拿遥控器操纵机械手和铁钻工工作。他说，这些场景只在与同学交流的视频中看到过。

除了动力猫道和钻台上的液压吊卡、机械手等诸多自动化设备，队上还有西部钻探第一套自动称重加重装置。

大班唐礼俊打开小巧的控制箱，把它与加重立罐相连，在控制箱面板上输入需要的重量，按下确认键，装置就开始自动计量入井的重粉重量。“它计量精准，误差不大于 20 公斤。”唐礼俊说。

“推进‘四化’以来，我们队打井的能力、速度、员工的操作水平都得到了提升。”队党支部书记程开国说。

在自动化装置的帮助下，他们在 MaHW6104 井以 61.08 天创区块中深水平井最快施工纪录；同平台上的 MaHW6234 井、MaHW6235 一共用时 168.3 天完成，刷新区块同类型平台井最短纪录；还成为当年新疆油田第一支年进尺突破 1 万米的钻井队。

高大的井架、巨型的设备和钻井工人火红的工衣，在玛湖灰褐色的戈壁中更显得鲜艳夺目，他们给这里带来了生机，也在这里创造着奇迹。

有一组数据显示，2015 年到 2018 年，克拉玛依钻井公司在玛湖的进尺由 6.2 万米增加到 63.7 万米，钻机月速度由 1150 米 /（台・月）增加到 1603 米 /（台・月），钻井周期由 141 天缩短到 90 天，打井速度实现了质的飞跃。

西部钻探克拉玛依钻井公司玛湖提速进行时

“联姻”

玛湖油田的确是一块风水宝地。据石油地质专家介绍，产自玛湖地区的环烷基原油，储存于2.5亿年前沉积的砾岩地层之中，全世界产量极为稀少，约占原油总产量3%，被视为原油中的“稀土”。以它为原料炼制的大比重航空煤油和超低温润滑油，主要用于航天和其他高新技术领域。玛湖油田全面建成投产后，可以保障国内特需油品持续供给。

那么，开发的脚步能不能再快一些？

尽管从2016年以来，玛湖开发通过直井转水平井，并采用长水平段、平台式布井、工厂化作业的开发方式，速度飞跃，但钻井人并不满足于已经取得的成绩。2019年，克拉玛依钻井公司确立了“集中优势力量、靠技术和管理赢得效益”的施工总体思路，“一队多机”的管理方式因此而诞生。

“套管下得顺利吗？这口井能不能继续破指标？”2019年6月10日，赤日炎炎，井场没有一丝风，正在下中完套管的70007队党支部书记余继东在接到项目经理部的电话时，给了一个肯定的答复。

出生于1980年的他，中等身材，戴一副眼镜，受21年戈壁风沙洗礼，在大家眼里长得有点儿“着急”。

年初，克拉玛依钻井公司任命他为“区域队长”，在玛湖实行“一队多机”管理，最多时要管着70007、70002、40676队3台钻机。余继东下决心不但要干好，还要干出彩。

玛湖的夏天是“烧烤天”，大家都说自己和烤肉只差一搓儿孜然和辣椒面儿的距离。在这样的天气里，困难比余继东想象的还要多。

第三台钻机在接手井架和设备时，因为井场搬了两次家，全队没有人干过70电动钻机，交接单位只派了一名副队长在场，让征战井场21年的余继东无从下手。

另外，经过仔细检查，他发现钻井液罐设施不全，海底阀全部锈死；固控设备不能满足水平井施工；安全设施与公司标准不一致；特殊的钻井泵根本没有配件；特别是底座、“人字梁”严重变形，一个“人字梁”的销子，钻工们用短钻铤做成的游锤生生砸了两天才完全砸进去。要改造电路，要改造钻井液罐，要更换钻井泵，事多且细，都十分要紧。

在这期间，余继东因为连续几天没休息好，扁桃体红肿发炎，说不出话了。上医院，医生建议他住院把扁桃体摘除，他只回了一句：“我没有时间。”输了两天液，带着药就上井了。

最后，经过12天不分昼夜的战斗，这台钻机一次性通过甲方验收，顺利开钻。至此，余继东开启了“一队三机”的模式，经过短暂的磨合，队伍运行平稳，一切都在往好的方面发展。

余继东工作任务重，连续3年在玛湖过春节，回家的日子屈指可数，无暇顾及家里的一切。其实一开始，余继东妻子并不支持他干区域队长，但他并没有动摇。妻子说，每次视频通话，看到他疲惫的样子就觉得心疼，只能匆忙说几句话就挂断，好让他多一点休息时间。

这一年，余继东的队伍在玛湖这个熔炉里不断接受挑战和磨炼，持续实现新提高、新超越，十分给力。“一队三机”全年共开钻17口，完井14口，总进尺突破52358米。有两台钻机年进尺突破两万米，一台还实现了“6开5完”，实现了玛湖历史性的突破。

在这里奋战的人们都能感受到，经过几年的探索与总结，玛湖已经形成了富有特色的开发经验，一套成熟的钻井模式正款款走来。

像余继东这样进行的被大家称为“联姻队”的“一队多机”管理模式，就是以“队伍共建、工作共谋、资源共享”为主线，通过单队带动区域、区域带动整体，提高了班组的独立作战能力。最多的时候，这种模式同时在克拉玛依钻井公司13组27支钻机队伍中运行，完成总进尺67.85万米，平均施工效率较其他队伍提升22%；创日进尺、钻井周期、建井周期等区块纪录46井次，为玛湖产能建设的完成做出了突出贡

西部钻探克拉玛依钻井公司钻井队在玛湖施工

献。时至今日，这种模式在吉木萨尔页岩油得到复制，效果明显。

在玛湖开发中，克拉玛依钻井人以铁人为榜样，发挥“有条件要上，没有条件创造条件也要上”的艰苦奋斗精神，用智慧和汗水铸就起了“玛湖梦”。

这些年，玛湖钻井平均深度由4969米增加为5273米，平均钻井周期却由133天下降至76天。50071钻井队队长康洪华说：“刚来的时候，我们在玛湖一年只能打两口井，后来实现了‘7开7完’，创造了玛湖有史以来的最好成绩。”

新的征程

如今，全长117.37千米的玛18井区至夏联站油田公路和玛湖1井区至大沙河油田公路、陆梁至夏子街油田公路早已全面通车，将玛湖各井区紧密连接。车辆行驶在崭新的公路上，人们不再受简易砂石路的颠簸之苦。由数千钻井人开发建设的玛湖10亿吨级砾岩油田，正在快速隆升。

又是炎夏时，风从玛湖来。骆驼刺嫩绿的枝条在风中摆动，日落时分，广袤的戈壁愈显苍凉。在这片土地上，热血的钻井人向地下油藏宣战，他们的心中始终激荡着奋进之歌，即便要面对40℃的酷暑和－40℃的严寒，依然一往无前，不可阻挡。

在玛湖，石油钻井人仍然大有可为，也将继续大展身手。

（西部钻探工程公司　侯红丽）

西部钻探克拉玛依钻井公司钻机在玛湖夕阳下的场景

揭开“地下珠峰”的面纱

物探，就是给地球做 CT，捕捉地下地质目标。地下目标十米百米好做，可千米万米呢？

中东，地球石油资源宝库，普遍埋深 100—400 米。

大庆，我国石油工业摇篮，普遍埋深 1000—2000 米。

而塔里木，一般埋深 3000—5000 米。随着地质认识的深入，塔里木不断打破油气资源埋深之极限，6000 米、8000 米、甚至 10000 米。

塔里木石油勘探，被称为世界级难题；而超深层勘探，更是难题中的难题。

征服“物探珠峰”

20 世纪之交，塔里木获得克拉、迪那突破，国家“西气东输”工程上马。可此后库车山地勘探却长时间陷入沉寂，6000 米以下再无突破。

不信命、不信邪，矢志找油的物探人瞄向更深层。

然而，物探面临着高陡构造、高大倾角、埋藏超深等难题，不管是照相还是做 CT，都好像泥牛入海，没影了。

推倒重来，推墙入海。东方物探人采取革命性措施，猛攻库车山地。五支地震队齐刷刷冲了进去，宽线实验、大组合实验、宽线 + 大组合实验。一步一个脚印，消灭了资料空白区，一级品率由不足 20% 提升到 85%，变化翻天覆地。前后 5、6 年攻关，终于在 2005 年收获深层第一个“金娃娃”——克深 2 气田，我国第一个万亿立方米天然气大气田。这一突破，打破了 6000 米以下难有突破的传统认知。

此后，库车山地勘探不断突破，大北、博孜，纷纷收入囊中。

2019 年中秋 1 井突破，埋深超过 8000 米。塔里木油田决心整体解剖秋里塔格，部署了秋里塔格三维，西秋、东秋、中秋三块三维。东方物探公司两支队伍承担了这项艰巨任务。

然而，这里山峰陡峭，断崖林立，垂直落差超过 600 米，是名副其实的刀片山、无人区，被称为“黄羊和雄鹰都到不了的地方”。西秋 1 井区近千平方千米只能修建 8 个直升机停机点、2 个住宿点。山脊最窄处，只能容下一只脚。

“干过难的项目，没见过这么难的项目。”很多季节工到工地一看，扭头就走。

工区沟壑纵横，没有路，大型机械化设备和物资无法到位，247队副队长熊建华主动请缨，承担起探路修路任务。他带领4名飞虎队员，冒着随时可能塌方的危险，钻冲沟、淌泥潭、攀断崖、勇闯堰塞湖，历时4天，攀爬11个断崖、翻越16座山梁、徒步40多千米，终于探明了道路。紧接着，又带领近百名队员、数十台设备，奋战21天，打通了横贯工区的“生命大通道”。整个施工期，仅西秋1三维修路就达176条，使用钢钎6万多根，布设大绳16万多米，总长3500多千米，相当于从库尔勒修到了北京。

地面的路通了，可在秋里塔格之巅，那是连“天路”都修不到的地方，所有物资都需要直升机空运。为了完成施工任务，钻井组长周四奎和两名队员空手攀爬了5个多小时，来到山顶，修好住宿点和停机点，靠着空运的物资安营扎寨。飞机成本高昂，为了节约用水，周四奎和队友把洗过菜、洗过脸的水留存下来洗手洗脚。就这样，在南疆酷热的5—8月，他们在光秃秃山顶一干就是100多天。

克孜尔水库面积30多平方千米，一直是地震资料空白区。队员们解放思想，创新组织，从渤海之滨运来海洋气枪震源船和水上采集设备，实施“海、陆、空”装备联合采集，获得了塔里木首条水域剖面。

物探队员们自豪地说，我们是打着“飞的”上下班，乘着轮船把活干，坐在云端看风景。

绝壁走天梯

3 年攻关 4 个项目，塔里木物探人成功站上了秋里塔格之巅，战胜了物探界“珠穆朗玛峰”，以油气勘探新发现为塔里木油田加快落实秋里塔格构造带赢得了主动。

突破“交织带”

塔克拉玛干大沙漠，号称“死亡之海”。法显《佛国记》描述为：“上无飞鸟，下无走兽，唯死亡枯骨为志。”

1983 年，物探人从国外引进先进装备和技术，一举挺进塔克拉玛干大沙漠。历时三年完成了九横十纵大剖面，取得了塔里木“三隆四坳”的整体认识。塔北和塔中两大构造，成为塔里木找油找气的福地。

库车山地超深层的突破，让地质家们瞄向了沙漠超深层。2018 年，位于塔北、塔中两大构造交织带的富满构造被锁定。10 月，塔里木油田公司一次性部署 4488 平方千米的三维地震。这是塔里木勘探史上面积最大、难度最高的一次部署。然而，这次勘探目的层在 8000 米以下，避开风季，施工窗口期只有短短 5 个月，设备仅有三分之一，人员缺口一半以上，工作体量达到往常 3 倍，这几乎是不可能完成的任务。

东方物探公司党委成立由公司领导挂帅的项目领导小组和四个工作组，选派最过硬的队伍、集中最优秀的专家、采用最先进的技术、投入最精良的装备保障项目。人员设备不够，先从北疆、青海、吐哈近处调配，再从大庆、华北等远处抽调，还不够就从加拿大、沙特阿拉伯飞运。50 多万道检波器、1000 多台套运输设备，8000 名队

陆地、水域、空中协同完成中秋三维项目采集

员短短半个月就从国内四面八方和海外星夜兼程汇聚塔里木。

塔里木前指优选 3 支精锐队伍，分别挺进塔中、富源、果勒东，仅用一周时间就完成人员、设备集结。在千里沙漠，物探人开展“大干 5 个月，奋进创一流”主题劳动竞赛活动，实行甲乙方、前后方、工程地质、生产装备、党政工团五个一体化管理，汇聚起一家人、一盘棋、一条心、一起干的强大合力。

为保证质量和进度，物探人投入大载荷无人机、北斗独立激发系统等新装备；强化“工序负责、自证合格、全面校核”质量方针，钻井口口录像、放线道道拍照、采集炮炮分析，精准布设每一个点位，精心埋置每一个检波器，精细管控每一道工序。为了避开地下管线，地球物理师温中涛带领 13 个小组，历时一个月，累计步行一万多千米，实测 1700 处障碍物、管线 4800 千米，他自己就穿坏了三双胶鞋。

12 月的塔克拉玛干，滴水成冰，气温降到了零下 30 摄氏度。钻机的水管、水泵都被冻成了“冰疙瘩”，每天作业前设备预热就需要一两个小时。照此下去根本不能按时完成任务，副处长董刚紧急赶赴前线，带领技术人员一头扎进现场，一干就是 20 多天。他们紧急研发钻井泵预热系统，改进钻具和钻头工艺，使钻井效率提升 1.3 倍，以前一天只能打 10 多口井，现在能打 30 多口。

热火朝天的塔河以南，三支队伍同时作业，常常因为彼此信号干扰造成“重炮”现象。传统的分时段施工、轮流生产虽能避免“重炮”，可是有效采集时间也被硬生生分割，队长们急得团团转。针对这一问题，装备专家黄磊研发了“防重炮”系统，在最短的时间内赶到施工现场，完成现场应用，实现三支队伍同时生产，使效率提高了 9 倍。这一应用也解决了困扰物探多年的难题。

2113 队沙漠营地

春节期间，1万多名物探队员在工地坚持生产。三支队伍竭尽所能地改善生活条件，购买充足的牛羊肉、水果、饮料。塔东2没有通信信号，队上铺设了40千米光纤，让队友们看上了春节联欢晚会，联系上了家人。2113队队长董志伟连续17个春节在沙漠里度过，他说：“以前是儿子盼着我回家过年，现在是孙子盼着我回家过年，盼了一年又一年。”除夕联欢，他和队员们一起高唱《我为祖国献石油》。大年初一天还未亮，他又带着队员来到工地，用震源的高效生产庆祝新年的到来。

与困难较量、与风沙赛跑、与时间竞速，历经130天，物探人圆满完成超深层攻坚战野外资料采集，跑过了风沙，跑赢了时间，跑出了塔里木“加速度”。

处理解释大会战

前方地震采集攻城拔寨，后方处理解释会战紧急展开。2020年2月，碳酸盐岩圈闭及井位会战打响。这次会战涉及4大区域、4000余平方千米，数据体量是以往的3~4倍，而处理周期却不到往年的一半，尤其是对资料精度要求极高，不仅要对8000米以下三四十米的地质构造体进行空间预测，还要靶向提供钻井井位，如此充满挑战的项目全球罕见。

当时，正值武汉新冠疫情封城、全国疫情蔓延时期，许多地方都按下了“暂停键”，人员被困在外地，队伍无法集结，会战无法展开。困难面前有我们，我们面前没困难。人员不足，塔里木前指积极与疫情防控部门沟通协调，两次点对点包机，380多名生产骨干及时返岗，率先复工复产。设备不足，公司总部与浪潮集团合作，在塔

奔跑的采集作业队员

里木建立起首个高性能计算中心，使大数据处理能力成倍提升。

封闭的那段时间，广大科研人员以“5 + 2”“白 + 黑”的奋斗姿态投入战斗，吃住都在办公室，人员两班倒，人歇机不歇，所有处理机、工作站 24 小时不间断运行。台盆区碳酸盐岩开发室副主任但光箭，搬起行军床住进办公室，一干就是一个月。单位与家仅仅一墙之隔，但他却一次都没有回去过，与孩子视频通话成了但光箭最放松的时刻。在大家的不懈努力下，处理解释会战提前 3 天完成了任务，发现和落实圈闭 38 个，为油田增储上产打开了新局面。紧接着，又趁势而上开展博孜北、克深 5 西、塔河南资料处理解释会战。

四年来，塔里木物探人完成地震勘探采集二维 5500 千米，三维 1.5 万平方千米；解释二维 50 万千米，三维 28 万平方千米。发现圈闭 382 个，提供井位 783 口，助力塔里木油田取得满深 1、轮探 1、博孜 9、甫沙 8 等重大突破。

携手攻坚铸辉煌，精诚合作创一流。两轮会战三年攻关，物探人与油田研究院紧密配合，在塔河南、库车地区取得重大油气勘探成果，富满 10 亿吨大油田、库车两个万亿方大气区横空出世，富满 1、富满 3 等一批千吨井喷涌而出。

找油报国，使命必达。塔里木物探人将始终牢记习近平总书记 2023 年春节前视频连线慰问塔里木一线石油员工重要讲话精神，始终牢记殷殷嘱托，勇担找油找气使命，在攻坚超深层的征途中，站排头、当先锋、做表率，持续展现物探担当，贡献物探力量。

（东方物探公司　袁镜武）

党旗所指，就是胜利所向

天山北麓谱写冰与火战歌

50585 队承钻的 JHW4001 井搬家现场

吉木萨尔是我国首个国家级陆相页岩油示范区，位于新疆天山北麓东端，紧挨素有“孤城天北畔，绝域海西头”之称的唐朝西域重镇北庭。这里受温带大陆性气候影响，冬季长而严寒，最低气温达零下 40℃左右；夏季干燥炎热且紫外线强，最高气温可至 42℃。自 2018 年进入规模开发以来，西部钻探公司 100 余支队伍、近 4000 名干部员工坚定“我为祖国献石油”的理想信念，立足新疆油田 5000 万吨产能建设、吐哈油田“产能再上 300 万吨”目标，苦干实干、攻坚啃硬，在保障国家能源安全实践中继承、弘扬、续写的铁人精神、玉门老区精神，激荡起加快建设世界一流工程技术服务企业的强大动能。

伴随着一口口发现井、高产井的诞生，吉木萨尔页岩油勘探开发区域年均提速15%以上，规模扩展了近10倍，已探明储量超过10亿吨，年产量突破50万吨。

冬破冰封三尺寒，夏斗黄沙百日炎；天山脚下擒油龙，誓为钻探谱新篇。翻开赵凌“载满”生产纪实的笔记本，尾页写有一首名为《冰与火战歌》的打油诗。他说，这是吉木萨尔作业区“找油人”的真实写照。

零下“40℃+”首战“红旗区”

2018年10月，中国石油着眼保障国家能源安全、支持新疆稳定发展的战略大局，决定加快吉木萨尔凹陷页岩油整体勘探开发进度。同年12月15日，吐哈钻井公司按照西部钻探总体部署，调派3支人员、设备精良的队伍奔赴吉木萨尔页岩油市场，支援新疆油田冬季生产大会战。而赵凌带领的50585队就是其中一支。

初入吉木萨尔，鹅毛大雪漫天飞舞，方圆数里一眼白芒。对于常年征战在火焰山腹地，夏不见雨、冬不见雪的员工们来说，天山下的雪景就像流星一样稀奇，虽是铁骨铮铮的钻井男儿，也难掩心底“童真”，在雪地尽情地奔跑嬉闹。

“刚入冬就这么大的雪，以后的日子不会好过！”看着地上20多厘米深的脚印，赵凌脸上虽然带着微笑，但心里却犯起了嘀咕。

首次进入页岩油开发市场，50585队算是真正的“门外汉”。从未遇到的极寒天气、陌生领域和复杂地层，员工们即将面对什么样的挑战，只有做足了前期市场调研的赵凌最明白。

2019年元旦，第一批设备和留守在吐鲁番装车的人员到达新井，当时气温已经低至零下32℃，井场周围的积雪早已没过膝盖。

50585队承钻的JHW4001井位于吉木萨尔红旗农场作业区，这里四周平坦空旷毫无遮拦，大风夹着雪花肆无忌惮地冲向井场，滑过脸庞如刀割一般，很多员工耳朵冻得红里透紫，手也开始发痒。

在极寒天气下，全队员工除了抢装设备，还要随时清理井场和道路积雪；设备太滑，从事井架拼接的员工就把毛毡绑在脚底，再有几人抱住脚踝确保安全；每天早上起来吊车都会冻到“罢工”，必须钻进车底用喷灯预热发动机才能启动；连接循环池的胶管被冻住的钻井液堵塞，身体瘦小的员工会主动钻进去用榔头和锥子一点点地凿；五房没到位的前三天，员工们吃饭都是各自找个避风的地方就着雪花下咽；想喝口水，兜里的矿泉水却早已冻硬……

天气越来越冷，在昼夜温差产生的冷雾凝结效应下，树木被裹上了近3英寸厚冰。赵凌回忆道，风吹雪穿再多都没用，人必须时刻动起来，不然站久了，膝盖以下冻得慢慢失去知觉，连弯曲都难，好多人的耳朵、双手长了冻疮。在这里施工，劳动强度比以往超出了 2 倍不止。

吉木萨尔夜间温度降至零下 40℃，岗位员工裹上厚厚的棉装

“耐得住火焰山的烤，就经得起东天山的冷，进入新市场的第一口井是脸面，是‘敲门砖’，必须快开钻、快见进尺，一定要打成、打好，不然我这个队长没脸干了。”经过 1 周艰苦奋战，井架在众人的欢呼中缓缓升起，赵凌大喊着为兄弟们鼓劲，也为自己立下了“军令状”。他还在井场拉起“天山脚下战风雪，誓为钻探谱新篇”的横幅，让大伙时刻牢记征战吉木萨尔的使命。

1 月 5 日，JHW4001 井一次性通过甲方开钻验收，正当全员摩拳擦掌准备鸣机开钻时，一道“大雷”骤然落下。

JHW4001 井设计井深 4600 米，水平段长 1421 米，钻头要穿过劣质储层倾角 97 度向上找目的层，钻杆相当于在地下呈“V”字形。

赵凌通过邻井调研获悉，吉木萨尔红旗农场作业区表层含第四系未成岩黏土、砂砾石层；新近系含膏质、灰质泥岩发育，遇水易膨胀，易发生缩径、卡钻；进入新近系以后，地层存在碳酸氢根污染，导致钻井液性能紊乱易发生卡、塌险情。同时，这一区域块梧桐沟组层位无复杂钻进的案例几乎为零，水平段倾角之大更是史无前例。

“一口井三个开次，每一段都如履薄冰！”赵凌说着，回想当时的情况，确实压力满满。

为了确保井队高效施工，为区域优快钻进提供经验，保障油田规模建产，西部钻探充分发挥专业一体化服务保障优势，派驻钻井、录井、定向等专家驻井指导；为钻机配置顶驱，升级油改电动力系统；采用新工艺旋转导向钻井技术助力钻井提速、提效。

“就是冻掉一层皮，也要一米一米地盯住，井底所有未知险情，都要以高度的责任心让它变得可控。”赵凌在开钻动员会上语气坚定地说。

队长、副队长上钻台驻守司控房指挥作业；工程、钻井液技术员联合录井人员，每小时汇总上报数据进行分析；党员、大班进入关键岗位带班督导操作。从 JHW4001 井开钻起，50585 队干部、党员、骨干职责前倾，岗位下移，轮班 24 小时全程盯井。

1 月 20 日大寒，吉木萨尔地区最冷的时节。夜晚，最低气温降至零下 42℃，井上

员工御寒巾上结满冰霜

又恰逢洗套管作业，热蒸汽喷在套管螺纹上不到10秒就结冰，员工们必须一边喷一边用棉纱将水擦干。一夜干下来，大伙全身被水溅透，工服冻成了“盔甲”，走路“咔嚓”直响。

冻疮磨成老茧，脸颊布满血丝，任谁看到这一幕都会不禁唏嘘。熬过一个冬天，一多半的员工皆是如此，井打了3个月，无一人休假，无一声怨言。

3月27日，JHW4001井历经81天顺利完井，创下吉木萨尔页岩油区域完钻、完井周期最短及机速最快3项指标。打破了市场“从未有队伍在计划周期内完井”的“魔咒”。

50585队在生产中总结的“钻井液调出粘切性，双泵钻进须柔和；井内坍塌抢提钻，高压洗井保畅通；每根立柱必划眼，勤查岩屑断地情；钻井速度常控制，井底安全数第一”安全生产口诀，被作为典型经验在吉木萨尔推广，为页岩油高效勘探开发奠定了基础。

2019年，西部钻探在吉木萨尔刷新了12项水平井钻井纪录，带动、提升页岩油高效勘探开发节奏。

零上“40℃+”开辟“萨吉新区”

2019年，在中国石油“四个共享”的整体部署下，将吉林油田在准东区域的矿权优化配置给吐哈油田。作为建设吐哈油田的主力军，吐哈钻井这支常年驻守在吐鲁番火焰山腹地的“火洲尖兵”挺进吉木萨尔，义无反顾地挑起了“油气当量再上300万吨”的光荣使命。

2019年5月31日，吐哈钻井公司50561队承钻的吉2801井正式开钻。这是吐哈油田部署在吉木萨尔萨字号区域的首口井，既是“投石问路”井，也是油田寄予希望的“奠基”井。

队长郭忠孝说，公司倡导在服务油田高质量发展中实现自身高质量发展，那么打好首口评价井，助力油田新区域提速增效，快速实现滚动开发、规模建产，就是我们的目标。

话虽如此，但在实际生产中却是困难重重。吉木萨尔页岩油开发井控风险大，使用的新工艺、新技术、新工具以及钻井液配套体系，与吐哈盆地常规井完全不同，虽然是甲方提供技术支撑，对于初入页岩油市场的吐哈油田来说也是“摸着石头过河”。

据悉，在吉木萨尔页岩油市场，已钻完井周期都在 120 天以上，几乎都是因为井底事故复杂多而导致的生产效率降低。这就意味着，只有加快钻井提速才能实现效益开发。

知彼知己，百战不殆。开钻前，郭忠孝找来大量页岩油勘探开发相关资料，对比甲方工程设计以及前期市场调研情况，对标分析划重点、紧盯细节抠字眼，结合队伍实际，精细调整管理方案和施工措施。

安全与责任放在第一位，稳中求进力求提速增效。这是郭忠孝为队伍定下“铁律”。

吉 2801 井开钻时正值大暑，虽然紧挨天山，却没有丝毫清凉，最高气温超过 40℃。郭忠孝告诉记者，吐鲁番虽是中国“极热”，但由于干旱，只要有阴面就有凉意。而吉木萨尔区域高温带潮气，蚊虫多、风沙大、紫外线强度高。相比之下，“水土不服”带来的困扰更加难熬。

“不管你有多耐晒，在吉木萨尔一个夏天准叫你脱层皮。”郭忠孝肯定地说。

6 月 11 日，吉木萨尔天气预报显示最高气温达到 41℃，井队一开钻进结束准备下套管，白班员工 12 小时露天作业，由于不了解当地的气候环境，没做防晒措施，只顾着加快工序衔接，争取着夜班就能二开作业。

套管下入质量对后期固井，乃至下一步安全钻进至关重要，郭忠孝丝毫不敢懈怠，

安装作业中，岗位员工神情专注，确保设备一次安装到位

员工将胳膊粗的钢丝大绳盘入绞车

他和值班干部全程守在钻台监督指挥作业。晚上8点，当夜班员工全部睁大双眼好奇地盯着他们时，郭忠孝才发现，他和所有白班员工脸上开始脱皮，并感到发痒。

第二天早上起来，被紫外线“烤”过的员工就像得了白癜风，脸上红一片白一片，用手一摸热辣辣的疼，好几天都不敢洗脸。

除了紫外线，吉木萨尔的风沙更叫人头疼。郭忠孝说，当你感觉到起风的时候，不到3分钟就已是黄土漫天飞，还时常伴有龙卷风。一个班下来，每个人的脸上都是两道“黄河”，并且戴几层口罩都没用，吃饭“嘎嘎嘣嘣”就像啃干绿豆难以下咽。

全队员工虽吃尽了苦头，但生产进度一刻也没耽误。50561队制定的“岗位循环监督考核制度”，要求员工每天上岗对照“两书一表”接安全班，岗后自查销项交安全岗；工程师每日收集录井地质数据，分析下步作业难点及注意事项，确保每个层位、每米进尺做到人人心中有数；干部发布的各项措施指令在驻井安全监督审核后签字，交付当班司钻严格执行。岗位责任层层压实、环环相扣、逐级循环监督，发现问题举报者奖、知情不报者同程度处罚，与单井考核兑现挂扣，张榜公布、奖罚分明。

9月11日，吉2801井全井无复杂高效完成施工任务，创下吉木萨尔区域水平段最长纪录，日产油31吨，受到甲方致信表扬。

一石激起千层浪。随着吉2801井高产出油，吐哈油田萨字号新区开始滚动开发，吐哈钻井抽调队伍随即挺进吉木萨尔。

对标竞争的队伍多了，郭忠孝仍然坚持“稳中求进”原则不变，随着西部钻探一体化服务保障力度不断加大，设备升级改造步伐加快，钻井技术、参数、工具的不断优化，50561队提速之战“如虎添翼”。

50561队在之后承钻的吉2802、2807、2807-1井，钻井周期从120天缩短至60天，接连刷新吉木萨尔页岩油钻井周期指标，并且口口都是高产井，带动区域提速模板快速成型，助力吐哈油田萨字号新区效益建产。

2020 年，吐哈油田开发吉康新区，先后指定 50561 队上钻集团公司风险探井萨探 1 井和吉 3801、萨 3 井。该队最终以 2 口高产、1 口自喷高产井的成绩单，把“吉康新区”打造成为吐哈油田主力上产区块。

“3 年 7 口井，口口都是高产井，50561 队就是吐哈油田的‘福将’。”2021 年 5 月，时任吐哈油田总经理梁世君在萨 3 井调研时，给予 50561 队充分肯定。

征服“火烧山”

“要干就干男人干的活。”胡建平还记得当年招工时对父亲说的话。父亲嫌干钻井太苦，让胡建平去运输公司开车，却被他一口回绝。

胡建平出生于甘肃玉门赤金镇，与王进喜的家仅隔了一条三岔河。他说，关于“铁人”和父辈建设玉门油田的故事他从小耳濡目染，和他同乡、同年代的娃娃们都有一个“钻井梦”。2000 年参加工作至今，从挖沙子的场地工干到今天的标杆队队长，胡建平以铁人为榜样苦干实干；学铁人，带领员工在页岩油气勘探开发市场一路爬坡过坎、排除万险、创造奇迹。

2020 年，随着吉木萨尔页岩油勘探开发规模和领域的不断扩张，吐哈油田矿权流转区域也在逐步延伸，而随之蔓延的还有肆虐全球的新冠病毒。

2020 年 11 月，吐哈油田部署在吉木萨尔火烧山区域的石钱 1 井确定井位。50605 队以人员综合素质过硬、设施设备精良为“筹码”，作为先锋军奔赴火烧山。

“胡队，我们按照之前勘察的位置，下了国道走了不到 10 公里就没路了。”搬家当天，正在老井指挥装车的队长胡建平接到来自新井的求救电话。

由于赶往新井的路途遥远，胡建平带着干部提前走了 2 遍路线，还专门绘制印刷了几份地图，怎么会找不到路？当胡建平赶往现场才发现，原来 2 天前这里刮起 10 级大风，沙土把路埋了，再加上冰雪覆盖，道路才会凭空“消失”。

“油田要求 10 天内开钻，这离现场少说还有 20 里地，目前井场还不知道什么情况，得尽快想办法开路。”胡建平严肃地说。他将情况上报至北疆项目部后，从老井场运来抓管机，带领 6 名员工先行除沙清道。

火烧山距离吉木萨尔 200 余千米，周围 80 千米内绝无人烟，事出紧急大伙来不及准备食物，8 个人，20 个馕饼，2 箱矿泉水，整整坚持了 15 个小时。等到第二天早晨其他队伍增援赶来，胡建平几人围坐在抓管机旁，啃着冻硬的馕饼就着冰冷的矿泉水下咽，再看他们旁边的路，已然畅通无阻。

井场在一处背坡下，沙埋的地方不多，加上有兄弟单位增援，2021 年 1 月 15 日，石钱 1 井历经 9 天安装完成并顺利开钻。

干钻井就像野外探险，未知的艰难总让人措手不及。2 月初，全国疫情暴发，一时间几乎所有城市进入"封闭式"管理状态，井队员工虽然身处野外也不例外。由于当时大货车司机是疫情传播源之一，生产、生活物资全部停供。当时，现场储备的 20 吨柴油仅能保障井队正常使用 25 天。

"保生产，还是保生活！"在员工大会上，胡建平试探性地大声提问。他主动提出住在值班房，宿舍 24 小时断电。

"保生产……"员工们大声齐喊。其实大伙心里都明白，石钱 1 井是一口长水平段深探井，计划钻井周期越长，耽误的时间就越久，减缓新区地质认识，影响油田下步开发计划，往小了说是"赔钱"，说大了就是"砸饭碗"。

胡建平说，钻井人就是越困难越团结，这是常年患难与共的真谛。员工们提出，早上 10 点至晚上 9 点停止生活发电；生活用水有限，员工们主动不洗澡、不洗工服、限量用水；食堂平日里 5 菜一汤，员工说只要饿不到头晕摔跤，对付两口就好。

疫情封控整整 40 天，全队员工平均体重下降 10 公斤，手和脸上的油渍侵入皮肤，半年都无法彻底清洗。而他们却用 25 天的物资，保障了 40 天的生产不间断。

7 月 23 日，石钱 1 井历经 210 天顺利完成勘探任务，日产气 7 万立方米，为油田增储上产提振了信心。而 50605 队也顺利拿到了石树 4 井的钻探任务。

"火烧山是山如其名，听着不像'善茬'，待久了更是有惊有险！"回忆起那段艰难岁月，胡建平仍心有余悸。

石钱 4 井开钻之日在初冬，正是狂风肆虐的时节。

2021 年 12 月 27 日，安装了一天设备的员工全部回到宿舍休息。到了凌晨 2 点，大伙突然感觉野营房在微微震动，都以为是地震了，用力推开门才发现外面在刮风。

火烧山经常刮大风，对于全队员工来说已经是"家常便饭"，大伙并没在意，互相问安后便倒头睡去。谁知，第二天早上起来，房子还在摇晃，比晚上的幅度更大，电也不知道什么时候停了。胡建平急忙穿好衣服想要查看情况，结果发现门怎么也推不开，就连逃生通道也打不开，想打电话手机却没信号。

"难道是房子倒了？"

"胡队，你还好吧，你房子被埋了。"胡建平心里正犯着嘀咕，外面突然传来司钻贺建琨的声音。

据贺建琨回忆，当天的风力有 10 级以上，风吹沙把队长宿舍在内的第一排房子全埋了，足足有 1 米多深。

"糟了，电气设备要是进了沙子，麻烦就大了！"胡建平被"救"出来后，喊了一句立马冲向井场，大伙看到他整个人"斜"着在跑。

此时，有人发现“打”在身上的沙土有结冰现象，空气变得比前几天寒冷。下雪了，风吹沙吹雪，如果冻在电机里，吹都吹不掉。难怪队长如此惊慌。

现场情况比胡建平预料的还要糟糕，井场设备迎风面全被 2 米左右的沙堆包围，三个发电机房的地板上，积沙有 30 厘米厚，井场所有配电箱也被冻硬的沙土填满。

“零下 18℃，温度怎么降得这么快！没有电咱们都要挨冻。”胡建平看了看手表温度计严肃地说。

手机没信号，队长安排司机到项目部请求救援，准备先着手解决供电问题。可司机出去没几分钟又回来了。原来出口的公路已被 3 米高的沙丘“占据”。

进出两难，只能依靠自己“绝地求生”。胡建平大喊着让员工找来毛毡，从外堵住 1 号发电房的散热口，由机房大班王锦伟带着员工一边清理房屋积沙一边抢修设备。胡建平则带领剩余人员挨个清理配电柜。

风太大，一个人根本无法完成清理工作，大伙就拿来自己的被褥，撑开向内形成三面“人墙”，为操作人员挡风，每个配电柜要清理 20 多分钟。

胡建平回忆道，沙土被大风刮的无处不在，员工眼睛睁不开，就在头上套个塑料袋，30 多个配电柜，从早一直忙到晚，好多人的手都冻开了血口，却没人逃避躲懒、口吐怨言。

石钱 4 井以 42 天刷新区域中完井最短纪录，完井日产气 10 万立方米。

再大困难不低头，咬紧牙关向前冲，这样的队伍值得信赖。这是业主对 50605 队的评价。

（西部钻探工程公司　罗　洋　郭　俊）

党徽，闪耀在戈壁荒漠

——记渤海钻探第一固井公司塔里木项目部的党员们

固井途中沙尘飞扬

大漠孤烟，长河落日。在祖国西北边陲、戈壁荒漠深处，有一群渤钻固井人，他们身穿“石油红”，唱着“我为祖国献石油”的主旋律，无怨无悔地奉献在天山南北。而他们的“主战场”，则是“天上无飞鸟，地上不长草，千里无人烟，风吹石头跑”的生命禁区。

从 1989 年入疆伊始，我们的这群固井人就以大漠为家，与风沙为伴，以“石油工人一声吼、地球也要抖三抖”的豪迈气概，投身于石油大会战，服务保障油田勘探开发、增储上产，并与西方知名石油公司进行了成功合作，赢得了良好信誉。服务的钻机由最初的 12 部，增加到现在的 40 余部；年产值从刚开始的不足百万元，到 2022 年完成过亿元，实现了跨越式提升。特别是渤海钻探公司成立 15 年来，我们的 30 余名党员干部团结带领项目部全体员工，以“特别能吃苦、特别能忍耐、特别能担当、特别能奉献”的执着，用红工衣和宝石花书写了渤钻固井人最美的坚守，成为纵横大漠、笑傲昆仑的钢师劲旅，为建功立业“新疆大庆”贡献了固井智慧和力量。近两年来，完成固井施工和辅助作业 800 余井次，安全稳定无事故，在天安 1 井、天湾 1 井、满深 8 井等打破局级以上纪录 12 项，收到甲方表扬信 10 封，已电测井固井质量合格率 96.5%。项目部（党支部）获得集团公司先进基层党组织、银牌队、先进集体，渤海钻探公司先进党支部、市场开发先进集体等诸多荣誉称号。

固井施工有时就是“冰火两重天”：外面冰天雪地，内心却无比火热！

“野云万里无城郭，雨雪纷纷连大漠。”诗人笔下的广袤大漠总是充满了无限的凄冷与酷寒。在塔里木盆地，经过干热风的洗礼，冬天都来得特别早，轮台八月即飞雪；到了年底，肆虐的白毛风钻心透骨。而在天山北麓，寒潮说来就来，就像魔兽世界里的伊斯多弗，其冰冷之心似乎要把整个世界冻成冰窖。2021 年 12 月中旬，准噶尔盆地南缘中段东湾构造带、集团公司重点风险探井天湾 1 井直径 139.7 毫米尾管固井现场，随着钻杆顺利倒扣上提，年轻的共产党员、项目副经理刘鑫长舒了一口气。突然，一阵凉意从脚底升起，他不由自主打了一个寒战。作为施工总指挥，此刻，刘鑫已在钻台连续奋战了 5 个多小时。

“北风是电扇，大雪当炒面，天南海北来会战，誓夺头号大油田。干！干！干！”当年铁人王进喜以苦为乐、实干为先的革命精神，何尝不是这些征战大西北的固井人的真实写照呢！南缘下组合勘探，是中国石油国内油气勘探开发的重点战略接替区域，而且新疆油田几代石油人的“南缘梦”也寄托于此。可喜的是，2018 年在高泉构造高探 1 井、2021 年在南缘中段呼探 1 井的深层“地宫”力擒“气龙”，新的“王牌井”相继诞生。如果一鼓作气、再下一城，很可能会有意外惊喜，集团公司、新疆油田都对天湾 1 井寄予厚望！这口井完钻井深 8166 米，井底温度 161℃，井底压力 173 兆帕，属于典型的高温高压超深井，而且裸眼段上部油气活跃、中部地层井壁不稳、下部地层极易漏失，不能出现任何闪失！一完钻，刘鑫主动请缨，提前驻井，这一盯就是 20 天，上罐区登钻台，每一天的井下情况、每一个技术参数，他尽可能做到了然于胸，并积极与钻井公司和甲方沟通制定固井方案。在他看来，没有等出来的辉煌，只有干出来的精彩！

五开尾管固井当天，白雪茫茫，寒风凛冽，白天最高气温只有零下 25℃，晚上更是降到零下 35℃，外边时间待长了，厚厚的棉衣也难挡刺骨的冰冷。施工持续到夜间，井场灯火通明，在白雪的映衬下，照得如白昼一般。大家都攒着一股热情，忘记了寒冷，在 19 名施工队员的密切配合下，顺利完成天湾 1 井全程控压固井施工，创造了新疆油田同尺寸套管固井井深最深纪录。天湾 1 井历时两年钻探胜利完钻并成功固井，南缘风险勘探再次取得重大突破，喜获高产工业油气流，更加坚定了集团公司加大南缘勘探力度及寻找规模化大油气田的信心。

"有困难，找渤钻"是最令人自豪的，在甲方眼里，我们的技术人员有着一双"火眼金睛"！

低、深、隐、难油气藏，长裸眼、小井眼、长水平段、大斜度等复杂井高难度井，高温、高压和高地应力共同叠加，我们远离冀中大本营、为梦想而战的将士们，正是在这种复杂的地质和严苛的井下条件中摸爬滚打，练就炉火纯青之技，一一破解了由井而生的各种固井技术难题。

共产党员、硕士研究生毕业的固井工程师徐盛，是项目部技术担当，多次积极主动要求承担偏远井、重点井、复杂井固井施工任务，多次成功化解井下复杂情况。2022 年 4 月疫情期间，富源 304H 井固井在即。这口井位于富满油田，是塔里木油田公司"十四五"上产的主力区块，三开中完井深 7775 米。下入直径 200.03 毫米尾管循环期间，徐盛认真记录比对循环排量和压力，突然察觉出一丝异常：排量增加了，循环压力却略有下降。经过细致分析，判断送入钻具存在"短路"。他再次看了看数据："钻杆串一定存在问题！"责任心驱使他赶紧向井队和甲方监督说明情况。甲方研究后，马上指令井队起钻，果然发现钻具本体刺了个大洞，并及时进行了更换，避免了"插旗杆"事故发生。塔里木油田产建事业部专门通报表扬，称赞他是"工作责任心强、技术水平突出的典型代表""火眼金睛辨识井下复杂隐患，为保障固井施工安全和质量作出了突出贡献。"而在两个月前，满深 8 井 196.85 毫米油层套管固井施工，悬挂尾管下深 8117.5 米，在他的指挥下，水泥浆一次性上返成功，电测固井质量合格率 99.4%，助力了千吨高产区块功勋井的诞生！

其实，这与徐盛一贯的爱岗敬业是分不开的，没有什么比责任更有分量！在前一天赶往井场途中，远在湖北的爱人打来电话，焦急地告诉他："妈心脏病住院了，你什么时候回来呀？"徐盛心里咯噔一下，想到爱人每天上班，还要照顾老人孩子，累得几近虚脱，盼望有个肩膀依靠一下，但自己答应好的归期因工作、疫情原因一拖再拖，他感到很对不起家人！安慰了爱人后，想给母亲解释，话到嘴边几次咽了回去，手机放下，又拿了起来，他忐忑地请母亲理解："妈，我们这段时间忙，不能回去照看您！"妈妈在电话那头安慰道："伢儿，没事，不用操心家里，工作要紧。"挂了电话，他抹了抹眼泪，继续赶路。

有人曾问徐盛怎么想的，他回答说："固井是一锤子买卖，可得把好关！我是党员，更应处处做表率！"是啊，我们的员工，就像胡杨一样扎根戈壁荒漠，自强不息，用青春和奉献践行着“只有荒凉的沙漠，没有荒凉的人生”的誓言！

敢想才有机会，敢干才能成功。某侧钻井由某公司固井，该井在直径 177.8 毫米套管内开窗，直径 152.4 毫米钻头钻至 5140 米，下入直径 127 毫米 +114.3 毫米套管 +114.3 毫米筛管。因下部固井质量不合格，又在挤水泥时发生固井事故，甲方决定将下步固井任务交由我们的固井队伍施工。针对井下情况，共产党员、固井工程师杨江组织技术团队展开攻关研讨，提供了三套施工工艺、八项技术措施供甲方参考，甲方采用了其中比较稳妥的一套。由于时间急、任务重，化验室里，老党员、化验工程师李山秀通宵达旦调配水泥浆配方，困了就趴在桌子上打会儿盹，渴了就喝一口水。连续几天的摸索优化，成功研制出特色水泥浆体系和高效层流隔离液配方。经过精益技术和精细施工，补救一气呵成。甲方领导对我们的固井技术和创新能力给予了高度评价。

艰苦的环境是“练兵场”，也是“试金石”，既锤炼每个人的意志，更考验每名党员的党性！

库车山前区块位于天山脚下，是“西气东输”主要气源地。2022 年 8 月，新疆多地暴发疫情，暴雨山洪突然来袭。一连几口井的施工可不能耽误，怎么办？“石油工人干劲大，天大困难也不怕。”铁人王进喜铿锵有力的话语仿佛就在耳畔响起。灾害面前，党员干部永远是榜样！大家纷纷请战：“书记，我是共产党员，我应该去！”“领导，我有经验，让我去吧！”“我也请求参战！”克深 10-5 井现场，周边泄洪渠堵塞，井场积水近 40 厘米。车辆不能到达就无法施工啊！共产党员、带队队长武信志第一时间组织党员突击队，在泥水淹没的井场，拖车整整一天。泥水和汗水湿透了工服，却阻挡不了冲天的干劲。最终，在恶劣的天气条件和地面环境下，大家优质完成了固井施工。

另外一组在共产党员、固井队副队长胡波带领下，转战迪北 501 井。由于山洪冲毁了去往井场的道路，前不巴村、后不着店，参战人员就着检查站卡点的开水吃泡面、啃面包，硬是苦熬了一夜。固井过程中，突然狂风四起，乌云密布，暴雨夹着冰雹，砸在车上咚咚作响，胡波迅速脱掉雨衣盖在水泥车显示屏上，供水工刘永强也下意识地给配电盒披上雨衣！施工仍在继续，我们的员工像铁人一样矗立着，雨水顺着领口一直流到鞋里，冰雹无情地砸到身上，大家全然不顾。施工结束，胳膊、背上被砸出一道道血印，就连井队员工都竖起大拇指：“兄弟们好样的！真不愧是固井铁人！”

这一幕，不禁把大家的思绪带回到了多年前，集团公司重点探井中深 1 井无接箍尾管固井现场，当时正值 4 月中旬，新疆出现特大沙尘天气，黄沙飞扬，遮天蔽日，极大增加了固井作业风险。好在沙尘暴到来之前，固井队副队长李晓明就通知准备好了防护装置，及时组织队员摆放车辆、连接管线。固井前循环钻井液时，李队长突然接到爱人因心肌缺血、心律不齐住院的消息，他赶紧打电话委托邻居照顾爱人，自己则忙着组织施工的事。

作为带队队长，又是党员干部，不以身作则怎么行呢！施工有条不紊地进行，大家还以为这次不会与沙尘暴“亲密接触”，不料，随着风越来越大，裹挟着沙尘扑面而来。虽然队员们事先都戴上了口罩和护目镜，蒙上了面罩，但无孔不入的细沙还是顺着缝隙钻进脖子、眼角和耳朵里。一阵强风袭来，沙粒把脸打得生疼。踩稳、扶牢、缩脖子等习惯性动作成了应对风沙的一道防线。施工不能停顿！在李队长统一调度下，大家各守其岗，盯紧施工成了自觉选项。黄沙漫漫中，风向标呼呼作响，水泥车、灰罐车、仪器车一字排开，伴着“轰轰”的气流声，雾化的水泥连续不断地喷射到混浆槽中，水泥浆快速注入高压管线，在绵延的管线中节节向前推送。时间一分一秒地过去，我们的固井人在风沙肆虐的大漠荒原战天斗地，经过近 6 个小时的紧张作业，顺利碰压，施工圆满结束。这口井开创了塔中地区直径 203.52 毫米尾管固井先河。甲方监督高兴地握着李队长的手，连声说辛苦了！

会过紧日子，才有好日子，我们的员工心心念念节支降耗，毕竟，省下的就是赚到的！

在国内，最深油气井固井看新疆，而最大水泥浆密度也看新疆。挺进“地下珠峰”探寻油气宝藏，8000 米以上的超深井、高压井越来越多，套管尺寸大，施工排量大，水泥浆密度大，施工时需要使用更多的配浆水和添加剂，而且井距较远，运输费用高，一口井固井成本几百万元是常事。如何节支降耗、挖潜增效，成了共产党员、技术室主任谭鑫十分关注的问题。他常对同事们说，企业就像一个大家庭，也需要居家过日子，这是大家的责任，也是大家的使命。那如何有效降低生产成本呢？谭鑫左思右想，决定从药水上做文章。

塔里木市场固井前需要准备 2 至 3 个容积 50 立方米的水罐。由于安装于罐底的潜水泵底座较高，罐底距上水口有 12 厘米，抽不到底。浪费心疼啊！他决定带领一拨人，对潜水泵和底座进行彻底改造。经过近 10 次测量和试验，不仅提高了泵抽效率，配置药水利用率也有了显著提升！他还根据实际情况，将水平井、大斜度井、山前井等复杂井的固井试验温度适当调低，有效节省了高温添加剂成本。作为集团公司技术能手，爱琢磨、勤思考、肯钻研是谭鑫的态度，这些特质成就了属于他的一片天地：目前拥有实用新型专利 8 项，被员工们称为生产一线的“专利达人”。

很多时候，“小举措”可以生出大效益，一个“金点子”甚至可以守住“钱袋子”、结出“金果子”。“干，才是马列主义；不干，半点马列主义也没有。”我们的固井人正是秉承铁人遗志，不怕苦、不服输、不信邪，眼睛向内，深挖潜力，实现了一次次突破，既捡到了“芝麻”，又抱回了“西瓜”。

共产党员、项目经理褚军杰，是员工眼中的设备“大拿”。作为天津市五一劳动奖章获得者，在如何提高水泥车液力端柱塞润滑效率这个问题上，他可是动了不少脑筋。水泥车柱塞需要用润滑油降温，以减少零部件磨损。固井时，操作人员一旦忘记打开润滑系统，就会导致柱塞泵和灌注泵密封盘根磨损，后期维修成本大增；施工结束，操作人员如一时疏忽，没有及时关闭润滑系统，极易造成施工现场油液渗漏污染环境。褚军杰看着水泥车琢磨着，有时躺在床上还在想着问题，但没找到好的办法。

一天，坐在办公室浏览水泥车结构示意图时，突然一个念头一闪而过，他一拍大腿，有了！叫上设备专家和几名操作手，火速赶往车场。爬上水泥车操作平台，他紧盯着柱塞泵润滑油瓶出口，这里有两套手动针型阀。对，突破口就在这里！说干就干，从库房找来合适的电磁阀装上，用来控制润滑油供油开关，并将电磁阀与变速箱换挡器连接起来。这一改造，好处显而易见：当车台设备换挡运转或停止工作时，润滑系统就会自动开关。以前柱塞盘根 3—5 口井更换一次，润滑系统改造后，25—30 口井更换一次就行了！这一改造，不仅减少了消耗，还大大降低了操作失误风险，确保了车辆的稳定性和施工的连续性。

路在脚下，心向前方，石油人永远年轻。作为中国石油一分子，始终牢记习近平总书记当好能源保供“顶梁柱”的嘱托，积极响应党中央加大油气资源勘探开发力度的号召，立足岗位脚踏实地作贡献，是渤钻固井人义不容辞的责任。如今的天山南北、戈壁荒漠，千年的风依旧吹着千年沙，蔚蓝的天空依旧难见飞鸟，气候依旧异常干燥，但胸前的党徽如同骄阳一般，在这苍茫的戈壁荒漠熠熠生辉，照耀并激励着渤钻固井人踔厉奋发、砥砺前行，继续书写“我为祖国献石油”的新时代答卷！

（渤海钻探工程公司　朱启霞）

锻造敢打必胜的钻探尖刀利刃

历经80余载融合发展而成的西部钻探，肩负着祖国西部油田以及中亚地区的油气钻探使命，始终传承铁人基因，弘扬石油精神和大庆精神铁人精神，战严寒、斗酷暑、抗风沙、上高原，加快转型升级步伐，锻造敢打必胜的尖刀利刃，打成高探1、轮探1等一批功勋井和百吨井，协同落实准噶尔玛湖、塔里木盆地富满等多个亿吨级大场面，成为西部各油气田的共同创业者和建设者。

勇闯新领域　催生“吐哈速度”

1991年2月，高维明高中毕业后来到玉门油田，成为一名钻井工。当他第一次近距离地站在钻塔下，这名从“铁人”故乡走来的油娃，就在心里给自己确立了目标：“一定要干好干出个样子！”

2004年，接到集团公司战略预探井东道一井的承钻任务，担任副队长的高维明带领员工在风雪弥漫的准噶尔盆地，顶着零下35度的低温，吃干馕饼、喝矿泉水，铲冰除雪、垫土修路，搬运钻机、安装井架，经过8昼夜极限苦战，157车设备全部平安到井，顺利开钻。

经历过十几个岗位的高维明已历练成独当一面的管理者，他担任了吐哈钻井40570钻井队队长兼党支部书记。2008年10月，刚接手40570钻井队的高维明，看着新的设备、新的员工，他这个队长兼党支部书记心里清楚，挑战来了。在全队员工大会上，他只提了一个要求，让每一名员工，必须在一周时间内，熟悉装备、熟悉身边人。当年，40570钻井队不负众望，年底考核在吐哈钻井公司30多支钻井队中进入前五名。

高维明深知：井控安全是钻井工程的生命线。他相信“喊破嗓子不如做出样子”。每当施工进入关键阶段，他都始终坚守一线，“跟班组、进岗位、盯现场、抓安全”，把每一项生产工序、安全环节的过程控制落实到人头。

2015年，高维明带领钻井队鏖战吐哈油田神泉区块，这个区块是勘探区域出了名的“硬骨头”，机械钻速低、地质条件复杂，漏、塌、卡钻等各种高风险工况并存。

“钻具组合没有最好只有更好。”高维明始终围绕提速、提质、提效、降本“三提一降”目标，带领技术人员精心对比钻头、分析使用效果，优化技术参数、追求最佳钻速，制定区域提速模板和“激进式”钻进措施，向瓶颈问题发起一次次挑战。高维明白天和员工一起蹲守在钻台现场，实时查看施工参数，晚上和技术员认真总结施工经验，查阅资料，与区域其他钻井队干部通宵达旦碰撞技术思路。

高维明大胆创新技术，先后组织承钻神泉区块多口高难度、重点钻井施工作业，在神 8–15、神北 4–3 等井中刷新多项先进指标，成功破除扣在神泉区块的提速“紧箍咒”，机速提高 45.05%，建井周期缩短 19 天之多，实现口口井无复杂事故、口口井盈利的目标，保持了在吐哈油田施工的 80 多支钻井队综合考评中，一直位居前三名的纪录，承钻的开发井、勘探井多次被油田甲方授予“优质工程”奖。

2016 年，石油市场持续低迷，工作量严重不足，高维明所在钻井队工作量锐减，全年只打了两口井，多名员工离开。当时煤层气勘探市场正火热，他主动请缨，带领全班人马，远赴山西开拓煤层气市场。

面对从未接触过的煤层气钻井勘探作业，加上不熟悉的环境、陌生的区块，更没有现场钻探作业可供参考的资料，高维明带领钻井队把这口井当成“探路先锋井”来打。

煤层气井桃 – 平 6 井，位于山西省吉县内，地处黄土高原腹地，在雨季每个月将近有二十天都有阴雨，山路陡峭狭窄难行，黄土路面泥泞湿滑。为了保证钻机从山下安全转运至山顶井场，他让食堂给他准备好馒头咸菜，一连三天昼夜坚守在现场，白天指挥调度车辆，安排衔接工序，晚上山上山下巡逻防止丢失设备和配件。

由于井场狭隘，作业空间受限，在设备安装调试作业中，为了保护好员工和设备安全，每天他带领队干部紧盯各个关键环节，和员工们一起抡榔头、紧扳手鼓舞士气，克服了重重困难仅用 38 小时就顺利开钻，创造了当地搬家安装的新纪录。

开钻后，面对从未接触过的煤层气井，他通过书本、网络阅读学习大量的煤层气的钻井知识，同时不断向邻井作业同行取经求教。全队上下齐心协力、反复研究，制订周密的施工方案，并在施工中实施“一段一策”，创造多项作业新工艺和新方法，确保了各项技术措施落实到位。这口井最终以井身质量合格率 100%、固井质量合格率 100% 的成绩完美收官，为今后开展同类钻探作业探索积累了宝贵经验，也为山西大宁—吉县区块煤层气开发提供了重要的决策数据和技术支撑。

从业 32 年，高维明始终坚守在找油最前线，带着队伍爬高山、沐风雨、住戈壁，闯市场、打品牌、树标杆，驾驭钻头向地底延伸达 31 万米，相当于钻穿 35 个珠穆朗玛峰高度，创造和刷新 150 余项石油勘探行业区域钻井生产纪录，实现收入 4 亿余元。

他的队伍荣获集团公司“金牌钻井队”“自治区工人先锋号”称号，涌现出局级劳模 1 名，处级劳模、十大杰出青年 5 名，他本人先后被评为克拉玛依市“劳动模范”、新疆维吾尔自治区“劳动模范”。

2019年，高维明受邀走进人民大会堂，参加“五一”国际劳动节暨全国五一劳动奖、全国工人先锋号表彰大会。在表彰会上，高维明作为石油人的优秀代表，受邀作题为《学习铁人精神 矢志为国找油》的大会发言，在人民大会堂接受最高礼赞。

高维明在发言中表示：“尽管石油勘探技术覆地翻天，但铁人精神永远不过时，‘我为祖国献石油’的情怀永远不会变。我们要永远学习铁人精神，矢志找油，为中国梦源源不断提供能量！”

攻关技术瓶颈　打出“玛湖水平”

玛湖油田是国内目前仅有的粗碎屑岩致密油田，2016年集中开发。因地质条件复杂、机械钻速慢、固井难度大，传统常规技术手段难以实现效益开发。

“资料技术匮乏，技术和风险控制难度大，钻井施工就是摸着石头过河，随时都要和各种技术难题斗智斗勇，钻井参数就是不断调整，不断求解。”西部钻探克拉玛依钻井公司第四项目经理部副经理米金龙在玛湖区域鏖战8年多。

“刚开始打水平井，由于对井下地层认识不足，钻井参数选用、工器具配套等都存在盲区。”米金龙形容玛湖区域是具有易塌易漏可钻性差的“大脾气”和各区块迥异的“小脾气”。西部钻探联合各方力量，引进先进理念和高端利器，持续总结已完井施工经验，推动经验打井向科学钻井转变。

“圈闭压力成拦路虎，可钻性差是硬骨头，提速工具缺口大，这三点是影响玛湖钻井提速的最大难点，让玛湖油田产量变现放缓了脚步。”米金龙和项目部技术人员认真梳理面临的提速难题。

米金龙带领项目经理部技术管理人员反复实践，应用中不断总结，不断优化旋转导向工具使用流程，固化最优使用模式，旋转导向配置方式从综合管理较强的队伍到时效较慢的队伍，再到造斜段集中供应，寻找相应替代工器具，相继形成造斜段“旋转导向＋狮虎兽钻头”和水平段“大功率螺杆+LWD+高效PDC”提速组合，创造玛18井区MaHW6212井造斜段21.58天最短工期和艾湖2井区AHHW2027井水平段进尺1978米最长纪录等新指标。

西部钻探确定“内外部同时引入＋整体提速”双轮驱动大方针，确保完成新疆油田产建需求。首先以“运动战”代替“阵地战”，采取钻机租赁，开展钻机井段专打，创新“一队多机”管理模式，释放大钻机台月。

大钻机资源得到缓解，米金龙将钻井提速矛头指向各开次提速。提出“阶段提速理论”，推广实施一开阶段“螺杆+PDC钻具组合”，实现综合机速提高60.5%，整体施工天数缩减0.75天，二开阶段固化“螺杆+MWD+PDC”防斜打直钻具组合，较2018

年综合提速 73%，平均节约 2.48 天。

钻井停不了，压裂同样不能停，怎么才能将影响降到最小。西部钻探强化与油田沟通，因地制宜灵活采取了“批钻批压、避开压裂层段、正注水泥浆封堵”等措施，缓解“钻压干扰”影响。

“玛湖区域水平井井型大多为 5000 米深井和 1500 米以上水平段水平井，随着地质认识加深，创新生产运行和攻关技术瓶颈，2022 年平均钻井周期缩短至 52.51 天。”米金龙介绍玛湖提速模式成效。

2023 年初，西部钻探在“听得见炮声、看得见硝烟”的一线建立玛湖前线指挥部，扎实开展提质增效“造林计划”行动，深挖内部发展空间和服务保障潜力，平均机速同比提升 22%，事故复杂时率下降 30%，新开井平均完井工期较 2022 年降低 30%，钻井米成本较近三年平均降幅 1.7%。

打成风险探井　圆梦准噶尔南缘

由冷寂到喧嚣，新疆准噶尔盆地南缘之所以成为勘探开发热点，源自 2019 年初，西部钻探承钻的高探 1 井获得了千吨高产工业油气流，坚定了新疆油田增储上产的勘探决心。说起南缘勘探，西部钻探工程技术处远程作业管理科科长张卓倍感自豪：“打一口井，树一个品牌。当时我任 70207 钻井队队长，能参与高探 1 井的钻探并实现重大突破，这是我们全队的荣耀。我也给自己挣得了第一个沉甸甸的功勋章。”

南缘地域辽阔、油气资源埋藏深、地质构造复杂，油气勘探被喻为世界级难题。在克拉玛依，随便问一个钻井工程技术人员，只要提到“安集海河”和“塔西河”这两个地层分组名称，没有不摇头的。2018 年之前，由于装备和技术落后，南缘历经 5 口井探索，均未实现地质任务，更没打成一口深井。

高探 1 井三开层段复杂，钻探风险高，为了安全钻井，公司选择使用油基钻井液。2018 年，西部钻探在南缘区域首次使用油基钻井液，解决了钻井液 260 度抗高温和高密度难题。

“应对南缘抗高温的油基钻井液保证了钻井能安全进行。钻井液密度、抗高温性能得到了提升，流变性能得到保持，进入深部地层后不会发生高温裂解。”张卓介绍。5594 米之后地质资料空白，下部情况难以预料，在钻井过程中发生过两次气侵，较为惊险。

第一次发生在 10 月 13 日，钻井队短提钻具到 5695 米的时候，岗位员工突然发现液面上涨，3 分钟内班组员工以最快的速度关了井。

屋漏偏逢连夜雨，经过 4 天的连续奋战，当气侵终于被制服的时候，高探 1 井出现了井漏。紧绷的神经还没有缓下来，全队员工又投入战斗中。

处理复杂期间，70207 队全员在井，关键时刻冲得上、打得赢，个个是“拼命三郎”，提下钻，配钻井液，加重，加堵漏材料，整个处理过程全是重体力劳动，没有人退缩。

然而考验是一个接一个，完井套管下到距井底还有 500 米时，井内的单流阀失效，让本该从环空走的钻井液改道从套管里往外返。

“完全成了泥人，当时温度在零下 20 多摄氏度，可是受罪了。但是他们换完衣服接着干，谁也没有离开岗位。”张卓说。

张卓带领全队员工挥洒汗水，首次在北疆仅用 7.25 个钻机月安全钻成超深井，打出了南缘日进尺 316 米、全井井身质量好、钻机月速高、工期短的优异成绩，赢得油田高度认可。

2019 年 1 月 6 日，风险探井高探 1 井获千方高产油气流，实现“南缘梦”。

南缘地域辽阔，油气资源埋藏深，地质构造相当复杂，而呼探 1 井设计井深 7280 米，是准噶尔盆地第一口采用五开非常规井身结构的探井，施工难度相当大。90001 钻井队党支部书记何焱坦言：“我们井队从未在南缘区块打过超深井，心里难免有点没底气。”

南缘 GHW001 井生产现场

西部钻探技术专家发挥智囊团和远程监控会诊作用，应用井筒液面监测技术、高温高压井斜监测技术等系列配套钻井技术和工具，全员、全方位、全过程开展复杂防控。

呼探 1 井进入五开后，已经钻至 6100 米的高压水层清水河组地层，全员的工作都自觉地做得更加细致谨慎。清水河组地层中含水。还未钻至该地层，张卓和技术团队就给钻井队做了预告：即将遇到高压水层。

“钻井时，遇到水层，尤其是高压水层是十分危险的。”张卓介绍，水的渗透性很强，水敏性的岩石被水浸泡，就会变得松散，引起井下垮塌。

令人担心的事还是发生了。6 月中旬的一天，驻井钻井液工程师对何焱说：“钻井液密度突然降下来了。”何焱加大钻井液监测密度，当密度一直不断地下降后，何焱和泥浆工程师当机立断，即刻采取一边加重循环，一边提升密度的做法，快速稳住水层。

从 6100 米至 6800 米的地层中，每钻进一两百米，就会遇到一个水层。“这时候，宁可慢一点，也要安全第一。”何焱说。全队员工小心翼翼地穿越一个又一个水层，直到穿过了 4 个水层，这段惊心动魄的地层才安全度过。

在全体参战人员的严阵以待和步步小心的操作中，呼探 1 井成功从地下 7365 米处，安全成功地取出岩心，收获了该区块清水河组底部地层岩心资料，打破了准噶尔盆地最深井段取心纪录和新疆油田最深取心纪录。

2020 年 10 月 25 日 18 时 30 分，呼探 1 井固井碰压成功，创下新疆油田准噶尔盆地最深井纪录，同时还创下准噶尔盆地南缘区块探井三开同井段平均机械钻速最快、新疆油田三开中完 3035 米下入直径 365.1 毫米非常规大尺寸技术套管最深等 11 项纪录。

（西部钻探工程公司　马宏旭　罗　洋　侯红丽）

征战“生命禁区”的践行者

沧海桑田，山河巨变。在地球46亿年的漫长岁月里，油气资源大多数埋藏在地下深处。随着全球中浅层油气不断开发殆尽，深地油气已经成为全球重要的接替能源。数据表明，我国83%深地油气有待探明和开发。

位于“生命禁区”青藏高原的青海油田，沉积面积12万平方千米，油气资源量为46.5亿吨当量，是全国陆上油气勘探的重要地区，而钻探就是打开这地下宝藏的钥匙。

渤海钻探第二钻井公司自1996年进入青海市场，至今已有27年。然而，“上天不易，入地亦难”。在地下6000米以下找油气，就像站在珠穆朗玛峰顶要看清雅鲁藏布江上的游船，钻探难度比肩嫦娥登月、蛟龙下海，而且要面临高温、高压、高陡、高盐、高酸性气体、窄密度窗口等“全球少有、国内独有”的一系列世界级钻探难题。

“再难也要干！”这是保障国家能源安全的光荣使命，也是渤海钻二人排除万难向“生命禁区”挺进的原因。

困难就是用来解决的

2013年，青海油田在东坪发现了国内陆上最大典型基岩气藏之后，为实现阿尔金山前天然气向西突破，优选尖北构造部署了风险探井尖探1井。

这也是尖顶山地区当时设计井深最深的一口风险探井。而且存在着易缩径、地层存在裂缝易漏、地层破碎带易垮塌，山前高陡构造，地层倾角大，防斜打直等多重困难。但是办法总比困难多。当时承钻尖探1井的70162钻井队在队长郑军的带领下，与驻井技术专家和相关协作单位共同想办法，一一将困难破解。针对E31底部以下地层无实钻资料对比，他们积极与录井配合，一起逐层逐段分析地层岩性变化，同时邀请钻头厂家人员到现场根据岩性特征，进行个性化设计，专门定制适应地层的PDC钻头；针对地层倾角大，制定出根据地层自然造斜规律，在闭合方位的反方向增斜至1.5—2度的方案，实际操作中如有必要就使用1.5度单扶螺杆钻具组合保障定向效果，同时使用大水眼无磁钻铤，避免钻井液流速过快导致定向仪器损坏，最终确保了这口井安全高效完井。

2016 年 11 月尖探 1 井压裂试气无阻流量日产天然气 28.94 万立方米。至此，尖探 1 井勘探获得重大突破，正式揭开了尖北区块基岩气藏勘探开发的序幕。

唤醒沉寂的老油区

青海油田在狮子沟勘探开发多年，虽保持一定的规模与产量，但难有重大发现。油田勘探部的技术专家们从地质地层构造及相关数据的分析上感知到这里应该藏有神秘宝藏，但这宝藏究竟在哪一个点上，谁也无法提前预知。通过对早先已交井的狮 38 井资料分析，专家们判断这口井并没有钻到目的层，于是便有再上钻机进行加深的设想。

2015 年 10 月 10 日，渤海钻探第二钻井公司 50508 钻井队接到狮 38 井加深任务，重新开钻，用 5 天时间钻至 3805 米，钻头与油气不期而遇，几十兆帕的油气压力汹涌上窜，井口钻井液激增，这个队按照甲方“既要保证井控安全，又要保护油气层”的指令，立即组织人员认真分析关井立压、套压和压井现场情况，找到近平衡压井的窗口密度，并通过实施压井，保证了地层压而不漏，油层活而不溢。狮 38 加深井投入试采后，日产油 605.46 立方米、天然气 40496 立方米。狮子沟，这个沉寂了 33 年的老油区因这一口井的成功钻探而大放异彩，名声远扬。

随后这个队承揽的狮 205 井再次获得高产工业油气流，成为青海油田有史以来单井产量最高、稳产时间最长、投资回报最快、效益最好的生产油井，被评为 2016 年度青海油田公司勘探优质工程奖。这个队的队长任秋生也被甲方称为“任千吨”。

英雄岭上铸铁军

英雄岭，名如其岭，这里的地层深处，埋藏着丰富的油气资源。为了发掘深埋于地层的宝藏，2022 年 3 月底，青海油田公司明确了当年建成 10 万吨产能水平井组先导试验平台的任务目标，并提出要在 80 天之内打完平均井深 4600 米且水平段 1500 米进尺的要求。而页岩油先导试验项目被甲方定义为“青海油田历史上首次开展大平台水平井作业，难度系数和复杂程度空前！”

如此复杂的地层，80 天内打完进尺，怎么干？

为了保障英雄岭页岩油水平井钻井安全提速，渤海钻探第二钻井公司统筹部署 4 部钻机同时施工，并在现场实施项目管理制，以新管理理念、新地质认识以及新钻井工艺措施为抓手，迭代升级水平井钻完井配套技术，以 8 口井“打成打快打好”为总策略全面推进。

英页 1H5-3 井创干柴沟同尺寸井眼最高日进尺纪录、同井型、井深下套管纪录……

英页 1H6-1 井创干柴沟同尺寸井眼最高日进尺、单趟钻最高进尺、最快钻井纪录……

英页 1H5-4 井刷新水平段日进尺纪录……

英页 1H5-2 井创下单只钻头进尺纪录，首次实现水平段“一趟钻”完钻……

英页 1H6-4 井完钻井深和井底位移均为平台井最深和最长纪录……

4 支钻井队同台竞技，你追我赶，在这山高谷深、悬崖陡壁的英雄岭上上演着一场“速度与激情”。

最终，8 口水平井历经了 5 个多月的高效钻进全部顺利完钻。第一轮、第二轮井钻井周期分别为 78.99 天、57.53 天，与柴平 1 井 114 天的钻井周期相比，分别缩短 30.7%、49.5%，圆满完成提速目标并且降低钻井成本 20% 以上，试验平台靶层钻遇率均在 92%以上。

10 万吨页岩油先导试验平台的建设，标志着青海油田勘探开发从“常规”向“非常规”迈进，也全面开启了青海油田页岩油开发的新纪元。

时序轮替中，始终不变的是奉献能源的初心和使命；历史坐标上，始终清晰的是坚决保障国家能源安全的责任与担当。这就是渤海钻二人在“生命禁区”践行“为祖国献石油”的铮铮誓言。

（渤海钻探工程公司　于思朝　韩晓明）

渤海钻探第二钻井公司队伍在青海油田英雄岭区块施工现场

深地探索中的钻探情缘

深地塔科 1 井开钻典礼

“我宣布，中国石油深地塔科 1 井开钻”，2023 年 5 月 30 日，集团公司党组成员张道伟下达了开钻命令，绑着大红花的钻杆缓缓转动，深地塔科 1 井正式开钻，标志着西部钻探工程技术一体化井筒服务向万米深地钻探迈出了坚实的一步，正式吹响了向万米特深层进军的号角。

轮南会战中诞生的全国劳动模范

“组建第一支钻井队的消息在身边的同志们中流传开来，身边的一些同志找到了领导，主动请缨要参与到勘探队伍中来，经过两周的人员挑选，最终将适合钻井队工作的人员定了下来，组建形成了当时的 6048 钻井队。”全国劳动模范时任 6048 钻井队队长魏翊存这样叙述。

1985 年 8 月 26 日，石油工业部召开塔里木地震工作会议，调整地震工作部署，重点普查塔中、轮南、英买力三个隆起地区，同时要求新疆石油管理局、石油物探局、北京石油勘探开发科学研究院三家组织塔里木盆地研究队，专项研究钻探井位。1986年7月，石油工业部钻井司在北京为库南1井举行选择钻井队伍招标会，新疆石油管理局所属的南疆石油勘探指挥部组建第一支钻井队承钻库南1井。1987年初，克拉玛依钻井处7015钻井队中标轮南1井，当年3月27日轮南1井开钻，1988年3月23日于6002米完钻，经酸化压裂获得日产油97.46立方米，实现了海相碳酸盐岩勘探的重大突破。

在轮南1井的突破之后，6048钻井队于3月24日上钻轮南2井，历经七个月完钻，发现4套油层，在完井试油中，用19毫米油嘴求产，日产原油682立方米、天然气11万立方米，当时引起了中国石油天然气总公司高度重视；12月2日，李鹏、邹家华等中央领导分别做出批示要加大塔里木盆地的勘探开发力度。

两百个馕饼和一捆大葱的故事

塔克拉玛干沙漠是世界第二大流动沙漠，面积33.7万平方千米，是世界上著名的极度干旱地带，被科学界称为世界干极。

1989年3月28日，新疆7015钻井队接到上钻塔中1井的命令。当天组织生产机具、人员、物资，派先遣队于第二日开拔塔克拉玛干沙漠探寻搬迁路线。西部钻探现监督中心员工王建新作为一名沙漠车驾驶员有幸参与了此次长途搬迁先遣探路任务，据他回忆讲述了进军塔克拉玛干时的一个故事。

4月1日傍晚时分，先遣队车辆在一处相对平坦的沙地上围成了一个大营地，就此安营扎寨。当时用的“厨房”是用沙漠轿子车改装的，晚饭就在“厨房”里的液化气灶上烧水煮面，拌着罐头下饭。晚上睡觉是搭的大帐篷，沙地上铺上一层防沙布再铺上褥子，塔克拉玛干的夜里风很大、也很冷，沙子也直往帐篷里钻，员工们想尽办法扎紧每一个漏风口。

第二天一早，厨房早早就烧好了热水，大家起床后才发现只剩下挂面和方便面。不知道是谁说：“厨房里好像还有两袋子东西。”有人上车打开一看，是满满的几袋子馕饼，旁边还有一捆大葱。

接下来的几天探路任务，大家吃挂面和方便面吃腻了，馕饼和大葱就成了最好的食物。每天开饭前，都会有人提前到厨房抢上一个馕饼。很快，一袋子馕饼就见底了。探路工作还不知道要进行多少天，按照这种吃法很快就会吃完，因此，队长决定：馕饼限量发放。

探路工作枯燥无聊，沙漠里行走，遇到沙山，向前走一步，就得向后退两步，每天最多只能走10千米左右，大多数时间车辆都停在路上。无聊的时候有人会拿出象棋，往往棋盘一摆就会围上一群人观看，支招的比下棋的还着急。这天，棋盘又摆上，观棋的人依旧围上来。棋子刚摆好，领队徐西华说："观棋不语是君子。"听完他的话，大家都不好意思支招了，只静静地观看。棋下到关键时刻，眼看老张的主帅就要被对手将死了，老徐忍不住支了一招，化险为夷。对手不高兴了："你不是说不能说话吗，怎么还给他支招？"老徐说："见死不救是小人"。围观的人哄堂大笑，"这老头太风趣了！"大家笑着说。

晚饭时间到了，司机小王又偷偷溜到厨房，吃了一周的挂面、方便面，他已经完全没有胃口了，抱着侥幸的心理去找厨师要个馕吃，哪怕半个也好。厨师说："你来晚了，最后一个馕领导让我给张华了。""为什么？不是先照顾咱们的专家么，怎么给他？"厨师解释说，今天是他的生日，领导说有纪念意义，现在队里只有最后一个馕，就算给他庆祝生日了。领导还允许他用信号枪打两颗信号弹庆祝生日呢，你去看看吧。汽车修理工张华跟司机小王是同学，这天刚好是他的 25 岁生日，在营地东面的一个沙山上他们遇到了一起，共同用信号枪向天空中发射了两颗红色的信号弹，耀眼的红光刺破了茫茫沙漠寂静的夜空。

此次探路共用了 12 天时间，行程 341 千米。横向翻越大沙垄 15 座，穿越新月形沙丘链群和低沙丘分布的风蚀地交替带 70 千米，穿越塔河南岸红柳、胡杨林区约 50 千米，圆满完成了线路踏勘任务，为 7015 钻井队快速上钻塔中 1 井奠定了坚实的基础。

"先遣队返回时，人都黑了一圈，也瘦了很多，带回来厚厚的一摞路线图。"时任新疆 7015 钻井队队长旦汉民回忆时这样讲述。该井于 1989 年 5 月 5 日开钻，同年 10 月完钻，在试油过程中获得日产凝析油 576 立方米、天然气 34 万立方米的高产工业油气流。时任党中央、国务院相关领导对塔中 1 井的重大发现表示祝贺。

征战轮探 1 井

巴州分公司流传这样一句话，"农村娃钻出亚洲最深井"，是对时任 90008 钻井队党支部书记骆文生的赞誉！他自 2002 年参加工作以来一直在钻井一线工作，完成百余口井的钻探任务，2018 年 6 月他带领队伍上钻轮探 1 井，历经 380 余天顺利钻至 8882 米，成为亚洲第一深井。

2020 年 1 月 19 日，时任中国石油塔里木油田公司总经理杨学文在轮探 1 井召开庆祝大会时讲述：轮探 1 井经测试日产原油 133.5 立方米、天然气 4.87 万立方米。塔里木盆地能够在 8200 米以下的深层找到液态的石油烃，这在世界石油勘探开发史上还是首次，这口井的发现拓展了塔里木勘探的新局面。

为提升勘探开发力度，中国石油天然气股份有限公司在新疆阿克苏地区库车县境内部署一口风险探井，探索轮南下寒武统白云岩储盖组合的有效性及含油气性，突破寒武系盐下丘滩体白云岩新类型，开辟轮南油气勘探新领域，推进深部层系勘探进程，寻找油气增储上产接替区。轮南地区 6800 米以下地层，可参考的邻井资料极少，风险预判难度大，存在着溢流、漏失、垮塌等多种风险，时刻面临着打遭遇战的可能性，施工难度大、风险高。

“上下协力攻坚克难擒寒武，甲乙同心安全生产扛红旗”，这是甲乙双方共同绘制的施工蓝图，也是悬挂在该井入口处的一副对联。2018 年 6 月 28 日，轮探 1 井鸣笛开钻至 2019 年 7 月 26 日完井共刷新五项亚洲纪录：2019 年 5 月 27 日 8641—8649.5 米井段取心，刷新亚洲陆上最深取心纪录；2019 年 6 月 19 日钻进至 8882 米刷新亚洲陆上最深井纪录；2019 年 7 月 9 日 8877 米测井深度刷新亚洲陆上最深测井纪录；2019 年 7 月 25 日安全顺利地将 177.8 毫米尾管送至井深 8860 米，创下亚洲 177.8 毫米套管下深最深纪录；2019 年 7 月 26 日直径 177.8 毫米套管固井施工，刷新亚洲该尺寸套管固井作业井深 8882 米纪录。刷新两项塔里木油田纪录：2018 年 10 月 27 日 339.7 毫米套管下至井深 5504.7 米，2019 年 3 月 10 日 244.5 毫米套管一次性下至井深 7474.72 米，均刷新了塔里木油田两种尺寸套管一次性下入最深纪录。

参战单位在轮探 1 井项目中交出的优异成绩单，不仅仅是存放在西部钻探公司档案室的一串串数据，更是西部钻探人不断追求卓越、不断挑战技术难关、不断突破自

90008 钻井队搬迁中人拉肩扛电缆

我奋发拼搏的真实写照。回首再看一个个踏石留印的足迹，穿越岁月的时空，一起了解西部钻探人如何啃下这块“硬骨头”，打赢这场“硬仗”的经典事迹。

据时任巴州分公司经理景英华回忆，西部钻探公司高度重视轮探1井的施工，高站位严密部署，统一调度，成立了轮探1井专家支持组，由时任西部钻探公司副总经理喻著成任组长，工程技术处处长、巴州分公司经理任副组长，各参战单位主管领导为成员，选调综合素质优良的巴州分公司90008钻井队、井下作业公司YS43293队、试油公司CS2371队、固井公司GJ43078队、吐哈录井工程公司一分公司、钻井液分公司南疆项目经理部与工程技术研究院，发挥一体化保障、大兵团作战。

90008钻井队组建于2013年，先后在塔里木油田承钻了克深806井、克深8-10井、克深131井、克深605井，荣获新疆维吾尔自治区“工人先锋号”，新疆维吾尔自治区总工会、中国石油塔里木油田公司授予“自治区重点工程油气勘探三大阵地战劳动竞赛库车山前钻井杯”荣誉。一支平均年龄只有28岁的年轻化、知识型的队伍，历经奋战，凝聚了“如销子般锲而不舍、如销子般团结协作、如销子般砥砺奋进”的销子精神。几年来树立了“打一口油井、树一座丰碑”的理念，每个人把“干好活，不出事”当作座右铭。

2018年7月3日，喻著成在库尔勒组织召开了轮探1井钻井施工方案评审会。会议分别听取了巴州分公司、钻井液公司、固井公司的钻井施工方案汇报，与会人员就轮探1井钻井工程、固井工程、钻井液工程的技术难点以及应对措施等方面进行了分析讨论，对方案中的钻头选型、钻井液方案、提速措施等方面给予了充分的肯定，并要求各单位充分认识到轮探1井的重要意义，安排精兵强将进驻该井，要有专人负责，人员要固定，无特殊情况不得调换驻井人员，保证连续性，要打出西部钻探公司的品牌，安全、优质、高效地完成该井钻探任务。

“地层复杂，仅仅是轮探1井的难题之一。二开和三开完井下套管最大悬重均达到430吨以上，设备的满负载运转、人员的高强度劳动，都是摆在面前的难度”。为克服超高压、超高温、重负荷、大井眼长裸眼“三超一大”的钻探难题和试油试产施工中高含硫化氢、返排液对地面流程的严重冲蚀，采取一井一策，一段一策，持续强化技术攻关和现场生产组织，实时分析总结超深井施工经验，制定设备升级改造方案，攻关高温钻井液项目，制定大负荷条件下钻具和工器具安全旋转时间控制等措施，为钻井提速、储层改造、试油试产创造了有利条件，确保了该井优质高效完成。随着钻头一米一米的向下推进，摆在轮探1井专家支持组面前的难题越来越多。专家组不断探索攻克了超深复杂井技术、复杂漏层堵漏技术、POWER-V提速技术、高温高压钻井液技术、超深超高压固井技术。在科学的钻井工艺、优良的钻井工具和可靠的钻井液体系保障下，不断向地层深处发起挑战，最终实现安全完钻井深 8882 米。

塔里木油田和西部钻探等单位克服储层超深、超高压、超高温等极限难题，在钻井提速、完井提产等方面开展联合技术攻关，创造了当时亚洲陆上最深井、最深出油气井等七项纪录，标志着西部钻探公司超深层钻探技术已经处于世界领先水平。轮探 1 井的圆满完钻，是甲乙双方牢固树立在“一家人，一盘棋”背景下合作的一次典范，是专家支持组无数个日夜磨砺而出，是各参战单位的一次自我超越！尽管这种超越凝结了无数心血和汗水，但全都无怨无悔。正如 90008 钻井队党支部书记骆文生所说：“当到达目的地时，回头看看自己走过的路，所有的经历和付出都是值得的。”

正式向深地钻探进军

“沙海立塔叩开万米地宫铸大国深度，大漠树丰碑挑战生命禁区挺民族脊梁”，在深地塔科 1 井的大门口张贴着这副对联，是西部钻探公司上下践行向深地工程进军的豪言壮语，更是石油人忠诚于石油事业、保障国家能源安全的铮铮誓言。习近平总书

2019 年 7 月 26 日，由巴州分公司 90008 钻井队承钻的集团公司重点风险探井轮探 1 将顺利完钻，完钻井深 8882 米

记在 2016 年全国科技创新大会明确提出:“向地球深部进军是我们必须解决的战略科技问题。”国家“十三五”规划明确提出加强深海、深地、深空、深蓝四大领域的战略部署。2023 年塔里木油田在六届四次职代会暨 2023 年工作会议的主题报告上指出要全面建设我国最大超深层油气生产基地，率先建设中国式现代化世界一流能源企业；西部钻探公司也明确了奋力推进世界一流工程技术服务企业建设的宏伟目标。自巴州分公司 2018 年重组实体经营以来，先后承钻超 8000 米井 33 口，年累计增长率超过 50%，2022 年承钻设计超 8000 米井 20 口，建设深地钻探第一军具备了技术、设备基础性优势条件。

“公司将始终传承铁人基因，保持红色底蕴和战斗情怀，以不辱使命、踔厉奋发的实际行动彰显对党忠诚、为国奉献的责任担当，将万米科探井作为 1 号工程，持续加大万米超深层钻完井等关键技术攻关，确保优质完成钻探任务、实现各项地质目标。”西部钻探公司执行董事、党委书记潘登在深地塔科 1 井开钻典礼上郑重表态发言。

深地塔科 1 井设计井深 11100 米，预计钻井周期 457 天，将肩负科学探索和油气发现两大责任使命，该井旨在深入探索地球内部结构和演化规律，完善万米深层油气藏理论，将成为进一步提升国家战略科技力量和世界能源与化工创新高地的一项标志性重大工程。作为深地塔科 1 井的井筒一体化综合业务承包商，将以万米深地科探工程为契机，加快推进世界一流工程技术服务企业的建设，有信心、也有能力以探月工程的标准将该井打直、打成、打好。

（西部钻探工程公司　史庆彪　廖祥云　黄　雷　李　涛）

“火星”探气的急先锋

“打井不怕辛苦，缺氧不缺精神！”5月下旬，当天津的热浪席卷每个角落的时候，青海茫崖刚刚经历了一场大风雪。渤海钻探第一钻井公司青海作业部项目经理房旭套上棉工服，迅速吃了碗牛肉面，再补上两口氧气，踏着清晨的夜色，开始了新一天的钻井工作。

茫崖被世人熟知，是因为独特的雅丹地貌、碧玉的湖水，和一片荒芜带来的探险激情。但是拍照留念是一回事，身在其境又是另外一回事。这里平均海拔在3000米以上，90%以上的土地是荒漠戈壁。这里被四大无人区裹挟，是地球上最不像地球的地方，被当地人戏称为“火星”“月壤”。这里常年缺氧缺水、日头狠、温差大，风沙漫天、植被稀少、交通不便、物资匮乏。偶尔出现在视野中的，只有一上一下的磕头机，缓缓诉说着人类长居于此的原因。

当好总指挥　问题不过夜

“青海油气资源丰富，是甘青藏三地的主要气源地。我们刚进入这个市场的时候，主要作业区块是油砂山。这里是当年青海发现油藏的标志，也是‘柴达木精神’的发源地。”房旭解释道。

彼时，油砂山区块因为漏失频繁，打一口漏一口，许多钻井队亏损严重，纷纷撤离，钻井作业几乎陷入停滞状态。“考验咱们的时候到了！”渤海钻探一声令下，第一钻井公司两支侧钻队伍一头扎进了油砂山。2017年，房旭临危受命，来到花土沟全面负责青海项目。

“当时项目部包括司机总共才5个人，”房旭回忆道，“从队伍管理、物资保障，到井场勘踏、装备维护，任务量巨大，连睡觉的时间都没有。”房旭第一时间做好人员分工，列出任务明细，设定完成时间，逐项解决，逐项打钩。遇到解决不了的问题，他连夜联系各方，想方设法加速问题解决，为施工做足准备。

在前期勘查施工现场时，房旭手里只有一个GPS坐标，走什么路、过什么坎，一无所知。他带领4个兄弟每日早出晚归，和甲方一起巡山定井位，满山遍野的去跑、去找，爬上、爬下，走了不少冤枉路。而高原缺氧、山崖陡深、早晚温差大、天气多变等因素，都给踏勘工作带来阻力。他和兄弟们吸着氧，硬是在2天内把两支队伍的井位和搬迁路线全部摸清。

“到了现场才发现，井场面积很小，进井场的道路两边就是悬崖。咱们的钻机通过时，危险系数太高了，必须对设备进行‘瘦身’。”房旭拿起一个破旧的笔记本，翻到最开始的几页，指着钻机“瘦身”方案说。

为了满足油砂山特殊作业区块井场面积小、山区道路险的实际现状，房旭在五套方案中优选，最终采用“驻地集中、现场分离”的方案，将员工驻地安置在较为安全的地方，并根据单井施工参数，将循环罐减至两个，单机泵组变为一套，一切和生产无关的辅助设施全部放置在生活驻地。

通过这一方式，钻井队生产所需的设备及物资由之前的60车缩减为24车，搬安周期从2到3天缩减到1天，实现当天拆卸、当天搬家、当天安装、当天开钻、当天下完表层套管的“五个当天”浅钻施工模式，钻井提速50%以上，仅5个月就完成了区块原计划10个月的工作量。

“雷厉风行、说到做到！”青海油田第一采油厂负责对接的工作人员，全程跟进作业进度，对房旭高效的工作方式竖起了大拇指，渤海钻探“四特”精神在青海戈壁扎了根发了芽。

当好创新人　提速有章法

油砂山油田地质构造复杂，一百余层断块分布在油砂山地底，地层低压低渗，常规钻井液漏失频繁、钻井周期长，严重制约了勘探开发效益。

“几乎每5口井就有一口井井漏失返。堵漏不仅拖延了生产时间，更糟糕的是需要大量的人力去投放堵漏材料，对员工的体力也是一项巨大考验。”房旭说到这里，拍拍大腿说，“一袋堵漏材料50斤，搬运一晚上，一个个大老爷们腿抖得跟筛子一样，站都站不稳，连哭的力气都没有。”

面对油砂山“漏失”问题，房旭发誓“必须啃下硬骨头！”他积极组织科技攻关，第一次在这里尝试使用充气钻井技术。30977队在中407-2井施工时，刚钻到98米就出现了严重漏失。“上充气钻！”井队以30米^3/分的气体排量混合0.84米^3/分的钻井液排量建立循环，将当量密度降低至0.36，漏失明显减少，钻井速度也提起来了。

打一口井就要树一座丰碑。2018年，充气钻井技术的成功使用，配合强穿漏层技术，使这一区块的漏失量降低到区域平均值的29.9%，机械钻速提高了2.4倍。“以前20多天才能打完的井，现在只需要两三天。”

这一年，房旭带领队伍创下油砂山油田单队年进尺3.8万米的纪录新高，两队年总进尺超 7 万米，为青海油田打造千万吨高原油气田提供了有力的技术支持。

能解决难题的人，到哪里都会受欢迎。青海项目以高质量赢取工作量，乘着“涩北气田大开发、天然气投资不缩紧”的东风，2020 年两支新队进入青海涩北气田。地如其名，涩北是一个让人“涩”得发慌的地方，四周 200 多平方千米是无人区，青天一顶，碱滩一片，是全国海拔最高、条件最艰苦、环境最恶劣的气田之一。

“涩北漏转喷的井控风险很大，我们的队伍最远时离项目部驻地 460 多千米，技术支撑和物资保障太难了，一旦出现险情，抢险急救都得跑红眼。”房旭积极与建设方沟通，在众多施工单位中，第一个在涩北 2 号气田建立集中营地，实现涩北项目的整体协调和靠前指挥，生产组织和安全管理效率大幅提高。

针对涩北地层缩径和地层亏空严重问题，房旭带头研究个性化钻头，配合使用扩划眼工具，解决了起钻难、起钻慢的问题，“一趟钻”比例高达 94%；针对井控问题，实施工程技术模块化、控制复杂程序化、完井提速图表化、各次验收标准化的“四化”提速模式，有效解决“卡脖子”难题，打通了复杂区块提速“通道”。

房旭凭着“拼命三郎”的精神，带着员工不怕条件差，不怕生活差，战风沙、斗严寒，披星戴月、加班大干，创造了不少新纪录。8.73 天浅钻最短建井周期纪录、800 米日进尺最深纪录、单队年进尺连续多年保持第一、青海油田原油上产突出贡献单位……

“在青海浅钻 20 支队伍的竞赛平台上，我们的队伍都是响当当、能拿得出手的，青海油田多次组织兄弟企业及采油厂的团队到现场观摩。”房旭办公室储物柜中，整齐码放着表扬信、感谢信、锦旗、奖牌。夜以继日的奋斗，赢来了青海油田的渤钻口碑。

“兵贵神速、丰碑矗立。”现在，第一钻井公司青海市场的钻机规模由 2017 年的 2 部扩充为 6 部，产值稳定攀升。渤海钻探“石油特种兵”的技术实力和风采，成为青海戈壁一道亮丽的风景线。

当好大家长　破冰聚人心

面对恶劣的自然环境、艰苦的施工条件，很多人都忍受不了，辞了职。但是，青海项目的干部员工拧成一股绳，逆水行舟，势如破竹，2022 年更是打出了 12 万米总进尺的历史新高，项目部及基层队 260 人全部在岗，无一人流失。

“疫情难，难在人心。兄弟们跟着我干，我不能让他们寒心。特殊时期，我绝不会让一名员工冻着、饿着。”2022 年，疫情反复多变，房旭坚守岗位 350 天，积极与地方政府沟通协调各项保供资源，逐队紧盯施工过程及人员状态。

“疫情严重的时候，地方政府管控很严。井队生产生活物资、食材和药品消耗迅速，但是由于管控受限，后勤补给困难重重。”那段时间，房旭每天都要打出去一百多个电话，从青海油田到地方政府，从防疫部门到公安部门，他一刻不停地在寻找解决的办法。

在他的努力下，青海项目推行“互联网+”物资管理模式，发挥区域内部共享优势，及时将柴油、套管的重要物资送到了生产一线，丰富新鲜的食材供给，充足的退烧药、感冒药和应急物资一应俱全，在小小的作业区中人人都能报平安，免去了家人的担忧。

房旭很关注青海项目每名参战员工的身体状况，“这里海拔高，含氧量低，医疗条件匮乏，员工的健康风险大。”房旭对患有高血压、高血脂、心脏病等疾病的员工，单独建立特殊职工档案，定期跟踪健康状况。结合环境特点，配齐有针对性的急救药品，利用等停时间组织培训，使员工熟知高海拔地区作业的各项风险，熟悉各类心脑血管疾病的发病症状，熟练掌握基本急救措施以及急救药品的使用，提高了各岗员工健康自救、互救水平。

正常施工时，房旭经常到各队巡检，与员工聊天。他讲安全、讲形势，也讲家庭、讲亲情。“我们虽然来自五湖四海，但是在这里就是一家人，有事大家一起扛，有问题大家一起解决。”每晚六点一刻，房旭都会准时给家里打电话，寥寥几句，以慰思念。项目部有人调走，他也舍不得放手，挥泪告别，大家都说他是个“性情中人”。

青海项目施工现场

在他的影响下，每支队伍都上下一体，和谐共生。项目部和钻井队践行“和谐家园”理念和“和谐、友善、合规、奋进”的队伍文化，始终保持“幸福大家庭”的生活状态和奋斗格局，平均 10 天就能完成一口井，是增产创效的排头兵，推动了涩北气田劳动竞赛和安全提速的新高潮。

“召之即来，来之能战，战之能胜。”当漫漫黄土掩盖住车辆行进的轨道，当踏勘井位要爬过一个又一个山头，当刺眼的阳光模糊了前进的方向，当身体的极限不断冲击着脑海中的坚持时，总有这样一批人，如房旭，如青海项目的每一个人，逆风而行、向阳而生，以“加速跑”的节奏，敲响“我为祖国献能源”的奋进鼓声，在高原唱响“渤钻铁军”的嘹亮战歌。

月缺不改光，剑折不改刚。有志向的人心有远方、自信自强。在八百里瀚海无人烟的茫茫戈壁，房旭依旧披星又戴月、横戈马上行。在新时代、新舞台，他也必将带领青海项目的所有员工，不负纵横志、再创新辉煌！

（渤海钻探工程公司　张雯琼　臧孝宇）

第三章

气壮江河

大漠深处写传奇

石油人最锐利的武器不是先进的设备，而是骨子里攻坚克难的钢铁意志和永不服输的不屈精神。

——题记

沙尘暴袭来时的场景

让我们把目光投向浩瀚无垠的银额盆地内蒙古阿拉善盟巴丹吉林沙漠，它是我国第三大沙漠，总面积达4.92万平方千米，茫茫壮阔沙海，年降水量不足40毫米，蒸发量却达4500毫米，八级以上大风全年要刮80多天，经常有沙尘暴发生。

沙漠的东南边缘有一片面积达600平方千米、形状似蚕豆状的盐碱泡子，蒙古语为“温图高勒苏木”，汉语称“拐子湖”，湖水已经干涸。相传有一个传说——拐子湖曾经水草丰美，物产富饶，当地人从山里和戈壁滩上获得了许多珍奇珠宝，一个风雨交加、天昏地暗的夜晚，敌军突然袭击了当地居民。激战中，幸存者被敌人逼迫到拐子湖边上，面对四面八方都没有退路的绝境，这些人将所有财物全部投进了神秘而深不见底的拐子湖里，从此便有了拐子湖底埋藏着无数宝藏的传说。

传说无法考证，但是2016年，地质学家却通过科学勘测和不断考证，发现了这里有利的油气构造，并获得了丰富的工业油气流，它的地下蕴藏着黑金子——汩汩石油！石油勘探者们遂把眼光盯在了银额盆地这块人类足迹罕有涉及的生命禁区，吹响了进军巴丹吉林的号角！

勇斗沙尘暴

2017 年 6 月的一天，2 辆沙漠奔驰车和 2 辆庆铃皮卡组成的车队，进驻巴丹吉林边缘的拐子湖。这是由东方物探公司新兴物探开发处 239–2211 联队经理高磊带领的石油物探员工。他们身着红色信号服，带着帐篷、干粮和水，踏勘工区的地形地貌，了解工区气候状况和后勤运输补给保障情况。

就在 2 个月前，东方物探公司中标了陕西延长石油在此部署的 53130 炮的高精度三维勘探任务，地质任务就是进一步精细落实沙漠腹部区拐子湖凹陷北洼构造形态，寻找有利油气聚集区，实现银额盆地的油气突破！

这个项目的测线由拐子湖深入到广袤沙漠腹地，施工面积达到 332 平方千米，单线最长近百千米。高磊他们由拐子湖气象站周边的一个居民点出发，探索前进。

清晨太阳从一无遮拦的广阔地平线上升起，通红的动人心魂。金黄色高耸入云的沙山，偶尔神秘莫测的沙鸣，诉说着海陆变迁的悠久传奇。

中午时分，气温骤然升高，越近中午升温最快。高磊在副驾驶座位上不小心摸了一下车皮，烫的一下子把手缩了回来。测量组的几个年轻人，贴近沙子表面测了一下温度：乖乖，75℃！有的人真想把鸡蛋埋进沙子里，看是不是能蒸熟。

夜幕降临，天边的阳光渐渐消失了。高磊和同伴们在沙漠里跋涉了一整天，身体

高陡的沙山蔚为壮观

已经疲惫不堪。找了一个开阔的空地，周围有许多古老而神秘的胡杨树和沙丘，搭起了行军帐篷，并开始准备晚餐。

天上繁星点点，地上篝火通红。有人笑着说，“咱们现在真有点像在家看铁人事迹纪录片，大庆初期会战进入北大荒时的样子啊”。篝火旁边的闲聊声不断响起，心中荡漾着豪情，但都十分谨慎——毕竟在这片荒凉之地没有人可以保护他们，说不准有沙漠狼正在不远处正盯着他们呢！

突然间，风起来了，一阵强似一阵，愈发刮得强劲。尘土四起，远处的胡杨木摇摆不定，火苗也跳动得忽明忽暗。随着时间推移，风越来越大、越来越猛烈。

“这风好像有些异常啊……”高磊喃喃自语道。

一声惊呼响彻荒野：“沙尘暴要来了！”

“快！躲进帐篷！”“大家进帐篷！”。

没进工区前，高磊一行就听说了这是沙尘暴的“大本营”，沙尘暴袭来时，远看像一堵几十米、黑褐色的、浑浊的、移动的高墙，奔腾而来，像魔鬼，像海啸，很吓人。所以他们宿营搭建帐篷时的功夫做得非常扎实，除了把又粗又长的钢钎埋深比平原上多了 2 倍之外，帐篷四周还找来许多重物压实。没想到，刚进巴丹吉林大漠就给来了个下马威，真遇上了！

“我的水壶没拿”！“水在沙漠里就是人的主心骨啊！”负责解释技术工作的孟凡厚见风暴袭来，急忙跑向帐篷，但在进去之前，突然发现水壶没拿，默念着，又跑回去找水壶。

可是这个决定，让他经历了一次险情……

沙子吹得他费力地睁眼寻找着，呼呼的风声让他几乎听不见同志们的呼喊声。狂风早把外面的桌子、凳子、炊具等生活用具吹跑了，水壶也不见了踪影。见状，他意识到危险，快速伏地爬向帐篷！同志们一把把他拉进帐篷里。

“咱车上不是还有水吗，你这真是太冒险了!”“没事就好啦!”同事们纷纷安慰孟凡厚。

风越刮越大了，帐篷里的状况更加糟糕起来。无孔不入的沙尘钻了进来，帐篷内烟尘四起，大家都戴上口罩，呛得咳嗽起来。更要命的是，随着风势增加，帐篷不断抖动起来，有点要被风拔起来刮跑的样子！

“不好，大家都要死死拽住钢钎不松手！”那一刻，帐篷内所有的人，都把自己的重量和帐篷紧紧“结合”在一起！

那天晚上大家都没有合眼。即便是回到涿州后心中仍有余悸：在这片荒野之上，在大自然面前，人类是如此的渺小和脆弱。

但是，那一晚，高磊他们守住了！他们战胜了可怕的沙尘暴！帐篷这道防线，几度危险，但是最终还是被久经沙场的石油汉子牢牢地固定在沙海中，没有被沙尘暴吞噬！

第二天清晨，沙海中恢复平静，太阳升起，照在金色的沙堤上，细小的沙砾反射粼粼波光，一如昨天的美丽。

高磊他们走出帐篷时，费了很大的劲才把帐篷门打开，因为半个帐篷已经深深陷入沙子中，旁边的沙漠奔驰车倾斜着，轮胎已经没顶……

那一次，高磊写了一首诗以纪念沙尘暴遇袭——《巴丹吉林踏勘》：

大漠深处石油多，
沙尘暴起日月躲。
天高云淡无人迹，
勇士斗风不退缩！

打通生命线

新兴物探开发处召开了项目动员大会，针对探区问题，围绕项目提速提效，精心研究每一个工作细节，决心在大漠深处打一场物探项目攻坚战！

前期踏勘成果表明，拐子湖项目最佳施工季节窗只有 9、10 两个月时间。这就意味着任务之艰巨——必须在短时间内，安全优质高效完成 5 万炮！

“交通和联络是安全施工的保障”！战前动员分析会上，联队党支部书记薄忠华首先把这个问题提了出来。

薄忠华提出的问题很关键。设备物资进入工区，首先是 80 千米油路和 24 千米简易沙漠路，然后面对的就是连绵起伏的沙海。三维项目施工，数条排列如一张大网分布在大漠中，千余人马战线拉开，安全风险大，保障难度大！

天下本没有路，路从来是人走出来的，闯出来的。

进军令发出！ 20 台 D8N 推土机打头阵，开辟“生命通道”。

大漠深处，沙脊高大，地形落差大，起伏剧烈，最大高差达 288 米。一辆辆推土机缓缓前行，远远望去，沉重的推土机像一叶扁舟，上下飘荡，慢慢爬升过一个个沙丘，发出巨大的轰鸣声，每一次都需要付出极大的努力。

体力、汗水、酷热、惊险、耐力……无时无刻考验着每个推土机操作手。

张昶是队上的机械师，干活“拼命三郎”，他带领一台推土机冲在最前面，开始的时候，后方送饭不能正常保障，生活条件艰苦，他们即使啃着馒头、吃着香肠和咸菜，喝着净化水，依然干劲十足，一干就是一天，整个人被太阳晒得“黑亮黑亮的”。

推进到主联络测线时，突然间，在推土机爬上一个陡峭的山丘后，出现了一条漆黑巨大、深不见底的峡谷，并且正好挡住了张昶打头推土机前进的道路。张昶使劲揉揉干涩的眼睛，风沙天气让他的视线变得模糊，迎着太阳，仔细一看不是峡谷，而是阳光斜射巨大沙丘后形成的阴影“反斜面”。

“怎么办？”操作手喊道。

“我们必须想办法越过去！”张昶脑海中开始浮现施工前准备的各种预案。

“这坡度太多，沿测线直着推过去风险太大。”“专门为遇到高大沙梁准备的‘凿点打平台’‘之字形线路前进’方案该派上用场了！”机组人群策群力，很快拿出了应对办法。

经过精心实施，一条坡度减缓、蜿蜒前进的沙路修通了，巨大的沙梁再一次被石油物探人踩在脚下。

巴丹吉林沙漠腹地，平均3—4天就要刮一场5级以上的大风。让人头疼的是，刚推好的路，大风过后，又要重新修复。

已推过的路重新推，肯定影响生产效率。如何把大风影响的时间补回来？进行群众性技术创新！高磊带着技术员、机械师、生产人员一起研究，一起想办法，经过试验，最终决定推广应用GIS炮点预设计及推土机导航系统，对推土机线路及炮点进行预设计，优化推土线路。这样一来，推土机像长了“眼睛”，炮点与测量放样吻合度达到90.8%，走的“弯路”少了，推路效率提高了近50%！

在推土机艰难筑路且充满危险的日子里，张昶也不忘来点“浪漫主义”。他喜欢站在高地上俯瞰修好的路，在夕阳余晖下思考。闲暇时大家聊天、唱歌或者分享自己

D8N推土机向沙漠腹地进发

城市生活中发生的趣事，这样可以缓解疲惫、孤独和寂寞，干活时大家也就更加默契了。

夜晚，大漠气温急剧下降，有时能降到零下，一个人盖上三床被子也不会觉得暖和，大家就挤到一起睡。

那些日子，爱“抒情”的张昶写了一首他自己称为“白话诗”的《思乡诗》：

思念远方亲人，
心系着山川故乡。
推土机轰鸣，
响彻云霄，
不远千里，
为国找油忙。
挥洒着汗水，
臂膀更加黝黑强壮。
意志似铁，
豪情如钢，
上下一心，
荣辱与共，
志在沙海铸辉煌……

车辆在沙漠里运输物资

靠着这群石油硬汉的“冲锋陷阵”，一条沙漠希望之路提前5天打通了！项目运转速度加快，各种物资源源不断到位，工序实现了“加速度”。各工序人员，辨别方向不太清晰时，只要按照“沙漠路”进入，就不会有大问题。

修路的同时，沙漠营地建设也在如火如荼地进行之中。

由于地处沙漠腹地，没有可依靠的社会资源，职工们就自己动手“自给自足”。工农员武金梁、姚振国，干物探是好手，干后勤也是多面手。在这些骨干的带动下，物探队没有穿越200多千米到最近的额济纳旗去找社会资源支持，而是一边干“主业”，一边建设“沙漠家园”。

他们用红砖、石棉瓦、脚手架等材料建立了整洁、安全和舒适的营地。不仅建立起宿舍、食堂、图书室、洗澡间，而且还在营地中间培育了沙漠中生命力极强的“芨芨草”。它被大家当成“鲜花”，围砌成花圃，定时浇水，精心维护，陪伴着坚强的石油人一起搏风抗沙。

沙漠中的水是珍贵的。为了节约用水，239-2211联队对拉入沙漠的每桶水都制定了“使用流程”。每滴水都发挥出最大的作用。

沙漠中通信很困难，打一个电话，就要爬到很高的沙丘上，偶尔有飘过来的信号就算是很“幸福”了。

后来，239-2211联队在沙海中建立了通信基站，但是由于高大沙墙的阻隔，信号中断也是常有的事情，“不容易打电话”成为那时石油物探人的“痛点”。

“喂喂喂，你怎么不接电话”“为啥挂我电话呀”……由于沙漠没有通信信号或者信号弱，电话接不通是常事，经常被亲戚、朋友、家人误解。

“通讯保障不好，高效实现不了”。在东方物探公司仪器专家的指导下，队上又安装配制了45米高的移动式高增益天线塔，开发出不同频段差转同步激发电台。信号覆盖半径由8千米扩展到18千米，规避了沙坑盲区，保证信号全覆盖。震源、仪器、电台处处畅通，高效运转。

薄忠华说，沙漠生命保障线的建设不知凝集了职工们多少汗水，就像沙漠中的这条通向远方的路，从未有捷径可言。但物探队员们心里总会涌起一股自豪感：这是我们建造出来的！

竞赛促生产

“百十来斤重的大线，你扛在肩上一口气能爬上这个大沙梁子吗”？放线班长陆玉雷有点“挑衅”似的看着生产副经理蔡伟宏。

“瞧不起谁呢？都是干物探的出身！刚毕业的时候，这活我可没少干，论年份我是你师兄！”蔡伟宏嘴上不软，抬头望了望通向天际的沙墙，他心里首先想到的是项目的提速提效问题。

拐子湖施工设计定了下来。采取的是“增强”方案：1 毫秒采样，施工中在线道数达到 5 万道！这么多道滚动起来，如何保障项目按期完工，只有一个字：快！

放线班是全队人员最多的一个班组，是影响项目效率的关键一环！必须挖掘人的潜力，赛出生产“加速度”，才能保障在 2 个月内完成任务！

队委会经过讨论，一个以“比效益、比进度、比质量、比创新、比安全、比形象”为内容的劳动竞赛方案确定了下来。

根据测线分布和施工进度要求，放线班进一步划分为 15 个放线小班组。考核施工效率的同时，必须保证质量，保证放置检波器的“平稳正直紧”，图形放样图形正确；安全环保不能出现问题，要采用绿色物探“一字作业”施工法和“最小面积”作业法；设备完好率要达到 98% 以上！

“撸起袖子加油干！”在广袤的巴丹吉林沙漠腹地，一场特殊的“马拉松”比赛展开了。

为了把效率提升上去，放线班队员充分抓住早晨和下午时间，躲过中午酷热。东方还没有泛出鱼肚白，灯光闪闪的车队，顶着还未褪去的星斗，行进在出征途中。

放线 6 组的党员刘刚带着青年骨干，为本组带头打先锋，贡献“红色力量”“青年力量”。在排列进入沙梁的高陡路段、困难段抢在前面，发挥突击队作用。为了提高放线速度，他们根据大小线的长度，推出一个“8 字线弓子”收放法，避免了收放时线串之间容易缠搅在一起影响效率的问题！

质量是物探人的生命。放线班背着上百斤的大线，扛着电源站、采集站、交叉站，踩着厚厚的黄沙，按照标准作业施工。每个检波点位埋置都做到了“平稳正直紧”，经得起任何监督方的严格检验。

为了避免紫外线深度辐射和身体水分过度蒸发，放线班人员在酷热环境下，把自己裹得很严实。有时像电影中的神秘侠客，特别是脸部用黑丝巾和防沙眼镜一“装扮”，显得更“酷”。

热倒不怕，关键是吹眼的沙砾。一天下来打的眼生疼，整个脸红胀肿痛。

环境虽然艰苦，但是员工们苦中有乐，充满了乐观精神。一名刚刚分到队上的本科大学生，在放线班实习，他在日记中写下了一首《放线歌》：

沙海烈长风，
大线扛肩头。
小伙手儿巧，

士气高昂的放线班员工

铁袖穿银钩。
长长串串线，
身随芳华走。
织出金色梦，
原油滚滚流。

经过多轮PK，放线6班喜提“优胜班组、优胜个人、质量之星、设备之星”等称号，实现“大满贯”。

6班干活为啥这么牛？拿数据说话：进度完成100%、质量达标100%、设备零丢失零损坏、安全环保100%合格。凭借这些，6班在15个放线班中脱颖而出！

刘刚虽然是一名普通的职工，但是因为在放线工作中出色的表现，特别是任劳任怨的作风，赢得了大家的普遍认可。那一年，他被评为处里的十佳“先进标兵”。

劳动竞赛不但赛出了士气，也把放线班员工“培养成”一个个“铁脚板”“硬肩膀”和“闪电侠”（收放线时，动作麻利走路快如闪电），打造了一支“快速支援”的机动力量。

一天傍晚，出门采购物资的生活车因为故障，“抛锚”在了离营地几千米的沙漠公路上。当时许多物资等着用，队上又没有备用的车辆。放线8班刚好回到营地，马上在指导员带领下组成支援队，徒步快速赶到生活物资车抛锚处。大家一拥而上，有的人扛桶装水，有的人背着整筐的蔬菜，有的人背面粉……二十多人，齐帮动手、挥汗如雨，快速把生活物资用“蚂蚁搬家”的方式运回了营地，保证了后勤生活正常运转。

很快，劳动竞赛的经验在全队推广，各个工序都竞相加入进来，测量组、震源组、解释组……大家面对恶劣的环境干劲不减，愈战愈勇，汇集智慧，凝聚力量，不断为项目“加速度”注入强大动能。

施工中采用两组震源组合施工。独立同步激发，成为制约施工效率的关键问题。为此震源组专门攻关实验，变交替扫描为动态滑动扫描，寻找设备与施工效率的最佳节点，确定动态扫描的最佳参数。一束线两端同时采集，实现了距离分开同步激发，生产效率提高2倍，最快达到1分钟8炮。同时，避免了交替扫描、滑动扫描的斜波和邻炮干扰，保证了高信噪比。

测量组一天行进几十千米，皮肤晒黑，嘴唇开裂，背上爆起了皮。但他们始终保持了点位准、标志清，做到了“项项高标准，点点高质量”。

大漠气温高，物探将士的热情更高。项目于10月10日正式放炮，首日效率就达到了 2500 炮！

随着劳动竞赛的深入开展，物探员工的创造精神不断释放，生产效率稳中有升，日效平均达到 2689 炮，最高达到 4580 炮，刷新了国内大沙漠区可控震源新纪录！

心中的太阳

刚刚毕业不久的王立丰，入职以后奋战在科研生产一线。在家人心里，他已经从“去一线”，变成“回一线”。拐子湖项目展开后，他作为地球物理师，参加了这个重大项目的全过程运作。

王立丰与同事一起研究了拐子湖凹陷的石油地质基本特征，发现该凹陷苏红图组、巴音戈壁组生油条件良好，烃源岩有机质丰度高，具有较强的生烃能力，同层系的储集层亦较为发育。但对该区烃源岩、储层等方面的认识仍不够明确，油藏分布受走滑断裂控制，隐蔽性强。物探采集质量把关尤为重要。

“要像铁人那样，干就要干经得起子孙后代检验的工作”，在采集质量把关的问题上，全队技术人员毫不含糊！

为取得工区露头第一手资料，王立丰和同事们顶着高温，带着 40 公斤重的便携式钻机设备，采集野外参数。许多地方只能靠肩挑背扛，大家争先恐后抢着背设备。“团队的每一个人都专注、认真、热爱事业，互相激励着彼此”，王立丰很有感触。

员工庆祝劳动付出获得成果回报

拐子湖项目，是在挑战世界级的“双复杂”前提下实施的国家级重点项目。除了恶劣的地表复杂环境外，工区表层吸收衰减严重、资料信噪比低、构造复杂成像极其困难！

239-2211 联队解释组的人员经过跑露头，结合各种以往历史资料对比，提出了资料采集采用低频高灵敏度单点检波器接收的建议。该建议不但能降低人工劳动强度，大幅提高放线人员效率，而且能与低频可控震源激发配合，有效捕捉丰富的低频信息和较宽的频带信息，有利于取得储油区域带的新发现！

采集工作开始后，所有技术人员每天都盯在剖面现场处理机旁边，一旦发现剖面上信息干扰严重，或者反射资料不清晰，马上召开“质量分析会”，第一时间戴上安全帽到实地查看。那段时间，安全帽、水壶、遮阳帽、纱巾等“作战工具”，总是整齐地排列摆放在解释组的门前，好像是“伙伴”，随时陪伴物探队员出征，解释员胡健当时的一首七言绝句，记录了技术人员当时的工作场景——《出征》：

出征之时风沙起，
策马扬鞭豪情志。
志在大漠掘地火，
沙海叩响地宫时。

施工中，东方物探公司的高级顶尖采集技术专家、仪器专家、震源专家、设备专家、静校正专家、专业技术人员等 15 人会聚巴丹吉林，把脉会诊，解决生产瓶颈问题，坚守一线，盯在现场。仪器超高道能力稳定性问题、震源差分信号不同频道同时放炮问题、高精度震源沙漠施工能力稳定性问题、动态滑动参数确定等一系列困扰生产的难题，逐一破解，保证了采集施工的顺利进行，获得了高品质资料！

“当时每个人身上都有那股激情，我们去了也很受感染。并不是说自己有多大贡献，而是因为亲历了这里的大开发，干不好，一辈子都会不踏实！”当时参加会战的一位公司专家谈及那时热泪盈眶。

10 月 29 日，随着最后一组 EV56 高精度低频可控震源提板，拐子湖项目圆满收官！全队将士克服了自然条件恶劣、地形复杂、技术难度大、施工季节窗窄等诸多困难，提前计划 3 天完成任务！

12 月 6 日，项目在延安顺利通过验收，专家称赞：地震资料反射信息丰富，实现了从无到有、从模糊到清晰的质的飞跃！工程质量优异，堪称国内大沙漠区地震施工的典范！授予拐子湖项目“样板工程”荣誉奖牌！

2022 年，高磊和将士们重回故地，黄沙漫卷的巴丹吉林，早已暗淡了 D8N 的怒吼，远去了 EV56 的轰鸣，但蕴藏在大漠深处的油龙已经喷薄而出，拐子湖油田已见雏形！

放线班员工迎着朝阳出发

离开时，高磊又发现了地上有许多“风滚草”在脚下游走。这是一种生命力极强的植物，从来不会枯死。总有一天它们会找到适合自己生长的环境，扎根发芽，蔓出新枝，开出玫红色的花儿。

“风滚草”，不正代表着中国石油人“哪里有石油，哪里就是我的家”的不屈精神吗?

（东方物探公司　王　浩）

压裂车及井下人的燃情岁月

“噔”——

1965 年，在威远桐子堡的酸化作业现场，原四川石油管理局井下作业处的员工吴道高正有力敲击油管，让响声努力穿过人声与设备轰鸣声混淆的嘈杂，发出信号，示意压裂车操作手“准备开泵”。

“开泵”——

2023 年 2 月，在威远严陵的工厂化压裂现场，川庆钻探井下作业公司 YS49121 队副队长周睿正通过对讲机发出指令，示意各岗位操作人员“准备进入主压裂程序”。

两个时代的压裂作业开工序曲就这样隔着一甲子的时光，在威远山头回荡、重叠。

1965 年，全国民用汽车总量仅 29 万辆，汽车作为稀罕物件难入寻常百姓家，而此时的原四川石油管理局井下作业处却拥有一批大块头的特种设备车辆，其中固井、压裂专业作业及配套设备有 120 台，虽然压裂车占比不足 10%，但家底堪称丰厚。

井下作业公司位于威远严陵的工厂化压裂现场

那一年，距离四川开始在油气井进行酸化工艺探索虽已过去10年，但大多数酸化施工还未能“一次性成功”，压裂施工的雏形还遥遥无期。那年9月，威远气田拉开了一场轰轰烈烈的石油大会战，有近万人在向威远新场集结，日后，它被命名为“红村会战”，在四川油气田发展史中熠熠闪光。

光阴荏苒。2022年，我国民用汽车总量达到28087万辆，私人汽车保有量突破24393万辆。中国制造业的能力已今非昔比，压裂车等特种设备全面国产化，其性能直追国际先进水平。川庆钻探井下作业公司（下文简称井下作业公司）在这六十年间，围绕油气增储上产发展完善了压裂、固井、连续油管作业、工具及油化产品五大专业，形成了“设计—工程—产品”一体化服务模式，装备设备达到219台，其中压裂车157台，占比超过70%。碳酸盐岩酸压成为常规储层开发的重要支撑，页岩气工厂化压裂工艺及致密气压裂工艺则成为实现非常规领域增储上产的尖兵利刃。随着在“第一口水平井压裂”“第一口页岩气井压裂”等空白领域的不断突破与发展，井下作业公司的实力和声誉与日俱增。

威远—长宁国家级页岩气开发示范区的大开发，使得“红村会战”的盛景再次重现。在页岩气工厂化压裂作业现场，一个平台所需的压裂车数量是1965年井下作业公司所拥有压裂车总数的2倍，而以井下作业公司当下的实力，这样的平台可以同时组织20个（含新疆苏里格）。压裂车单车作业功率（俗称水马力），更提升了10倍有余。

井下作业公司参战“红村会战”

这个有关压裂车、井下作业能力、井下人的故事需要放在时代的大背景下被审视和打量，它的背后，折射的，不仅是石油工业的日新月异，还有中国制造业的磅礴崛起。这是小故事，也是宏阔历史。

60 年代：来自空白

“1964 年底，我们全年施工作业一次成功率达到 97%，其中有 3 个月均 100%。”这是吴道高写在工作笔记里的记录，他是井下作业公司当年“学大庆赶先进”的先模代表。那时，该公司酸化作业刚拥有专属设备，提高设备完好率、争取施工作业一次性成功还是一个“需要努力实现”的目标。

以此往前数十年。1955 年，四川地区才开始在隆昌圣灯山构造第一口井进行酸化作业初探，关于压裂车的一切刚从一片空白中走来。那时，没有专用注酸设备、没有经验，酸化改造成效也并不明显。到 1958 年，酸化作业依旧还在使用固井车或洗井机搭配手压泵进行注酸，并需要人工搬酸、倒酸、配酸。直至 1961 年，从玉门油田调来的 2 台专用的苏联制造 2AH–500 型压裂车，才真正开始了川渝地区压裂车的故事。该车的最高工作压力可达 49.03 兆帕，对应排量仅为 247.8 升 / 分，与现在单车最高工作压力 140 兆帕，对应排量能达到 800 升 / 分的压裂车来说，不值一提。而这 49.03 兆帕的最高工作压力，也成了川渝地区酸化作业的“天花板”。

1964 年 6 月，中共四川石油管理局井下作业处第一次党代会召开

1964年1月1日，原四川石油管理局井下作业处正式成立，专用压裂车增至3台，其中包含新增1台国内组装的LYC–500型压裂车。在同样49.03兆帕最高工作压力下，对应排量仅为27升/分，相比苏联制造的500型压裂车，其作业能力约为十分之一。

至1965年底，井下作业公司所能用于酸化作业的专属压裂车终于增加至11台。其中还包含了5台性能略低的AC–400型压裂车。此时400型/500型压裂车的命名方式，和HQ2000型压裂车及后续型号根据设备作业功率命名不一样，那时的型号根据设备作业压力等级命名，从命名即可知晓其对应的最大工作压力等级，就像400型刚好对应当年源自苏联的压力单位习惯400公斤力/厘米^2（39.23兆帕），500型则对应500公斤力/厘米^2（49.03兆帕）。

压裂车设备性能制约着压裂的工艺发展，压裂车能力不足，就无法提升酸液的泵注压力，一旦地层吸酸指数不足，那么酸化作业就难以成功。1961年，井下作业公司的500型压裂车的施工压力低于29.42兆帕；直到1966年，在威3井才实现了49.03兆帕的高压施工，而这一成果是更换方案实施了五次作业后的结果，也确保了该井日产从2080立方米提高到了8000立方米，增产效果明显。

受限于设备能力，60年代初期的压裂作业必须围绕设备性能“量体裁衣”，在这个大背景下，四川油气田开始了对油气压裂酸化工艺的探索。最终，形成了最初“手工版”的储、运、配、供、压、排的压裂酸化作业“六字诀”：井场用瓦罐储酸，运输车装载着储酸坛充当运酸车，配酸全靠人力从瓦罐向铁皮桶里倾倒，供酸则使用自吸泵，压酸最好的设备也只是2台500型压裂车，排酸无专用设备，只能慢慢排。

与此同时，酸化作业对应的酸液体系也十分原始，酸化后关井反应时间也较长。在这一时期，平均酸化年作业量仅49.5井次，经过酸化作业改造的井，测试日增产量大约3.80万立方米，施工有效率平均为39.9%。吴道高那一代的压裂人只能参照苏联有关书本资料，在实际施工中“干着看”。带着“完成的任何一次工艺的首次作业，就可能是一次全国性‘0突破’”的信念，这一时期的压裂酸化作业在“手工时代”默默前行。

70年代：告别手工

从1971年开始，井下作业公司压裂设备迎来了更新换代的热潮。特别是1974年，由石油工业部下拨的4台罗马尼亚制造的ACF–700型压裂车来到井下作业公司，酸化作业泵注压力成功攀升至68.65兆帕，对应排量达到151.2升/分。压裂车性能的提升，为施工压裂迈上新台阶奠定了基础。

该压裂车型的压力等级虽有所提高，但其操作模式依旧同 400 型、500 型压裂车类似，需要在单台车进行手动控制。每次作业前，指挥人员都必须找到一个足够的高点，让每台压裂车的操作手都能看到自己，然后通过举黑板、打手势等方式指挥各台车操作手进行排量控制。

1977 年，井下作业公司首次引进了美国制造的 12 台更高性能 S.S1000 型压裂车，最高工作压力提升至 103.42 兆帕，对应排量达到 317.9 升 / 分。而同年引进的 3 台国产交通牌 1200 型压裂车依旧差强人意，仅能在 74.53 兆帕的压力内正常工作。

但是，此时拥有 36 台专用压裂车的井下作业公司，相比于建立之初仅 3 台压裂车的井下作业公司来说，已大有作为。这一阶段，该公司的年作业井次达到了 41 井次，注入地层液量累计 4334 立方米，分别是该公司建立之初作业总量的 3 倍和注入液量的 9 倍。这一时期，四川油气田陆续打成了 6000 米、7000 米的超深井，压裂酸化作业能力也相继登上了 68.05 兆帕和 98.07 兆帕两个高压施工台阶。

全新的 1000 型压裂车的到来，让压裂车操作手欣喜。随车配置大幅提升：步话机，终结了看黑板、打手势的指挥方式；就地操作面板，避免了攀爬操作；远程控制系统，远离了高压区作业。方便安全，齐了！

特别是就地操作面板的出现，让压裂作业在“更安全”上有了“质的飞跃”：此前，压裂车作业前的管汇试压全凭操作人员的手感，“开泵、挂一挡、泵一阵、骤停”，

70 年代 1000 型压裂车进行酸化作业

操作人员通过控制“泵一阵”的节奏，来控制管汇所承受压力的等级，这是个经验活儿、技术活儿，刘泽绪是其中的佼佼者。他是井下作业公司第一代高级技师。相比于一般压裂车操作手10兆帕的试压梯度控制，刘泽绪能通过手感经验，精确地控制试压以2兆帕的梯度均匀攀升。这个独门绝技，就像那个年代供销社里的售货员，能够准确抓取一公斤糖一样，媲美机械的精准。有了就地操作面板就方便多了，它可以设置超压保护数值和试压数值，减少人为因素对设备服务能力的影响。随之而来的，是“凭手感精准控制试压压力梯度”实现换挡试压的“传奇”成为过去。

井下作业公司引进我国首套连续油管作业车

此外，1977年新引进的作为压裂车“最佳搭档”的连续油管车的出现，引发了一轮压裂作业施工模式的更新。最初，连续油管车用于酸化作业后期排液，后来，随着酸化工艺的发展，连续油管成为拖动酸化、连续油管带底封压裂的关键设备。如今，在非常规油气的压裂施工中，它又是提升工厂化压裂时效的“功臣”，并逐渐衍生出连续油管一趟管高效作业技术和连续油管钻磨桥塞技术，是工厂化压裂得以实现的关键设备。

1978年底，随着连续油管车的加入，井下作业公司也陆续完成了第一次压裂酸化作业“六字诀”的升级：装酸的瓦罐被储酸罐替代，各大矿区酸站建成运行；该公司自主设计的运酸罐车投入使用；立式酸罐搭配灌注车进行配酸、供酸；连续油管车、液氮车也开启了全新的排液、冲砂模式。压裂酸化作业现场彻底甩掉了坛坛罐罐、抽汲排液的落后施工工艺，“六字诀”系列配套全面实现机械化。

在这一阶段，还有一个细节值得注意。1974年，井下作业公司在桂3井首次采用槐豆粉糊化液完成携砂进行压裂作业，成功拉开了川渝地区碳酸盐岩储层加砂压裂的序幕，压裂车从此参与到酸化、加砂压裂中。压裂作业与酸化作业在70年代齐头并进，最大年作业能力可达287井次，平均年作业量达到150井次，较60年代提高2倍；测试日增产量突破16.76万立方米，是60年代4倍之多。而与压裂车配套的立体式风动运砂车、立体式储砂罐、自行改装的65–1型混砂车，和能够取代人工资料录取的仪表车，实现了储（砂）、运（砂）、供（砂）的同步机械化，也形成了今后持续数十年的“压裂车 + 仪表车 + 混砂车 + 管汇车”压裂机组作业模式的雏形。

而此次加砂压裂使用的槐豆粉，与后来成为碳酸盐岩加砂压裂主力添加剂瓜胶一样，都提取于植物，它们可有效提高液体黏度，实现水中悬砂，让压裂作业成为可能。而压裂车内流动的液体也从酸液体系第一次扩展到压裂液体系。2017 年前后，因页岩气工厂化压裂工艺发展需要，由植物提取物所组成的压裂液体系开始升级换代，通过化学反应，直接对有机物官能团进行添加改造，并以此发展出全新的压裂液体系。

80 年代：改革春风

在改革开放春风的吹拂下，四川油气田对国际合作敞开了怀抱。1982 年至 1990 年期间，原四川石油管理局先后引进斯伦贝谢、美国吉尔哈特、哈里伯顿和 CER 公司开展工程技术服务，压裂酸化作业的新理念、新工艺、新体系、新作业模式给予压裂酸化从业人员巨大冲击。这一时期，“设计—工程—产品”一体化服务模式萌芽破土。

80 年代后期，压裂酸化作业从单井转向区块。当时，井下作业公司需要针对川东卧龙河、新市、双龙和川中磨溪两个地区，以减少气层污染为主要目标，拟定储层改造的总体设计和分段措施，压裂酸化施工设计总量陡增。

1982 年，井下作业公司购置了 PC-1500 计算机，第一次编制了压裂参数计算软件。后又添置了 IBM 计算机，并根据现场应用需求编制了高压酸化、前置液压裂酸化、加砂压裂设计计算程序。该程序以 SHE 计算软件作为基础，采用 PKN、KGD 裂缝几何数字模型进行模拟，是当时国际通用的主流设计计算程序。计算程序的引入，实现了不同规模、不同施工参数的计算和对比，能直接提供 27 种方案供选择。半数字化的设计为压裂酸化施工提供了更精细的参数设置，后来，井下作业公司在此基础上，自主研发了 U-Frac 压裂设计系统，使得压裂设计更加科学化专业化。

80 年代井下作业公司员工利用引进的 PE3284 计算机处理资料

在施工设计中，井下作业公司也吸收国外公司工程技术服务理念，为川东、川中这两个地区压裂酸化作业领域建立起“设计符合率”的全新理念。在蜀南气矿、重庆气矿所属由哈里伯顿负责施工的 10 口井中，国内工程师身临其境地刷新了专业认知。曾经作业现场遇到排量、压力等参数一旦超出设计要求就无可奈何

1984 年，井下作业公司新增了 1650 型压裂车 6 台

的情况，在国外工程师的手里迎刃而解。他们通过调节施工参数，可以让压力、排量、加砂量重新回到设计方案上。这让压裂酸化从业人员第一次在现场清晰地感知到：影响施工质量的参数是什么，需要关注的工程参数是什么。酸液体系也进一步丰富，不断强化着酸化作业改造程度。这一时期最负盛名的胶凝酸，通过提高液体黏度，降低泵注过程中的管内摩阻和地层酸液滤失速度，从而减少泵注压力，有效提高泵注排量，使酸液进入更深地层。降阻酸也是利用了降低管内摩阻的原理，扩大酸液进入地层深度。泡沫酸则主要依靠降低地层酸液滤失速度，进行深度酸化。不一而足。

细致翻阅当年的施工总结，上面常有让人大吃一惊之处：比如“1986 年前，200 立方米大型酸量施工 10 井次，施工有效率 10%；100—200 立方米酸量施工 57 井次，施工有效率 27%；80—100 立方米酸量施工 135 井次，施工有效率 41%。可见大型酸化需慎用。”在现在动辄 1000—2000 立方米的注入地层液体总量看来，这样的注入量何须小心翼翼，但在当时，每一点改善都来之不易。

与国外的技术交流也让萌芽于 1978 年的前置液压裂酸化作业工艺逐步走向成熟。该工艺通过前置液压裂地层建立人工裂缝，再向人工裂缝泵注酸液进行酸化改造，最后再一次泵注前置液将酸液推向深层。1984 年，井下作业公司在卧 69 井采用该工艺后，日产气量从 3.36 万立方米成功提升至 7.28 万立方米，增产效果明显。以此不断发展完善了适用不同地层温度的前置液配方，并实现了施工注入程序的标准化。

而加砂压裂工艺，则随着石油工业部、四川石油管理局科学压裂样板井工作的开展，完成快速升级，实现了配套装置和作业程序同步走向标准化。当年 4 口样板井的 100% 成功率，在石油工业部全国样板井初评会上大获好评。

科技进步是第一生产力，压裂车性能的同步提升更助生产力提升一臂之力。1984 年，井下作业公司新增了 S.S1650 型压裂车 6 台，最高工作压力 103.4 兆帕，对应排量可达 688.2 升 / 分。此时的压裂酸化作业现场，正式形成了以 1000 型、1650 型压裂车为主，以 700 型压裂车为辅的设备矩阵。这一时期，压裂酸化作业注入地层盐酸 3.76 万立方米，占 60—80 年代注入酸量的 43%，注入其他液体总量 1.55 万立方米，占比达到 63%。

与此同时，为配合 1985 年美国哈利伯顿公司来川进行大液量、大酸量压裂酸化技术服务，井下作业公司进一步扩展“六字诀”的内涵，运砂车新增 4 台，运酸车增至 29 台，灌注车新增 3 台。新组合后，设备规模和能力使得施工能达到 1200 立方米，最高施工压力 98.07 兆帕，对应排量 336 升 / 分（5.6 米 ^{3}/ 秒）。这相当于可同时开展 2 到 3 井次的 300—400 立方米规模压裂酸化作业。至 1990 年，井下作业公司已具备单井 100 立方米加砂压裂工艺机械化施工及 1200 立方米液体规模酸化工艺机械化施工。

90 年代：焕然一新

1994 年，“破裂压力”一词作为石油名词被全国科学技术名词审定委员会审定并发布；同年，国务院公布了第一个《汽车工业产业政策》：鼓励个人购买汽车……这两件看似风马牛不相及的事，其实都是大国崛起的前奏。

1998 年，井下作业公司引进了 10 台 HQ2000 型压裂车，它搭载了肯沃斯的底盘，长 12 米、高 4.25 米，有“擎天柱”的气派。程可青是压裂车大车司机，身高 1.78 米，站在车旁，头顶刚齐平驾驶室的车门下沿。“要开车的话，司机得先要从驾驶室后面的楼梯爬上去，再像蜘蛛侠一下抓好驾驶室顶部抓手横向移到驾驶室，才能拉开车门。”车大，意味着其搭载设备的巨大，HQ2000 型压裂车的台上设备比 700 型压裂车大了近一倍。体量越大，其搭载的发动机、变速箱和压裂泵就越大，压裂性能自然更优越。HQ2000 型压裂车最高工作压力 103.42 兆帕时，对应排量可到 816 升 / 分。

HQ2000 型压裂车将单台远控操作系统升级为组合式联网操作系统，这样就将此前多人同时操控多台车直接简化为一人独立操控联网车辆。施工数据可以通过数据采集系统传输至仪表车，这为自动化压裂作业提供了前提。

1998 年 4 月 16 日，HQ2000 型压裂车在角 58E 井实施大规模酸压作业施工，拉开

90 年代井下作业公司压裂作业现场

了 HQ2000 型压裂车在四川盆地服役的序幕。与性能优越相对的，是维修困难，一旦出现故障，就得依赖国外厂家解码、修理、提供配件。“还好那会儿压裂任务没有那么忙”，设备技术员刘成对全进口设备的“维修难”记忆犹新。2004 年，杨文伟参加工作。现在，他是井下作业公司装备部的一员。他的电脑里分门别类地整理了从 1998 年到 2022 年间，HQ2000 型压裂车 92 项设备的改进方案，完整记载了 HQ2000 型压裂车逐渐国产化的过程。

“阀箱是一项使用约 400 小时就需要更换的重要部件，它的磨损会影响压裂作业的连续性和时效性，更会带来压裂过程的高压安全隐患，必须停下来更换。我们最早从更换为国产化阀箱开始进行改造，其性能、维保周期都要根据现场使用情况进行适应、调整。然后又逐步开始了阀体、阀座、柱塞这些易损件的全面国产化替代。你能清晰感受到这几年国产化阀箱耐用性已逐渐赶超国外水平，2021 年我们自主研制的不锈钢阀箱，使其更加适用于页岩气高压作业、长时间作业。”杨文伟参与了 HQ2000 型压裂车的多数改造，他直观的感受是，能采购的国产配件越来越多，质量越来越好。“这不是说我们国家能够造出一个配件产品，而是对应材料、加工工艺都要有对应提升，还要覆盖压裂车液压泵这并不算庞大的市场体量。”

2019 年，HQ2000 型压裂车肯沃斯底盘在达到使用年限后需要强制报废，杨文伟怀着对这批兢兢业业服役 21 年设备的敬意，完成了《HQ2000 橇装化改造方案》，他说，这批设备奠定了现在井下作业公司精细油水管理的基础，其良好的工作状态，证明了加强设备维保的益处。

与 HQ2000 型压裂车同批引进的还有 1 台混砂车、2 台管汇车、2 台连续油管车和 1 台仪表车。这些设备使得压裂酸化泵注能力得到大幅提升。储、供、配能力的同步增强，使得同时开展 2 口井的加砂压裂成为可能。这一阶段，井下作业公司攻克了龙岗地区酸液“打不进”的问题；也在八角场地区不断刷新注液量、加砂量、排量的行业纪录；在川中、川东地区，引进滤失控制酸酸化作业，增产效果明显。

直到 2018 年，这批 HQ2000 型压裂车和配套仪表车、管汇车、混砂车才完成使命，在走过新疆、内蒙古、云南、贵州、湖北等 11 个省市自治区，总行驶里程达到 401.47 万千米后，功成身退，成为井下人难忘的战友。

1998 年，为扩展压裂酸化作业施工工艺，井下作业公司还同步引进了 2 套搭载不同管径的进口连续油管车组（一套车组为 2 台车）。从这套连续油管车组开始，主车搭载操作室、滚筒，辅车搭载随车吊、液压管线成为惯例，直到 2017 年，才革新为原车配备橇装滚筒，以一车一橇的方式行走“江湖”。也是这一年，压裂车与连续油管车组也终于完成第一次真正意义上的配合，孕育出后来广泛运用的拖动酸化作业工艺。此时的井场，和现在遍布川渝的大型酸化作业现场终于有了相似的模样，大功率压裂车与连续油管车配合相得益彰。井下作业公司的员工也换下了蓝色工装、水桶鞋，换上了橙色的连体工衣、工鞋，一切焕然一新。

新世纪：由我做主

进入新世纪，中国石油迎来体制改革。2004 年，原四川石油管理局分属各个矿区的压裂车统一交由井下作业公司管理。资源的集中为规模化作业创造了可能。短短几年间，四川油气田的加砂压裂施工就从 1997 年的 6 井次增加到 2006 年的 129 井次，产值成倍增长。

2007 年，井下作业公司在广安 002-X36 井加砂压裂作业中，刷新了注入地层砂量

2013 年 11 月，16 台 2000 型、2500 型压裂车参与我国首个页岩气平台井长宁 H3 工厂化压裂作业

（258.2 立方米）、高挤时间（359 分钟）的 2 项亚洲纪录。也是在这一年，井下作业公司引进了奔驰连续油管车组，拉开了 2 英寸大管径作业时代的序幕。得益于其 2 英寸大管径连续油管作业能力，与压裂车联合作业的喷射酸化、喷砂压裂及带底封压裂等新兴压裂酸化工艺得以突破。连续油管车“万能作业机”的潜质崭露头角。

2010 年，中国第一口页岩气井威 201 井正式投产，威远—长宁国家级页岩气开发示范区的设立，掀起了非常规油气勘探开发的热潮，压裂酸化工艺发展成为解放非常规油气的撒手锏。

2011 年，已服役 13 年的 10 台 HQ2000 型压裂车参与了我国首口页岩气水平井威 201-H1 井的压裂作业，刷新施工总液量最大（23655 立方米）、排量最高（17.2 米^3/ 分）2 项亚洲纪录。2012 年，井下作业公司首次引进国产 2500 型压裂车组，其最高工作压力 105 兆帕，对应排量为 800 升 / 分。性能优越的同时，维修难问题也迎刃而解。与此同时，被称为“江汉 1 号”的全国首套具有自主知识产权的大管径连续油管车组也来到了井下作业公司。随着大管径连续油管设备作业能力的提升，连续油管配合压裂作业施工工艺快速发展。2012 年 3 月，井下作业公司压裂及连续油管工程服务成功进入壳牌市场，并圆满完成了坛 101 井多级压裂施工任务，得到壳牌公司高度赞扬。页岩气标准化作业现场的雏形也从这里发端。

2013 年 11 月，我国首个页岩气平台井长宁 H3 进行压裂作业，井下作业公司共调度 16 台 2000 型、2500 型压裂车参与作业，最后一套进口连续油管车组则负责压裂后

井下作业公司如今遍布川渝的工厂化压裂作业现场

钻磨桥塞作业，开创了我国工厂化压裂先河，拉开了页岩气压裂作业规模化、现场施工标准化序幕。该平台总计压裂 3 口井 32 层段，与常规页岩气单井压裂相比，该平台作业层段增加近 60%，累计注入地层总液量 4.32 万立方米，总砂量 1908.73 吨。注入地层液量几乎相当于整个 80 年代总量，砂量则是 20 倍于 80 年代末期单井 100 吨砂量的作业规模。

2014 年，井下作业公司再次引进 3 套国产大管径连续油管车组，并配套完善了 105 兆帕双防喷盒。为后来页岩气向深层进发提供了设备保障。

“都说井口压力 15 兆帕是高压井。我们连续油管配合工厂化压裂进行钻磨作业，30—40 兆帕是正常，70 兆帕‘高压’井也干过不少。”原连续油管车操作手谢海宁的调侃，印证了提升设备压力等级的必要性。

他曾是井下作业公司唯一一套民营企业生产的连续油管车组的班长和操作手。“接车的时候，新设备的注入头性能、滚筒装载能力真的有了大幅提升。特别是大管径连续油管和高等级防喷器带来的‘安全感’十足。”他始终记得奔驰连续油管车组进入服役末期，操作室备一个补液压油的“小瓶瓶”，操作连续油管起下过程中，需要额外操心悬重表油压是否足够，“随时补点”。而此时的国产设备已给他足够的信心。

如果说，千禧年前后，杨文伟能够从压裂泵国产化配件采购感受到中国制造业的起步；那么此时汹涌而至的国产化压裂车、连续油管车组，就像石油特种设备这一更小领域的和谐号、复兴号，成为中国制造业腾飞的缩影。

2017 年，井下作业公司再次新增 20 台国产 2500 型压裂橇，和首套搭载橇装滚筒的国产大管径连续油管车组。橇装化设备，有效减少了台下设备的维保成本，极大地降低交通安全风险。此后的工厂化压裂现场，常常呈现出 20 余台压裂橇同时检泵维保的壮观场面。

张维峰和叶晓飞都是 2019 年同一批进入井下作业公司的 2500 型压裂车操作手。以前，操作手需要跟车学习操作，跟着师父熟练进行检泵，拥有独立操作和检泵能力后才能接车。现在，随着设备的现代化，新一代的操作手可以直接接车，操作学习变得更容易。接车后，专车专练，培训考核合格后就会上平台井。

60 年弹指一挥间。目前，井下作业公司拥有国产 2000 型压裂车 55 台，2500 型压裂车 102 台，5000 电动压裂橇 12 台，预计在 2023 年 4 月，将形成 42.5 万 HHP（水马力）作业能力，实现 20 个压裂平台、2 口酸化井同时作业。

2022 年 9 月 21 日，井下作业公司新建工程作业智能支持中心（EISC）正式启用时，曾经关于压裂自动化的浪漫想象，正逐渐照进现实——

该中心运营的 U-Frac 系统，能够实现远程压裂决策；自 HQ2000 型以来的组合式联网操作系统，可实现一人操控多台压裂设备；仪表车已在 2021 年开始替代为仪表橇，数据采集能力和远程操作有了更宽敞的空间；平台井的集中化检泵释放了人员培养进程……

2023 年，井下作业公司将首次引进首套电控液国产连续油管车组和 12 台 5000 型电动压裂橇。设备电控化、数控化的未来，让新一代井下人意识到数字赋能的浪潮正迎面而来。

今年春节，“你们负责想象，我们负责建造”的徐工集团宣言引发了全网转发，这是中国制造能力全面崛起的自信。套用这句话，石油工程技术服务企业也有“你们负责建造，我们负责实施”的自信。

（川庆钻探工程公司　刘　玉　李泓伸）

虎跃千里战群狼

——中国石油致密气国际难题破解先锋

大庆精神，铁人精神已经成为中华民族伟大精神的重要组成部分。

——习近平

在建设“西部大庆”的新征程中，有这样一支高举铁人精神旗帜的队伍，他们是大庆精神的传承者，新时代铁人精神的践行者，他们就是长城钻探苏里格气田分公司的全体员工。他们是如何赋予铁人精神以新内涵，如何被誉为中国石油致密气开发国际难题破解先锋，并创造这一新传奇的呢？

来自毛乌素沙漠的世界奇迹 1：沙漠变绿洲

在中国的版图上，黄河是条很鲜明的曲线。在黄河的中游，有个“几”字形河段，“几”形内部腹地，有一块被称作毛乌素沙漠的地带，毛乌素蒙古语是“坏水”的意思。近日，毛乌素沙漠有了一个巨大的“好消息”，冲上热搜。原因在于他突破了一个世界

2002 年，长城钻探苏里格采气人庆祝累计产气量突破 400 亿立方米

级难题，“沙漠变绿洲”了。

据最新报道：毛乌素沙漠已经绿化 93.24%；沙漠面积以每年 1.62% 的速度缩小。这真是个奇迹。自 1959 年开始，陕西靖边地区的人民，以滴水穿石的精神，种树、种草，几代人奋斗，再造“愚公移山”的传奇。在很多人眼里“沙漠变绿洲”和“沧海变桑田”，是不可能实现的事情，但这一切真的实现了。

如果说毛乌素“沙漠变绿洲”破解了世界难题，创造了一个神话，靠的是根植于中国农民骨子里的“愚公移山”精神，靠的是坚忍不拔的意志力。那么，毛乌素沙漠的第二个传奇，来自内蒙古鄂尔多斯盆地地下 3500 多米的新传奇，靠的就是根植在新中国石油工人骨子里的“铁人精神”。

来自毛乌素沙漠的世界奇迹 2：在磨刀石里取气做饭

20 世纪 70 年代，长庆石油管理局对所辖陕西、甘肃、内蒙古等相关区域开始进行大面积的勘探普查工作。至 2001 年，已经基本探明天然气储量 1.5 万亿立方米，是世界上少有的大气田。长庆油田首先对富能区域进行开采实践，取得了较好的产量。苏里格气田作为气源地建成陕京一、二输气管线，温暖造福大半个中国。

但是，处于毛乌素沙漠区域的气藏开采效果很不理想，高投入低产出的现象相当突出。原因是这一区域的天然气储层处于致密岩层圈闭中，主要表现为低孔隙，低渗透、低压力、低丰度、低产量；而且储层分布广，地表沙化严重，不利于工业化开发。国际上从未有过这类气藏开发的先例，因此成了一个世界级勘探开发难题。

致密岩犹如高密度精细的磨刀石，天然气就在高密度磨刀石的缝隙之间储存着，由此，有了它的名字“致密气”。在磨刀石般的岩石缝里取气，还得能燃烧做饭。

这简直就是个笑话！您也或许会认为，这种产出比，太不划算；我可以选择那些像海绵一样的区域开采，或者选择购买天然气。这的确是个好的方案。

如果您看过破解毛乌素沙漠的第一个世界难题后，您还会这样想吗？靖边人民用了 60 多年，几代人奋斗去绿化沙漠他们值得吗？他们为什么不离开那里？愚公为啥要移山？离开不是成本更低吗？但这就是我们的祖国啊，这就是我们国家资源的现状啊！

开发苏里格气田成为摆在中国石油面前的一块“大牛骨”。吃也吃不得，弃也舍不得！

吃下它，可以确保陕京管线气量充足问题；吃下它，大半个中国的老百姓就免于饥寒的风险。

但对于当时股份公司的决策者而言，毕竟要面临重大的经济投资风险、巨大的政治风险啊！一旦失败怎么向党中央和全国人民交代啊！

中国石油经过5年多的反复论证，对现有技术力量的评估，以及周文瑞院士的推动，2005年初，股份公司终于决定，由长庆油田公司引入市场竞争机制，对苏里格周边区域的天然气开发项目发起招标。

长庆油田公司组织召开的技术交底会，定于2005年6月10日举行。

后续的发展证明这一决策是正确的！磨刀石里的天然气不仅可以取得出来，而且让千千万万的中国人，做熟了饭。苏里格气田这一国际难题的破解和有效开发，大大缓解了京津唐地区以及华北、华东地区用气紧张的局面。

组建一只“虎”，咬碎牛骨头吃下夹生饭

2005年6月，得知苏里格气田招标消息后，时任辽河石油勘探局局长的张凤山和时任辽河油田公司党委书记、辽西石油石化企业协调组组长的孙崇仁，对招标工作进行了深入的交流：

辽河地质条件复杂，地质人员功底深厚；水平井技术具有自主知识产权国际领先；物探、压裂、测井、录井技术装备均处于国际国内领先水平。

咱们老油田基本建成，勘探部门的工作量逐年下降，个个都是抱着金饭碗等饭、要饭的状况。据说长庆油田干得很艰难啊！这可是一块“牛骨头，伴着一锅夹生饭啊”

这次招标可是一次好机会啊！

2006年，沙漠建站

咱们是大庆的传承者，再做一次新大庆建设者，铁人精神的践行者！不亏吧！这是何等荣耀的事儿！干！

随即，成立了由局长助理冯艳成和局副总工程师刘乃震为组长的招标小组。

6 月 25 日，他们正式投入标书的制作。

7 月 29 日，正式完成，将标书如期送抵长庆油田公司。

8 月 16 日，辽河石油勘探局以技术标和商务标第一的优势，一举中标苏 10 区块。这个区块含气面积 358 平方千米，地质储量 499.34 亿立方米。

中标后，两家单位主要领导进行了充分酝酿：我们要站在保证陕京管线保供畅通，保障国家能源安全的高度上组建班子队伍；那里的地质条件复杂，低缝隙、低渗透、低压力、低丰度；还有沙漠恶劣的自然环境，哪一条都如同一只狼，这是和狼群作战啊！必须组建一支“虎”一样的队伍，啃下这块牛骨头，吃下这锅夹生饭！

9 月 16 日，苏 10 项目部成立。

主任：由辽河石油勘探局副总工程师刘乃震担任，博士学位，中共党员，教授级高级工程师。

副主任：由原兴隆台采油厂副厂长李文权担任，博士学位，中共党员，高级工程师。

总地质师：由辽河油田公司勘探发研究院地质部主任王国勇担任，硕士学位，中共党员，高级工程师。

生产协调科科长：由辽河工程技术处长庆项目组项目经理于开斌担任，本科学历，中共党员，工程师。

办公室主任：由钻井一公司离退休管理中心主任刘国学担任，本科学历，中共党员，工程师。

财务科长：由辽河油田文化处财务科科长王民担任，大学学历，中共党员，高级会计师。

2005 年 9—10 月中旬，猛虎班底初步组成。

铁人精神链接：“为国分忧、为民族争气”的爱国主义精神。

饿虎扑食，挑战沙海群狼

最可怕的不是见到狼群，而是知道有狼却不见狼影，面对狼群四伏的黑夜更需胆识。

9 月 12 日，尚未筹建齐全的苏 10 项目部，李文权、王国勇、于开斌、刘国学 4 人就已经踏上了前往苏里格的征程。

临行前，副主任李文权责成办公室主任刘国学安排订票、行程等相关工作和协调驻陕的钻井队伍；王国勇做好地质认识调研工作，于开斌在长庆做过几年外部市场工作相对熟悉长庆地区的情况，负责第一批井位踏勘和工程技术服务队伍协调工作。

由于财务系统尚未到位，办公室主任刘国学“自筹资金”，从爱人那里申请来5万块钱，这几乎是那个时期家里的全部积蓄了。刘国学想：将来有没有效益还是未知数，不免让人心里打鼓，但作为办公室主任，这又是自己的职责所在。

其实，打鼓的不止他一个人，所有的项目部成员心里都捏着一把汗。原单位肯定回不去了，老岗位已经安排顶替。新区块是个被称为老大难的世界难题，我们只有背水一战。

吃过晚饭后，回到小旅馆，正要安排明天的行程时，李文权见刘国学神色不对，于是说：不要有顾虑，辽河油田这么多能人，局领导能选中咱们，都拿得出手。咱们几个组成的可是一只虎啊！老刘兜里还有多少“私房钱”呀，是不是不够了呀？没关系，不够了咱们大家攒钱，继续干！咱们自带干粮，也得干！

李主任越是这么说，老刘越是难以启口。忙说：钱还在，还有。

其实，他突然发现自己放收据的兜子咋不见了？刘主任急出了一脑门子汗！他不怕埋怨、不怕难堪！怕的是在这个刚刚组建的班子里失去信任，让大家误解为耍小心眼。说出来，会给大家留下个啥印象啊！

他急忙找个借口转身打车回到乌审旗那个小饭店寻找，好在找到了背包。里面的“白条子”一张没少。

2006年，挺进沙海

这件事他一直装在心里，直到退休后，他才对财务老总王民说：你当时财务没报到，可把我坑苦了，这十几年都没好意思说出来啊。哈哈哈……

9月16日，苏10项目部正式宣布成立。兵分两路，各自开展工作。

铁人精神链接：有条件要上、没有条件创造条件也要上！正确对待国家，集体，个人利益。

苏10精神链接：没风险要上，有风险克服风险、担起风险也要上！自带干粮，也要上！

虎视眈眈，黑夜里的狼眼

黑夜给我黑色的眼睛，我却用它寻找光明；狼眼之光不仅不能令我胆寒，反倒是我寻找方向的灵感，原来这便是打开黑夜之锁的锁孔。

自从西安兵分两路后，生产协调科科长于开斌就在乌审旗住了下来，一面开始调研辽河在陕队伍的情况，另一面租用了一台辽河油田长庆项目部的吉普车，前往苏里格找井位。

几天来，他们住在乌审旗的小旅馆里，这里的人生活习惯和内地有所不同，喜欢吃捞饭，就是把饭煮到半熟，捞出来再到锅里蒸一下，这种捞饭，使得他胃里返酸水，以至于两天后，感到胃疼，吃不下饭。

此时，他带着司机，忍受着胃痛，找到了苏里格气田内的牧民村长图雅家打听道路。尚未开发的苏里格没有什么道路可言，有的就是牧民经常走过的小路，那便是路了。

他拿着定位仪，在沙地里游荡、颠簸。转来转去又回到了牧民村长图雅的毡房附近。大半天过去了，竟然毫无收获。此刻，不知是饥饿，还是胃痛的原因所致，于开斌意识到自己迷路了！困顿、焦虑、迷茫却唤醒了他的神志，突然意识到，这大得无边无际、空旷得令人茫然的荒原，就是一匹狼。那些黑暗中的一只只狼眼，又如同打开黑暗的锁孔！如同眼前无法靠近的井位。

我是一只虎！我得盯住它，我一定要找到这个坐标。狼眼，就是第一个锁孔！他和司机开始精准的配合，提起万分的精神，按照指南针和卫星定位仪，再次出发；距离目标越来越近了！终于找到了那个井位。他们立好了标记杆。

10月26日，第一口评价井开钻，苏10-2评价井，设计井深3390米。

必须修路，修好路！否则还会被这狼群羁绊住双腿、遮掩住双眼。这成为于开斌的第一个夙愿。

今天的苏里格气田，道路平整，路边树立着排号、井号清晰明了的路牌标识，意味着他们已经完全战胜了这群浩瀚到令人茫然的“狼群”了。

铁人精神链接：“甘愿为党和人民，当一辈子老黄牛”、埋头苦干的无私奉献精神。

老虎巡山，威者难免自谦

狼群四伏，到处都是狼群的传说，但他们这只虎未曾与任何一只狼谋面。他们不得不低下头来用灵敏的嗅觉仔细地分辨到底是传说呢，还是真实的狼迹。

与此同时，李文权和地质师王国勇、办公室主任刘国学一行 3 人，也在途中。

先后拜访了长庆油田，了解甲方的要求和以往开发经验、地质认识，索取了一些地质资料；又前往鄂尔多斯地质研究院、廊坊研究院等科研院所，听取他们已有的经验。日夜兼程，力求尽快让自己的头脑不再处于两眼一抹黑的状况。

随着他们的探访不断深入，对这片幅员辽阔的大气田，有了粗略的了解！但，致密气的地下构造到底啥样，致密气岩层到底有多密？依旧像个黑暗的谜团。第二匹狼，地下储层之狼，来到了他们面前。

地球物理勘探是地质学家的眼睛，我们也要用这只眼睛去对视那一只只狼眼！辽河物探，拥有当时最为先进的三维地震技术。而他们了解到的却是：三维地震和二维地震一个样；直井和水平井一个样；大规模压裂和适度规模压裂一个样。这到底是经验？还是偏见？或是钻井技术控制上的问题？或是地质与钻井的配合问题？每一个问号就如同一只闪烁着绿光的狼眼；整体认识、地质认识、储藏分布认识、富集区域认识、岩性认识、工艺认识、钻井直井、水平井、测录井技术、压裂技术应用认识等等，又像一群围着他们打转转的狼阵。

但是，学习调研十分必要，别人走过的路，踩过的坑，我们不能再去踩；别人局限的、片面的认识我们也要有所分辨，加以借鉴。

要搞清这些问题，除了调查研究，还必须亲自下手一搏。

一天，他们来到一口井完钻后的井口前，听到井里沙沙的声响，哇！竟然“冒泡”了！李文权抱着王国勇激动地说，终于见亮了。老王你这口井，井位定得准啊！不是说自然压力采不出气吗？这是第一口自然压力自产井啊！今天回去我请你喝酒！顿时，两个人一时间无语，却看到了彼此眼里的泪花在闪耀。

铁人精神链接：“我学会一个字，就像搬掉一座山，我要翻山越岭去见毛主席”的识字搬山精神。

虎爪三扑，群狼顿觉胆寒

如果说整体认识、地质认识、致密岩性、产能富集区等是第一批向他们示威的狼群，那么，如何采用恰当的技术手段提高效率，降低成本却是另一群前来叫阵的群狼。

在李文权的带领下，苏 10 班子达成一致：高效，才是最大的成本控制。以地下为核心，地面高效配合节约成本；缩短钻井周期是关键，钻井和压裂占前期总成本的 80%。必须降低投产成本。

东北虎的第一招，高手都有法器，而高高手则创造法器。他们创造了“倒推法”的逻辑法器和市场机制法器。倒逼技术服务单位使用且开发出适应苏 10 要求的应用技术，这是引入市场机制所带来的创新活力。

不符合技术要求的技术我们不采用；不适合苏 10 规则的我们不采纳。以市场机制，对付老体制的老做法、老观念、旧遗风。

东北虎的第二招，以主要矛盾为突破口，以地下储能、产能为靶心，集中所有地面技术措施、地面建设布局、设计方案等优势兵力打歼灭战。

东北虎的第三招，加强和科研院所专家的合作，先后和鄂尔多斯地质院、勘探局工程技术研究院、勘探局设计院等科研专业单位共同研究开发新技术、新工艺。并将最新技术成果和乙方的技术服务单位共同分享。共同联手用高效率这招、降伏高成本的头狼。

虎动如电，出招唯快唯先

这只骁勇的东北虎，在和一群又一群恶狼的拼杀中，拼出了虎威，树立起王者的霸气雄姿。

抢了一个冬季就抢了一年。利用长庆地区冬季钻机的空闲时间，发挥辽河冬季钻井的技术优势，先后抽调辽河在西北打井的 7 部钻机部署到苏 10 区块，共打了 18 口井，为录取资料争取了时间，为建站方式、建站规模、下阶段部署提供了有利依据。钻井速度名列五家合作开发单位之首。

苏 10–50–54 井，完钻井深 3395 米，钻井周期共计 14 天 13 小时，创苏里格气田钻井速度之最，与其他区块的钻井周期相比，缩短了整整 22 天。

在 2006 年底完钻井 80 口，完成 4 亿立方米产能建设，提前两年建成 10 亿立方米产能，长城钻探苏里格气田项目部被誉为“在苏里格气田的开发工作排头兵、带头虎”。

铁人精神链接：为革命练就一身“真功夫、真本事”的科学求实精神。

虎牙尖利，硬功夫不负天

虎之所以是虎，必然有过人的本事，虎战群狼更要具备过硬的招数。虎牙尖利，招招令狼群胆寒。

在苏 10 项目部的推动下，钻井速度大大提高，缩短钻井周期就意味着钻井成本降低，从一口井 1000 万元降低到 800 万元再到 700 万元，一口井平均节约资金 200 万元左右。

由此，他们陆续开展的一系列令人惊叹的科学技术实践支撑起这一神话：（1）安全、快速钻井技术，为超额完成产能建设目标提供了有力保证。（2）高精度二维地震资料采集、现场资料处理和综合地质研究相结合，为开发井、控制井和探井部署，提高气层钻遇率提供了重要依据。（3）优化射孔方案，一次分层压裂合采技术的应用，有效提高了产能建设到位率和单井产量。（4）及时推广应用井下节流技术，为简化地面流程，方便生产管理，降低操作成本创造了必要条件。（5）优化地面流程设计，安全、快速、优质施工建设，使提前投产和上产成为现实。

水平井开发技术：（1）井位优选技术，确保钻井成功率。（2）地质导向技术，确保储层钻遇率。（3）钻井提速技术，降低开发成本。（4）分段压裂技术，提高单井产量。（5）产能评价技术，实现气井高产稳产。

虎腿发力，腾空起乾坤转

老虎不发威，狼群难以降服，必须采用连环计，奋力一搏腾空而起加以强悍震慑!

在“甩开勘探、滚动开发、集中建产”的开发思想指导下，他们摒弃了长庆沿用的“建小站，多建站”的思路，提出以产能为核心，“少建站，建大站”的思路，统筹地下、地上；统筹管网的通联，减少工人巡井压力，提高工作效率。形成了“六统一、三共享、一集中”管理模式和“十个一线”工作法。

这不是摆设，而是实实在在的做法。

2006 年 4 月的一天，一口正在施工的井出现了气层套管漏气的危险情况。20 多兆帕的压力，一旦螺丝滑扣，这口井就控制不住了。情况紧急，毕文亮当即拟出两套方案。最安全最有效的办法就是把井压死。可是这口一类井一旦压死，再恢复起来的代价很大，作为总工程师的毕文亮心痛啊！第二套方案是，一边组织环空压井、油管放喷点火释放压力，一边在零压状态下焊死漏缝。这是一招险棋，如果组织周密，一切

2021 年，“万方水　千方砂”压裂现场

可以化险为夷。

没有更多的选择时间，毕文亮让大家撤到安全地带，自己站在焊工身边。焊工问：“没事吧？”毕文亮回答：“零压力，没问题，我陪你！”副经理兼财务老总王民此时也走到他身边：“我也陪你们！”照明灯映着焊枪的弧光打在他们的脸上，他们的脸庞是那么刚毅从容，在场的人们在那一刻被深深地感动了。

铁人精神链接：“有条件要上，没有条件创造条件也要上”的艰苦奋斗精神。

虎尾三鞭，声声响彻荒原

虎就是虎，他的各个器官都有神能神功之力，在与狼群交手的过程中不断打出出奇制胜的杀招！

创出了“五最”神话

辽河石油勘探局在 2006 年完成了 4 亿立方米产能建设，比合同期提前了整整一年，创造了当年上得最快、打井最多、效果最好、投产最早、外输产量最高的“五最”神话。

创出了“六个率先”

率先打评价井，开始对气藏进行评价；率先钻井提速，并持续提速；率先编制区块开发方案并通过审批；率先在未探明区打评价井，新增天然气地质储量 500 亿立方米以上；率先投产上产，产量一直保持在配产指标以上运行；率先实验水平井技术，实现单井产量提高，水平井批量投入生产。

创造了为人称道的“苏 10 速度”

按照《苏里格气田苏 10 区块开发合同》规定，准备期 180 天，建设期两年，钻井 80 口，在 2007 年底完成 4 亿立方米天然气产能建设。勘探局上下高度重视，站在政治的高度上对待苏里格气田的开发，整合内部各方面优势来组织产建工作。经过各参战单位的不懈努力，来自辽河的石油人提前一年完成了任务。

长庆油田根据辽河局 2006 年的开发工作业绩，决定“在苏 10 西划出一块（620 平方千米），探索新的 EPC 模式，由辽河局继续组织开发”，即为苏 11 区块。有了苏 10 区块的成功经验，苏 11 区块的勘探开发建设显得游刃有余。

虎踞龙盘，未来依旧艰险

经过 18 年的奋斗，已是虎踞龙盘，但狼群也在繁衍，新的问题、新的困难必然会不断出现。

截至 2022 年底，苏里格气田分公司已累计产气量 420 亿立方米，而 2023 年，他们的产量目标是 28 亿立方米，是最初投产时 4 亿立方米的 7 倍；当年的高产井开始出现衰减，各种针对中后期的新措施、新技术又在不断地开发研制中。

比如，最早以直井规模化开发的苏 10 区块，已步入中年，略显颓势，为尽可能多地动用剩余气，长城钻探苏里格采气人找到了小井眼侧钻水平井技术，在不增加新井场的情况下，对低产低效井进行侧钻，已实现技术集成和规模化应用，探索出一条致密砂岩气藏高效开发之路，也为高效动用天然气剩余地质储量提供技术参考和解决思路。截至目前，在苏里格风险作业区共规划 118 毫米小井眼侧钻水平井 215 口、实施 72 口，累计增产天然气 9.32 亿立方米。这些困难如同各个狼群的子孙也在繁衍、派生，而不服输的长城苏里格人以猛虎姿态继续将群狼击退。不论多少年，铁人精神，依旧不变。顾全大局，为国分忧的信念，始终没变。大庆精神的传承依旧续写在大漠荒原之上。

2006 年，苏 10 项目部在编人数共计 41 人，至 2023 年 6 月，苏里格气田分公司已有员工 347 人。18 年间，已有 5 人因非工伤逝世；不排除个人身体因素影响，但与毛乌素恶劣的自然环境和高强度的工作性质不无关系。尽管前期项目部制定了“强制休息的政策”，但其中很多同志在建设大气田的创业初期，全年 270 天坚守岗位，连续 70 天、90 天坚持工作的大有人在。我想没有其他原因，仅用他们高度的事业心和石油人的拳拳爱国之心就可以解释他们的中途离去。他们的墓碑上没有荣誉，没有鲜花。但他们依旧在每个工友的记忆中书写着拼搏与辉煌！

铁人精神链接：“宁可少活二十年，拼命也要拿下大油田”的忘我拼搏精神。

绿色的采气作业区

虎啸余音，回荡大漠蓝天

王国勇，作为长城钻探工程公司的开发主帅，正在审视着地质剖面图，正想着在页岩气、煤层气开采中如何在井下合成氢或烃的技术方案！

于开斌，2020年，接替了李文权，担任了主帅，他坚守荒原18年，还在和新的狼群作战。

李文权退休了，带着孙子，散步在北京的公园，看到清澈的蓝天，看到孩子快乐地玩耍，看着向他跑来的笑脸，大口地呼吸着，爷爷你闻，这里的空气真甜啊。李文权顿然鼻子一酸！是啊，真的很甜！这口甜，值得爷爷们和狼群拼杀，此生无憾！

致密气世界难题破题先锋的故事还在石油人的口中流传……

今天，苏里格采气人的铁人精神依旧在能源开发的江湖中流传……

（长城钻探工程公司　尉晓文　马鹤莉）

红星 1 井的难与进

红星 1 井井场

2023 年 5 月 28 日，四川省江油市二郎庙镇新安村，随着最后一辆装载试油设备的运输车辆驶离红星 1 井井场，标志着川庆钻探川西钻探公司在该井的全部施工工序已经完成，只待交付西南油气田勘探事业部。

就像川西钻探承试的每一口井一样，在这口井，历经 11 个月的试油工作虽偶有小插曲，但总的来说，也算平稳有序，和此前三年艰难曲折、百折不挠的钻井过程形成了鲜明对比。

“看不清”的地层

红星 1 井部署在四川盆地川西北部龙门山推覆构造带上，而龙门山构造是四川盆地重点油气勘探区。

龙门山位于四川盆地西缘，由于受青藏高原强烈挤压作用影响，应力背景复杂、地质结构多样，被称为“地质百科全书”，这里一直以来都是四川盆地油气勘探难啃的“硬骨头”。20 世纪 50 年代，龙门山构造勘探拉开序幕。经过数十载勘探实践，几代石油人的不懈努力，龙门山山前带勘探开发已取得很大突破，但地层发生强烈变形甚至倒转的复杂推覆构造带的勘探却仍面临地质认识、地球物理、工程技术等方面的诸多挑战，这里的勘探开发依旧是难中之难。

早在十余年前，西南油气田公司就曾对推覆体构造做出第一次探索。2006 年 1 月，天井 1 井在万众期待下开钻，但在钻至 2732 米后，往下地层多次倒转和重复，井底二叠系内部多次钻遇小型褶曲和错断，全井井漏、阻卡等故障复杂时效高达 30.2%。最终，天井 1 井折戟于地质条件异常复杂，止步于工程技术瓶颈制约，未钻达原生构造，推覆体构造钻探首次尝试宣告失败。

17 年后，随着龙门山构造带不断揭开神秘面纱，加之超深井钻井技术的不断进步，2019 年，西南油气田公司部署了以推覆体下盘原地隐伏构造栖霞组为目的层的风险探井——设计为八开八完的红星 1 井，目的是探查川西北部 1 号断层下储层发育情况及其含油气性。曾承钻天井 1 井的川西钻探公司“再尝螃蟹”，历时三年，集智攻坚成功完钻。

说起这口井的钻井过程，大家都有着一致评价——难。它的难，最主要体现在地层、井身结构、井况都异常复杂，但能参考的资料又太少，只能摸着石头过河。

作为第一口钻至推覆体下盘的风险探井，这口井的邻井参考资料有限，钻井施工设计“仅限参考”。看不清，就无法钻，整个钻井过程更像是在未知中探索。期间，钻遇三条大型断层、五套推覆体地层，长达 5835 米，其中一套是倒转褶皱地层。

“单是吴家坪，就钻遇了五次，地质学家都说不清地层有多复杂。”川西钻探公司副总经理、总工程师贺明敏曾这样评价。“实钻地层和设计差异很大，到后面自己都不知道钻到哪个地层了。”承钻该井的川庆 90005 队第二任队长林师瑶经历了最难的复杂断层及倒转破碎带，每钻半米就需要对岩屑做分析，确定所在层位。

川庆 90005 队进行钻井现场防硫化氢应急演练

依靠合理井身结构和配套提速技术，川西钻探公司克服了前期井漏与垮塌复杂交织的困难，在前五开钻进中，钻井周期与计划进度基本一致。但从第六开开始，钻井难度陡然增加。进入这一开后不久，钻井队就钻遇了设计外的“栖霞组—吴家坪组—茅口组”倒转褶皱地层。地层倒转导致碳质页岩倒转到了铝土质泥岩下部，而碳质页岩稳定性差，易发生井壁垮塌继而诱发上部铝土质泥岩坍塌，导致卡钻发生。

“这个阶段的垮塌量大且速度快，我们称之为‘秒杀’。”2020 年 9 月 15 日，在钻至井深 6235 米时，第一次卡钻发生，据林师瑶回忆，当时所有人都来不及反应，几分钟内井壁大面积垮塌，当观察到扭矩波动和泵压上涨后，司钻立刻上提钻具，但已经来不及了。那时候，林师瑶还没有意识到，这场硬仗刚刚开始。从这一天起，3 次卡钻，3 次侧钻，从井深 6235 米到 6309 米，这短短的 74 米进尺，他们历时 312 天才最终完成，取得这场攻坚战的阶段性胜利。

愈难愈进　愈进愈勇

第一次卡钻发生时，钻井队及时采取了常用的泡酸解卡方式。但由于碳质页岩与酸不反应，这种方式很难单独奏效，需要配合倒扣解卡、爆炸松扣等方式进行。3 次卡钻后，川西钻探公司或主动或被动，进行了 3 次侧钻。解卡本身很难，更难的是，如何在侧钻后，平稳顺利地继续钻进。为此，他们尝试过承压堵漏、强化钻井液性能、增加钻井液密度等多种方式，依然无法抑制井壁垮塌，将“复合钻头 + 螺杆 + 钻铤 + 扶正器钟摆”的钻具组合简化为“牙轮 + 光钻杆”组合，精细防卡操作，也还是无法

川庆 90005 队连续创下川渝地区多项提速新纪录

避免卡钻。

在第三次侧钻后，在前两次失败的经验上，川西钻探公司在川庆公司和各相关单位的支撑和配合下，提出了“力学＋化学＋工艺”防塌方案，在这个井段实施分段承压，同时将水基钻井液转换为油基钻井液，优化形成抗温能力超过 210℃的“致密封堵＋协同乳化”油基防塌钻井液体系，并首次使用了偏心钻头进行钻进，最大限度保持井眼稳定，最终顺利穿越复杂带。

川庆 90005 队司钻正在进行起钻操作

其中用到的偏心钻头是川西钻探公司基于减小井眼尺寸能降低周向应力的原理，专门研制的比井眼小一寸的四刀翼偏心 PDC 钻头。公司创新采取了先用偏心钻头钻领眼，再用大尺寸钻头扩眼的钻进工艺，使得钻进时扭矩平稳，掉块体积减小、数量降低，有效降低了垮塌卡钻风险。在实际操作中，钻井队使用偏心钻头平均钻进 100 米，就进行一次起下钻，观察钻井参数和扭矩没有异常后，更换大钻头进行扩眼。“这口井最重要的是安全，虽然效率低，但这是防止卡钻的最有效形式。”作为技术副队长，王稳参与了这口井从开钻到完钻的全过程，他说，进入第六开后，钻井提速不再是最主要的目标，每天一睁眼，想的都是如何平稳地进行钻进。

为了保障万无一失，川西钻探公司派钻井技能专家聂高长期驻井，开启了长达半年的旁站监护。在钻进最关键的时期，钻井队甚至采取了“专家不在就不钻”的措施。“白天正常钻进，半夜聂专家休息了，就循环钻井液，清理井筒。”王稳对这段时期记忆深刻。“这半年跟着聂专家，从我们值班干部到正副司钻，都学习到了非常多知识。”每天晚上十一点多，钻进工作暂停，王稳总是趁洗漱间隙，和聂高讨论当天遇到的情况，总结复盘当天工作。

据聂高回忆，那段时间，从清晨 7 点到深夜 11 点，除了吃饭、上厕所这种不得不离开的时刻，他全程守在司钻操作室，紧盯仪表盘上的每一个数据，日复一日坚持了数个月。

有一次，他在钻台坚守三个小时后，刚到会议室喝水休息，就看到电脑上显示扭矩数据异常，他急忙拿起对讲机通知司钻上提，话音未落就发生了卡钻。最终，他花费数个小时才成功解卡。“三次侧钻后，这口井已经不再具有侧钻条件了，所以无论如何也要防止卡钻发生。”这次卡钻让他不得不再次提高警惕，一刻也不敢松懈。聂高细数这半年的休假时间，仅仅只有倒换钻具和转换钻井液体系时空出的十余天。万分的小心才换来钻井队成功钻穿破碎带，这是推进红星 1 井成功完钻的一步，更是川西钻探公司在推覆体构造钻探技术上前进的一大步。

深耕技术　日益精进

红星 1 井是川渝地区首口八开八完井，除了倒转地层带来的难题，超深井井深也带来了很多其他问题。非标大井眼、大套管环空间隙小、非标钻头选型单一、地层易漏、密度窗口窄、地层倾角最大达 81 度、井眼轨迹控制难等，诸多钻井难题一一摆在川西钻探公司面前，对钻进和固井都带来了巨大挑战。

其中最常遭遇的复杂是井漏。“行李都还没放回寝室，就赶紧去堵漏。”林师瑶回忆起第一天到队的情景，正值四开钻进期间，下车还没来得及坐下休息，就直奔井场解决堵漏问题。相比于其他井通常在整个钻井期间形成十余份复杂专报，红星 1 井整整有 54 份。而这 54 次故障复杂中，井漏多达 40 次，损失钻井液 8000 多立方米。

针对漏、垮同存的难题，川西钻探公司联合相关方按照桥浆打基础、高失水建屏障、特种纤维水泥筑隔墙的思路，研发交联固化堵漏剂、温控固化堵漏剂、立体纤维多维粒子堵漏剂、特种纤维水钻井液等新材料，配合多功能堵漏浆组合、多段式连续泵注工艺，堵漏一次性成功率 83%，有效提高了破碎地层承压能力。

为了节约堵漏时间，钻井队还专门预留了两个罐用作配制堵漏浆，罐内长期预留基浆，一旦发生井漏，立刻添加材料配制堵漏浆。“别人八个小时才能堵，我们已经熟练到三四个小时就可以完成一次堵漏。到后面值班干部都不用上钻台，司钻自己就能堵漏了。”对王稳来说，凌晨堵漏成了家常便饭的事。五开钻进期间，该井累计发生井漏 27 次，堵漏施工 31 次，进行了 30 次桥接堵漏浆、1 次高失水堵漏浆堵漏工作，数十次的堵漏经验累积和堵漏技术的进步大大提升了队伍的堵漏效率。

针对表层大尺寸非标井眼钻进，川西钻探公司首次使用了“286 毫米螺杆 +279.4 毫米大尺寸钻铤 +554 毫米扶正器”的钻具组合，同时针对大套管小间隙、推覆体构造井眼质量差等难点，精心制定了通井技术措施。面对四开 431.8 毫米非标井眼钻头厂家少、选型单一、设计密度较低、带砂困难等技术难题，公司通过逐渐将密度提到 1.55 克 / 米 ^{3}，制定多次重浆举砂，每趟钻对钻铤进行探伤检查，定期更换钻铤与接头等措施，保障了井下安全。

这口井在固井作业时也摸索出很多新方法，创下多项新纪录。在七开施工过程中，考虑到该井地层为推覆体构造，存在多压力系统，导致钻井液密度无上提空间。对此，川西钻探公司决定采用降密度摸下限的方式来确定密度窗口值，采用单扶钻头通井方式来掌握摩阻情况，下套管过程采用 3 次分段来平衡地层压力，采取在裸眼井段 10 柱灌满，20 柱顶通并循环的方式顺利把套管下至井底。

多方携手　同心共进

在红星 1 井施工过程中，中国石油各级领导高度关注钻井进展，前往红星 1 井现场指导十余次。甲乙双方主要领导亲自挂帅，联合成立领导小组和工作推进专班，全面统筹推进红星 1 井井工程项目，深入推进“甲乙双方联合共管”井工程项目高效实施机制，突出过程管控，严密实时跟踪，严谨方案把关，严格关键环节步步落实，持续增强执行力。甲乙双方在这口井建立了工程、地质专业“一体化部署、一体化设计、一体化实施、一体化管理”工作机制，形成全过程一体化工作模式，为井位部署、设计科学、措施制定、动态优化等提供可靠的指导和坚强有力的保障。

川西钻探公司对该井的钻井全过程进行了监控和技术支撑，针对不同井段钻井施工难点优化钻井技术方案、应急预案，关键时刻、重点井段上井指导，为该井顺利完钻提供了重要保障。多单位多部门多专业联合开展关键技术攻关，有效解决了红星 1 井遇到的复杂难题。

历经三年集智攻坚，2022 年 6 月，红星 1 井顺利钻至目的层栖霞组，完钻井深 7779 米，经测试获得日产 12.66 万立方米高产工业气流，实现了复杂构造带工程技术的历史突破，也证明了龙门山推覆带下盘“底气十足”。

红星 1 井钻进期间

在钻进期间，这口井创下了川渝地区 762 毫米、558.8 毫米、431.8 毫米钻头钻深纪录；609 毫米、473.08 毫米套管下深纪录；国内 139.7 毫米井眼定向井取心深度纪录等多项钻完井纪录。也形成了个性化防卡工具工艺、高效承压堵漏技术、复合防塌油基钻井液体系、固井质量保障配套技术等钻井工艺、技术，升级了精细控压钻井技术。

这些纪录印证着川西钻探公司在这三年来在超深井钻探技术上的进步和经验的积累，也见证了一批批超深井钻井人才团队的不断成长和壮大。

所有经历，皆成经验。红星 1 井的顺利完钻，为四川盆地深部复杂油气资源勘探开发积累了宝贵财富。“我们力争将龙门山推覆体钻井周期缩短至 500 天内，大力推进四川盆地复杂深层油气资源的勘探开发再上新台阶。”3 月 9 日，在第六届成都天然气论坛上，川西钻探公司负责人提出了新的目标。

“防卡解卡的措施、堵漏的方式、大井眼尺寸钻井的经验，这些都是在实践中摸索出的，我将把这三年学习到的知识和累积的经验带到万米深井的钻探工作中去。”6 月，随着万米钻机的制造即将完成，深地川科 1 井钻前筹备工作已进入尾声，新的队伍已经组建，王稳亦是其中一员。如今，他已经带着满满信心，时刻准备奔赴新的“战场”。

（川庆钻探工程公司　黄茹霖　张海龙　张　玥　贺先志）

将实验室搬到川渝战场

背后是万家灯火，眼前是满天繁星。抛下阖家团圆，耐住远离家人的孤独寂寞，我们义无反顾地投入钻井液技术服务当中。

从春到冬，由晨至暮，年复一年，日复一日，我们不惧日晒雨淋，挥洒汗水，埋头苦干，将论文写在钻台上，将实验室搬到川渝战场，将科研成果转化为开拓能源的利剑。

工程技术研究院钻井液所是专攻钻井液技术的科研单位，更是解决国内钻井液实际难题的重要力量。多年来，我们凭借过硬的钻井液技术和服务，助力完成了一口又一口超难井，攻克了一个又一个钻井液关键难题，引领了国内钻井液技术的发展，得到了业内的广泛认可。

深层页岩气是国内页岩气勘探开发的主战场，也是我们技术支持与服务的主阵地。近年来，为了贯彻落实工程院“转型升级”的战略部署，寻求钻井液技术服务模式的新突破，我们毅然决然地踏上了钻井液总包服务的征程，向高端化、一体化、系统化技术服务迈出了重要一步。

蜕　变

困难与折磨对于人来说，是一把打向坯料的锤，打掉的应该是脆弱的铁屑，锻就的将是锋利的尖刀。

——契诃夫

回望 2021 年 11 月，刚刚完成入职培训的我前往重庆，参加大足区块的钻井液总包技术服务工作，学习现场知识，积累相关经验。

从前期负责现场钻井液性能检测、材料管理以及辅助两名工程师相关工作，到后期独立完成两口井四开油基钻井液技术服务任务，这段让我发生蜕变的日子最难忘：既有初来现场的生疏与无措，又有遭遇工作瓶颈的苦恼与烦闷；既有艰苦环境下的难耐与动摇，也有在师父和师兄帮助下拨云见日般的欣喜与感激……

在我到达现场时，平台全部 6 口井都已经打完二开，开始了三开钻进。在了解到实际工作情况后，我不由倒吸一口凉气。以往的技术支持，我们只需要负责关键材料的供应、技术方案制定及钻井液性能的把控，其他由井队配合。而这次的钻井液总包服务，则需要我们自己负责全平台 6 口井从钻井液技术方案到施工的全部工作任务。对于只有 4 个人的团队，压在肩头的无疑是个极重的担子，想要顺利完成任务，可谓困难重重。

让我印象最深刻的，就是繁重的体力活。配钻井液时，我们需要自己将处理剂一袋袋扛到加料漏斗加入罐中，然后倒阀门、搬气泵和管线，再将配好的钻井液打入井内。而这些，就是我们每日必修的“规定动作”。

水基钻井液施工时，钻井液性能需要时时监测维护，一旦疏忽就可能导致钻井液性能恶化，出现严重后果。为了避免出现问题，我每天都要辗转两个井队现场，在钻井液罐上频繁取样，检测全套性能，及时向驻队工程师反馈。工程师们则根据钻井液性能的变化情况及时制定配方，配制胶液维护井浆，确保钻井液性能符合工程要求。

重庆的夏天潮湿闷热，就算不干活一动不动也十分难耐，更别提还要不停地从事体力劳动。尽管身穿夏季薄工服，但连续劳作下，豆大的汗珠仍一直淌个不停，用不了多一会儿衣服就湿透了。重庆的冬季则阴雨绵绵，湿冷入骨，井场泥泞湿滑，给来回搬运工作带来了很大难度。气泵沉重、管线很长，每次移动它们都是个不小的工程，往往又容易弄得身上沾满钻井液。

由于之前从未干过这种脏活累活，起初我很难适应这种工作节奏，每扛一袋料就得叉着腰喘着气缓半天，心跳如雷，腿如灌铅。我曾抱怨工作辛苦，打过退堂鼓，但杨海军老师没有生气，作为一名曾经的“大庆石油人”，他给我讲述了要像铁人王进喜等一代代石油人一样艰苦奋斗，石油人就要有家国情怀。杨老师不因年长而安逸，凡事亲力亲为，干活冲在年轻人前头，不怕脏不怕累，现场两位师兄也是紧紧跟上，汗流浃背却毫不在意。看着他们尽管顶着“高级技术专家”和“高学历人才”的头衔，依然如此艰苦奋斗，我深感羞愧，也深受鼓舞，不再抱有怨言，咬牙跟上。

辛勤的劳作是睡眠的最好催化剂。每天回到营房，浑身酸痛，连衣服也来不及脱，一沾上枕头就能睡过去。衣服上已全是泥污，却也无暇顾及。慢慢地，我也渐渐适应了这种工作强度，从一开始面对设备连拖带拽、咬牙坚持，到气定神闲地扛在肩上，这是显而易见的进步，工作效率也随之日益提高。尽管晚上回到营房依然全身酸痛，但早已不像开始那样筋疲力尽。看着自己逐渐显露的肌肉、日渐消除的肚腩，那份劳作的充实和克服困难后的喜悦充溢心头。

啃硬骨头

卓越的人一大优点是：在不利与艰难的遭遇里百折不挠。

——贝多芬

除去常规作业外，井漏也是困扰钻井人的一大难题。我们所在平台钻遇嘉陵江组地层，裂缝层理发育，井漏频繁，堵漏难度大、成功率低，极大影响了工程进度。

漏失不挑时候，常常半夜作怪。有好几次，我们刚经历白天的劳作后睡得正香，忽然井队敲门通知发生漏失。没办法，我们只能硬着头皮爬起来，穿衣戴帽，冲上井场，分析漏失情况，制定堵漏方案，搬运堵漏材料，配制堵漏浆，打入井内堵漏……

这一套操作下来，一个晚上就过去了。每次漏失后，堵漏难度都非常大，常会出现复漏的情况，因此堵漏作业一干往往就是连续几天不眠不休。尽管身心俱疲，我们依然不能回去睡觉，只能在忙碌的间隙稍微眯上一会儿。

整个平台前后共计堵漏施工 50 余次，记忆最深的一次发生在 2022 年 1 月初，两口井同时发生失返性漏失，多次堵漏无果，水泥堵漏也以失败告终。我们在杨海军老师的带领下殚精竭虑地讨论着解决方案，经反复推演，最终采用自主研发的速封堵漏材料进行堵漏作业。

20 吨速封堵漏剂到井后，我们就开始紧锣密鼓地卸料，搬到钻井液罐上开始配堵漏浆，配钻井液过程中，罐上粉尘飞扬，堵漏剂粉直往领口、袖口和裤腿里钻，每个人脸上都是灰尘和汗水和成的泥。等到堵漏钻井液配完，已是凌晨两点，等到施工完全结束，已是第二天上午。功夫不负有心人，这次堵漏成功了，看着套压憋起的那一刻，我们都松了一口气，心中充满了攻克难关的欣喜，身上的疲惫反而不怎么在意了。

有师为范

我所遇见的每一个人，或多或少都是我的老师，因为我从他们身上学到了东西。

——爱默生

杨海军，今年五十多岁，曾经当过钻井工人，也干过海外项目经理，先后在多个海外区块从事过钻井液技术服务工作。来到工程技术研究院钻井液所后，他成为钻井液现场施工的总负责人，也是年轻人的老师，如今他成为一名企业高级技术专家。

杨老师十分重视培养我们的现场实践能力，他曾经不止一次地教诲我们："科研是我们单位的重点，但不是唯一，只有将科研与现场结合，从现场发现问题，在科研中解决问题，两者不断动态前进，才能提升个人能力，才有希望取得成就。""想要成为合格的钻井液工程师，不能只着眼于钻井液，而应该通盘考虑整个钻井工程，这样才能防患于未然，把钻井液工作做得面面俱到，不出纰漏。”

在杨老师的言传身教下，录井房、监督房、井架平台这些地方都成了我们学习的课堂。凭着丰富的经验和过硬的技术，杨老师总是能够在遇到复杂情况时一语道破其中玄机，这是我们特别羡慕的一项“技能”。

为让我们能尽快成长，他开始锻炼我们独立思考的能力，让我们先按照自己的理解制定解决问题的方案，但这个过程里总是少不了会犯错，杨老师会非常严厉地指出我们的问题所在，同时也会耐心地为我们指明解决问题的思路。他工作严谨，细致入微，每一吨材料、每一立方米钻井液的使用都精细把控，绝不会有一丝浪费，这也让作为徒弟的我们养成了精打细算的好习惯，做到每一分成本都用在刀刃上。

经过杨老师的悉心教诲，很快，我也成功顶岗钻井液工程师并独立完成了两口井的施工任务。尽管辛苦，但想到自己的进步，心中依然充满了感激和兴奋。我下定决心，在今后的职业生涯中一定要牢记师父的教诲，不断践行艰苦奋斗的铁人精神，不断提高自己解决问题的能力，认真负责地做好每一项工作，只为在将来，接过师父手中这支火炬，并把它传承下去。

艰难困苦，玉汝于成。经过一年多的辛苦付出，我们最终克服了重重困难与挑战，高质量地完成了平台 6 口井的全部总包技术服务任务，得到了甲方的高度认可。在我们这支“师带徒”的技服小队中，前有师父的言传身教，后有徒弟们的奋勇争先，我们之间无声传递的，是永不磨灭的铁人精神。

岁月不居，未来可期。在扬帆奋进新时代、启航砥砺新征程的路途上，作为新一代石油青年科研工作者，我们将汲取前辈们的精神力量，发扬他们的光荣传统，以信仰与忠诚奉献石油事业，像雄鹰一样搏击长空，像蛟龙一样腾跃大海。风起云涌间，投身石油事业发展大潮，为钻井液技术发展注入新的希望、贡献更大力量！

（工程技术研究院　史　赫）

专解钻井疑难杂症的“妙手神医”

“法无定式，水无常形。”石油天然气钻井过程中，每一口井所处的区域不同，地质情况不同，井型不同，导致的井下故障复杂也会千变万化，没有模板定式。如何快速分析位于几百米到几千米地层深处的钻井疑难杂症发生原因，准确判断卡钻类型和落鱼情况，正确灵活处理，需要像中医一样，对这些故障复杂把脉问诊，巧开“药方”，才能“药”到病除。中国石油钻井技能大师、川庆钻探川西钻探公司钻井高级技师张勇就是这样一位专解钻井疑难杂症的“妙手神医”。

“钻井的脚步走到哪里，我们就保障到哪里。”参加工作35年以来，张勇无论身在哪里，心总跟着井队走，先后参与四川、重庆、甘肃、陕西、内蒙古、青海、新疆等多个省、自治区、直辖市的国家重点石油天然气钻探项目的驻井把关、井下复杂与事故处理，对井下复杂及卡钻事故，有独到见解和分析、处理能力。自2004年首次参与现场故障复杂处理以来，张勇已累计解除上百口井的故障复杂，折算挽回直接和间接经济损失数亿元。

日行千公里，急解三井之难

2015年11月9日，川西钻探公司承钻青海油田的多口边远井、高难度井多次出现井下复杂，安排张勇连夜坐飞机赶到青海，对井下故障进行分析判断和快速处置。赶到青海后，张勇快速完成了多口井的井下复杂处理。

青海油田花土沟镇的冬天来得更早，也更冷，11月上旬，夜晚温度已经在零摄氏度以下。12日深夜23时，张勇从井队赶回花土沟项目部，正准备休息，突然接到牛10井井队长打来电话：“下完339.7毫米套管，刚注入5立方米水泥浆，井口就看见水泥浆返出。”张勇一听，糟糕了，肯定是上部套管出问题了，滑扣？断落？“悬重多少？”他马上问，当确定悬重只有50千牛后，张勇要求立即停止注入水泥浆，同时把水泥浆循环出来，防止套管错位凝固，产生更大麻烦。紧接着，他快速上井，立即出发。

13日凌晨4时36分，在颠簸了400多千米后，张勇终于到了牛10井，睡意与外面寒风让人眷恋着车上的温暖，但职责与使命鼓励着自己要坚持，抓紧时间刻不容缓。

张勇工作照

张勇走上钻台校核指重表，确定真实悬重 50 千牛，初步判断套管螺纹滑扣离井口 5 根套管左右。起套管、检查、下套管、引扣、紧扣、固井，他组织钻井队一步一步有条不紊实施作业，成功完成固井作业时，已是中午 12 时。

快速吃完午饭，张勇赶到 20 多千米外的牛 11 井指导下 177.8 毫米套管及固井工作，顺便休息一下。到了牛 11 井，指导完工作，还没睡上半小时，突然接到相距 100 千米左右的冷 9-2-11 井发生卡钻，他一下子睡意全无，再次上车出发。车在跑、路在退、风沙追、电话不断，张勇一路上了解井下情况、分析原因，要求钻井队捆绑好大钩，提示安全注意事项，指导地面配制碱液。17 时，到达井场，他顾不得抖落满身沙尘，就直接跑上钻台开始处理复杂。由于之前在路上对井下为黏附卡钻判断准确，安排组织措施得当，在碱液浸泡期间，通过大幅活动或扭转钻具，三小时后快速解卡。

吃了晚饭，考虑第二天早上要汇报工作，张勇踏上归途。14 日凌晨 3 时，在披星戴月跑了 500 多千米路程后，他终于赶回花土沟石油基地。一天一夜，跑了 1000 多千米，连续转战三个井队。

此后几天，张勇针对青海项目部钻井队发生的井下故障复杂，组织钻井队技术干部进行钻井操作复杂故障诊治培训，认真剖析其存在的问题，提出针对性解决措施，有效遏制了井下故障复杂的发生率，并推动青海项目部第二年的钻井复杂故障时率同比降低 212.79%。

“庖丁解牛”，巧解大小落鱼故障

2017 年正月初五，宜 202 井在 406.4 毫米井眼钻进过程中发生井漏，钻井队上提钻具准备接单根时，发生卡钻，在处置卡钻时，方钻杆下旋塞及以下钻具被甩掉。虽然井深只有 618 米，井深较浅，但是大井眼内甩掉钻具，对扣打捞难度较大。张勇接到指令后，立即从贵州贵阳赶回四川泸州，紧接着又坐了 5 个小时车赶到钻井队。到了井队后，张勇不顾 10 多个小时的车马劳顿，马上进行打捞前工作分析，对井下钻具组合、落鱼情况进行详细了解，制定措施。

措施确定后，张勇先组织钻井队员工用方钻杆带直径 406.4 毫米钻头下探至 72.5 米处探到鱼顶位置。落鱼鱼顶在井深 72.5 米处，说明上部钻具断落，掉入下部井段，井筒内形成一长一短两条以上落鱼，必须先把下面的短落鱼打捞起来，避免卡住长落鱼，才能完成打捞任务。这样的打捞工作看似简单，难度却很大，井筒直径只有 40 多厘米，非常狭窄，要想下入工具绕过上部落鱼，把位于下部的落鱼打捞出来，难度可想而知。为准确分析井下情况，避免贸然处置破坏鱼顶，张勇决定采用铅印打印，确定鱼顶扣型。通过铅印，张勇准确判断井口上部钻具落鱼可能绕过直径 228 毫米钻铤，掉落至下部井段的直径 400 毫米扶正器上。

再次确定打捞措施后，张勇立即组合钻具带超级震击器下钻，自己则细心地旁站坚守，指挥司钻精准操作，把钻具一米一米地缓慢下放，终于在预计的井深 539 米处找到第二条落鱼鱼顶。对扣后，考虑扶正器上部可能有沉砂，张勇要求试开泵建立循环，循序渐进增大排量，为下步打捞长落鱼创造条件。循环 1 小时、震击 29 次后，顺

张勇为工作室成员讲解钻井工具原理

利捞出第一条落鱼。

下面的落鱼打捞出来后，张勇开始准备打捞上部的落鱼。由于是大井眼，掉落钻具极易靠边，张勇思考了很久，对井下情况进行详细的模拟、计算和分析，然后现场快速加工制作打捞工具套子安全接头，增大打捞范围。

一趟起下钻、两趟起下钻……每一次起出落鱼，张勇都对井下情况进行再分析，如“庖丁解牛”般，对技术措施不断进行细化调整，最后使用母锥造扣打捞 165 毫米钻铤，成功捞获全部落鱼。整个打捞过程只用了 4 趟起下钻，不到 2 天时间，挽回经济损失超过三百万元。

绝不言弃，让故障井“起死回生”

很多井由于处理难度很大，存在极大报废可能。如何挽救这些高难度故障复杂井，张勇以高度的责任心和高超的处理技艺，让一口口“濒临死亡”的井“起死回生”。

2014 年，页岩气威 204H4–6 井起钻发生单吊环事故，造成井下钻具落鱼达到 5380 米。由于是水平井、水平段达到 2000 米，加上钻具落鱼水眼及环空均有重晶石沉淀，无法建立循环，处理手段受到严重限制，存在极大报废可能。“一定能够处理好！”张勇主动请缨，立下军令状。越早处理效果越好，张勇开始和时间赛跑。他一边坚定处理信心，一边组织制定倒扣处理方案。倒扣作业至斜井段，钻具水眼被重晶石堵死，起钻柱柱喷钻井液，起钻速度大幅减慢。张勇分析材质后，现场对大头公锥进行技术改造与应用，设计钻眼开孔顺利解决泄流问题，使单趟起钻周期减少 7 小时，折算节约周期费用超过两百万元。

进入 60—75 度的大斜度井段后，倒扣困难，效果极端不理想，有时只能倒出一根钻具。面对举步维艰的困难，他没有被吓到，而是认真分析井下情况，分析导致扭矩不能有效传递下去的原因可能是钻具和套管间有沉淀物。如何改变这些困难呢？张勇向公司提出使用震击器将沉淀物震松，便于传递更多扭矩，打捞更多钻具落鱼的建议。建议迅速得到同意，现场通过正反接头转换组合，震击后倒扣效果凸显。经过 62 天的不懈努力，这口井化险为夷，所有落鱼全部打捞出井，挽回经济损失 2000 万元以上。

通过该井工具合理应用，张勇举一反三，总结经验，向公司建议在类似故障复杂井后期倒扣困难，需要通井或套铣时，使用反扣钻头、反扣扶正器、反扣随钻震击器等井下工具，可以有效减少来回倒换钻具时间和不安全因素，降低员工劳动强度，加快处理进度。此项建议此后先后获得企业级和厂处级合理化建议一等奖。

创新思路，“一趟钻”打捞落鱼

2021年，重点预探井红星1井使用431.8毫米PDC钻头钻至井深2850米时，发生定向接头断裂钻具事故，钻具内的随钻坐键式MWD仪器随之掉出，暴露在裸眼段，打捞难度很大。

接到上井处置故障的指令后，张勇立即奔赴现场。通过现场分析，张勇判断仪器上端应斜靠井壁，下端应在钻具内。仪器总长6.5米，本体外径46毫米，三组扶正器最大外径83毫米，而井眼直径达到431.8毫米，是典型的大井眼内打捞小落鱼。常规处理方法是先用开窗捞筒或钢丝捞筒打捞MWD随钻测斜仪后，再打捞钻具落鱼。但是这种方法存在较大处理难度和弊端，一是大井眼打捞小件落鱼，必须做套子打捞筒引鞋，其工具制作工序较多且复杂，至少要花10个小时制作大尺寸钢丝捞筒或弹簧片捞筒；二是打捞仪器时，下压打捞力度不易掌控，因仪器与筒体间间隙大，极其容易把仪器压弯曲甚至折断，造成打捞失败。加上仪器外筒为钛合金材料比较坚硬，一旦断落在环空，就会无法套铣，只能填井侧钻；三是如分两次打捞仪器和落鱼，其处理时间增长，耽误最佳处理时间，增加钻具落鱼在井下被粘卡和沉砂埋住的风险，加大处理难度。

张勇和工作室成员探讨交流

怎么办？如何快速打捞 MWD 仪器和钻具落鱼方法？张勇通过仪器本体外观反复观看与分析，最终设计了一套最佳打捞方案。他打破固有思维，及时调整更换钻具组合。首先在 286 毫米卡瓦捞筒外，加焊外径 370 毫米套引子，不仅增大打捞范围，还能将掉落的仪器顺利引入打捞筒内。同时，组织加工 631 × 520 转换接头，并将转换接头内径由 80 毫米扩大至 85 毫米。将原有钻铤取掉，改换成外径为 139.7 毫米、内径为 85 毫米的加重钻杆。通过这一系列钻具组合的调整，满足 MWD 仪器无阻碍顺利进入钻具内，通过卡瓦捞筒打捞定向接头，“一趟钻”打捞仪器和钻具落鱼，有效防止井下复杂化。最终，仅用了一趟钻，以最快速度成功打捞出了所有落鱼，挽回经济损失 196 万元，达到了安全、快速、灵活处理井下故障的目的。

该打捞方法的创新思路，获得 2019 年川西钻探公司合理化建议“一等奖”。之后，张勇又根据这一成功典型创新案例，设计加工新式打捞工具，专门针对大井眼打捞落鱼，减少钻井现场加工工具的等停时间，打捞成功率达到 100%。

跨界解难，一心只为增储上产

张勇带领工作室不仅承担了川西钻探公司各施工区域大部分故障复杂井处理，还积极开展跨界服务，为相关横向单位钻井安全生产和油气田增储上产出点子、想办法。

张勇手里拿着自己设计制作的井下事故处理工具

四川油气田磨溪高石梯构造是国家重点勘探区块，过去在灯影组和龙王庙 152.6 毫米井眼取心收获率平均不到 50%，为甲方探明储层产量带来严重制约。对此，张勇提出“一改二调三对比”工作法，成功在高石 2 井、磨溪 12 井等井现场应用，实现取心收获率 98% 以上，不仅为该区块提高取心收获率提供了可靠的依据，还被写入区块提速提效模板。随后，他又把这个区块的相关资料收集、整理、分析、建档，形成技术模块，推广应用，推动双鱼石构造等区块承钻井取芯收获率都在 98% 以上。

2022 年 9 月 28 日，中石化西南石油局第一钻井公司承钻的威 201H62-2 井发生中子源落井故障。该井落鱼具有体积小、重量轻、落鱼材质特殊，且不能损伤中子原落物的打捞难点，打捞难度极大。张勇首次创新设计壁钩“V”形磁铁打捞器，并在打捞钻具组合中，增加伽马信号探测器和定向工具面，三趟钻成功捞获落鱼。

2023 年 1 月，斯伦贝谢公司在牟储 1 井发生井下仪器落鱼故障，处理手段极少、难度极大。张勇和工作室成员日夜坚守钻台，对施工作业人员的操作规范和措施执行进行指导、监督，最终顺利解卡，仪器完整起出井筒，挽回了因仪器埋井造成的数千万损失。

2023 年 5 月，在中石化承钻的阳 101H6–7 井密度源打捞中，张勇借鉴自 201H62–2 井打捞思路上，又创新设计可变引鞋“四瓣”式开窗弹簧片，两趟钻成功捞获落鱼，得到中油测井公司感谢好评。

不忘初心，创新发展始终在路上

这些年来，张勇不断把实际工作经验转换为可操作性强的理论知识，把经验变成技术分析、案例分析，做到理论与实际相结合、工作开展形式多样化，技改革新接地气、人才培养有效果、著作编写和题库开发实用性强，在钻井勘探行业起到了领先示范作用。

“大井眼打捞钻具落鱼工具及打捞工艺”成果已在自 216 井、广胜 1 井、泸页 1 井等 17 口井应用，落鱼打捞成功率达到 100%，挽回经济损失上亿元，并获得集团公司一线创新成果一等奖、集团公司优秀创新基金项目，授权实用新型专利一件。

“改制大头公锥”成果已在川西钻探公司内部全面推广应用，创效达数千万元。2016 年获川庆钻探重塑中国石油良好形象金点子征集活动一等奖。

“反扣钻具的设计与应用”成果已广泛应用于川渝地区钻井复杂故障处理作业中，创效达上千万元，在国内外石油行业中属于首创，获得川庆钻探优秀改进成果一等奖。

“套铣打捞一体化工具”已在塔探 1 井、天府 101 井、龙兴 1 井等井应用成功，均捞获钻具落鱼。该成果将传统的套铣作业和打捞作业合二为一，实现套铣和打捞一趟钻作业，事故处理时间缩短 50%，大幅度减轻人工劳动强度。

“像这样的例子还很多。”张勇的徒弟薛沁嵩自豪地介绍，张勇已经先后大胆创新和设计、改制了 30 余种不同打捞和磨套铣工具，成功处理了上百井次的井下复杂与卡钻事故，没有一口井因套铣而铣破鱼头填井，深受一线员工好评，钻井队的员工常常说：“井下出现了复杂事故，只要看见张专家来了，就像吃下了定心丸。”

（川庆钻探工程公司　廖　军）

心存热望　与光同程

刘春斌获得陕西省五一劳动奖章

说起刘春斌，大家都交口称赞，“刘工，那可是技术大拿”“刘工，那是我们的榜样、楷模”“刘工，就是那种有天赋还贼努力、踏实的牛人”……大家的一句句肺腑之言，讲到的是这么一位测井技术人员的成长。

刘春斌，从一名中国石油集团测井有限公司的普通工人到中国石油集团公司首席测井技师，先后获得陕西省杰出能工巧匠、陕西省十大杰出工人、陕西省产业工匠人才、中国石油优秀共产党员、2023 年陕西省五一劳动奖章等荣誉，当选 2022 年陕西省“三秦工匠”……是什么让他甘愿扎根一线，心存热爱？又是什么让他砥砺前行、桃李满园？

工作 32 年来，他在石油测井生产一线处置工程复杂难题 300 多井次，完成工艺攻关和技术革新 80 余项，获国家发明专利 5 项、国家实用新型专利 10 余项，创造产值 4000 余万元。2022 年，他带领 9 名选手参加了中国石油首届技术技能大赛，取得 1 金 4 银 3 铜的优异成绩，他牵头完成的“成套小通径管内打捞装备”项目获中国石油第二届创新大赛银牌。他领衔的“刘春斌职工创新工作室”被命名为陕西省示范性职工（劳模）工作室、中国石油劳模和工匠人才创新工作室。

少年负壮气，奋烈自有时

刘春斌出生在一个石油家庭，父亲是 20 世纪 70 年代参加长庆油田会战的老一辈石油人。从小受到父亲的影响，“干工作要对得起国家、对得起良心”，这句话深深印

刘春斌攻关解决仪器故障

在了他和姐姐的脑海里。姐姐刘瑛是“全国劳动模范”、集团公司首届“十大杰出青年”。一个热爱国家、热爱石油的良好家庭给了刘春斌丰厚的精神滋养。如果说父亲质朴的家训坚定了他奉献石油的人生目标，那么姐姐的事迹就是他前行路上的灯塔和榜样。

1990 年，刘春斌坚定地接过了父辈手中的旗帜，带着家人的嘱托进入长庆油田，成了一名真正的石油测井工人。初来乍到，这个对测井一无所知的毛头小子，业余时间常常鼓捣测井工具、仪器设备到半夜，遇到不懂的问题就去找资料研究琢磨，施工作业的时候找师傅问各种稀奇古怪的问题，有人夸奖他认真，也有人在嘲笑他“傻”。他自己把这些东西称之为“改造”，也正是在这样的“改造”过程中，他养成了喜欢琢磨各种问题、挑战各种难题的习惯和倔强，同事们私下里都叫他“拼命三郎”。可也正是靠着这种喜欢琢磨问题、敢于挑战难题的执着和倔强，刘春斌只用了一年时间就熟练掌握了各种测井仪器设备操作和使用方法，扎实的“基本功”助力他在生产中完成了一次又一次的工艺创新。在起初参加工作的几年时间里，他带领的班组完成裸眼井、套管井等施工作业任务 1000 多井次，这些涉及放射性、民爆品、高压、吊装、高空等高难度作业，没有发生一起安全事故，设备一次下井成功率超过 99%，2000 年刘春斌获得长庆石油勘探局“工人明星”称号，这是根植于心的石油精神和大庆精神铁人精神的传承。

追风赶月莫停留，平芜尽处是春山

2002 年，刘春斌代表测井工程处参加长庆石油勘探局工人技术运动会。为了在比赛中拿到好成绩，刘春斌每天都训练到深夜，手上磨起了血泡，挑破后继续训练，短短的一个月，刘春斌的手上结了一层厚厚的茧子。功夫不负有心人，比赛中刘春斌以高超的技能、高质量的工件成品，以测井工第一名的成绩被授予长庆石油勘探局“技

刘春斌在井场试验仪器

术能手”荣誉称号。

多年来，大斜度产出剖面测井成功率低的问题，给油田生产带来了很大困扰。喜欢琢磨问题的刘春斌主动扛起重担挑战难题，他白天守在井场，晚上蹲在工艺工房，利用业余时间走访油田和井下作业的专家，磨破嘴皮、踏破门槛，软磨硬泡学技术，加班加点查资料，潜心钻研做设计，一遍又一遍做试验。常年的野外作业，使刘春斌患上了严重的风湿性关节炎，久坐久站都会加重腿的疼痛，他只能利用工作间隙在工房走动来缓解疼痛，却从不向领导和同事们谈论疾病，从没有因为病痛耽误过工作。有志者事竟成，经过四个多月潜心研究，改进后柔性加重和马笼头在现场得到成功应用，在一年的时间内将定向井过环空产出剖面下井成功率从 8% 提高到了 88%，而他整个人瘦了一大圈，看着让人心疼。

立志而圣则圣矣，立志而贤则贤矣

刘春斌喜欢创新，他说：“技术工作者不能吃老本，要加快创新，跟上时代。”他用自己的赤诚吸引了更多热爱创新的人才，刘春斌创新工作室于 2012 年 11 月成立了，2017 年被授予陕西省示范性职工（劳模）创新工作室，2022 年被授予中国石油劳模和工匠人才创新工作室。工作室专注于生产测井领域测试设备、打捞工具的工艺研究和技术改造，承担新技术现场试验及推广应用。多年来，工作室秉承“立足一线、服务生产”工作理念，重点解决生产过程中遇到的技术工艺、施工安全和效率效益方面的瓶颈问题，先后完成工艺攻关和技术革新 80 余项，获国家发明专利 5 项、国家实用新型专利 10 项，创造产值 4000 余万元。长庆油田原副总经理付金华称赞其用很小的投入解决了生产难题，为油田创造了很大的价值。

“成立至今，我们这个工作室累计攻克集团公司级一线生产难题 13 项，企业级一线生产难题41项，有22项创新成果，5项发明专利，10项实用新型专利。其中，胶囊同位素及其配套设备项目是集团公司一线难题成果，目前已创效620万元，并在大港油田、吉林油田推广应用；胶囊同位素智能源罐成果获中国石油首届一线生产创新大赛工程技术专业三等奖，已在长庆油田推广应用8套，在安全性、环保性方面体现了良好的社会效益；油套管腐蚀挂片检测技术是集团公司一线创新成果，现已在中油测井全面推广应用，累计创效超过1000万元；水平井带长电缆落鱼打捞系列工具技术改进解决了集团公司技术难题，打捞成功率超过了98%，节省井下工程事故处置费用近600万元。”刘春斌自豪地说道。

榜样的示范带动作用是巨大的。刘春斌创新工作室有这么一位核心成员，他叫王琦。他领衔解决集团公司技能创新基金项目1项，集团公司级生产技术难题4项，获得国家实用新型专利4项，在国家核心期刊、集团公司内部期刊发表论文8篇。

工作室成员石庆平擅长测井、射孔复杂井现场工艺支持，他牵头研发的双级三球打捞器、可旋转捕捞器、连续杆可控打捞伞等工具，高效完成了事故复杂井放射源打捞、硬电缆打捞等作业。

工作室成员牛承东获得陕西省“优秀高级技能人才”、陕西省能源化学地质系统“职工创新工匠”“产业工匠人才”等荣誉称号。

当你走进刘春斌创新工作室，就如同走进整齐划一的军营。工作室分为展示区和工作区，展示区陈列着近年来工作室取得的工作成果和获奖证书，记录着工作室成员挑灯夜战、埋头攻关的酸甜苦辣；工作区用于日常工器具维修改造，配套设施有工作台、台虎钳、激光打标机等，见证了工作室团队在戈壁荒原靠坚持、坚韧和坚守创造的一个个工作奇迹。

时间酿酒，余味成花

“一花盛开百花艳，万紫千红春满园”。这些年来，刘春斌已经从一名爱琢磨的测井小白蜕变成一名测井工艺大咖，他利用业余时间把30多年来在测井技术工艺方面积累的经验方法进行凝练，形成培训课件，通过经验交流、现场授课等方式培训一线测井技术技能人员1000多人次，在他的精心指导下，涌现出的9名高技能人才已成为中油测井长庆分公司生产技术骨干。

2022年，集团公司组织首届测井工技术技能大赛，他主动请缨，担任长庆分公司选拔赛技术指导和公司参赛学员的总教练。100多个日日夜夜，刘春斌与学员吃在一起、住在一起、练在一起，一遍又一遍示范讲解，知无不言、倾囊相授，最终中油测井代表队斩获“团体第一名”，取得个人项目4金、7银、12铜的好成绩。同

刘春斌悉心为徒弟们讲解工艺要点

年，刘春斌还带领中油测井代表队参加中国石油第二届一线难题大赛，团队取得了2银3铜的历史最好成绩。

习近平总书记指出，“在长期实践中，我们培育形成了爱岗敬业、争创一流、艰苦奋斗、勇于创新、淡泊名利、甘于奉献的劳模精神，崇尚劳动、热爱劳动、辛勤劳动、诚实劳动的劳动精神，执着专注、精益求精、一丝不苟、追求卓越的工匠精神。”“要大力弘扬劳模精神、劳动精神、工匠精神。”刘春斌说，“我和我的团队将继续注解新时代‘工匠’精神的内涵，追求卓越之路永远在前方，我们有决心、有信心为建设世界一流测井公司做出新的成绩，为保障国家能源安全作出更大贡献。”

（中油测井公司　马蜀娟）

第四章

海外长歌

用奉献续写中古友谊新篇章

——长城钻探古巴项目部深耕古巴市场18年纪实

古巴共和国是位于北美洲加勒比海北部的最大岛国，有“加勒比明珠”的美誉；它亦是西半球唯一的社会主义国家，1960年就与新中国建立了外交关系，是拉美和加勒比地区最早与新中国建交的国家。

古巴距我国13000多千米，飞行时间超过20个小时，虽然与我国相隔万水千山，但60多年来，“好朋友、好同志、好兄弟”一直是中古关系最恰如其分的写照。

对绝大多数中国人而言，古巴是一个遥远而又神秘的国度。其实，除了众所周知的雪茄和蔗糖，古巴还蕴藏着丰富的石油资源。

2005年2月，中国石油旗下的长城钻探工程公司（简称长城钻探）古巴项目部在古巴完成注册；当年8月，第一口井STC-300井开钻。截至目前，长城钻探已经在古

长城钻探古巴项目GW122队，加强井控防喷演练，模拟真实井喷突发事件。迅速、有序地在紧急集合点集合，得到甲方高度认可

巴深耕 18 年，共完成钻井 101 口，投产后生产油气 3500 万桶。在距离古巴旅游胜地巴拉德罗不过 10 分钟车程的海边保持了零事故纪录，实现了经济发展和社会环境的和谐发展。他们发扬铁人精神，大力协助当地建设石油工业，共吸收当地就业人口 370 人，为古巴国家石油公司培养了 300 余名石油工程技术人员、建成 4 支合格的钻井队，以实际行动践行了习近平主席提出的共建“一带一路”倡议，为促进古巴经济社会发展，推动两国务实合作作出积极贡献，续写了中古友谊的新篇章。

扎实推进互利双赢

2011 年 6 月 6 日下午，骄阳似火，位于古巴巴拉德罗市波噶镇的 GW139 钻井平台迎来了尊贵的客人。

时任中国国家副主席的习近平刚刚结束哈瓦那的访问，便在古巴巴尔德斯副主席和基础工业部代部长贝尼特斯的陪同下，驱车东行 120 多千米，来到中国石油长城钻探工程公司和古巴合作的一个项目工地进行实地考察。

工地上，45 米高的钻塔高高耸立，迎风飘扬的中古两国国旗格外醒目。中古两国员工在钻台上打出横幅，热烈欢迎习近平的到来。

“中古两国在各领域开展务实合作，丰富了两国友好关系内涵，希望你们一个项目一个项目地扎扎实实推进，实现互利双赢，为古巴经济建设作出贡献。”习近平同现场中古员工一一亲切握手后，嘱托在场的中国石油长城钻探古巴项目部员工。曾经在非洲、亚洲多个国家从事过海外石油钻探工作的项目负责人孔祥忠，对能在端午节、在离祖国万里之遥的古巴见到习近平副主席激动不已，他大声说：“我们和古巴员工已经结成兄弟般的情谊，保证完成任务！”习近平赞扬道：“你说得好！”

在现场临时搭成的帐篷中，贝尼特斯向习近平详细介绍了古巴未来油气产业的发展前景。“希望两国扎实推进多领域的务实合作，不断为国家的发展作出新贡献。”习近平临行前的一席话，对双方未来合作又提出了殷切希望。

在中古友好的辽阔图景上，习近平主席的谆谆教导为中国石油长城钻探古巴项目部在古巴业务的顺利开展锚定方向，标注了新的历史坐标。

加勒比海水天一色、白浪拍岸，哈瓦那湾敞开胸怀喜迎天下客。共同的历史使命将中国与古巴紧紧相连，“扎扎实实推进，实现互利双赢”的合作愿景将长城钻探古巴项目部与古巴的石油工业“十指相扣”。

“2004 年 12 月，时任国家主席胡锦涛访问古巴，同卡斯特罗主席达成了开展石油合作的共识。”古巴项目部工程技术部副经理孙茂才回忆说。在时任古巴国务委员会主席菲德尔·卡斯特罗高度关注下，2005 年 2 月，古巴项目部获得作业资质证书并在古巴商会进行注册。同年 8 月，第一口井在距离哈瓦那以东 50 千米处的 SANTA CRUZ 地区开钻。

长城钻探与古巴国家石油公司友好合作的新时代篇章由此起笔。

万事开头难。古巴虽拥有丰富的石油资源，但受制于经济发展落后、科技水平较低等现状，古巴传统能源开采和利用的进程缓慢，只能通过大量进口才能满足其能源需求，长期以来，古巴的能源紧缺现象一直未能得到缓解。

长城钻探古巴项目部在古巴的合作之路注定了布满荆棘，由于缺少资金，缺乏技术和设备，一切都必须从零开始。

“在我们项目部，出勤时间最长的是项目经理杜明翰，他曾在岗位坚守了 557 天。”长城钻探古巴项目部综合办主任柳国瑞说。杜明翰当年从苏丹项目部转任古巴项目部，由于项目经营开发、建章立制事项繁杂，他作为项目部一把手，想都不想便把回国的机会让给项目上的年轻同事。

“古巴与国内有 12 小时的时差，杜明翰经理常常等到深夜 2 点，与国内同事沟通完事项后再安心回宿舍休息，一到早上 8 点，他人早已在工位忙碌了，我们总劝他注意身体，可怎么也劝不住……”

8 年来，GW91 队先后创造了古巴及南美钻井施工纪录 25 项，获甲方书面嘉奖 29 次，环保污染事件为零，在加勒比海打造了绿色钻井施工的典范

没有条件，创造条件也要上。就这样，古巴项目部全体干部员工立下军令状，告别亲人，背起行囊，来到万里之外的这个遥远的拉美国家。住得差没关系，吃不惯能克服，水土不服更不怕，他们把对亲人的思念默默地藏在心里，用铁人精神激励自己，没有条件创造条件也要上。他们踔厉奋发、勇毅前行，在探索中前行、在磨砺中成长，一切为了早日钻出油气，牵出“油龙”。

在与古巴国家石油公司的合作中，他们始终把提高作业效率、降低建井成本、提高服务质量作为努力方向。在国际油价低位徘徊、国际钻井服务市场持续萎缩的客观环境下，深耕市场，精细经营，秉承“技术引领，效率优先，开拓创新，和谐安全”的经营理念，攻坚克难，实现了市场规模的连年逆势扩张。

18 年来，长城钻探在古巴的业务已从单一钻井技术服务发展到综合工程技术服务，已成为古巴最大、产业链最为完整的石油工程服务商，为缓解古巴能源短缺作出的贡献不言而喻、有目共睹。

贡献出中国智慧

一直以来，古巴的工业基础较为落后，能源开发技术设备缺乏，主要依靠外国石油公司和服务商来开发本国石油。

2011 年，时任中国国家副主席的习近平在会见古巴中资企业代表讲话时特意指出，“在古巴与我们的各项合作中，要更好体现社会主义的义利观”，他特别强调中资企业要在与古巴的合作中奉行“多义少利”的经营理念。

多年来，长城钻探在与古巴国家石油公司的合作中，牢记嘱托，始终把提高作业效率、降低建井成本、提高服务质量作为努力方向，致力于打造中国石油海外钻探企业的典范。

“中国石油人的技术优势，就是日常扎实的工作和过硬的本领。面对古巴大斜度大位移井的钻井难题，我们贡献‘中国智慧’，在号称古巴钻井‘禁区’的一些区块顺利解决了坍、塌、卡、漏等钻井难题。”孙茂才说道。

古巴油气开发长期依靠“海油陆采”，油田产量持续递减，急需通过新区块的开发和超大位移水平井提升单井产量来缓解能源紧张的态势。

受限于古巴国家石油公司没有供超大位移水平井作业所需的大功率钻机和高质量钻井液体系，中国石油长城钻探古巴项目部与古巴国家石油公司经过多方综合考量，从长城钻探引入了 90D 钻机。

2014 年 7 月 22 日，在习近平主席和劳尔主席的共同见证下，时任中国石油副总经理的汪东进和古巴国家石油公司总裁胡安·托雷斯签署了 9000 米超深水平井服务合同。

这是中国石油首台赴国外施工的 90D 钻机，也是古巴乃至南美地区首次引入 90D 钻机。

此次 90D 钻机成功引进，更好地落实了习近平主席 2011 年在古巴视察长城钻探古巴项目时提出的“互利双赢，为古巴的国家建设事业作出我们力所能及的贡献”的指示，增加了古巴能源自给能力，为古巴勘探开发近海油田提供了有力支持，为双方的友好合作增添新的内容。同时，也进一步提高了长城钻探的施工能力，提升了中国石油品牌影响力。

2015 年 1 月 4 日，90D 钻机抵达古巴，并于 2 月 7 日顺利开钻第一口井。截至 2022 年底，共开钻 5 口，完钻 4 口，已经完成施工 VDW-1009，VDW-1008，VDW-1011，CMN-100RE 超深大位移水平井，累计签约合同额 1.4 亿美元，完成合同收入约 7.94 亿元。

拼搏的青春最美丽

长城钻探古巴项目部里多是些年轻的面孔。年轻，经验可能不足，但是年轻，也让他们勇气十足。面对一个又一个的难题，他们从不退缩，因为他们是铁人的传人，凭借着身上“咬定青山不放松”的拼劲儿和闯劲儿，他们在万里之外的异国他乡生生蹚出了一条“通天大道”，多次刷新古巴和拉美地区钻井纪录。

“2015 年 12 月，GW139 队承钻的 SEB-24 井设计井深 7130 米，完钻井深 7300 米，水平位移 6000 多米，最大井斜 88.7 度，创造了古巴石油史上七项纪录：总井深 7300 米，为南美地区新纪录；水平位移达到 6161 米，垂深仅 1819.5 米，水垂比达到 3.386，是古巴同类型井难度之最；9½ 英寸套管下深 3654 米，且一次井口下至井底，下套管时间仅为 20 小时，创套管下深最快纪录；7 英寸尾管下深南美新纪录 5559 米；创使用螺杆常规动力钻具组合钻完的大位移水平井最深纪录 7300 米；North basin 品牌 PDC 钻头创单只 8 英寸半钻头进尺新纪录 1049 米；节省钻井周期之最，实际钻深 7300 米周期为 179 天，设计为 7130 米 234 天……”孙茂才如数家珍、一一道来，“当时，我们使用的 70D 钻机进行钻探作业，这些成绩是 70D 钻机所能承载的最大负荷！”

GW139 队承钻的 SEB-24 井，是中古两国在石油石化领域成功合作的缩影。SEB-24 井完钻后，成为南美陆地钻机施工最深钻井和最大水平位移钻井，在“海油陆采”领域实现了新的突破。

18 年间，项目部全体员工用青春在海外书写着奋进的篇章。2022 年 3 月，长城钻探古巴项目部 GW91 队完钻的 CMN-100RE 井实现大位移水平井套管开窗侧钻，创在 8½ 英寸井眼的最深、裸眼段最长，7 英寸尾管下深最深与套管段最长的 4 项钻井纪录，

GW119 机械师邢超和副司钻多重覆盖检查

刷新了长城钻探承钻井陆上最深、水平位移最大、水垂比最大、DDI 难度系数最高、螺杆常规动力工具定向施工最深 5 项纪录……

他们的付出也得到了古巴政府和人民的认可。

2015 年 12 月 24 日，古巴马当萨省省长亲自为古巴项目部 GW139 队颁发印有菲德尔·卡斯特罗签名章的奖状，高度赞扬中国石油长城钻探对古巴经济发展的巨大贡献和中古两国人民兄弟般的友谊。

2020 年 12 月 12 日，古巴政府在哈瓦那举行仪式，向时任长城钻探古巴项目部经理孔祥忠授予“友谊勋章”。“两国领导人始终重视我们之间特殊的关系，今天，我们可以在这份长长的名单中，加上长城钻探和孔祥忠这样真正的朋友了。”古巴石油公司总裁胡安代表古巴方发言时，这样深情地说道。

时间是忠实的记录者。18 年间，中国石油长城钻探古巴项目部夯基垒台、立柱架梁，在古巴取得了一项项里程碑式的突破，他们用奉献和拼搏，巩固、扩大了在古巴的综合技术服务市场，擦亮了中国石油在海外的品牌形象。

我们就是一家人

2022 年 8 月 5 日晚，古巴马坦萨斯储油基地因雷击发生重大火灾，造成数人死亡和失踪，100 多人受伤。事故发生后，长城钻探古巴项目部代表公司向古巴国家石油公司表达了关注和慰问，并及时向古巴国家石油公司捐赠三万只口罩，提供临时活动营房和生活设备设施等措施，帮助古巴国家石油公司渡过难关。

以心相交者，成其久远。18 年的耕耘中，长城钻探古巴项目部在风景如画的古巴群岛上打造了新时代的国际品牌，竖起中古人民深厚情谊的丰碑。

长城钻探古巴项目部与古巴当地民众携手前行的生动例证涌现在各个领域：古巴项目部各井队多次帮助当地修焊铁桥，为社区医院搬迁提供服务；井队每年组织人员参加社区环境保护义务劳动；在海边作业的GW122队，救援两位海上遇险渔民，受到社区居民的交口称赞；在古巴连续遭受飓风袭击之后，长城钻探代表中国石油分别捐助10万欧元和5万美元……

新冠肺炎疫情发生以后，长城钻探古巴项目部与古巴当地人民守望相助、共克时艰。在做好现场疫情防控的基础上，长城钻探古巴项目部与古巴国家石油公司共享疫情防护物资，全力支持古巴人民抗疫，先后向古巴卫生部、能矿部、国家石油公司捐赠了6万只口罩、30把测温枪；同时，按照中方员工配备标准，为古巴员工提供标准防护口罩8万只，筑牢疫情防控第一道防线；从国内采购到当地急需的抗体检测试剂后，经古巴卫生部批准，每月向当地提供330个抗体检测试剂盒，帮助前移疫情风险防控关口。

“我们携手并肩，攻坚克难，共同战胜多场飓风袭击。更难能可贵的是，新冠疫情暴发以来，古巴国家石油公司与长城钻探员工同心协力，实现零停工零感染。”古巴国家石油公司总裁胡安·托雷斯赞叹地说，“若没有长城钻探为我们提供中国经验和宝贵建议，我们不可能取得今天这样的成就。”

长城钻探古巴项目部还积极建立与当地社区的全面合作关系，开展招募“青春合伙人”活动，努力为当地社区居民提供就业机会。截至目前，中国石油长城钻探古巴项目部共有作业队伍21支，拥有员工总数467人，其中中方人员97人，当地员工370人，员工本地化率达到79.2%。

“中国和古巴都是社会主义国家，是朋友也是战友。中国石油长城钻探古巴项目部在工作中给予我们当地员工充分的信任和帮助，也非常重视我们的学习培训，关注我们的成长。每逢重大节日或员工家里有喜事，项目领导、井队平台经理都会争取亲临现场，送上一份礼物；这些鼓励的举动，给我们当地员工带来意想不到的感动，增强了大家的凝聚力和归属感。”今年是长城钻探古巴员工普伊格在项目工作的第13年，现在的他已成长为古巴项目部经理助理，成为一名高级管理人员。

在中国石油长城钻探古巴项目部，许多像普伊格这样的当地员工经过系统培训和长期经验积累，逐步成长为项目的中流砥柱。

古巴国家石油公司选派73名高级管理人员和技术人员，先后赴长城钻探总部进行实地培训，他们中的多人逐步成为古巴国家石油公司的中坚力量，有力促进了古巴石油能源事业的可持续发展。“长城钻探设备平均可用性超过98%，高于合同水平，充分体现长城钻探的专业精神。他们为我们引进先进钻井技术，让我们在地质情况复杂的情况下顺利实现钻井目标。长城钻探的技术服务与后勤支持，保障了我们自营钻机持续作业。”古巴国家石油公司总裁胡安·托雷斯说。

为了提升员工归属感，长城钻探古巴项目部常常以“和谐不分肤色”为主题，结合古巴国情和风俗，通过为外籍员工送温暖、过生日、联谊会、中国书架等方式开展文化交流。

“我的家就是你的家，你的井就是我的井”，这早已成为长城钻探古巴项目部里中古员工的共识。

长城钻探古巴项目部还与当地石油工会、文化宣传等部门保持着密切联系和业务合作。2015 年，联合组织了“安全海洋，清洁海洋”现场宣传活动；2017 年，成功举办了包含全球 60 余家石油公司和 260 多名石油技术专家参加的“古巴石油峰会”现场展览活动……

长城钻探古巴项目 GW139 队，井架巍然耸立，石油人，背井离乡、不畏疫情与困苦，把蕴藏地球深处的热能液体，奉献给歌唱的马达，奉献给五彩缤纷的世界

到过古巴的人总会不自觉发出这样的感叹，不到巴拉德罗就不知道古巴的秀美。素有“人间伊甸园”之称的巴拉德罗，气候宜人、植被丰盛、景色宁静。它所在的伊卡克斯半岛就像是一个抛向大海的狭长鱼钩，有着长达 20 千米的白沙滩、淡蓝色的海水和斑斓的水下世界。

多年间，长城钻探古巴项目部为实现绿色钻井目标，按照“施工作业前环境风险辨识到位、搬家安装期间环保设施建设到位、钻井作业过程中环保措施检查落实到位、口井施工完毕场地清洁恢复到位”的“四环节四到位”环保工作要求，精心守护着这颗“加勒比海皇冠上的明珠”，始终保持着零事故、零污染的纪录。每日，壮烈的钢铁交响曲与美丽的“人间伊甸园”交相辉映、相得益彰……

2022 年春节前夕，中国驻古巴大使马辉赴长城钻探 GW91 队现场调研慰问时表示，“中古是好朋友、好同志、好兄弟，中古关系具有特殊重要意义。能源供给保障不足严重制约古巴经济社会发展。长城钻探为古巴提升国内石油生产能力、促进能源事业发展、确保能源安全作出了贡献，为古巴改善民生、抗击疫情、发展经济作出了贡献，为中古深化传统友谊作出了贡献。”

2021 年 10 月 18 日，古巴正式加入中国倡建的“一带一路”能源合作伙伴关系。古巴驻华大使卡洛斯·米格尔·佩雷拉在青岛举行的第二届“一带一路”能源部长会

议上强调，“一带一路”能源合作伙伴关系对能源领域合作的扩大和多样化以及共同克服在全球层面面临的挑战，具有重要意义。他还重申了这个加勒比国家为可持续发展作出贡献的承诺，并诚邀中国和其他“一带一路”能源合作伙伴关系成员的企业和机构在促进绿色能源和包容性能源服务等领域与古巴开展合作。

历史的车轮爬过一道道坡、迈过一道道坎，留下了奋进的车辙。稳固古巴石油传统技术服务市场、积极拓展贸易及维修服务、协助古巴石油原油销售、积极参与古巴新能源建设，一幅幅崭新的合作“路线图”又放在长城钻探古巴项目部经理杜明翰的案头和心里。

午夜时分，在古巴重要的石油产区——SANTA CRUZ 地区，高耸的 GW139 钻井平台钻机轰鸣，中国石油长城钻探工程公司古巴项目部 GW139 队的夜班人员迎来了他们新的一天。

已在古巴连续作业 16 年之久的 GW139 钻井平台依旧神采奕奕，它身上增添的斑驳锈迹，记录着长城钻探古巴项目部全体干部员工深耕古巴市场，以初心书写忠诚、以实干彰显担当的奋斗历程。

道阻且长，行则将至。长城钻探古巴项目部全体干部员工将继续传承铁人精神，以实际行动践行习近平主席共建“一带一路”倡议，在构建中古命运共同体之路上与古巴人民携手同行，为促进古巴经济社会发展、推动两国务实合作作出新贡献。

一幅幅笔触细腻的石油工笔画正在古巴这片“希望的大陆”上徐徐展开……

一个个温暖生动的中古友谊故事正在被长城钻探古巴项目部干部员工持续书写……

（长城钻探工程公司　刘　洋　张明昭　柳国瑞　杨俊勇）

劈波斩浪逐梦来

它孕育于滩涂、潮间带，依靠“人抬肩扛”，将一个个满身泥泞的铁人故事，书写定格在一片片的盐碱荒滩；它成长于蔚蓝深海，历经近20年的劈波斩浪，在奔向世界一流的征程中浩荡向前，东方物探公司海洋业务漫漫征程曲折而荣耀，凭着一股“路由自己找”“敢为天下先”的拼劲和闯劲，在风高浪急的全球市场求生存、图发展，逐步探索出了一条高质量发展之路。

碰撞　融合　树起标杆

2007年5月，西非几内亚湾，细雨霏霏。湛蓝的海面上，东方物探先锋号船队正在紧张作业。这是东方物探首次承揽的国际深水勘探项目，也是中国石油首次实施深海拖缆作业。

夜深了，时任中方队长罗军超没有睡意。此时的他眉头紧锁，船上的矛盾问题始终萦绕他的脑海。

船队70%的员工都是外国人，把不同国籍、不同文化的作业团队凝聚在一起，谈何容易？项目执行严格的行业标准、全新的管理理念，在某些关键岗位，外方人员总是对中方人员表现出不信任，甚至在某些操作区域不愿意让中方人员涉足。外籍员工专业技能强，但各国文化背景不同，其思维方式、作业理念有一定差异；中方员工能吃苦、肯动脑筋，但由于初入深海，对深海勘探施工流程陌生。怎么办？

罗军超在几米见方的船舱辗转踱步，一会儿又来到甲板上。深夜的海风凉飕飕，他顿觉头脑清醒：“扬长避短、求同存异”八个字映现脑海。

罗军超经过深思熟虑，决定把突破口选在仪器操作岗位。仪器操作关系到勘探作业设备的收放，资料收集，其重要性不言而喻，让中方员工尽快参与仪器操作是加快中外员工融合的关键。第二天，罗军超主动找到外籍仪器组长交换意见。

“如果出现了问题谁来负责？”外籍仪器组长对中方员工依然不信任。

“我负责！”罗军超神情严肃、掷地有声。

罗军超带领中方仪器操作人员强化业务学习，大家夜以继日、废寝忘食，对照满是外文的仪器说明书，调整仪器内设。

海洋业务国际化管理团队

日复一日，中方仪器操作员的出色表现，征服了外籍仪器组长。许多外籍员工对中国员工也有了新的认识。罗军超趁热打铁，组织中外员工开展各种娱乐活动，譬如，陪伴海外员工过圣诞节，教外籍员工包饺子，举办乒乓球比赛……

中外员工在各种活动中增进了友谊，中方员工向外籍员工学习到了管理国际化船队的职业理念和 HSE 管理经验，外籍员工也被中方员工认真、刻苦的特有魅力所折服。彼此之间诸多壁垒与隔阂都迎刃而解，船队作业能力得到大幅提升。

在文化的融合与碰撞中，通过学习与借鉴，短短几年间，东方物探公司海洋拖缆业务迅速实现了从 1 条船到 6 条船，从 80 人到 400 人，快速发展壮大。

东方物探公司先后在渤海湾、南黄海、南海、新疆玛湖等国内重点油气产区和中东、亚太、非洲、拉美等全球热点地区提供海洋地震采集技术服务，BP 印尼、红海 S78、KOC 项目被誉为全球物探行业“标杆工程”。

一支走向成熟、迈向国际化的海洋物探队伍站上了世界舞台，在深海大洋中占据了一席之地。

自强　创新　赢得主动

2014 年，国际油价降到冰点，物探行业寒冬笼罩全球。此时，国外某知名油公司宣布要布置一块超大数据量的 OBN 项目，吸引了行业内多家公司前来竞标。

年仅 28 岁的技术科科长徐朝红临危受命，挑起了东方物探公司叩开国际 OBN 市场大门招投标技术部分的大梁。

20 余次非正式磋商，16 次正式会议沟通，12 次方案修改完善……徐朝红带领团队制定形成一套完整的 OBN 采集、质控一体化解决方案，满足了甲方全方位、高覆盖、大偏移距的要求。

东方物探一举中标！当大家还沉浸在喜悦中时，徐朝红再次将自己埋入大量文献资料中。他深知，最艰难的战役才刚刚打响。

“眼下，国外实施技术垄断，我们不掌握 OBN 现场质控软件和资料处理技术，是分包给外国公司？还是坚持自主研发？”大家争论不休……

选择前者，意味着项目运作风险和作业难度都要小得多，实现盈利可谓胜券在握，但这却无法从根源上解决中国海洋物探 OBN 业务受制于人的局面；选择后者，则需要投入大量的时间精力和科研成本。而想要突破国外市场的技术壁垒，实现自主研发的道路会异常崎岖，难度不亚于摘取地球物理界的“诺贝尔奖”。

深夜，徐朝红收拾行囊，与临产的妻子和病重的家人依依惜别，独自踏上飞往美国的航班。透过机窗，看着云海间的第一缕霞光，他的内心更加平静与坚定。

哪怕荆棘遍布，也要坚持自主研发！

徐朝红同外方技术人员面对面进行交流，回国后又带领技术团队刻苦攻关，白天对软件开展模拟测试，晚上则召开视频会议进一步分析试验结果。

经过 176 个难忘的日日夜夜，OBN 四大配套模块软件和 11 个关键模块的开发和升级最终完成。实现了 OBN 质控软件从 0 到 1 的飞跃，从 1 到 100 的完善，作业能力全面超越竞争对手。

“中国人真的太强大了，你们的处理软件堪比目前最先进的技术，处理速度和质量更加完美！”甲方项目经理在看到拥有东方物探自主知识产权的现场处理软件后激动赞叹。

东方物探以拖缆、OBC 和 OBN 业务为基础，持续推进海洋全地形一体化采集设计、海洋地震数据高效采集、海量数据质量控制、综合导航定位等八大核心技术研发，在宽频、宽方位、高密度、高效地震数据采集领域形成一批产业化技术。

徐朝红带领技术团队刻苦攻关

依托国家、集团重大科技成果专项发展核心技术、装备，形成了包含自主研发的 Dolphin 综合导航系统、OBN QC 质控系统、集装箱式节点收放系统以及联合研发的 GPR 海底节点在内的四项 OBN 领域核心利器，成为业内唯一一家同时拥有这几项核心技术装备的海洋 OBN 勘探公司。

全球首艘大型 DP 浅水特种勘探船——“创新者”号下水

2022 年，全球首艘大型 DP 浅水特种勘探船“创新者号”问世，填补了行业空白，占据了高端市场的绝对优势，海洋 OBN 勘探系列技术入选中国石油年度十大科技进展。

不断突破技术封锁，实现科技自立自强，东方物探公司将发展主动权牢牢掌握在了自己手中……

攻坚 克难 站上高端

2022 年 8 月的阿联酋，气温已经接近 45℃，全球最大的过渡带勘探项目——ADNOC-TZ 项目正在如火如荼地作业。钻井组长杨帅带领班组员工在烈日的炙烤中挥汗作业。

当进入戈壁区时，打井的速度明显慢了下来。“怎么回事？”通过电台问明情况后，杨帅二话不说，提上两只水桶，向滩涂附近的水源奔去。

滩涂周边很难寻找到水源，距离项目最近的水源也在 800 米以外。在滩涂地表根本无法行车，及时保证打井用水迫在眉睫。

尽管只有几百米的距离，在滩涂里行走并非易事，特别打满了水之后更是艰难。“当年铁人跳进冰冷刺骨的泥浆里都不怕，没有条件咱就创造条件，打井的进度不能耽误。”

烈日下，泥泞里，杨帅一边给自己打气，一边深一脚浅的负重前行。红色的工服一次次让汗水浸透，又很快被晒出一圈圈的新汗碱。

有了充足的水，钻机的手轮又飞快转了起来，外籍员工 Joney 向杨帅竖起大拇指：“组长，老听你们讲‘王铁人’的故事，你也是我们机组的铁人啊！”

杨帅舔着干裂地嘴唇笑道：“他可是我们中国石油人心目中的第一偶像啊。”“杨组长，那你也是我的偶像了！”在杨帅的带动下，机组成员加入打水行列，钻井进度得以恢复。

2019 年 9 月，深夜，文莱壳牌 OBN 项目经理张晓峰在船舶驾驶台紧盯着雷达屏幕，望着工区内密密麻麻的障碍物紧锁起眉头。

“数过没有，前面有多少个平台？”船长不经意问了一句。

“104 个，还差 4 个就够上梁山当好汉了。”张晓峰打趣道。

这是项目船队首次进入障碍物密集的作业区施工，为保证作业顺利进行，张晓峰和他的团队早在一个月前就将工序演练了数十遍，但谁知危机已悄然而至。

“船队西南方向 5 海里有多艘渔船向工区驶来！”护航船只发出了预警，“据观察都是拖网渔船。”

“拖网？”张晓峰眉头一紧。他深知这些船只一旦经过工区，给海底的 OBN 设备带来的后果将是灾难性的。

张晓峰当机立断，让护航船先截住渔船进行沟通说明，并第一时间通知岸基寻求当地海事部门协助。

张晓峰在船舶驾驶台紧盯着雷达屏幕

东方勘探二号在平台区林立的施工区作业

“我们的护航船都出动了，基本都控制住了，但渔船们都不听劝，还想往工区跑！”电台里传来了护航船只焦急的喊声。

就在双方针锋相对之际，远处突然出现了几道强光，原来当地政府出动了海警协助护航，刚才还在与船队对峙的渔船一看形势不妙，纷纷驶离了工区。

张晓峰擦了额上细密的汗，悬着的心终于放了下来，“大家不要掉以轻心，前面是珊瑚区，是环保政策关注的重点，大家要注意施工路线。”他在电台里又不断嘱咐着各船。在平台区作业的第一天，船队就高效施工超出了计划日效 15%，为文莱项目近平台作业开了个实实在在的好头。

在众多的海洋物探人百折不挠、攻坚克难的付出下，2019 年，东方物探公司海洋 OBN 业务综合实力跃居行业首位；2020 年，克服疫情和低油价的双重挑战，占据了全球海洋 OBN 市场半壁江山。

如今，海洋业务已实现整体 OBN 市场份额连续四年保持全球第一，站在了率先建成世界一流海洋 OBN 技术服务公司的新的历史节点上。

探索　提升　擦亮品牌

吴群是一名有着十几年工作经验的老气爆人（气枪震源技术人员），有着丰富的枪控软件、气路、电路和机械等方面疑难杂症诊断和解决问题的经验，他认真敬业的工作态度和处事方式深深影响着他的“洋徒弟”萨哈。

萨哈在巴基斯坦时原本是一名汽车修理工，俗话说隔行如隔山，过往的经验对他来说有利有弊，在整体原理上师傅一点就透，但细微之处萨哈却会习惯性的用到修车经验。师傅吴群既高兴又犯愁，高兴的是徒弟有基础、上手快，犯愁是怎么能尽快去克服他的思维惯性。

在被誉为中资企业“一带一路”经典工程的沙特红海 S78 项目作业时，师徒二人一同去查电路，吴群手把手教萨哈如何查找问题，特意告诉他注意事项，可到了另一处电路故障，萨哈又陷入了以前的误区。吴群没有着急更没有立即就帮助他，而是耐心地引导徒弟自己边想边动手，本来小小的故障 20 分钟就能解决，最后用了一个半小时，但萨哈终于弄懂了。

虽然当时队上正值检查新铺设的排列并没有耽误生产，但在烈日炎炎的甲板上，满头大汗的师傅给徒弟作了出色的榜样。自从这件事后，萨哈牢牢记住了修枪的各种指标，快速成长为气爆组的得力干将。萨哈说自己遇到了耐心的好老师，吴群则高兴地逢人便说他遇到宝了。

“从管理学专业角度来说，如果把企业比作一条航行在大海的船，那市场开发人员就是勇立潮头的瞭望者，要以行业趋势预判风险，消除隐患。”从事东方物探海洋业务市场开发的苏斌自信地说。

自入职东方物探公司后，苏斌便一头扎进海洋业务市场开发领域，以自己的专长为东方物探拓展海洋业务尽职尽责。

从滩浅海到深海，从单一业务到如今的拖缆、OBS、多用户业务全面开花，苏斌见证了海洋业务的发展历程。从欧美到中东、从欧亚大陆到澳洲、东南亚，苏斌马不停蹄带领市场开发人员一道拜访客户，参与商务及合资合作谈判。他的足迹伴随东方物探海洋业务发展越走越远。

2020 年，受新冠肺炎疫情在全球持续蔓延和低油价波动双重影响，国际市场开发举步维艰。常规的技术推介、会议交流和上门走访等市场开发工作均不能够正常开展，苏斌带领团队将市场开发工作搬上“云端”，充分利用网络视频会议、电话、邮件等方式进行业务推广，加强线上营销和客户关系维护。因时差原因，他经常凌晨两三点与客户连线，先后与 BP、壳牌、雪佛龙等十余家油公司召开网络视频市场开发会议多达上百次，甲方管理及技术人员参与 BGP 市场推介会达 200 余人次。

功夫不负有心人。这一年，东方物探海洋业务新签合同额逆势上扬，完成年度指标的 118%，同比增长 35.4%。

海洋业务立足国际化，对标国际标准和规范，在行业内率先建立了符合 IOGP510 标准的 BMS 管理体系，面向全球布局区域规模市场，与国际油公司和国家油公司建立高级别、常态化技术交流机制，形成了覆盖全球的市场开发网络，重塑了行业市场竞合格局，打造全球化人力资源配置模式，充分利用不同国籍、不同肤色、不同文化的人才资源优势，开辟出低成本高质量发展的新境界。如今东方物探海洋业务的足迹已遍布世界70多个国家，为全球80多家油公司提供技术服务，塑造了中国石油海洋物探的世界品牌。

安全　环保　践行责任

5月的西非，雨季已然来到……

生活在海洋深处的各种鱼类、哺乳动物争相浮出海面畅快呼吸。承担加纳四维拖缆项目的东方物探勘探者号船队正在加纳海域紧张作业。

这天清晨，船队作业刚刚准备就绪，突然，驾驶台瞭望员手持望远镜报告："前方疑似有渔网正向水下排列方向漂浮，好像有海洋生物在拖曳渔网浮动！"

船队经理下令："立即释放工作艇巡查！"一名中方队员和一名外籍雇员迅速驾驶工作艇向目标靠近。"快看，是两只大海龟！"中方队员喊道。只见两只体型硕大的海龟被困在渔网内拼命挣扎，渔网越缠越紧，大海龟发现有人靠近，双鳍加紧扭动，仿佛在向队员们求救。

两名中外队员马上展开营救，工作艇减速缓慢向受困大海龟靠近，他们齐心协力，小心翼翼割开缠绕在大海龟双鳍上的渔网，慢慢托起海龟腹部，轻轻将其放入水中。两只大海龟相继获救！它们欢快地围着工作艇缓慢游动，挥动着双鳍向队员道谢。

在遥远的波斯湾……

"BGP Glory，这里是BGP Explorer，在我船正东方向2海里处发现漂浮物，请求即刻安排打捞。"

"收到BGP Explorer，我们马上安排通勤船Vogla过去。"

"Stanford Vogla，这里是BGP Glory，在工区A381处发现海洋漂浮物，请在保障安全的前提下进行打捞。"

"Vogla收到，马上起锚前往该地点。"

营救被困的大海龟

这样的对话经常在东方物探海洋物探处ADNOC252队各施工船舶间上演。近两个月的施工期间，通勤船Volga就分8批次从海里打捞上来总计50公斤的各类海洋漂浮物，其中包括5公斤的空泡沫箱、360升的空汽油桶和废旧电器等大型垃圾。

这些都是东方物探海洋业务在保护海洋生物、践行海上绿色勘探的一

绿色作业案例入选国务院国资委“央企海外十大精彩瞬间”和中国企业国际形象建设“共促发展类”优秀案例

个个缩影……

东方物探公司在项目高质量运作的同时，遵循安全绿色发展理念，积极探索低碳作业模式，通过规范海洋垃圾处置、生态监测、教育宣传等管理程序，为震源船配备海洋哺乳动物观察员（MMO）和被动声学监测员（PAMO），聘请环境顾问开展海洋动物救援培训，为班组配发海洋环保工具，完善在海洋信息化管理平台（FLAG）中公开透明的 GNI 数据统计等一系列专业的环保投入，主动践行全球海洋环境治理责任。2020 年海洋业务积极响应国际地球化学协会倡议，在全公司范围内发起鬼网及垃圾回收运动，并发布倡议宣传刊物，加强了对海洋生态保护知识的交流和普及。

2022 年东方物探公司正式成为联合国全球契约组织一员，在 HSE 可持续发展论坛做揭幕发言，海洋环保经验在 EnerGeo 国际研讨会上作典型交流，绿色作业案例分别入选国资委“央企海外十大精彩瞬间”和中国企业国际形象建设“共促发展类”优秀案例，安全环保推文以 4 种语言在国内外 40 多个平台广泛传播，真实有力展现了海洋业务“合作共赢、美美与共”的新时代发展风貌。

不畏山高路远的跋涉者，山川回馈以最奇绝的秀色；不惧风高浪急的弄潮儿，大海回报以最壮丽的日出。如今，东方物探海洋业务的足迹已遍布世界 70 多个国家，为全球 80 多家油公司提供技术服务，在海外塑造了中国石油海洋物探的世界品牌。

在新的赶考路上，东方物探海洋业务将继续高举习近平新时代中国特色社会主义思想伟大旗帜，继承和发扬大庆精神、铁人精神，沿着党指引的方向坚定向前，经略海洋、征战蔚蓝，奋进高质量发展，向着建设世界一流的宏伟目标阔步前行！

（东方物探公司　兰春龙　张　纯　高　磊）

“大考”背后的精神力量

今年是铁人王进喜诞辰100周年，西部钻探作为集团公司第一批走出国门的工程技术服务队伍，始终继承和发扬铁人精神石油精神，在海外栉风沐雨30个春秋，创造了一个又一个精品工程，为“中国石油”品牌在国际市场熠熠生辉增添了几分亮色。

西部钻探副总工程师、国际工程公司执行董事、党委书记李喜成在接受笔者采访时说道“践行铁人精神石油精神，就要敢想敢干，当先锋、打头阵，在国际市场敢于亮剑、勇立潮头”，接着満怀豪情的说起了乌兹别克斯坦明15井钻探时催人奋进的场面。

引 子

“你们不愧是来自铁人故乡的队伍，敢于担当，善于攻坚，发扬‘有条件要上，没条件创造条件也要上’的精神，克服重重困难，攻克多项技术难题，即将打到目的层，这是一个了不起的成绩，我代表集团公司党组对同志们表示衷心的感谢！下步工作中，希望大家充分发扬铁人精神，以安全打成、打快、打省为目标，齐心协力再创佳绩，在中亚市场打出中石油的品牌和形象”，这是当年时任中国石油集团公司副总经理、党组成员汪东进在明15井检查工作时，语重心长的嘱托。

乌兹别克斯坦是一个位于中亚的内陆国家，距离我国较近，这里的人民世代生生不息，在美丽的锡尔河畔过着恬静和谐的田园生活，时代的巨变和世界经济的快速发展让这个“富气贫油”的国家迫切渴望工业的血液——石油。经过8年论证谋划，2017年中乌合资的明格布拉克公司在费尔干纳盆地部署1口5918米预探井——明15井，该井被列为中国石油当年重大专项、“一带一路”合作标志性工程。明15井所在的费尔甘纳盆地地质构造复杂，存在“四高一超”的世界级技术难题，曾在1971—2006年该区块钻井15口，4口发生井喷、8口严重井漏、9口报废，平均钻井周期1722天。这个区块能不能实现成功钻探？明15井承载着中乌两国石油人共同的希望和期盼。

无悔抉择

2017 年 4 月，乌兹别克斯坦正是梨花带雨、春风拂面的季节。几十台载重卡车迤逦而来，穿过村庄、掠过稻田，沿着参天杨柳遮盖的公路，运来一批批红白相间的钢铁构件和蓝色的野营房，锡尔河畔的平静瞬间被打破。不少赶来瞧新奇看热闹的当地人惊诧地发现，这群身着红色工装的汉子正是他们最近常常挂在嘴边热聊的话题——CNPC，来自伟大东方邻居来帮助他们探秘地下的黑金。他们惊喜兴奋，和中国人握手致意，载歌载舞，仿佛遇到盛大节日……

中方人被热烈欢迎的兴头还没过去，队伍搬家就遇到了拦路虎。当地适合大型搬家作业的车辆极其匮乏，极少数苏联时期“报废再用”的车辆也是带病作业，常常半途“趴窝”，井队搬迁反复倒车、装车成了家常便饭。当地员工耐不住高强度的体力劳动有的突然不辞而别，有的干满 8 小时立马休息，严格执行“劳动法”。看着搬迁的时间一天天过去，中方员工心急如焚，想到王进喜当年“有条件要上、没有条件创造条件也要上”的铁人精神，中方员工相互望了望，眼神里传递的是坚定和果敢，啥也不说了，撸起袖子加油干。好在中方员工个个都是持证的多面手，搬运、吊装、固定、维修、特种车辆操作，他们争分夺秒，挥汗如雨，大家恨不得都变成“三头六臂”，铆足了劲抢抓进度，好一个热火朝天的大干场面。平台副经理王向荣前不久刚在当地做过阑尾炎手术，病假没休完就自发来到现场投入工作，他每天忍着隐隐作痛的伤口坚持上班，最后被同事们发现向领导“告状”，才被“遣返”回国治疗……

一波未平，一波又起。井场旁边的路是周边村镇的交通要道，灌溉的沟渠就在路基之下。有一天锡尔河上游雪水融化、水量剧增，顺着支流冲入干渠，冲开涵管、漫过两百多米的路面，交通立时中断，当地部落长老第一时间赶到中国钻井队求援。望着焦急而忧虑的长老，平台经理赵多茂这个年近半百的西北汉子，浓眉下的目光变得深邃悠远起来，他 23 年如一日奋战在海外，类似为当地捐资助学、铺路架桥的义举做过多次，而春季遭遇洪水却是首次。怎么办？如果等当地管理部门勘察整修将遥遥无期。“必须尽快把路修好，要不然当地村民生活不但受影响，井队搬迁的车辆也无法正常通行，必将影响到开钻”，赵多茂心里拿定主意。他旋即安排机具车辆，招呼大家抢修道路，挖淤泥、垫土方、埋管线，大伙脚下是泥泞，身上是雨水，但他们已经顾不了那么多了，争分夺秒与时间赛跑，用报废的大口径钢管充当涵管，用推土机铺设压实，一个个被雨水、泥水裹成了泥人，让人不禁想起当年王进喜跳进钻井液池奋力搅拌的情景，似乎眼前的这些人瞬间已是无数铁人，经过十余个小时的不懈奋战，终于赶天黑前使道路恢复了正常通行，当地人难掩感激，自发送来香喷喷的手抓饭。

奋斗的汗水，换来成功的希望。2017 年 7 月 6 日 ，明 15 井迎来了激动人心的时

团结合作亲如一家的中外员工团队

刻，井场上庆祝开钻的小号声清脆嘹亮，响彻云霄，只见司钻朱多杰娴熟地启动按钮，顿时马达飞转、钻机轰鸣，第一根钻杆稳稳地探进大地。翌日，乌兹别克斯坦总统沙夫卡特·米尔济约耶夫先生专程来到现场调研指导，他要求中国石油要凭借精良装备、高素质人员和先进工艺技术，将明 15 井打造成“一带一路”两国能源领域合作的典范项目。中国钻井队使命光荣，责任重大。他们怎样来回答这份考卷呢？

“北风是电扇，大雪当炒面，天南海北来会战，誓夺头号大油田”这是当年铁人精神的真实写照。在铁人精神的感召和引领下，西部钻探人用实干和担当扛起勘探开发的重任，在铿锵行动中诠释铁人精神石油精神。井场上钻机的轰鸣声就是号令，飞旋的转盘就是指令，西部钻探运筹帷幄，抽调精兵强将组建工程、钻井液、固井、设备、井控等 7 个技术支撑小组进驻现场抓保障，甲乙方各级领导统筹安排，靠前指挥，形成了人力支撑、信息共享、物资保障、甲乙方攻关、专业化单位联动等“五个一体化”支撑保障系统，充分发挥国内外、甲乙方一体化联合支撑优势，集全部之力确保该井打好打成。这是一群特殊的人物组合，他们中有双鬓斑白的集团专家，有满腹经纶的甲方博士，有运筹帷幄的领导干部，有久经沙场的乙方才俊，还有技术精湛的岗位技工，他们拥有一个共同的身份——CNPC，拥有共同的生命基因——铁人精神 。

在这群人里面有一个身影在井场上不停地来回穿梭，行动果断迅速，声音铿锵有力，他就是张忠良，一位有着 20 多年“海龄”的驻井技术专家，苏丹、巴基斯坦、阿塞拜疆……可以说西部钻探海外几乎每个项目都留下了他曾经躬耕过的足迹，这次他被国际工程公司点将，任命为生产现场“总指挥”。

“包队长，请联系吊车司机，马上组织配合人员，卸套管，收到请回复，Over!”

“詹高工，晚上把你们固井的人全部组织起来，咱们再讨论二开下套管及固井方案”。对讲机里时不时响起他铿锵有力的声音。随着一车车套管拉运到井，井上转至二开作业，张忠良越发忙碌起来。

元月末的一天，风烈烈，寒刺骨，冻云如铅布满天空。尽管天气不好，张忠良心情却很不错，拨通了家里的电话。

“爸爸，你又不回来陪我们过春节了吗，难道你就不想我们吗？”

“嗬嗬，爸爸每天都在想你们，等忙过了这一段时间，爸爸一定回去陪你们过十五，带你们看花灯、放花炮，到时候还给带好多好多礼物”……已经记不起这是第几次给家人作出承诺了，兄弟们都说，家是我们海外钻探人心里永远牵挂的港湾。可他实在太忙，技术措施执行、生产组织衔接、当地工人培训、井控安全管理等，每个环节都会影响到队伍的正常运作，关系到生产安全和个人安危，只要身在现场，他事必躬亲，只恨分身乏术。自开钻以来，因为实在脱不开身，他一次次主动推迟休假，半年没有离开过现场。屈指一算，这些年他有6个春节都在异国他乡度过，好在公司替换他休假的专家签证终于办好且预订了机票，初六就能换班，好歹能回国陪家人过半个“团圆年”了，想到这，心中泛起万般柔情，思乡的情绪也越发强烈，但他没料到，接下来无休止的艰苦鏖战，他再次“食言”推迟休假。

大年三十晚上，食堂给大家准备了热气腾腾的火锅，不当班的一群石油汉子围坐在一起。“公司有规定，营区也不能喝酒，今天饮料管够”张忠良举起高脚杯说：“这半年多大家辛苦了，共同的事业让我们一起并肩奋战，共度春节，我提议先干一杯，祝愿在座每一位的亲人幸福安康！”觥筹交错，心愿满满。回顾数月艰辛，展望下步施工，大家热烈地讨论着，不知是谁，即兴哼出《我为祖国献石油》的旋律，一个人、两个人随声附和着，须臾间便成了大合唱……

时针指向11时30分，吃完年夜饭的张忠良回到宿舍准备过完烟瘾再去井场上查夜，突然，桌上的对讲机响起带班队长包彦龙焦急的声音：“张经理，井下钻速突然加快，钻井液罐体积也增加3立方米，有溢流！”张忠良心里咯噔一下，抓过对讲机，边戴安全帽、边冲向井场。

在钻井液池上，平台经理赵多茂已经在指挥坐岗人员测量、记录钻井液性能了。原来，为了让弟兄们安心过个大年三十，晚上交接班的时候他和平台副经理包彦龙双双跟班带岗。难得一个无风夜，井场大门和值班房也挂上了大红灯笼，平添了几许喜庆，远处缥缈的村庄影影绰绰，轰鸣的柴油机声搅碎了夜的宁静，欢快旋转着的方钻杆比往日轻快了许多。“忽哧、忽嗤”，司控房内操作刹把的包彦龙忽然感觉刹把变轻且有放空现象，他心中一紧，双眼紧盯钻井参数仪，发现钻速加快，他果断停止打钻，接着一边提升钻具，一边通过话筒发出一连串指令：“副司钻快停泵！”“外钳工到出口槽观察液面！”“钻井液工马上测量比重”……包彦龙处变不惊。停泵观察两分钟，钻井液依然涌出，且相对密度在一小时内由1.40克/厘米^{3}下降到了1.28克/厘米^3，检测没有发现原油或是气体侵入。在场的甲方监督和钻井液工程师判定井下溢流，可能遇到了高压盐水层，当即决定加重晶石粉压井。

吊车准备就绪，大家各就各位，紧张的加重压井开始了，一袋袋的重晶石粉混入了钻井液，钻井液密度不升反降，可见井下溢流严重，加重速度还需提高。张忠良随即把加重人员分成两组，一组继续奋战在加重漏斗处，另一组掀开钻井液池的盖子，由此将重晶石粉直接混入。井场上顿时粉尘弥漫，腾起的石粉将他们团团围住，仿佛要将他们融进这浓浓的夜色中；气温已经是零下 5℃，可是在他的带动下，干得热火朝天汗流浃背的小伙子们纷纷脱去了棉衣，指挥吊车，加石粉，测量比重，测量黏度，一切都在匆忙而又有序地进行着……当东方露出鱼肚白的时候，钻井液性能终于渐渐地稳定了，压井成功了。交接班记录里写下这样一组数据：7 小时加入重晶石粉 100 吨，比重从 1.28 克 / 厘米^{3}提升到 1.5 克 / 厘米^3，井内估算累计溢流高压盐水 40 立方米。尽管每个人已被石粉雕琢成“兵马俑”，但他们却露出欣慰的笑容。

破壁千仞

《易经》云：凡事预则立，不预则废。明 15 井被冠以“四高一超”（高压、高温、高含硫、高密度和超深井）世界级钻探难题的头衔，井筒最高温达到 170℃，最高压力系数 2.31，硫化氢浓度达到 5%—6%，高压盐水层含盐度 26%(饱和)，储层埋藏深度在 5200—6000 米，其最大的难点是窗口窄、存在着高比重下的同层涌漏，钻井液密度低则易缩径和出水井涌，密度稍高则发生井漏，常伴随井塌和重晶石沉淀卡钻等危险。惟其艰难方显勇毅，西部钻探人始终发扬“三老四严”石油精神和“越是艰险越向前”的拼搏精神，精心谋划，科学应对，善作善成，全井施工中累计钻遇 44 个漏层，进行 53 次堵漏作业，高标准完成 9000 多立方米钻井液和岩屑无害化处理，用实际行动和现实效果兑现了打好打成的庄严承诺，获得了集团公司嘉奖和乌兹别克斯坦政府的高度认可。

通衢大道难求双，天堑沟壑总相连。“苦干实干”这一石油精神的内核让钻探人信心足、举措实。在集团公司的大力支持下，西部钻探首次在明 15 井建立工程作业智能支持系统（即后来在钻探行业推广的 EISC），24 小时监控现场施工情况，随时组织国内外专家远程“会诊”疑难杂症；尝试应用自研的精细控压技术，密切监控地层压力变化；配套高端液面检测设备，精准测量液面波动。时任总经理张宝增数度到现场指导工作，事无巨细每日关注施工情况，并亲自安排局、处两级领导、专家轮流驻井，确保重点环节监控到位，重点施工措施执行到位，各项工作绝无一失。

时任西部钻探副总经理、安全总监潘登驻井时，跑遍了井场的每个旮旯。一次，他发现放喷池和井场五房之间存在安全隐患，虽然管线安装和房屋摆放都符合安全标准，但心细如发的他经过一段时间的观察，发现井场上经常刮西北风，如果放喷遇到刮风天气，井场五房恰好就在放喷池下风口……安全无小事！交接班会上，潘登给大家讲授了亲身参与抢险的一次井喷案例。某井在一次压井失败后采取放喷措施，因为进口压力大、火焰高，热辐射竟然烤化了百米开外的井场录井房……细节决成败！潘登要求把井场五房重新搬迁到放喷池上风口，并要求额外加筑了一道数米高的防火墙。

行百里者半九十。第三层套管下完转入四开，才是真正的攻坚。西部钻探按照"技防 + 人防"的思路，使用精细控压、液面监测、录井监测等多种技术实时掌握井下压力变化，通过加密坐岗、细化预案等多项措施应对突发情况，坚持边钻进、边堵漏、边补充的方式稳扎稳打。组织 40 多次甲乙方技术研讨，在漏失类型判定、堵漏措施优化等方面群策群力开展预判性、前瞻性技术攻关。

现场钻井液组组长盖靖安是基层成长起来的钻井液专家，曾在中国石油海外第一深井——吉达四井的钻探中初露锋芒，又远赴伊朗、哈萨克斯坦等多口重点井接受现场历练，经验丰富，战功显赫。现场调整处理剂配方的重任交给他和钻井液工程师梁志印、常胜利等人。井上专门配备了从国内带来的一套化验仪器，他们没日没夜"泡在"施工现场，奔波在钻井液池和实验室之间，玩命似地"疯狂"做室内钻井液小型试验。盖靖安更是"痴迷"，常常为了实验思路和别人争得面红耳赤，搞不懂的地方，虚心请教各路专家，有时为了一个实验数据，不管不顾，深更半夜去敲别人的门。7 月的天气像个大"蒸笼"，再加上化验室内"滚子加热炉""固相测量仪""封闭式电炉"等设备的"烘烤"，空调常常"罢工"，几乎成了摆设，他们三个就像"苦行僧"般泡在犹如"桑拿房"的化验室，不厌其烦进行着各种配方实验。困了，就躺在长椅上眯一会；渴了，就咕咚、咕咚喝一碗凉白开；一日三餐也常忘记饭点，索性从食堂扛一箱方便面过来。身上的工衣湿了又干，脱下身都能屹立不倒。就这样，一个月做了 260 多次试验，分析对比出多种体系在不同浓度下抑制性强弱关系及性能变化规律，进一步提高现场钻井液维护处理的最佳匹配方案。盖靖安为此付出的代价是体重减了七斤，他自嘲说："熬夜减肥，效果最好"。

周开飞是钻井队的电气工程师，他始终在设备"保健"上下功夫，将维修的可能降到最低。保养工作往往是未雨绸缪，见缝插针，如发电机在钻井过程中，每在"稍息"片刻，他都要及时检查气门间隙、高压油泵弹簧，确保不发生故障。有一次，卡特发电机出现故障，由于各种缘由，厂家专业维修人员无法提供现场服务。为了不影响工作，他和几名同事决定自行对发电机进行拆解维修，可说实话这个大活谁的心里也没有底。可既然要干，就一定要把它干好。维修前，他们上网详细查阅相关资料，通过各种渠道向国内兄弟单位咨询相关案例，并对照说明书对维修细节进行反复讨论分析，自己动手设计加工制作拆装工具。经过四天不懈努力，故障顺利排除并调试成功，在场的甲方监督和同事们纷纷伸出大拇指。

破壁千仞，当我为先。石油精神激发的强大韧劲、干劲，鼓舞钻探人闯关夺隘、逆势突围。西部钻探坚持"上部井段提速度，下部井段保安全"思路，组织 40 多次甲乙方技术研讨。王震宇就是其中外形最魁梧的那个人，但是他可不用块头震慑人，每次技术研讨，都像是一场辩论会，大家围绕着下步施工措施、钻井液性能、工程参数各抒己见，争论甚至到了面红耳赤的地步，而他们所做的一切，就是为了将施工方案与现场实际完美融合，有效规避钻探风险，确保百分百成功落地。王震宇敢争敢说，只要他认为是对的，技术上行得通的，往往直言不讳。无数次思想的碰撞，他的技术水平和人格魅力得到了大伙的一致认同，在专家组，大家相信王震宇，觉得他是权威中的权威。

精细控压钻井是解决复杂压力体系钻井难题的国际前沿技术，可有效控制井涌、漏失、坍塌和卡钻等井下复杂，但是这套由西部钻探自行研制的高精设备，在明 15 井的应用却是头一遭。为了充分发挥科研利器的功效，王震宇主动与年轻的技术团队进行沟通，带领他们选择关键性、瓶颈性问题开展预判性、前瞻性技术攻关，与钻井队共同研究优化施工方案，在甲方鼎力协助下，顺利在三开前全部完成对精细控压设备的安装和调试。从井深 4800 米开始，以井口溢流检测的方式开始应用精细控压钻井技术，并成功处置了 5085 米处的油气侵，在做好一级井控工作的同时，为井下安全上了“双保险”。

险情无时不在。5 月 3 日 20 时 15 分，分段下钻循环至 5343 米，在查找漏点的过程中发生卡钻。突发状况，让王震宇不由心头一震。深井攻坚阶段，就怕出现任何意外闪失。井情就是命令，丝毫不容耽搁，他第一时间向国内领导作了汇报。

“请立即组织现场专家认真分析情况，研判复杂原因，同时组织现场工程技术力

顶风冒雪钻探忙

量，根据研判情况“对症下药”，刻不容缓进行解卡作业，国内密切做好各项保障！”时任西部钻探总经理、党委书记张宝增斩钉截铁下达指令。经初步研判分析，卡点位置估计在5322—5325米，于上部地层掉块导致。

“只要我们心往一处想，劲朝一处使，没有过不去的坎，也没有战胜不了的困难，不管再难啃的硬骨头，我们都要把它拿下！”时任西部钻探公司副总经理喻著成在讨论工作方案的会议上给大家鼓劲。就在发生卡钻的当天，他从国内乘飞机、转火车、倒汽车，马不停蹄奔波数千千米，赶到现场连续工作几昼夜，听汇报、定措施，组织技术团队研究讨论，虽然已是凌晨2时，可大家专注的目光和心思都放在了研究解决方案，丝毫不顾连续几天工作的疲惫。

“兄弟们，我们不要松懈，不要气馁，天气比较冷，但是我们内心火热；我们要有信心千方百计克服井下复杂！”甲方明格布拉克公司主管作业的杨永利经理坚定地表示。这个40岁出头的陕西汉子，从事钻井20余载。原本前期奉命去非洲工作，因明15井而坚定地留下来。用他的话说：“这样的重点井、高难度井千载难逢，人生能有几回搏？”他亲自参与了招标、设计等工作，到四开中完的关键节点，依旧坚守在最前线协调组织生产。

现场开始做各种尝试，泵入堵漏浆、静堵，做承压堵漏试验，再打入解卡剂，浸泡一段时间后加压上提钻具，时间一分一秒在流逝……王震宇他们总结出来了，这口井就像是个小孩子，听话的时候很乖，只要你小心侍奉，就跟你和睦相处，但是一撒泼就控制不住了。反复折腾了三四天，钻具终于解卡，在场的人还没有松口气，连一点征兆都没有，井下又一次发生井涌！测算出来的涌速是每小时30立方米，这个速度是惊人的，面对“上吐下泻+随时卡钻”的风险，在场的专家们心又一次提到嗓子眼，考虑到钻头出上层套管不远，王震宇建议立刻起钻！大家认可了，当务之急是防卡钻，加速上提钻具，然后关防喷器放喷，巨大的压力刺漏了钻杆浮阀，钻井液从钻杆里面窜出来，喷得大家满身都是，一柱，两柱……井下钻具起出来了，钻头到了上层套管里面，关闭封井器，起码不会再卡钻了……大家的心还是在嗓子眼“悬着”！现场还在紧锣密鼓配重钻井液，套压涨到了10兆帕，一边往井里打钻井液，一边开始放喷，火焰点起来了，有2米高，照亮了夜空。王震宇拿着对讲机一遍又一遍地喊着：“9兆帕，好……，阀门关小点，再关小点！”5个小时过去了，终于，套压表上的指针摆到了零刻度，继续循环30分钟，一切正常了。他松了口气，这时候才感觉脊背冷飕飕的，冷汗浸湿了衣服，刚才无比清醒的头脑也隐隐作痛。“老王，忙碌几天了，赶快回去睡一觉！”只有领导和熟悉他的同事们知道，前段时间王震宇回国休假去看病，当时就被送进重症监护室观察了几天，半个多月康复出院后，医生下医嘱再三叮咛让他好好休两个月病假，然而得知井上出现复杂后，他悄没声息地撕掉病假条，带着一皮

交接班安全检查一丝不苟

箱药品义无反顾坐上出国的飞机……

也许5918米对于长跑运动员来说，只是一次普通的“半马”热身，可对钻探人而言，却是意志的磨砺、技术的探索和实践的检验。经过431天艰苦鏖战，明15井安全钻至5918米设计井深顺利完钻，攻克23项技术难题，创造7项超深井纪录，形成8项特色技术，树立了中国石油海外优秀钻井品牌和甲乙方合作典范，为集团公司海外钻探史上增添了浓墨重彩的一笔。

一个个实干担当、忘我奉献的故事，正是石油精神激发的大局意识、整体意识、团队意识，它因爱国情怀而接续，因使命责任而不竭，其蕴藏的强大感召力，使不同地域、不同年龄、不同文化背景的人都能感受到他们的坚定信念和顽强斗志，并影响和带动了很多当地员工不断提升和成长，大家在合作中结下了深厚友谊，推动“一带一路”走进各国人民的心坎里。时年37岁的阿巴斯虽只有初中文化，但自打招工到中国钻井队，在中方师傅手把手传授下，很快熟练掌握了各类设备操作和技术流程。十多年来，在项目部的刻意培养下，经过多次专业系统的培训，他先后取得安全、井控及特种设备操作等各类资格证，在实践中逐渐成长为复合型外籍骨干。提及工作中最难忘的经历，他说莫过于在明15井的一番历练。

“因为那口井加重是我工作以来最多的一次。”通过翻译的讲述，我的眼前浮现出这样的情景：因为井下很复杂，2天一小漏，3天一大漏，还伴随着活跃的油气显示，钻工们班班加重。时值费尔干纳盆地一年中最热的季节，每天一过中午就是近50摄氏度的高温，两手空空走两步路都大汗淋漓，可循环池上加重的身影却不曾停止，汗水蒸发出来的盐渍使衣服变成铠甲，不少人脸晒得脱皮，手磨出血泡。

“我们 2 个月堵漏 46 次之多。”阿巴斯对这个数字记忆犹新。“我们当地人还按时倒班回家，可身边的中国人就像你们自己崇拜的‘铁人’一样，井下不正常不离岗，工作干不完不休息，就连生病也硬坚持……”他深有感慨。阿巴斯的家在农村，没就业以前，以种柑橘为生，收入微薄。而在井队工作后，收入逐年递增、家境日渐好转，目前已经在当地达到中上水平，抚养老婆和三个孩子绰绰有余。而就在前不久，项目部又给当地员工增加了薪水。“没有中方师傅的关爱、帮扶，就不会有我的现在。”他掰着手指头如数家珍：“崔仰东、焦中青、赵多茂、王向荣”……算下来这些年带过他的中方师傅就有十多人。让他自豪的是“身经百战”学有所成之后，这些年他自己也陆续带过六个徒弟，现在都是其他钻井队的骨干，有几位还在当地钻井公司干得“风生水起”，亦可谓“桃李满园”了。

阿巴斯懂得感恩，他说：“这些年来，中方师傅和同事们教给我很多东西，对我的工作和个人成长非常有帮助。感谢中石油来到乌兹别克斯坦打井，使我有了工作，有缘结识中国同事，希望我们的友谊像所钻的井一样，永远高水平、高质量、高产量。”

他终生难忘明 15 井完工的那一刻场景：“记得固完井那天，司钻老马按下了高音喇叭的电钮，《国际歌》《我为祖国献石油》等歌曲一首首地传出来，当时我就在想，感谢中国石油人不仅帮我们打井开发能源，更是让我们感受到他们身上迸发出的强大精神力量，这也是中国石油人为我们带来的宝贵财富”，说着，他看着远处钻台上忙碌的红工服，不禁向他们竖起了大拇指，眼神里充满了由衷的敬佩和尊重。这些伴随着无数石油人走过艰难创业岁月的激昂旋律，听起来是那样的铿锵有力，令人豪情万丈，信心十足，从心底迸发出千钧之力！钻探人用铮铮铁骨在荒原上书写着大写意的人格，这就是石油精神蕴藏的巨大创造力，无关地域，无论年龄，都能感受其带来的坚定信念和顽强斗志，因爱国情怀而薪火相传、生生不息，更因使命和责任而敢为人先、超越自我。

回想起西部钻探自 1995 年进入乌兹别克斯坦市场以来，至今已有 28 年的历史。在这 28 年中，当提起最好的工程技术服务队伍，当地人会说是“西部钻探”，当提起最有责任感最具担当的外资企业，当地人仍然会说是“西部钻探”。28 年来，西部钻探人在这片倾注了大量心血和汗水的土地上，在这片写满奋斗足迹的热土上，用自己无悔的青春、无私的奉献不断发着光和热，为当地 2000 多人创造就业机会，赞助 12 名大学生到中国留学，及时给予当地儿童福利院、清真寺、孤儿院、少年成长中心、聋哑儿童救助中心等援助，向当地学校捐赠各类书籍、文具，帮助修缮校舍，积极参与当地城市建设……这些每一件都让当地人民切身感受到来自中国友人的温暖与支持，

明 15 井绿色环保施工赢得当地赞誉

都是中乌友好合作的见证。乌兹别克斯坦作为“一带一路”沿线重要国家之一，“一带一路”倡导的合作、共赢、开放的种子在美丽的锡尔河畔不断地扎根大地，吐露芬芳，呈现出蓬勃生机，而明 15 井这一精品工程以及他背后绽放出的伟大铁人精神石油精神一定是其中最绚丽夺目的一朵，成为中乌两国睦邻友好合作的重要见证。西部钻探人将继往开来，沿着铁人的足迹，在《我为祖国献石油》的征程中继续努力向前、向前……

（西部钻探工程公司　吕　晶　鲁玉华　刘秀梅　陈　燕）

蓝衣为甲　勇士远征

新征程是充满光荣和希望的远征。

——习近平

“现在，飞机即将起飞。请您将安全带系好，调直座椅靠背、收起小桌板，将遮光板保持在打开状态。”2023 年 4 月 30 日 14 时 25 分，一架即将离开伊拉克的飞机上，王浪坐在座位上，看着窗外黄沙戈壁缓缓掠过，逐渐离开视野。

“一年又四十七天，回家了。”王浪心中五味杂陈，种种思绪涌上心头，高兴、憧憬、担心、不舍，“唉。”王浪长叹一口气，身子向后躺靠在座位上，眯上了双眼，耳边飘荡着飞机引擎的轰鸣，不知过了多久，那声音逐渐远去、模糊，就像十三年前一样。

滑　行

“你看看这黄河多黄。”

“大哥，这是长江啊！”

“哈哈。”飞机上，不知是谁看《人在囧途》时乐呵呵地笑出声，王浪睁开疲惫的双眼，旁边坐着一男子，看上去三十有余，左手扶着腰，正一丝不苟地看着手里的文件，瞧王浪醒来，关心道：“醒了？这段时间累着了。”

“嗯，醒了，岳经理。”王浪揉了揉眼睛，撑起身来，回岳新庆道。

“趁现在多休息会儿，等下飞机，又得忙起来，革命还未胜利，吾辈还需努力啊。”岳新庆放下手中的文件，摘下眼镜，闭上眼按按眉心。

2009 年，渤海钻探工程公司进驻伊拉克哈法亚市场，刚刚完成印度尼西亚市场建设的渤海钻探第二固井公司紧跟集团公司步伐，马不停蹄开展伊拉克市场项目竞标，公司把这一重任交到了时任第二固井公司国际项目经理部经理岳新庆身上。一年前，正是他带领十一位员工远赴异国一举拿下印度尼西亚市场，此次二次出征，势要拿下伊拉克市场。

三月，收到伊拉克市场招标消息，岳新庆立刻着手开始招标事宜，时间紧，任务重，作为“先锋官”的他牵头与夏斌、王浪等人迅速完成了标书的翻译、制作和投标

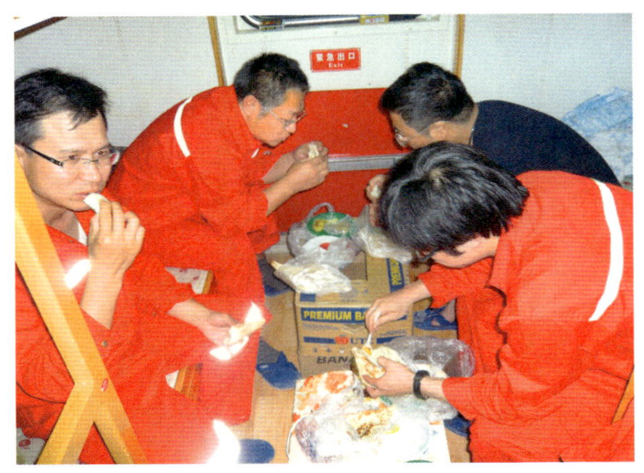

岳新庆正在与同事们食用简餐，用餐结束后继续准备制作标书

工作。这群刚刚大学毕业几年的年轻人，跟着这位35岁的“先锋官”，大家白天在各自岗位上工作，晚上则不约而同地聚到一块，不足40平方米的办公室里，彻夜通明。

“岳经理，来接咱们的车快到了。”挂断手中的卫星电话，王浪向岳新庆汇报道。

“嗯，等会先到基地把今晚过夜的事儿解决了。”岳新庆站在伊拉克巴士拉机场大厅，看向窗外，四处都是站岗的士兵，时不时驶过一两辆装甲车，车顶那人全副武装，架着机枪四处观望，大门口一条压实的土路崎岖往远处延伸，远处是一望无际的黄沙戈壁，似乎隐约可见一缕黑烟。

十月，在送走提前搭船出发的物料与设备后，岳新庆与王浪两人前往伊拉克，准备开展项目启动前期工作。尽管早前四月伊拉克已经达成停战协议，美军正按进度逐步撤离，但长年的战争，如同大漠狂风，咆哮着，掀得黄沙漫天，风起风落，留下的只有动荡的政局、频发的部落冲突和无处不在的恐怖袭击，无尽的不安与恐惧笼罩着当地人民。

“呵！这阵仗，真气派。”坐在前往基地的防弹车上，看着副驾驶上持机枪、戴墨镜的安保人员，王浪忍不住感叹道。这是他这辈子第一次见到真枪。

“可不，像不像前年那个电影《钢铁侠》。”岳新庆指着前面护送开路的装甲车说道。

“还真是，电影拍得挺真实的。”王浪回忆起前年和同事在长庆那会看的电影。又突然想到什么，苦笑道：“还是别像吧，我可不想挨袭击。”

话音刚落，一辆越野车从车队右方疾驰而过，恍惚间，岳新庆发现越野车上的男子好似饿狼一般的眼睛正死死地盯着自己。岳新庆神情一下子沉下来，提醒王浪道：“小心点。”

行驶中的车辆停住了，前方隐约传来一两声吆喝，那声音似在交谈，又似在争吵。王浪也开始意识到情况不对劲。

不知过了多久，前方安静了，随之而来的是脚步声，那声音逐渐靠近，透过驾驶座边仅有的一小块窗户，王浪看到一个男人正从前方朝他们走来，这个人手持冲锋枪，看着像是当地人。

男人走到车旁，敲了敲主驾驶车窗，示意把车窗摇下来。随后男人同司机交谈，说的是当地语言，完全听不懂。交谈中，司机拿出一份证件给窗外男人看。

后座上，岳新庆和王浪屏住呼吸，注视着眼前发生的一切，脑子开始飞速思考，想象着即将发生的种种可能。在这种极端情况下，人总是偏向往坏处想：会起冲突开枪？会中弹受伤？在这茫茫黄沙中？又或者是……当想到最坏的情况时，就会开始心存侥幸：说不定给点过路费就放行？只是例行检查？还是说……

十月的伊拉克艳阳高照，炙热的太阳照射着每一寸戈壁，闷热的空气如浪潮般一股接一股，扭曲着肉眼所见的空间，空气中飘荡着丝丝焦味，后座两人此时早已浑身湿透，豆大的汗珠顺着脸颊滑下，无法分辨这究竟是热汗还是冷汗。

车旁的男子看完证件，往后座瞧了两眼，把证件还给司机，后退一步，示意可以继续前行。

车再次启动，缓缓向前行驶，后座两人悬着的心才终于放下了，两人肩靠肩倚在一起，过了很久，没有说话，不知道刚刚究竟发生了什么，也不想知道。

车队继续穿行于沙漠中，最终到达了一处军事基地。

“到了，今天开始，得在这住上一段时间。”岳新庆推开车门说。两只脚踏在地上，岳新庆活动了一下四肢，微微地按了按腰部，感叹道：“还是脚踏实地的感觉好啊。”

正前方，是一条由厚达两米的水泥砌筑而成的笔直的走廊，走廊外是一道铁栅栏，钩刺、尖刺遍布其上。铁栅栏外，沿着围栏挖了一道水沟。

“这就是美军基地，我们未来的住所。”王浪下车，看着前方说道。

起　飞

在接下来的一个月，岳新庆和王浪紧锣密鼓地开展前期调研工作。盼星星，盼月亮，中标的消息终于从远方传来，停靠在科威特港口的货轮即刻启航，不久就抵达了伊拉克最大的港口——乌姆卡萨港。他们两人带着临时招来的外籍雇员，日夜不停地卸货，10 月的伊拉克，白天超过 30 摄氏度，晚上只有十多摄氏度。连日连夜地高强度工作再加上昼夜温差、饮食习惯导致的水土不服，两人先后出现了中暑的情况，好在第二批员工及时到达。

“岳经理，您中暑了先缓缓，这里我们来。”技术员王翔宇正扛着两袋刚卸下车的铁矿粉往堆料区赶，发现从营房走出来的岳新庆。

“那怎么行呢？这后面等着卸货的车队还排着队，你们都在干活，我哪能歇着呢？”岳新庆望着路边看不见尽头的货车说。说完理了理身上蓝工衣，戴上头盔，一头扎进卸货队伍当中。从那时起，这支蓝军便有了一条铁打的规矩——有活必须一起干！

之后的日子里，这支蓝军在岳新庆的带领下，逐渐走向正轨。伊拉克地质结构不同于以往岳新庆参与的地区，其地底的世界级固井技术难题——高压盐膏层对固井水泥浆密度要求极高。

“岳经理，我们之前从来没搞过这么高密度的水泥浆，这能行吗？”说话的是从印度尼西亚支援而来的张震。在听说伊拉克市场开拓急缺人手时，一年前跟随岳新庆在印度尼西亚奋战的战友张震、杨福永和王心月主动请缨，来到伊拉克。

“你算出来的结果如何？”岳新庆仔细检查着反复计算的固井设计反问。

“理论上是没问题，实验结果也没问题，但是我们之前确实没干过这么高密度的，心里没底。”一旁的王浪替大家说出心声。

岳新庆毫不犹豫地回答：“万事开头难，既然计算结果表明可行，就先干。”

此时的岳新庆尽管心里也没有底，但是他知道，他不能犹豫，因为人就是这样的，想来想去，犹豫来犹豫去，觉得自己没有准备好，勇气没攒够，其实只要迈出去了那一步，就会发现所有的一切早就准备好了。

当然现实不是电影小说，我们既不是超人也不能靠运气，第一口井的固井质量并不理想。但是我们是铁人子弟兵，岳新庆和他可爱的蓝军将士们并没有败倒在固井质量表中冰冷的数字前，相反，他们立即召开复盘会议，几个人聚在不足 10 平方米的铁皮房里，激烈地讨论不同于国内的种种标准、固井施工现场碰到的种种变化。直到夜深被旁边野营房其他公司的员工打断——“这都几点了？你们声音太大了。”

爬　升

伊拉克战争结束后，这个坐拥“黑金”的国家，开放境内石油市场，以打通因战火纷飞和国际制裁被切断的经济血脉。机遇与挑战，让这个极具能源战略地位的国际市场，硝烟之外更有看不见的硝烟，这里是市场，也是战场！2012 年，是注定不平凡的一年。这一年，威德福和贝克休斯相继进入伊拉克哈法亚市场。

过去的一年多，岳新庆、王浪等人通过一次次固井经验的积累，日复一日的研究尝试，成功攻克了伊拉克哈法亚窄密度窗口、高压盐膏层这一世界级固井技术难题。这些前期抢时间拼出来的看家本领，与国际一流油服公司的技术之间是否存在差距呢？差距又是多大呢？这一系列问题犹如一团挥之不去的乌云，笼罩在他们头上。

他们还没等到这些问题的答案，一个新的难题出现在他们面前，长年高负荷的工作使岳新庆腰椎间盘突出的症状恶化，一段时间他甚至无法下床直立行走，难以忍受的疼痛终于击倒了这位蓝军“先锋官”。

“你有两个选择，一是保守治疗，但是肯定是不能再像以前一样工作了；二是手术治疗，能够改善你目前的情况，但是肯定是有风险的。”医生在看完检查结果后对躺在病床上的岳新庆说。

“回来吧，到二线休养。”躺在病床上的那段时光，岳新庆不止一次听到劝说声。命运对勇士低语，你无法抵御风暴，勇士低声回应，我就是风暴。

心系一线员工的岳新庆选择存在风险的手术治疗。三个月后，一架飞机降落在伊拉克巴士拉机场，一名身着蓝衣的中年人，一瘸一拐地走出机场大门，看着一旁巨大的英文招牌“Basra International Airport”，远处弹迹斑斑的防弹墙和一堆烧毁的坦克残骸，一切都是那么熟悉。

水泥车操作手正在一丝不苟地操作水泥车，确保现场施工连续、安全、高效

“我们不懂固井的要求，能请你们派一名技术骨干来帮我们监督他们的工作吗？”电话的那头，是甲方工程师的声音。

“好的，正好我要上的下一口井要路过你们井场。”接到电话的是王浪。

刚进入伊拉克市场的国际固井公司固井质量无法让甲方满意，甲方希望邀请王浪担任临时固井监督，以渤海钻探第二固井公司的标准规范要求来进行固井。

时间是最公平的，近两年的经验，终究是经受住了考验，这支蓝军并没有迷失在国际能源市场的纷争中，他们依靠优质的固井服务获得了甲方的肯定。

解决完内忧外患，岳新庆又着手伊拉克新市场的招标工作。这一年，渤海钻探第二固井公司相继中标伊拉克西古尔纳 -1 和米桑两个项目。

巡　航

一天上午，王浪泡好一杯藏红花茶刚准备坐下歇会，院里传来一阵嘈杂，同事徐海宇欣喜地走进屋对他说：“新人来了。”看着手里的茶，王浪想起来一些往事。

“哈比比。”印象中，第一次见到王浪时，他有点腼腆地同王浪打招呼，那也是王浪去伊拉克的第一年。

他是一个土生土长的伊拉克人，名字太长，营地的大家都记不住，就挑里边最短的一截——阿里。同其他外籍雇员一样，阿里刚来时不太爱说话，跟王浪的交集就只限于见面时打招呼。

过了一个来月，基地的同事们平时闲聊的话题中，与阿里有关的话题逐渐占据大半。“新来的阿里，就是那个工程车司机，真不错！那天我接管线，他居然跑过来想帮我，你别说，砸榔头的动作学得有模有样的。”王浪有些诧异，平时喜欢损人的老徐，居然有夸人的一天？

那之后不久，公司开始推行“一人多岗”的新政策，要求一个员工能承担多种设备的操作。说来也巧，阿里的水泥车师傅是王浪。跟阿里有更多接触后，王浪发现他很淳朴，很踏实。一开始什么都不会，他就在一旁看王浪操作，看过一两遍之后，阿里比画手势，示意让他来，请王浪帮他看看有没有问题。他学得很用心，几次下来，很多基础操作他都掌握并顺利通过了水泥车操作考核。

一次表层固井，和阿里一起接管线时，王浪不小心撞了一下胳膊，疼得直咬牙，阿里想让王浪在一旁休息一会，说他一个人就可以，王浪横竖是不同意的，硬撑着和他一起把管线接好。到操作水泥车时开始犯难，王浪爬上水泥车操作台都困难。那就是阿里第一次尝试水泥车操作。

事后回基地的路上，王浪的胳膊还疼得厉害，脱下衣服一看，淤血导致手臂青了一大块，估计得养好一阵。抬头发现阿里正看着自己，心里好像想着什么。

第二天一早，“咚咚咚”的敲门声把王浪吵醒，他开门一看，是阿里。他递给王浪一个黑色口袋，王浪一脸疑惑，发现里边装着一朵朵艳红色的花，这种花在伊拉克很常见，听说是当地的特产。王浪有点不明白他为什么要给自己一口袋花，心想着可能是这边的习俗。阿里笑着对王浪说：“Friend.”王浪也笑着回道：“Thank you.”下午老徐来王浪屋，瞥见床头柜上的花，像是发现新大陆似的问：“哟？上哪去当采花贼啦？这藏红花开得真好，听说拿来泡茶喝能活血化瘀。”王浪一愣，原来是这个意思啊。

接下来一段时间，阿里开始同王浪“抢工作”，换柱塞、配药剂、抬管线，总是抢在最前面，以至于王浪要是不抓紧干点活，活都能被阿里给干完。很快阿里就把王浪的工作“抢”了过去，成了一名优秀的固井工，那天，阿里、老徐和王浪坐着闲聊，王浪问阿里为什么学习这么积极？老徐羡慕道：“阿里又聪明又能干，都能独立操作了，你多省心，不像我徒弟，接个管线都费劲。”阿里被夸得有些不好意思，告诉他们，自己家有四个孩子，养孩子压力很大，好不容易才找到这份工作，他很珍惜。王浪拍了拍他的肩膀，告诉他：“We are family.”

时间过得真快，今年已经是王浪来伊拉克的第八年，自从那次喝过阿里送的藏红花茶，王浪就喜欢上这茶的味道。苦，却带点甜；平淡，却透着淡淡清香。

“你觉得谁来当这新人的师傅合适？”老徐问道。

看着手里的藏红花茶，王浪想了想，回道：“阿里。”

2020年春节前夕，新冠肺炎疫情开始蔓延全球，几乎是同一时间，伊拉克与中国的交通中断。收到这个消息时，渤海钻探第二固井公司国际项目经理部经理王浪正一边跟家里人打着视频电话，一边收拾行李准备回国。

“看样子，这年是没法回家过咯。现在新冠挺严重的，你和孩子一定要注意防护，爸妈都还好吧？”王浪十分关心家人。

“嗯，我会注意的，拜拜！”王浪微笑着看着手机镜头，挂断了电话。坐在床上，过了许久，僵直的笑脸微微颤动，王浪埋下头，深深地叹息道：“唉。”

深夜，基地外的空地格外的安静，野营房却灯火通明。

翌日，风卷尘沙，吹醒了沉睡了一夜的大地，红日东升，揭开了清晨美丽的面纱。大家走出野营房，从库房中取出准备已久的年货，大红灯笼高高挂，春临大地万事兴。把营地装点得一派红红火火。大家都不约而同地忙碌着，王浪和技术员们正盯着屏幕讨论着下一口井的固井施工方案，不远处，老徐、阿里正带着留守营地的外籍雇员们一块检修固井水泥车。经过十年的发展，蓝军的人员结构发生了翻天覆地的变化，只有百分之三十的员工是中方员工，高达百分之七十的员工是外籍雇员，他们有跟阿里一样是本地人，有背井离乡的巴基斯坦人，有略懂中文的印度人。其中不乏像阿里一样一直坚守的老员工，也有刚刚入伍的新人。那一天，大家都很默契地没有提回家。

在随后的时间里，王浪和他的蓝军在外籍雇员的帮助下与当地联系，通过就近采购的方式，缓解了物资短缺问题。

八个月后，中伊物资通道重新开启，项目部又逐渐走回正轨。

“为什么我们不远万里行征途？为什么我们脚踏泥泞穿沙漠？”一辆行驶的防弹车里，老徐正扯着嗓子唱歌。

“得了吧，一首《不要问为什么》被你改成这样，毛阿敏听了都能气死。”一旁的王浪实在听不下去了。

“王经理，这是在抒发情感。”王浪没有理会，把头撇向车窗。正值藏红花开的时节，沿途一片红海，角落里，藏着一两座新修的小楼，隐约可见住着一两户人家……

“爸爸，飞机不抖了。”

“对啊，飞机起飞是最危险的，我们的机长要克服各种不稳定因素，等飞机飞上云层了，就平稳了。快看，咱们刚刚穿过的那朵云多漂亮。”飞机上，一对父女正讨论着，王浪坐在一旁，已经睡着了。

（渤海钻探工程公司　李世杰　曹　瑞　王　浪）

“一带一路”上的“铁”先锋

“飞机即将落地，目的地地表温度59摄氏度。”听到机舱广播，正在座位上闭目养神的冯亚军，将目光缓缓投向舷窗外。

烈日炙烤之下，这片阿拉伯半岛北部、波斯湾南岸的大地，阿布扎比、迪拜、沙迦，哈利法塔、滨海大道、古城堡，犹如一颗颗璀璨的明珠，洒落在曼妙狭长的海岸线上。一边是大海，另一边是荒漠。面积居世界第七位、占据阿拉伯半岛四分之一面积的鲁卜哈利沙漠，将它巨大的触角末端直伸到城下，再深入海底。此时此刻，风沙正盛，高差超过三百米、绵延不尽的沙山，犹如一条条游走的巨龙；低洼处片片盐沼，愈加朦胧不清。而丰富的油气资源，就埋藏在这片荒凉的无人区地下。

“亚军，ADNOC这个项目意义非凡，我们要全力以赴！”东方物探公司（BGP）阿联酋项目部经理赵恩会对冯亚军说。

冯亚军还从没有参与过这么大的项目，心里不免打鼓，目光却愈发坚定。

冯亚军马上就要去东方物探公司ADNOC 16亿美元陆海勘探项目陆上8615地震队担任队经理。作为一个在海外闯荡了20年的老牌国际队经理，他心里很清楚，这将是

8615队在将营地驻扎在沙漠和绿洲交界处，营地设施排列整齐划一，倍显一流

一场考验。

竞逐　团结一心定得胜

2018年3月26日，阿联酋项目部收到邀标函。至此，拉开了招投标的序幕，上演了项目竞标的激烈角逐。

ADNOC明确提出4月8日递交技术标，4月12日商务标闭标。短短的2周时间，BGP能做到吗？这是摆在BGP人面前的一个大大的问号！

BGP的回答是，“我们能！”

当然，ADNOC不敢轻易授标，他们需要慎重抉择。

在国内，BGP组建以国际勘探事业部牵头，各一体化单位主要领导组成的投标领导支持小组；在前方，组建阿联酋项目部主要成员组成的投标小组；前后方通宵达旦，夜以继日，众志成城，誓要拿下这个标！

“技术优势互有所长，成本优势并不明显。甲方到底想要什么？需要什么样的观测系统？甲方在技术和设计上会有什么样的倾向？”一连串问题在投标小组组长、阿联酋项目部副经理任爱京脑子里来回盘旋。

“先把自己的功夫下到家！”任爱京想。

为将投标工作做细做实，确保信息数据准确，投标小组不放过任何一个细节，就设备配置、人员配置等问题进行一车、一人地推敲讨论。

在大沙区，8615队动用上百台大型推土机为“开路先锋”清线修路，为后续班组施工提供保障

投标小组连睡觉都化整为零，陈永胜把邮件设置成“来邮件声音提醒”，夜里困极了，他就在电脑旁坐着打盹。无论在浅睡眠还是在深睡眠状态，只要声音一响，他就能立刻睁开眼睛阅读邮件，接着投入工作中。

办公楼保安和周围的阿拉伯邻居感慨不断：从未见过如此努力工作的，中国人，厉害！

然而，事情总是出乎意料。到了4月12号本该闭标的这天，ADNOC突然通知，施工参数大改，闭标日期延迟到5月17日。这一下子打乱了大家的节奏。有人急了，有人蔫了，而魏国伟却出奇地冷静，“重新算！”

任爱京组织大家沉下心来，分头行动。充分了解甲方真实想法，充分发挥自身优势，充分了解竞争对手信息。同时，利用当前正在施工的两个队伍，与甲方进行野外生产现场面对面沟通，以最真实的施工场面打动甲方。

终于，ADNOC通知BGP中标并将于7月19日签订合同。原来，这是ADNOC有意为之。2018年7月19号是中阿建交35周年纪念日。

这一周，整个阿联酋都是满满的中国红。ADNOC占满整栋总部大楼的超大电子显示屏上，中国国旗、“携手并进，共创繁荣”等图片和字样滚动播出。

进击　场场冲锋场场胜

与以前任何一个项目相比，ADNOC项目称得上一个“超级复合项目”。工区几乎涵盖了阿布扎比酋长国全境，5.5万平方千米陆海施工面积，沙漠、盐沼、城市、社区、军事区、环境保护区、油田区、王宫区、考古区、公路、铁路……从海底到高空，从城市到沙漠，所有这些数不清的障碍，统统都成了石油地震勘探施工作业的“拦路虎”。

“石油工人干劲大，天大困难也不怕！”铁人精神传承五十年，冯亚军心中油然升起一种自豪感和使命感。

合同要求，项目必须在2019年3月底前按时开炮。东方物探集全公司之力，全球调遣。巨量设备、高水平人才齐聚。

清关运输，顺利；设备改造，顺利；人员招聘，顺利；技能培训，顺利……

然而，就在计划开工的前几天，一个意想不到的打击突如其来。一场百年不遇的连续雷暴大风突袭中东，刚刚布设到野外的面积达300平方千米的采集设备遭遇雷击与被埋的风险陡增；刚刚清理出来的沙漠通道全部损毁；高温潮湿，地震仪器地面设备出现大面积漏电、死机故障。

开工受阻！

甲方高层担忧不已，邮件、电话纷至沓来，一再询问，“还能不能开工？”

雷暴大风天气持续了几天，冯亚军就有几天没合眼。他眼巴巴地盼着的太阳刚刚露出笑脸，就一头扎进仪器和测线，和野外的弟兄们会合到一起，组成挖线突击队、放线突击队、检修突击队，战高温、斗酷暑，找毛病、研工具，发起了一波又一波的“冲锋”。

仪器组、震源组，“白加黑”“五加二”，细致排查仪器故障，不到 10 天时间，解决了仪器宕机问题，及时补炮 7 万余炮，用最短的时间将损失抢了回来。

3 月 25 日，项目正式开工！甲方放心了，而他们则变成了一个个“沙人”。

在这片世界上最复杂、最具挑战的工区，8615 队按照项目部“属地管理，岗位责任制，RWP”三步工作法与“目标明、责任清、沟通好、执行强、敢担当”十五字工作原则，用最大的努力、最坚决的行动为甲方提供最优的服务，生产日效节节攀升。到 2019 年底，最高日效突破 1.5 万炮。

走出大沙，再入盐沼。

“Mirfa 区块马上要上钻探，能不能加急先完成这个任务？”甲方勘探部发来邮件，征询项目部意见。

“放心！马上就办！”赵恩会的回答，简洁而有力。

“精诚伙伴，找油先锋”。从国内到国外，东方物探公司的队伍从来都是以“诚”

雷暴大风后，沙漠中采集设备被大量掩埋，图为员工将被埋设备挖出，重新使其恢复正常工作状态

8615 队从一个工区搬迁到另一个工区，震源在清晨阳光的映照下，快马加鞭，奔向下一个目的地

为先，为甲方提供超值服务。

8615 队毫不犹豫地接下了任务。

Mirfa 区块盐沼遍布，队上成立“放线突击小组”，中方人员带头进盐沼，仅用 3 天时间就提前完成了近 6000 个无线节点的布设；仅用 17 天就完成了整个区块的生产任务。

甲方高层满意地说：“感谢你们！我敬佩你们的自信和专业，也感受到了 BGP 的信赖与真诚！”

8615 队从不多语，他们总是以行动回报信赖，用实干为伙伴解决难题。3 年，1102 个日夜，他们无缝衔接，先后完成了 10 个区块的勘探任务，提前 163 天收工，安全质量效益“全优”，地震勘探资料品质远超顾客期待，获得了 ADNOC 卓越级承包商评价。

奋起　同心同力抗疫情

2020 年初，新冠肺炎疫情突袭全球；紧接着，刚要复苏的油气行业严冬再至。双重打击，压得石油人喘不过气来。

“One Team, One Vision”同一个团队，同一个愿景。

越是在艰难时刻，越要拧成一股绳，越要负重前行！

8615 队行动起来了。他们压下身子，扛起担子，在荒凉的沙漠和繁华的都市间，用智慧和汗水书写着东方物探人新的传奇故事。

“这次‘抗疫’是对所有人初心与使命的检验！”新任队经理平德带领所有人投入“战疫”。

平德迅速挑选员工骨干，组建起防疫小组，开展常态化疫情防控。全队迅速行动，对“外防输入、内防感染”逐点进行挖掘，将疫情防控各项措施形成一条条雷打不动的“铁”制度，全队上下一条心，打响疫情防控阻击战和提质增效攻坚战。

“其身正，不令而行。”平德从来就不是夸夸其谈的人。他既是组织者，又是力行者，每天都是营地、工地两点一线，哪里缺人他就往哪里顶：网格化管理，有他的身影；新员工培训，有他的身影；工地收线，有他的身影……

大家纷纷行动起来，互相补台，自觉承担起疫情防控的责任，共同撑起项目安全高效向前推进。

质量监督徐立锋，每天冒着 40 多摄氏度的气温，穿着厚重的防护服给四十几名中方员工送三次饭，测量三次体温和血氧浓度。一个月下来，瘦了整整 10 斤。

然而，在不停地进击中，他们却把对父母、对妻子、对儿女的爱、责任以及满心的愧疚深深埋进心底。

功不唐捐，玉汝于成。就是这样一群普普通通的石油人、物探人，他们心怀梦想和责任，勇猛奔跑，创造出了日产 2.5 万炮的阿联酋物探行业新纪录；取得了 1200 万安全人工时的优良业绩，成为 ADNOC 物探史上第一支达到千万安全人工时的地震队。

真诚　责任担当扬美名

三年时光，8615 队付出真诚，收获信任；付出汗水，收获感动；他们和这里的人们结成了兄弟。

在沙漠里，每每遇到贝都因牧人被困风沙而缺水，他们总会慷慨解囊。

在保护区，他们保护“国宝”大羚羊，不打扰鸟类孵化。

2022 年初，他们来到了城市。站在他们面前的，是阿联酋阿布扎比酋长国第二大城市——Al Ain 市。高楼林立，社区密布，人口密集。

这里，皇家领地随处可见，还有多个军事区，主城区面积达 300 多平方千米，施工受限区达 1000 处，障碍物 5.4 万个。

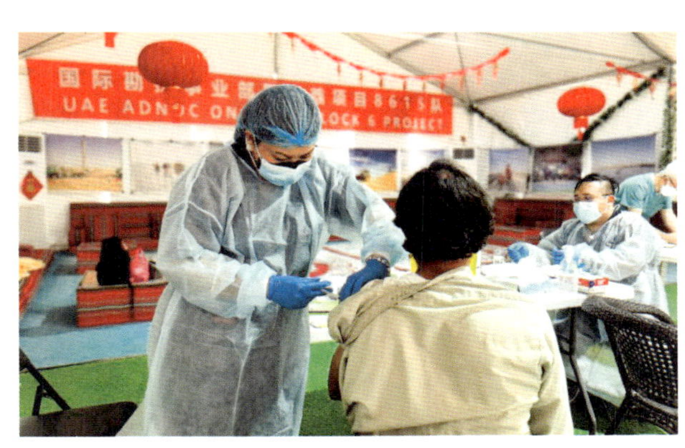

8615 队不落下一个人，为全员接种新冠疫苗

Al Ain 城区施工结束后，项目部和市政府、伊斯兰事务管理局互赠纪念品，互致感谢

所以，这里也成了几十年来从未勘探过的地质资料空白区。

副队经理朱威义不容辞地接下社区关系的任务。

他每天早上去工地，下午和甲方监督沟通，晚上生产会，最后是工农会复盘，安排第二天的工作……

夜深人静时，他无法安睡，已经记不清多少次从梦中惊醒。

面对 70 多万城市居民，地震队通过多种形式进行公众宣传，获取理解和支持，避免停工风险。

在大型卖场、公园等公共场所，他们累计将 8 万 2 千多份宣传册发到市民手中。

副队经理胡勇和采集组长张超白天细致踏勘，深夜布设节点；副队经理王桢和震源组 7 名中方监督以及近百名外籍导航员、操作手全员出动……24 台震源穿梭在大街小巷，市政府多次派人到现场协助，交管部门更是无偿派专车进行引导、护卫，特批 24 小时作业。

最终，8615 队取得了 Al Ain 城区施工安全“零”事故、社区“零”投诉、防疫“零”感染的战绩，为甲方填补了多处重要区域资料空白。

在街道上，朱威他们经常会被过往行人亲切地询问，“Hi, Brother，where is oil?（兄弟，石油在哪儿？）”

放学的孩子们，常常从家里折身出来，送上一瓶矿泉水或一杯冒着热气的咖啡，“叔叔，您辛苦了！”

项目运作三年多，东方物探公司 8615 队这群“铁人的后代”，将石油精神和大庆精神铁人精神传承到海外、发扬到海外，在“一带一路”的原野上勇敢地追逐梦想；用中国故事的精彩演绎，培育出中国形象的华丽绽放，在古老丝路上绽放出共建共享共赢的绚丽之花，无悔践行“一带一路”伟大倡议的时代之约！

（东方物探公司　董　功　王　玮　朱　威　李　虎）

撒哈拉沙漠开出石油花

——长城钻探尼日尔项目部开拓尼日尔市场实录

每天下午四点半，是金子辉回国休假期间，雷打不动去幼儿园接儿子和女儿的时间。

金子辉是中国石油旗下长城钻探工程公司的一位员工，而他的工作地点在遥远的撒哈拉大沙漠，那里与国内有着 7 个小时的时差。如果不是疫情，他可以每三个月回国一次，待上个把月陪陪家人，但疫情期间，团聚的计划总会被打乱。

每年 1 月，尼日尔持续风沙，员工在风沙中作业

“最长的时候，我有 13 个月没回家，出家门的时候，儿子和女儿还亲昵地跟我说爸爸再见呢，等再见到孩子的时候，他们看到我却是满眼的陌生和恐惧。”每到休假期间，金子辉就尽可能地把所有的家务都包揽下来，作为他能给予家人的最大补偿。

金子辉今年 46 岁，是长城钻探尼日尔项目部工程技术部经理，主要负责生产协调、井控、工程技术、质量等方面相关工作。今年是他在尼日尔的第 14 个年头。14 年里，他早已从那个稍显青涩、懵懂的“大男孩”，逐步成长为外观粗糙、骨骼坚韧、能独当一面的“沙漠铁人”。

尼日尔深处非洲大陆中部，全国大部分地区均被撒哈拉沙漠覆盖，只有西部、南部分布着零星的平原和丘陵，可耕地面积很少。除此之外，尼日尔几乎终年无雨，气候条件恶劣，土地贫瘠，沙漠化严重，严重缺水，全年平均气温高达 30℃，而在夏季最炎热的时刻，甚至能攀升到 60℃，堪称名副其实的“火炉”，是世界上最热的国家之一，也是全球自然环境最恶劣的国家之一，有人说它是被上帝遗忘的国家，这个国家更是许多国人闻所未闻的国度。而对于金子辉和他的同事来说，那里却有他们的青春热血，有他们的奋斗足迹，有他们魂牵梦绕的理想，还有他们辛勤耕种出的石油花。

当前，尼日尔项目部共有员工 969 人，其中当地员工 789 人，国际员工 22 人，国际化率 83.69%，当地化率 81.42%。2023 年上半年，长城钻探尼日尔项目部累进尺超 6 万米，累计收到甲方表扬信 23 封；多年间，长城钻探尼日尔项目部还一直保持着“零缺陷、零事故、零伤害、零污染”的优良 QHSE 业绩。

扎根沙漠腹地

2006 年，为了中国石油海外勘探开发公司尼日尔项目 TENERE 区块技术服务的需要，长城钻井（长城钻探的前身）在尼日尔注册了两个当地子公司，负责项目总体运作。2006 年 10 月，TENERE 区块开工。

2008 年 10 月，Agadem 区块开工，长城钻探尼日尔项目开始正式运营，致力于为 CNODC 尼日尔投资业务提供井筒工程技术和油田开发技术服务。

2009 年 12 月，金子辉带领着 GW227 队启动，开始了他在长城钻探尼日尔项目部的工作旅程。

车辆陷入流沙无法移动。项目员工克服高温、疲惫困难，抢接 500 余米的水龙带在井场浇水

“那是我第一次听说尼日尔这个国家，对我来说，这个位于撒哈拉的国家充满了神秘感。我想到外面去看一看不一样的世界，趁着年轻去闯一闯，能让自己快速成长，也希望给家人带来好一点儿的生活。”年轻的金子辉就带着这么朴素的想法作出了决定，出发前，金子辉已做好了充足的心理准备，但第一次来到尼日尔，还是被这个陌生国度来了一个下马威，“机舱门一打开，一股滚烫的热浪瞬间袭来，我被沸腾的热气笼罩着，呛得难以呼吸。”

在去项目部的路上，金子辉好奇地望着窗外，这外面的世界似乎只能用荒凉两个字来形容！

几个小时的路程里没有见到几所砖瓦房，街边满目都是土房子。一路颠簸到基地后，虽然天儿热得像蒸笼，但金子辉和同事们的心却凉透了：知道条件差，但是没有想到这么差。说是基地，不过是几排集装箱组装起来的板房，就像用积木搭建的小房子一样，孤零零地立在撒哈拉沙漠中；基地身处沙漠腹地，酷热难耐的气候让植物也难以生存，黄天苍苍、四野茫茫，而这就是长城钻探尼日尔项目部的大本营。

长城钻探尼日尔项目部前线基地位于尼日尔迪法省，处于非洲撒哈拉沙漠南缘地区，那里自然环境恶劣，蚊虫肆虐，疟疾、伤寒、霍乱、呼吸道等流行疾病高发，但当地医疗资源匮乏，给项目健康管理工作带来巨大挑战。

“每年 6 月，尼日尔开始进入雨季，到了雨季中后期，蚊虫就开始活跃起来，流行疾病感染率极高。项目部为此制定了《沙漠地区职业健康标准实施细则》《员工健康管理指导意见》《现场医生岗位职责》等详尽的‘硬杠杠’，强化疾控措施，保障员工身体健康。”金子辉说。

按照规定，金子辉早在入职前便注射了霍乱、黄热和流脑病毒的疫苗。没承想，在来基地三个月后，金子辉竟不幸感染了疟疾，那是一种经蚊虫叮咬或输入带疟原虫者的血液而感染疟原虫所引起的虫媒传染病，一旦感染，患者会全身发冷、发热、多汗，长期多次发作后，会引起贫血和脾肿大，严重时甚至会危及生命。

长城钻探尼日尔项目部第一时间拿来提前储备好的国产药物给金子辉服用，并迅速将其送到医疗队，在去往医疗队的半小时车程中，金子辉的症状得到了明显缓解，在医疗队治疗一周后，金子辉痊愈了。

金子辉说他这次有惊无险的经历，得益于长城钻探尼日尔项目部完备的保障制度。为确保员工有充足的医药应急支持，长城钻探尼日尔项目部设置了西药 63 种、中成药 20 种的数量最低要求，一旦低于警戒线，采购程序立即启动；长城钻探尼日尔项目部还与当地药品供应商签署协议，保证药物供应，以满足常见病、多发病的用药需求。同时，项目部还聘请两名资深辽河油田总医院的医生作为基地医生，参与项目部的日常健康管理工作。

项目伊始，近乎“一无所有”的尼日尔项目部带着一群“铁疙瘩”漂洋过海，驻扎沙漠腹地作业。多年来，这群“铁疙瘩”陪伴着一群孤单又刚毅的钢铁男人屹立在撒哈拉，日日接受着突如其来的洗礼：

那是几乎每天都要打照面的沙尘暴，七、八级飓风裹挟着沙尘猛烈袭来，大伙儿只得跳到车上避避风头，等恶劣的天气消了火，作业才能恢复如初。

基地厨房后的那口水井是金子辉和兄弟们纳凉解暑的“命脉”，虽要经过多道过滤器的“洗礼”才可食用，大家却喝得格外甘甜。基地每隔十天半个月会进行一次集中采购，往返要三四天的时间，他们常年吃的都是国内疫情期间的“断货王”——土豆、冬瓜、洋葱、茄子，基地温度最高时能达到50℃，这些蔬菜会被妥善安置在冷藏车内。

基地改善伙食的时候，金子辉和同事们一定会第一时间跟家人分享，好让他们放心——那是基地偶尔采购海鲜的大餐时刻。

金子辉说，钻机一旦作业，24 小时不能停。钻井作业进行时，作为钻井作业的核心，司钻必须像高速驾驶员一样全神贯注，稍有不慎，就可能导致一口井报废，甚至伤到人；钻井深度、地层变化等一系列数据需要查看，作业人员常常要盯着这些数据直到后半夜，以便随时调整作业；项目的重点、难点、疑点也需要及时与国内沟通……

在这孤岛般的“沙漠工地”上，这群“沙漠铁军”，这群“铁人传人”，就是这样克服重重困难，不怕吃苦，敢于拼命，他们满身沙尘，浑身干劲，硬是在撒哈拉沙漠中，打出了油井，牵出了油龙。

一切围绕转盘转

“面对严峻的新冠疫情防控压力和日益复杂的社会安全局势，长城钻探尼日尔项目部讲政治、顾大局，克服困难有条不紊地组织人员动迁来尼复工复产。希望贵司在新的一年里继续发扬‘铁人精神’，统筹规划、精心组织、精细管理、再创佳绩……”2023 年 1 月 10 日，又一封承载着满满诚意与赞扬、来自中油国际（尼日尔）上游项目公司的感谢信寄到了长城钻探尼日尔项目部。

2021 年 12 月，长城钻探尼日尔项目部还有员工 1100 人，其中中方员工 243 人。到了 2023 年 6 月，中方员工仅有 158 人。

项目事项繁杂，人员一再精简，完备的制度体系、“铁人”般的优良队伍作风是这支“沙漠铁军”的撒手锏之一。

2020 年，长城钻探尼日尔项目部提出建立“一切围绕转盘转”的制度。金子辉解释说，“一切围绕转盘转”的核心意义是钻井作业的安全、平稳、连续运行，只有全员树立以井队为核心的意识，各部门及技术服务专业才能围绕井队做好服务保障，确保取得安全、质量、经营成果等综合效益。在总包服务过程中，参与现场施工的各技术服务单位，坚持“大平台经理管理制”的工作要求，统一纳入现场平台经理的管理范畴，现场任何疑难问题、复杂情况均由现场平台经理牵头协调解决，全力保障现场钻井作业的有序进行。

在这项制度下，长城钻探尼日尔项目部充分发扬“铁人精神”，领导带头上，上下拧成一股绳，完善各项制度措施，强化设备物资保障，注重项目提质增效，相继建立、完善起生产运行组织管理制度、沙漠地区物资保障体系、“红、黄、绿”牌考核制度和持续优化的 HSE 管理制度。

项目各级干部与职能部门率先垂范，对施工作业进行全过程协调与监管，协助基层单位识别、防控风险，强化对现场技术措施的指导和监督落实。

没有条件，创造条件也要上！疫情期间，长城钻探尼日尔项目部始终坚持计划早制定、人员准备早、设备整改早和复产培训早的“四早”工作准则，有序推进复工复产，竭力克服因新冠肺炎疫情导致的人员动迁风险高、长时间封存设备启动难度大等困难，保障配套技术服务队伍建设，为后续探井作业奠定基础。

“我们使用的钻井机器都是从国内运输来的，钻井机器上的部分零件出现问题，是我们最头疼的事情。国内设备坏了，可以随时联系客服及时上门维修换件，但在这里，

尼日尔项目中外方员工收看中国共产党第二十次全国代表大会

客服出国到登上平台要办一系列手续。赶上新冠疫情，异地来人援助也需反复隔离，钻探作业又拖不起……有时真是叫天天不应，叫地地不灵！”金子辉说。尼日尔重工业基础薄弱，除铰铁、油漆、车辆配件等简单物资外，一旦钻机、钻井液、固井材料等生产物资出现问题，只能联系国内或第三国进行采购。正常情况下，到国内采购物资少说也需要三个月左右的时间，遇到疫情，时间更难以控制。

为此，长城钻探尼日尔项目部只得打好提前量，以精确滚动物资计划、高效物资清关运输、严格库存实物管理、精准物资消耗为抓手，强化设备物资保障，提升物资创效能力，持续完善务实高效的沙漠作业区域物资保障体系，在节约采购成本的同时，全面保障生产物资供应。

为提升安全作业效能、全面建立安全屏障，长城钻探尼日尔项目部建立甲乙方联合验收机制，对新井开钻前、探井揭开油气层前、三开作业前联合验收，以项目公司“红、黄、绿”牌考核为抓手，通过严格的考核倒逼各基层单位主动加强管理。

长城钻探尼日尔项目部还以长城钻探 HSE 管理体系为纲，结合尼日尔的法律法规和甲方的制度与规范，编制了尼日尔项目 HSE 管理子体系。“我们与长城钻探 HSE 体系文件、制度进行桥接，并根据项目运行过程中的实际情况，逐步修订适合项目安全生产的 HSE 管理制度，让制度在安全生产过程中更具实用性。”长城钻探尼日尔项目部 HSE 部副总经理郭晓明说。

长城钻探尼日尔项目部积极推进“有感领导、直线责任、属地管理”的 HSE 管理理念，在项目生产周期全过程实施。项目 HSE 管理定位在现场、落实在现场，围绕现场安全工作提供领导层资源。项目 HSE 总监、总工程师驻守前线基地，直接管理前线安全生产；项目经理及其他班子成员定期到前线开展安全活动；项目各级负责人积极践行直线责任，从项目领导、部门、基层队伍三个层面在安全工作中做到一级对一级，层层抓落实，做到“谁组织谁负责、谁管理谁负责、谁执行谁负责”；各部门对分管业务负责，基层队伍每名员工要对自己的作业安全负责，围绕工作重点落实属地责任，强化现场隐患排查，着重安全文化建设……

长城钻探尼日尔项目部牢固树立“一切成本均可降”理念，紧密围绕保障设备正常运转的目标，加大对老旧装备预防性维护保养力度，提高设备运行效率，在修旧利废、提质增效方面，亦大动脑筋。

2021 年，长城钻探尼日尔项目部克服了疫情持续冲击和作业计划调整带来的困难，从生产组织、价格复议、人员精简、修旧利废、严控投资等方面制定提质增效目标和针对性措施，确保全面完成年度生产经营指标，全年累计节约成本 4674 万元！

“疫情期间，项目部的兄弟们既能修数亿元的大设备，又能换灯泡、修马桶，疏通下水管道。山穷水尽时，只能一再查阅说明书，从中发现解决问题的蛛丝马迹，就这样，大家伙儿逐步发展成为项目上的‘精兵巧将’，能文能武、常战常胜！”金子辉说。

画出最大同心圆

气候恶劣、人员不足、项目采办问题复杂，那些曾经摆在长城钻探尼日尔项目部面前的难题，就这样一个个被攻克了。但是，让项目部头疼的问题同时也还在与日俱增：市场竞争复杂激烈、运行成本居高不下、经营环境持续恶化、社会安全风险飙升，等等。

长城钻探尼日尔项目部一手抓生产、一手拓市场，全方位、多层次、多维度与CNPC市场和外部市场对接，实现规模和效益的双提升。

大EEA项目涉及的上下游项目正在紧张运行。长城钻探尼日尔项目部从2019年11月二期合同履行以来，已经累计完成钻井210口，预计在6月30日二期合同截止之前全部完钻。整个大EEA项目预计10月1号实现原油外输，完成450万吨产能建设，项目投产后产生的效益预计占尼日尔总GDP的24%。

用真功、较真劲、使真招！长城钻探尼日尔项目部在全面保障大EEA项目基础上，充分发挥在尼日尔十余年的运营优势和成熟的沙漠基地资源，搭建包括其他企业新工艺、新技术的尼日尔共享平台。与此同时，充分发挥共享平台优势，延伸服务产业链，主动对接油田开发技术需求，落实、培育优质项目，迈出服务模式差异化、盈利方式多样化的步伐。

在经营管理过程中，长城钻探尼日尔项目部积极吸纳当地员工，传递中国文化、播撒中国情缘，在撒哈拉画出最大同心圆。为提升当地雇员的综合井控能力，项目部每年都组织筛选核心外籍雇员前往国内参加井控实操培训班。目前，项目部人力资源部及公共关系部负责人均为当地雇员，财务部、前线基地和HSE部都培养出了能独立工作的高级岗位雇员，让他们真正完成了从“撒哈拉放羊娃”到“合格钻井管理者”的华丽转身。

在长城钻探尼日尔项目基地的正中央有一座中式凉亭，它是中尼两国员工工作之余茶歇的好去处。

那是2012年，当时Agadem项目前线基地的工作、生活区已基本建设完毕，但是整个基地略显单调。基地除了需要满足大家伙儿的日常工作需求，还需充分考虑基地的生活气息和文化氛围，让员工们得以在工作之余放松心情、愉悦身心。

能不能在基地院子中间建设一座体现中国园林特色的凉亭？这个想法让大家伙儿一拍即合。

夜间，项目员工正在检查入井设备

这项工作由当时的基地经理负责设计，他在网上搜罗大量图片，等比例放大，中尼两国员工利用基地里的废旧射孔枪、废旧振动筛筛布、角铁和薄铁板等材料，先搭建凉亭的地基和立柱，再加工凉亭顶棚，最后整体把凉亭顶棚吊装到立柱上固定，最终建成了这座中国特色的凉亭景观。如今这座小小的中式凉亭，不仅承载着中方员工的家乡情思，也成为尼方员工心中的中国文化符号。

6月，又是一年端午节，尼日尔项目部员工像往年一样，围坐一起吃着家乡风味的粽子。在夜色的掩映下，那些因白天繁忙而暂被遗忘的心事正逐渐释放，大家的心也开始渐渐放松了下来。

金子辉有时也恍惚，好像不知不觉间，孩子咿呀学语的时刻、还要人扶着才能站稳的瞬间就仿佛发生在昨日，但如今，儿子和女儿都已经上小学了。

这位面部黝黑，因安全帽带的遮挡脸颊印着“V”形痕迹的爸爸，早就想不起儿子和女儿什么时候学会说话的了，他只记得第一次听到女儿喊“爸爸”，是在妻子拍摄的视频里。儿子和女儿成长的珍贵视频，妻子每次发来他都如获至宝般地保存好，乐此不疲地在每晚睡前翻看。

夜渐渐深了，这群“沙漠铁军”油污一身，倒头就睡，鼾声如雷，那想了又想的家乡只能在梦中存些念想。他们害怕承认又不得不承认，那些留在孩子成长空间里的大片空白，也许是他们这一生中怎么也抹不去的遗憾……大爱无言，他们就这样在异国他乡默默奉献着，在撒哈拉沙漠辛勤培育娇艳的石油花。

中尼友谊源远流长。2000 年以来，随着中国援助的增加和合作领域的多样化，中尼双边合作进入了充满活力的时期。这种示范性合作涵盖水利水电、环境、农业、卫生、国防、教育、基础设施、装备和能源、矿产勘探和石油开采等多个领域。

如今，中国已成为尼日尔在投资领域的第一大合作伙伴，两国共建“一带一路”稳步推进，在石油领域的合作必将助力尼日尔在不久的将来成为非洲新兴石油出口国。

长城钻探尼日尔项目部在尼日尔的奋斗故事还在继续书写……

（长城钻探工程公司　高重阳　王兴海　曲冠伊　杨宗强）

米索不达米亚平原上的“画师”

心中若能容丘壑，下笔方能汇山河。

这句解语舞剧《只此青绿》的金句，用来形容吴宝志再合适不过。

2023年5月10日，在渤海钻探井下技术服务公司国际工程项目部的会议室里，我们要说的吴宝志正和同事们一起讨论项目新一轮技术服务的投标细节，这样的讨论会近期已经连续组织了好几场。

伊拉克米桑修完井及增产项目是这个公司最重要的海外服务项目之一。作为项目经理的吴宝志，正带领项目持续开拓市场，提高服务质量，做好修完井和酸化增产等施工保障。

笔触：不同环境下的适应性表现，胸中自有沟壑

毕业于西安石油大学的吴宝志多才多艺，不仅学习成绩优异，在绘画上也表现出极高的天赋。大学时，他偶然接触山水素描画，当时就是单纯的喜欢，惊叹于一根根简单的线条却能奇妙地组成一幅引人入胜的立体山水画面，他想挑战一下自己的能力，便开始临摹自学。不承想没过多久他画出来的画已经别有几分意境，引来同学们的一阵赞叹。在这种成就感的激励下，吴宝志坚持了下来，他的绘画水平日渐精湛。在一幅幅山水素描画中，吴宝志体会到了坚持的收获和方寸之间诠释大好河山的情怀。参加工作以后，绘画带给他的不仅是精神上的愉悦，对工作也帮助颇多。

2011年，曾经在苏丹项目工作过一年时间的吴宝志被调往伊拉克哈法亚项目。家人担心伊拉克的危险环境，极力劝阻他去，但是他却安慰家人说：“中国石油的项目在那里，公司的同事们在那里，那么多国际大公司都在那里，不会有什么危险的。”项目的发展需要吴宝志，他说服家人，义无反顾地前往项目。

刚到历史悠久的米索不达米亚平原，吴宝志尽管对一切充满着好奇，但这里艰苦的环境条件还是令人咋舌。沙漠性气候的中东地区，夏季气温常高达50℃以上，并伴有风沙肆虐，蚊虫叮咬。不止如此，经历过战乱的社会安全风险处于极高等级，平常员工们的活动区域局限在井场内，不得不常与孤独寂寞为伴。此时的吴宝志在闲暇时，又把他的山水素描画拿出来操练了起来。不大一会儿，普普通通的笔记本纸页

吴宝志与米桑党支部部分党员的合影

上，高山、流水、树木、亭阁、渔舟、老翁组成了一幅意境悠长的美丽画面。同事们争先把观看他画画当成了一种享受，在这个相对封闭的工作环境下，大家仿佛身处那美丽的地方，为打发孤寂的时光增添了一丝乐趣。

2017 年，领导找吴宝志谈话，希望他调至新启动的米桑项目做项目经理。

“没问题，我一定全力以赴！”

吴宝志干脆地说。

作为项目管理者，吴宝志明白一个道理，就像绘画一样，勤加练习一定会有收获。与甲方的关系也一样，经常性地与甲方部门保持面对面的交流沟通，一些问题才能从容地解决，项目的运行才能顺利高效。

午饭时间到了，刚上项目工作的同事终于忍不住向旁边的同事询问心中的疑点：“吃午饭的时间怎么总是见不到吴宝志，难道是项目领导自己开小灶去了？”

旁边的同事听后，哈哈大笑，说：“宝志要是开小灶，也不会长得那么瘦了！一会儿等咱们吃完了，如果他能早回一会儿，也许还能赶上这顿热饭，不然他就只能吃剩饭了。”

原来为了达到最有效的沟通交流，吴宝志不断适应伊方人员的工作节奏，常常在 10 点到 14 点与对方会面交流，从而错过了对中国人重要的午饭时间。身边的同事心疼地提醒他说：“不能在工作岗位上把身体糟蹋了，身体才是革命的本钱。”对此他却很淡然回答道：“偶尔有着急事顾不上了，我的生物钟调调就好了。”

吴宝志的山水画作

2020年3月，在吴宝志和团队的长期努力下，米桑项目顺利完成了新一轮修井增产合同的签订。而此时正值全球新冠疫情暴发，国内人员处于禁止出行阶段。新合同亟须中方人员启动队伍，吴宝志焦急万分，满脑子思考着如何应对当前的困难。当没有思路的时候，绘画成了让他平和内心的途径，他希望从画中找到解决问题的方法。当一幅诸葛亮站在草船上羽扇纶巾的画面出现在他眼前时，他豁然开朗。既然国内派遣人员基本不可能，那么向兄弟项目借人支援是否可行？通过吴宝志的请求，在公司的整体协调下，他曾经工作过的哈法亚项目想尽一切办法调派人员支援保障了米桑新合同正常启动。

有了人员支持后，疫情期间项目外来人员必须隔离后才能上岗的特殊要求，使工作量又大大增加。吴宝志带着两名驻守营地的同事分工协作，利用设备封存井场建立了拥有96张床位的固定隔离点，保障项目外来员工工作前隔离筛查。根据疫情防控要求，吴宝志和团队梳理了新启动队伍的疫情防控方案，在逆境中顺利完成3套修井机和1套无钻机设备启动。

构图：最稳定的三角形“国际化”团队组成，善于运用中国智慧

中方、伊方和中伊之外的第三方外籍人员能否团结协作，是项目修井队发挥战斗力的关键因素。面对文化差异较大的三方员工，如何提升管理能力，提高工作技能和效率，保障作业安全，让不同肤色、不同语言的人同处一个画框，构成一幅美妙和谐的画卷是吴宝志一直在思考和探索的问题。

为了管理好项目，吴宝志与现场人员不断交流管理经验。“人什么时候能主动起来？只有在有目标的时候。”吴宝志与现场平台经理讨论，“比赛里谁都想赢，这就是目标。如果我们把基础操作融合进活动中，这不就能激发他们的主动性了吗？”

“Ready, go!”随着一声发令，BHDC-107队当地员工阿克拉姆和默罕默德迅速佩戴正压式呼吸器，两人争分夺秒，最终佩戴时间停止在23.34秒和24.58秒。这是根据吴宝志的提议在现场开展的“比学赶帮超”系列活动中的一项。

修井队每月开展技能操作、防喷演习、佩戴正压式呼吸器等小比赛，对成绩优秀的当地员工给予当面表扬，发放电话卡、洗漱用品等小奖励；对成绩欠佳的当地员工指派专人一对一辅导。在这种比拼氛围的带动下，越来越多的当地员工争先恐后学知识、学技能，争当优秀员工。机械助理阿里就是这样一位通过项目鼓励与培养，通过自己的努力成为项目优秀员工的典型。

“奖品并不在于贵重，但却是一种对能力肯定的象征。”吴宝志说。“类似的技能比武，安全之星等活动仍在进行中，这样的鼓励式教育使当地员工得到了更多的获得感，带来了新风气，拉近了中外方人员的距离，也为整个团队注入积极向上的活力。”

近年来，中国石油一直在推行提高海外项目当地化率。吴宝志领导的米桑项目时刻紧跟集团公司要求，加大当地员工的招聘和培养力度，为他们提供良好的发展平台，通过树典型激发当地员工的干事热情。在吴宝志和渤海钻探井下技术服务公司的策划下，阿里的优秀事迹报道成功刊登在《中国石油报》上，同事们纷纷点赞。阿里的脸上洋溢着淳朴的笑容，感激地说：“我有幸加入了渤海钻探这个大家庭，面试时Mr.WU就鼓励我们好好干，后来到了现场还能叫出我的名字，并经常关注我的成长。”现在的阿里已经成长为一名合格的机械助理，购买了新车，搬进了新房，家里还有4个可爱的小宝贝。

高光：凡是过往，皆为序章，愿做“一带一路”上的一粒沙

吴宝志的画已经画过了无数张，总会有那么几张是他引以为傲的作品。吴宝志所在的米桑项目也已经为甲方服务了数不清的油井，总也有那么一些令人赞不绝口的施工案例。

2022年3月，吴宝志带领BHDC-102队连续完成了4口5½英寸小套管修完井作业后，得到了3名中伊方管理层联合签发的表扬信，感谢他们解决了甲方一直以来想解决的小套管井修完井施工的难题。

在急、难、险、重的攻坚任务面前，吴宝志所在的米桑项目团队始终不忘“服务为本”、把信誉当作黄金，一如既往保持“能吃苦、打硬仗”的战斗作风。

吴宝志与他的技术管理团队

“叮铃铃！”吴宝志的电话铃响起。电话那头传来了 BHDC-107 队现场的情况汇报，井内管柱起出后，电泵底端扶正器缺失。这种情况在米桑油区尚属首次，如果不及时捞出，会直接影响后续的作业，严重的话甚至可能导致油井报废。面对如此棘手的问题，吴宝志第一时间赶到了现场，和现场工程师一起分析原因，制定打捞方案。由于电泵扶正器属于特殊落物，当地没有合适的打捞工具。吴宝志和同事们根据设计提供的落鱼参数找来电泵扶正器实物，重新丈量其各部分的尺寸，再将现有的打捞工具进行改造，并在地面进行模拟打捞实验，确保改造后的捞筒与落鱼匹配。最终 BHDC-107 队用时 44 小时一次性捞出电泵扶正器。

常有人开玩笑说：“吴经理是现场的定心丸，仿佛什么都会一样，无论啥难题他都能解决。”

“我哪里是万能的，”吴宝志笑笑说，“不会的东西就花时间钻研透，大家信我，我就不能辜负这份信任。有问题出现了，如果我不去解决，那队伍就散了。”

“我们要做一带一路上的朴素沙砾，但不能真的把自己当作风一吹就逃跑的沙子。”吴宝志半开玩笑地补充道。

“想甲方之所想、急甲方之所急，用实干苦干的韧劲、专业专注的素养、践信守诺的品质，与甲方在项目合作中搭建起信任之桥、友谊之桥。”吴宝志不仅做到始终秉持，更用行动明明白白地诠释了这样的理念。

2022 年，米桑项目在已有 5 支修井队伍运行的基础上，下半年再增加 2 支修井队伍，队伍规模达到历史最高的 7 支修井队和 2 支无钻机作业队，为业主顺利实现日产 30 万桶目标作出了突出贡献，获得了书面表彰。

“国际业务未来可期，我愿做“一带一路”上的一粒沙，继续努力奋斗。”处于伊拉克工作的吴宝志如是说。

倒影：素笔九窍心，工作之外也精彩

在工作之余，吴宝志的爱好就是读书、写字和绘画。他自述山水素描画就是他一生中最大的业余爱好。一支平平无奇的铅笔或中性笔在他手里把弄一会儿，就能变出一副清新脱俗的画作。在他QQ空间里至今仍然保存着他所有的原创诗词和绘画，同事们看了都啧啧称赞，领导还亲切地称他为“秀才”。

在他看来，这些爱好可以在艰苦的环境和紧张的工作中找到内心平静，达到汲取智慧、张弛有度的作用。在过去一年中，他还抽空自学了管理和心理学方面的知识，并通过了专业考试。

在工程师张文军眼里，吴宝志是像家人一样的存在，他说：“我突发腰背疼痛，几乎走不了路时，是吴经理专门送我去医院，并教我缓解腰背疼痛的动作。”

因为疫情防控和长时间海外工作的压力，吴宝志号召同事们利用有限的条件开展健康运动。同事们纷纷“整活”，比步数晒积分，有人搞健身，有人约打乒乓球，队伍业余活动花样百出。有时，他和同事们比拼，整齐趴在地上做俯卧撑，一阵阵加油、喘气声此起彼伏，大家在欢声笑语中锻炼了身体，也舒缓了工作的压力。

吴宝志还经常与同事们在茶余饭后聊些时政新闻、历史故事和家长里短，同事们都很喜欢听他讲故事。他也通过这样的方式了解了同事们的性格、爱好与烦恼，有的放矢做好人文关怀和心理疏导，让整个项目保持团结和谐的氛围。

吴宝志说：“决定考取心理学方面证书的原因就在这里了，我自己知道海外工作不比国内，心理状况会影响工作效率，这是于公的角度；在我看来，同事都是朋友亲人，在生活中遇到困境了，而我又有余力，于私我也应该尽力帮助他人解忧。”

在他的带动下，项目部每周五下午的分享会深受大家喜欢。每个人轮流分享，讲起了事故案例、打捞工具选择、招投标程序……

（渤海钻探工程公司　李　洋　李小松　王建国）

最美的朝阳　最长的心路

天空由黑转蓝，尚有不少星星未来得及归家。玻利维亚 Aguarague 山的剪影后，已是一片金黄。绚烂的颜料自朝阳里流出，渐渐印染层层云海。骤然间，巨大的嗡鸣声打破了密林寂静的清晨，一架直升机冲上云霄。吊装生产物资的它，目的地是 Camatindi 区块二维地震项目前线。停机坪上，玻利维亚项目部经理焦长帅眼中燃烧着高质量运作项目的决心和斗志。

这份执着，很值得

“先生，请问哪里有充电插口？”

“女士，请问这里有提供办公的桌椅吗？”

繁忙的机场大厅中，一名瘦高的中国男性正在焦急地向工作人员询问哪里可以提供办公场地。他要处理的工作很重要，是一份市场开拓计划。他就是东方物探公司玻利维亚市场的负责人焦长帅。

Aguarague 山顶的勘探作业现场

焦长帅与玻利维亚能矿部高层领导互访

玻利维亚矿产资源储备丰富，是南美洲第二大油气国。为了在玻利维亚持续占有市场份额，东方物探公司国际勘探事业部委派具有多年海外市场运作经验的焦长帅负责市场的开拓、管理和运作，在拉美市场继续打响东方物探品牌。

2019 年夏天，玻利维亚国家能矿部的高层领导将在某地宾馆召开能源勘探部署会议，焦长帅在得知这一消息后，立即赶往宾馆，等待一个能够推介东方物探公司的机会。从第一天中午到第二天早晨，高瘦的他在 35℃的高温中整整等待了 16 小时，陪伴他的只有一杯接一杯的咖啡。

“先生，我是中国石油集团东方物探公司玻利维亚项目部负责人，请您给我一个推介自己公司的机会，行吗？”在参会高层走出电梯的那一刻，焦长帅马上拿出包里的资料迎了上去。

“对不起，我今天真的很忙，没有时间来听取你的介绍。”能矿部领导看到焦长帅手里拿的资料，紧紧地皱起了眉头，并不打算给他这个介绍的机会。

“先生，我从昨天一直等到现在，只是不希望我们错过一次互相了解的机会。我就耽误您十分钟，行吗？”焦长帅适时地说出了他的等待和初衷。

“这……”能矿部领导在看到焦长帅眼底的乌青和满身褶皱的西服后，没有再说出拒绝的话，而是考虑了几秒钟后，说：“这样吧，我给你半小时，但你的介绍并不见得会获得你预期的效果。”

16 个小时的等待换来半小时的推介机会，焦长帅用执着赢得了这次“破冰”的机会。为了高效利用这半小时，焦长帅没有按以往的推介方式来介绍公司，而是先询问对方希望获得什么样的服务，获取什么样的预期效果，从对方需求的角度来介绍我方的强项和当前在其他国家项目中取得的成果，让我方最突出的优势在对方头脑中留下深刻的印象，从而达到后续互访交流以致合作的机会。

锲而不舍，积极推介，继续擦亮东方物探在拉美的品牌优势，焦长帅与甲方 YPFB、YPFBCHACO 等多家油公司有了更多的会晤和交流，项目部不仅向甲方介绍东方物探公司的作业能力及“两宽一高”、无线节点等特色技术和新装备，还协助对方进行潜在项目测算，给玻利维亚多家油公司高层领导留下了深刻的印象。

2022 年 7 月，玻利维亚项目部收到了玻利维亚国家石油公司 YPFB Camatindi 二维

地震采集和处理、解释一体化项目邀标函。焦长帅和项目部成员多年的付出终于有了回报。由于甲方给予的准备时间有限，焦长帅将病床上的老父亲托付给妻子后，立即购买了返回玻利维亚的机票。但受新冠疫情的影响，国际航班还没有完全恢复，飞往玻利维亚必须经过多次转机，旅程时间长达 66 个小时。为了不耽误标书的编制，焦长帅抓紧每一次转机的时间与团队成员连线分析标书要求、分派任务，4 次转机、14 个小时的待机时间，就是他高效率沟通协作的办公时间。

返回项目部后，焦长帅立即投身到工作当中。划分工作小组，一组赶赴现场，了解项目的地表实际情况、社区管理情况和周边环境情况；一组查询历史数据，了解竞争对手和我方实力的对比情况。8 名成员，连续 16 天，没日没夜的讨论、模拟、修改，最终以技术标和商务标“双满分”的成绩从 6 家竞争对手中赢得项目，再次吹响了 BGP 在玻利维亚市场的勘探号角。

这份认可，很珍贵

“焦经理，筹备工作所需的大部分物资都到位了，但是社区居民不肯签署生产许可，我们就不能推进筹备工作，这可怎么办？”晨会刚刚结束，承接项目的 2273 队负责人段云耀就敲开了焦长帅的房门。

“别急，咱们先把情况分析一下，再商量对策。”看着段云耀满头的大汗和紧皱的眉头，焦长帅微笑着让他坐下来，慢慢说。

本次 Camatindi 二维地震采集项目工区位于玻利维亚圣克鲁斯省南部，地表以山地密林、河流为主。虽然项目工作量只有 210 千米，但测线涉及的社区比较多，地震队必须获得社区签署的生产许可，才可以推进外籍雇员招募、设备物资采购运输、营地建设等工作。“焦经理，咱们一定要想办法尽快拿到生产许可。现在距离春节仅剩 3 天时间，很多工作还没有落实，大家连过年的心思都没有了。”项目生产牵动着所有队员的心，大家都在为生产许可这个难题而发愁。

“目前你都与哪些社区取得联系了？他们反馈的信息都是否定吗？”焦长帅深知社区态度的重要性，连忙追问。

“测线周边大型社区都联系过了，他们有的是直接给出了否定的态度，有的是持观望态度，但给出的理由都是居民对勘探生产的疑虑。”段云耀将自己调查到的情况进行了简单的描述。

“看来居民的态度决定了生产许可的签署，我们还是要从居民身上找突破口。”焦长帅一针见血地指出了问题的关键。

当地社区里老人、妇女、孩子占据了总人口的 70%。他们常年固守在社区中，与外界的接触少，没有理解到资源勘探开发后可以为当地居民创造出更多就业岗位、更多经济效益的后续发展前景，所以才投出了反对票。

“焦经理，社区居民受交通和条件的局限，日常生活物资获取困难，我们可以尽我们的力量去帮助他们，拉近彼此之间的距离。”段云耀的办法很直接。

“这个办法是可以，但他们思想上的顾虑还是存在的。我想，能不能开展一些联谊活动，并且在游戏中加入一些介绍勘探生产的内容，让他们理解资源勘探的好处和后续油气开发带来的发展契机，这样从根本上缓解他们的抵触心理，以便我们今后更好地开展工作。”焦长帅在考虑了几分钟后改进了小段的方法，使简单的送礼物变为拉近居民与勘探生产距离的“桥梁”。

段云耀是个实干派，立马就去部署这项工作，不到 3 天的时间就策划好了联谊活动细节，并采买了伴手礼。玩具、书籍、食品、日用品……各类物资摆放整齐，就等着大家逐一去走访、派送了。

“明天就是农历春节了，大家就休息一天，后天再去走访社区吧。”看着大家忙碌地整理礼物，焦长帅提出了休息一天的想法。

“焦经理，咱们还是别休息了。一天没拿到社区许可，工作就要拖后一天。”

“是啊，白天去走访，晚上回来吃团圆饭，一样过春节。这样安排，我们心里踏实。”中国人的“春节情怀”是很浓厚的，但为了尽早拿到生产许可，大家都自愿放弃了休息时间。

队员们与社区居民一起举行新春联谊会

“好！我跟着大家一起去。明天我们兵分三路，先去最大的三个社区。”焦长帅为身边能有这样一群敬业的同伴而高兴。他信心满满，准备跟大家一起去走访社区。

1 月 22 日，大年初一的清晨，焦长帅与 11 名队员以“新春联谊会”的方式走进 Machareti（马擦雷迪）、Tiüipa（迪奎巴）等大型社区，与居民们一起跳绳、跑步、猜谜语，把带来的玩具、书籍、食品等物资以游戏奖励的方式逐一送到居民手里。孩子们拿到了自己喜欢的玩具，开心得直拍手；妇女们拿到了日常生活所需要的食物，感激地说“Gracias！ Gracias！”老人们拿到了新的日常用品，脸上的皱纹都被笑容冲淡了许多。

活动结束后，队员们准备启程返回营地，孩子们用稚嫩的小手拉住了他们的衣服，抱着他们的手亲了几下，惹得队员们热泪盈眶。自从参加玻利维亚项目以来，这是他们第一次真正得到了当地居民的认可。孩子们这个小小的亲吻，不仅是对他们勘探生产的认可，更是对中国人、中国企业、中国队伍的认可，这份情谊对于远离家乡的他们而言，很重、很珍贵。

连续 3 天，7 场次“新春联谊会”，以 7 个大型社区为辐射点向周边其他社区进行辐射，迅速打开了当地居民对地震勘探的认可。

“焦经理，通过联谊会我们获得了大多数居民的认可，现在有好几个社区跟我们联系要签署生产许可，社区在用工薪金、福利待遇、工作时长等方面也做出了一些让步，我们生产筹备的后续工作都可以顺利推进了。”大年初三的晚上，段云耀带来了好消息，压在焦长帅心里的石头终于放下了，他的脸上也露出了欣慰的笑容。

这些创新，很给力

Camatindi 二维地震采集项目三条巨大的山脉“横切”6 条测线，工区内高大的树木、缠绕的藤蔓、无孔不入的蚊虫、深浅难测的水洼无时无刻不在向野外生产的队员发起挑战。

焦长帅和队员们没有被眼前的诸多困难打倒。他们集思广益，结合工区地表对物资准备、人员培训、施工设计、组织方式等关键环节进行轮次论证和推演，在原有设计之上大胆创新，赢得了玻利维亚石油公司高层的一致好评。

为了提高野外采集实施效率，专业技术人员准备采用 G3I 地震采集设备系统完成项目的采集任务。焦长帅邀请甲方高层主管和 G3I 仪器技术专家通过视频连线的方式召开 G3I 采集设备系统推介会，打消了玻利维亚石油公司的疑虑，成功将 G3I 采集设备系统推向市场；为了打破多种地形带来的生产影响，2273 队首次采用“L”形组合试验线进行项目设计论证，在原计划仅有山地区域激发试验的基础上，增加了平原区试验，兼顾了多种地表和不同的激发参数，并针对甲方重点关注的频率需求进行重点分析，以相对小药量激发的频率优势得到甲方高层认可，实现资料品质和施工成本的兼顾；严谨的施工准备和周全的 HSE 管理措施赢得了玻利维亚环境部高层领导 Fernando Lopez 和玻利维亚石油公司 YPFB 总部监督 Nancy Ibeth 的高度认可，为此他们开具了玻利维亚石油公司有史以来第一张“0”整改项的审计报告。

一个又一个好消息接踵而至，提振了员工们的士气和信心。随着项目进程的推进，测量、钻井、清线、采集等工作有序推进，两架直升机的加入更是“如虎添翼”。它们的到来加速了项目山地区域的生产进度，也为各个野外作业小组提供了坚实的“保障”。

“小林，今天钻井组急需的钻头怎么没有及时送上去？你这‘飞行调度’是怎么安排的？”这是焦长帅第一次在晨会发火，责怪的语气让“飞行调度”齐小林立马红了脸。

“给你一天的整改时间，如果需要其他支持和帮助你可以直接找我，但我不希望直升机的吊运能力迟迟没有提高。”焦长帅虽然体谅小齐刚刚接任新职务需要一个适应的过程，但还是提出了自己的要求。

会后，焦长帅刚刚走进办公室，齐小林后脚就跟了进去。

“焦经理，现在需要紧急吊运的物资实在是太多了，但只有两架飞机，我不知道该怎样协调才更好。”小林说出了自己的为难之处。

“小林，发挥组织协调的优势才是解决这件事的关键，要相信团队的力量。”焦长帅并没有直接帮助下属想办法，而是引导他自己考虑问题。

“好吧，我回去好好想想。”小林一边琢磨一边走出了办公室。焦长帅看着他的背影，微笑着点了点头。

第二天晨会上，大家按照固定顺序汇报前一天工作，在谈到物资吊运问题的时候，焦长帅微笑着打断了对方的发言，示意小林把他的新方法推介给大家。

新方法只有“分类组合、集成打包、阶梯吊装、网格投放”四个步骤——各班组按照所需物资的急切程度、重量、体积提交申请单；飞行调度按照申请单进行分类，将其按照不同的等级进行组合；飞行组按照物资的详细数据和投放位置合理规划飞行路线，提高飞行吊装效率；包装小组按照吊装标准进行称重、捆扎、打包，确保直升机起飞吊运的过程中的物资安全。

“目前，野外班组的物资需求大，但飞机吊运能力有限，新方法可以大幅度提高吊运效率，所以我希望大家都能积极配合。”为了支持小林的吊运改革，焦长帅首先表明了自己的立场。

“虽然填写申请单很麻烦，但只要能够尽快把物资吊装到位，我愿意每日提前提

河套区域吊装投放作业

交申请单。”钻井组需要吊运的人员和设备较多，他的态度对于新方法的推行很重要。

“我们组也同意。”

“同意。”……

“好，那从今天开始我们就按照新方法进行吊装。谢谢大家的配合！”大家的支持和配合让小林非常感动，他由衷地向在场的同事们表示感谢。

这个新方法真的很棒！由于在准备阶段就已经进行了整合，所以每一次吊装投放作业都是满负荷，直升机运载效率有了稳步提升。有了充足的物资保障，野外作业效率节节攀升，工序衔接更加紧密，Camatindi 二维地震采集项目山地区域的生产效率比预期提高了 37%，获得了玻利维亚石油公司高层领导的认可和好评。

经过风雨的洗礼，走过最长的心路；看过最美的朝阳，坚守自己的初心。焦长帅和队员们虽然只是最普通的海外物探人，但他们却凭借自己的坚持、执着和担当在玻利维亚市场打响了东方物探公司的先锋品牌。如今，他们仍坚守在玻利维亚项目生产的第一线，扎进热带雨林，趟过沼泽泥潭，用实际行动延续这份坚持和执着，脚步坚定，不懈奔跑。

（东方物探公司　柳忠学）

第五章

百舸争流

“跟跑”到“领跑”的跨越

——中油海工突破南海天然气水合物安全可控开采纪实

引　言

看似深邃而平静的南海海面上，酝酿了一场聚焦世界目光的历史性大突破。

2017 年 5 月 18 日，历经连续 187 个小时的稳定产气，中国首次，也是世界首次成功实现泥质粉砂型天然气水合物安全可控开采。

这是一次“质”的突破，是中国人、中国石油人在这一领域自主创新的理论、技术、工程和装备技术的历史大突破，实现了中国海洋油气勘探开发由“跟跑”到“领跑”的历史性跨越。

这是高光时刻，持续产气、产气总量、环境安全等重大突破性成果及试采时间与总量的世界纪录，震惊了世界。

蓝鲸 1 号平台

南海神狐、蓝鲸 1 号，这些带有神话色彩和浪漫情怀的名词，以屡刷纪录的面孔聚焦了世界的目光：全球首次实现开发难度最大的安全可控的开采，连续开采 60 天，累计产气量达到了 30.9 万立方米，平均日产 5151 立方米，创造了试采时间最长和产气总量最大两项世界纪录。

一时间，中国梦想、中国力量、中国精神，还有中国石油海洋工程公司那些身着红色服装的“中国石油海军”——走进人们的视野。

背　景

工业化以来，社会科学、经济不断发展，我们依赖的能源也从煤炭、石油向越来越清洁、环保的新能源发展，一场新的能源革命悄然而至，能源格局正在改变。

谁是“二十一世纪能源”和“未来接替能源”？

2007 年，广州海洋地质调查局首次在南海北部神狐海域获得了天然气水合物实物样品，其甲烷含量高达 99.7% 以上。这是我国首次揭开南海海域水合物的资源前景。

2013 年，在珠江口盆地的第二次天然气水合物钻探，获取大量埋藏浅、厚度大、类型多、含矿率高、甲烷纯度高的水合物样品，我国海域水合物资源调查勘探取得里程碑式重大突破。

但水合物的开采，一直是矗立在世界能源开采路上的一道大门。人们能够透过窗户看见它，但是找不到打开大门的钥匙，只能望洋兴叹。

2015 年 11 月，国家级重点工程项目深水水合物试开采的重任，落在了中国石油海洋铁军——中油海工水合物项目部的肩上。

2017 年 3 月 6 日 23：00，水合物项目部钻井分部副经理蔡德军率“蓝鲸 1 号”平台从烟台启航。3 月 14 日 1：00，“蓝鲸 1 号”平台到达井位，总航程 1406 海里，历时 7.1 天。

3 月 24 日，SH 某井正式开钻，整个项目比原计划提前了 14 天。

4 月 17 日完钻，并顺利完成了导管喷射钻进、水下高低压井口头坐挂、深水浅层固井、水下防喷器坐挂，成功揭开水合物储层。

7 月 29 日从 SH 某井位复员，整个项目历时 155 天，安全、高效、平稳、有序地完成了预期目标。

2019 年国庆前夕，“蓝鲸 2 号”从烟台基地深水码头出征。

2020 年 3 月，“蓝鲸 2 号”半潜式钻井平台在水深 1225 米的南海神狐海域，顺利开展第二轮可燃冰试采任务，创造了“产气总量 86.14 万立方米，日均产气量 2.87 万立方米”两项新的世界纪录，攻克了深海浅软地层水平井钻采等核心技术。

水合物开发最大的难题，首先是开采不慎，可燃冰会迅速气化，释放大量的甲烷气体，进而导致海床崩塌等一系列自然灾害；其次，开采过程中会产生大量的水，释放岩层孔隙空间，将会导致相关地区的稳定性变差，甚至会引发地质灾害。

面对水合物开发一系列的世界性难题和诸多困难，作为最具主观能动性的“石油海军”，他们以怎样的情怀和精神为中国梦拼搏？以怎样的智慧和力量发力、应对呢？

方寸之间现中国梦想

2016年6月5日，试采工程项目准备合同签订，合同要求的施工工期比原计划提前了1年。

工期前移，“五无一难一多”合力拦路，怎样解决？

南海神狐海域深水水合物试开采项目是国家级重点工程项目，中油海工作为这个项目的作业总包方，要在全新的领域开辟全新的战场，尽管志在必得，但也喜忧参半。

喜的是大家又可以撸起袖子甩开膀子大干一番了，可接下来的一系列状况，给大家心里蒙上了一层隐忧。

第一个状况：作为世界第二次，国内首次的项目开发，自身面临着“无大型项目管理经验、无深水作业经验、无成熟的团队、无成熟的平台、无成熟的工艺、施工难度大、参战单位多”等“五无一难一多”的巨大挑战。

第二个状况：原计划2016—2017年为项目研究和准备阶段，2018年为项目施工阶段。业主临时决定把施工时间提前一年，要求2017年3月28日开钻。接到通知时，项目的工程设计还没有完成，目标平台还没有选定，工程服务内容、项目工作周期等都没有确定，时间短，任务重。

难题合力拦路，怎样解决？

“一个项目多个小组，一个人多个岗位，交叉进行，立体准备。”

“准备”二字的内涵，在这里被无限放大

准备组织构架。钻井事业部成立了项目分部，王建会任项目经理，蔡德军、陈建强、赵晨、韩进东、张维任项目副经理，70人分成钻井工程组、物资装备组、生产管理组、商务组、财务组等8个专业组，履行“签约、实施、结算、审计”四个主体责任。

准备科研课题。不足一年的准备时间，完成科研攻关、资源调研、方案编制、合同选商、预算编制、合同签订、井场调查、平台改造、人员准备、桌面推演等各个程序的任务……

比如科研攻关：水合物项目完成科研课题两项——“海域天然气水合物试开采关

作业现场

键技术研发总体设计”及“海域天然气水合物试开采关键技术研发”两份报告的编制，并通过了国家地调局的验收。

钻井分部专项课题，完成了天然气水合物钻井装备优选及配套、天然气水合物钻井工艺技术调研与研究、天然气水合物开发 HSE 保障技术研究、后勤保障技术研究、应急保障系统研究等 5 项研究。

准备合作单位。资源调研就是落实好卫星通信哪几家资质优，确定由谁来施工，直升机选择哪家、水下机器人哪几家有，最后怎么选择，平台、深水钻井、生活支持、生产支持等几大块都要确保万无一失。大家通过网络、电话全方位收集深水作业的服务商资源，并派遣专业人员赴大连、烟台、上海、深圳、惠州、珠海等地实地考察，落实了 40 多家服务商，建立了深水平台资源库和深水服务商资源库。

准备合同签订。“任何事情绝不过夜。”对采购环节出现的问题，水合物项目钻井事业部分部副经理蔡德军立下了军令状。他组织了 50 多次深水项目工程技术交流和考察，并按照项目运行节点、轻重缓急编制了项目采购流程图，最终，完成了 52 项可不招标集中报审项目；可不招标事项报审及备案 26 项；签订外委合同 45 份；签订外委小额协议 23 份；办理 HSE 资质预审 29 项；办理分承包方市场准入 28 项；办理物资准入 4 项；办理机修准入 5 项，仅这一项工作，平均一天完成至少 1 件。而价值好几个亿的项目，你知道谈判过程有多艰难？

水合物项目部员工郭晓亮回忆：“我们和业主的项目实施合同有 7000 多页，是被

装进拉杆箱提交的。这合同花费 3 个月时间，凝聚了我们太多的心血，熬了太多的夜，吵了太多的架。”正是大家凭借对自己精湛施工的自信和专业负责的谈判水平，才促使这份公平又令双方满意的合同签订。

准备施工前的一切就位

“蓝鲸 1 号”是当时代表人类海工领域最高科技水平的平台，相当于 37 层楼高、作业水深可达 3658 米、最大钻井深度 15240 米，可钻穿地球上已知的最深点位——马里亚纳海沟，就是这个需仰视的海上“巨无霸”，也被我们的中油海工找出了一批设计“缺陷”。

当时，因为工期提前一年，平台还在建设期，我们的设备安装应该在平台建成后进行，但这又带来了 2 个难题：一是独立安装的时间可能会延误工期，二是如果平台已经建成，与设备存在适应性的差异，我们咋办？

有的设计人员说：“我们只需要把常规的工程设计内容写清楚，具体的工序由你们施工平台细化。”面对平台每天 500 万元人民币的综合日费，每一秒钟就有近 60 元的支出，一位外籍钻井总监说：This is people’s money，我们绝不能因为对新建造平台的不熟悉就放弃对细节的追逐。于是蔡德军、王贤斯、刘承贵和同事们围在一起，把平台设计图纸和设备说明书比对着啃，就设备的安装、平台的适应性改造完成文件澄清 217 项、对接会议备忘 12 份，完成整改问题 267 项，为如期施工提供了保障。

准备人员。出发前，钻井事业部打破了当初的 8 个项目界限，成立了水合物项目前线指挥部，下设生产运行部、安全环保部、工程技术部。钻井事业部有 61 人进入指

二轮点火成功

挥部各职能部门进行项目管理。

技术人员的准备分两步：2016 年 3—5 月，组织 40 人派往 GM4D 深水平台；9 月，精选 157 人进入 D90 学习。历经 3 个月，125 人通过严格考核，35 人参与 DST 海试。

2017 年 3 月 6 日 23：00，蔡德军率“蓝鲸 1 号”平台从烟台启航，千里奔赴，驶往浩瀚神狐。

“率先掌握水合物可控开采技术，以中油海工技术的突飞猛进和人才队伍的批量成长，有效地开发和利用水合物，保证国家能源安全，把握未来世界发展命脉。”这是中油海工人的梦想，也是塑造国家形象，提升水合物开采的国际地位的机会，更是解决国家能源短缺问题，实现安全、绿色、长远发展的中国梦想。

技术突破现中国力量

历经 7 天的海上航行，平台顺利到达南海目标井位——神狐海域，温暖平静的大海宛如一位慈祥的母亲，敞开怀抱迎接着大家到来。

从望冰兴叹到冰火相融，从开启南海深水水合物试采第一钻到完井措施的实施，这个寄托了无数人夙愿的“蓝鲸 1 号”平台上，中油海工人以特有的精神文化和专业素养，提供了整套的中油海工方案。

精确定位

作为这次试开采工程的总承包商，中油海工消化吸收国外试采经验教训，并结合中国石油油气钻完井技术进行研究、分析、总结，整合了国内外优质资源，从深水浅层钻完井技术、粉砂质储层防砂工艺创新、HSE 和井控管理等方面进行了精心推演、精准设计、精细施工，最终，首次海域天然气水合物试采取得成功。

回望来时路，人们往往只看到“蓝鲸 1 号”矗立于大海之上的壮观与豪迈，很少有人知道它完成定位和支撑施工时的艰辛。

蔡德军说：“夏天在南海作业，首先要考虑平台抵御台风、强风暴的需要，设计要求定位精度达到抗位移 5 米之内。事实上，试采水合物期间，平台遇到了非常猛烈的海上风暴，最大风力达到 12 级，一些电缆都被刮断了，幸好，施工推演时已做了应急方案。”

“还有一点，平台利用 DGPS 在井位附近就位，完成平台吃水 23 米，然后平台和水下机器人配合，在井位周围 200 米范围布放 8 个平台定位信标，再通过水下机器人在井位附近布放 2 个水下浮标，最后平台在井位上方就位，定位精度达到 1 米，精确度远远高于设计要求。”对于施工前的定位，蔡德军记忆犹新。

迟到的关键物资

百密一疏是最严重的打击，尤其是疏忽来自不可控因素时。

当平台距离井位 700 海里时，采购的水下井口及配套大尺寸套管等物资由于服务商报关不准确，清关延迟了 3 周，刚刚转运至项目基地库房。

“水下井口及大尺寸套管是项目所需第一批钻井物资中的关键，必须第一批运抵。”蔡德军边讲边迅速带领同事李相鹏、刘锐对到货物资逐件拆箱、清点、核对。

低压井口头、泥垫、36 寸喷射管鞋及 36 寸导管，都是口径最粗、开钻就要使用的钻具。时间紧、平台空间限制，管鞋要在陆地根据喷射内管长度进行切割；与其配套的套管挂、转换接头、套管短节都要在陆地提前预连接、紧扣。

“海洋石油 660 计划 11 号装船，12 号发船，13 号到达井位与平台对接，还差三四天时间，不会耽误事吧？”运行部的同事担忧地询问着。“放心，蔡主任 2 周前就联系好了导管切割和预连接。”技术组的同事信心满满。果然，不一会儿，维高、斯伦贝谢、佛兰克和导管切割的工程师相继来到了基地库房。

这时，天空雨点密集落下。

“相鹏，你配合斯伦贝谢方，维高工程师丈量导管长度，精确敲定喷射管鞋需切割的长度；刘锐，你去安排佛兰克预连接……”

20∶30，喷射管鞋长度敲定了，预连接也进行着，另一边，拆箱清点后的配件正在装框、装箱、固定。

0∶30，所有 11 日需装船的小件钻井物资均装框、装集装箱完毕。

脱下湿透的工服，三个饥肠辘辘的年轻人只能回宾馆吃泡面了。

3 月 13 日，海洋石油 660 满载着货物乘风破浪，慢慢消失在海平线上。

来自地层的恐吓

“注意控制钻压，适当增加排量，慢慢往下放。”3 月 28 日，一个激动人心的日子。南海神狐海域蓝鲸 1 号超深水钻井平台司钻房对讲机里传来了现场指令声。平台正在进行深水导管喷射钻进。现场所有岗位紧张有序地忙碌着。

时任中国石油集团公司党组成员、副总经理汪东进，时任中国地质调查局党组书记、局长钟自然等领导亲赴现场，和现场作业人员一同见证了喷射钻具 26 寸钻头探入泥线。

大口径导管、快速旋转的钻头、海底机器人一起唤醒了海底地层，喷射作业拉开了序幕。

喷射参数、排量、钻压、喷射速度、作业风险，现场工程师王鄂川和同事们一项项地做精密研究，36 英寸导管一米一米地往下吃入地层。现场指标均显示正常。

钻至 33 米时，导管入泥速度明显变慢。钻压加至 12 吨，排量开到 1200 加仑，但没有效果。

“糟糕！如果继续这样长时间的停滞，导管极易粘附地层，无法继续下步钻井作业。”王鄂川紧张起来了，他清楚地意识到水合物地层导管下入深度、导管下入后井口的稳定性，都是影响项目成败的关键因素。

面对突发状况，他迅速查看了前期的工程地质调查报告，发现“工程地质调查报告上有提到深度范围在18.5—28.9米，33.2—38.5米等地层存在钙质粉土层，复杂地层可能会导致钻进速度降低。”找到原因后，他立即上提下放活动钻具，增加钻压，复杂地层顺利钻穿。

安装隔水管伸缩节

“四无”横亘面前，世界纪录诞生

第一关迈过了，可试开采工作还横亘着“无”成功先例、“无”成熟团队、“无”成熟平台、“无”成熟工艺、施工“难”度大等多个难题。

无经验可循：国际上极有限的试采地质条件与我国差异极大，不能借鉴经验。

储层开采难度最大：国际上的天然气水合物试采均为占世界资源量5%的砂质类型，其孔隙条件好、稳定条件好、开采难度低；而神狐海域试采的泥质粉砂型资源渗透率低，深水区浅部地层松软易垮塌，易发生井漏，钻探风险极高，开采难度最大。

没有专用设备和材料。常规海洋油气勘探开发装备材料无法满足天然气水合物试采。

但专业度极高的中国石油海洋钻井铁军克服重重困难，顺利完成了36英寸导管喷射钻进、水下高低压井口头坐挂、深水浅层固井、水下防喷器坐挂，并成功揭开水合物储层。

5月10日14:52点火，连续产气60天，累计产气30.9万立方米，平均日产5151立方米，创造了试采时间最长和产气总量最大的两项世界纪录。“蓝鲸1号”水合物试采实现连续8天的稳定产气，取得天然气水合物试开采的历史性突破。人们看到了可燃冰作为“替代能源”的曙光，水合物开发由“探索性试采”向“试验性试采”迈进。

靠着“蓝鲸1号”平台的一系列重大突破，第二期水合物开采，“蓝鲸2号”于2019年下海。几个月的拼搏，收获满满：一是创造了“产气总量、日均产气量”两项世界纪录，实现了从“探索性试采”向“试验性试采”的重大跨越。试采气量是第一轮60天产气总量的2.8倍；攻克了深海浅软地层水平井钻采核心技术，形成了一套关键技术。

最困难的施工莫非于深水吸力锚的应用。首次在 1225 米水深应用深水吸力锚井口装置，创造了三桩钻井井口吸力锚的世界纪录、深水浅软地层大直径高造斜率水平井钻井等多项世界纪录。全球首次在深水天然气水合物试采中采用全程开路钻井技术，节约作业时间 135.36 小时，提高时效 22.57%……

历史时刻的中国精神

我们不仅可以上九天揽月，还可以下五洋“捉冰”。“创新、市场、深水、国际化”是愿景，凭着“敢闯敢试、勇攀高峰”的执着和对石油精神、大庆精神铁人精神的血脉传承，历史时刻，中油海工人成了历史的创造者和见证者。

第 173 种矿物的发现者们

“我们是中国第 173 号矿物的最终发现者。”隔着屏幕就能听到中油海工这些勇士们发自肺腑的自豪和喜悦。

“中国在南海成功试采可燃冰，目标 2030 年前商业性开采。”看到这则轰动世界的央视新闻，毕业于中国石油大学石油工程专业的陈龙桥不禁热血沸腾，他为能参与到可燃冰项目而骄傲，为曾经无数个“白 + 黑”“5+2”的付出倍感值得。

“曾几何时，为了能通过甲方的预算评审，多少个日日夜夜我和我的同事们在一起制定工作方案，编写项目预算。”提起那段胶着的日子，陈龙桥笑着回忆。

2017 年的海域天然气水合物试采工程工作方案的编制与评审，陈龙桥又参加到编制团队中，整个编制周期达 13 天，他有 10 天是每天睡眠不足 4 个小时，最紧张的一次他一直工作 36 小时才睡觉。

用陈龙桥的话说，那就是“说一千，道一万，两横一竖就靠干。喊破嗓子，不如甩开膀子。”

恢复水下机器人的调查权

“小王啊，多亏当时你坚持啊，不然真要完全照搬以前的经验，直接把平台开到这来，那就傻眼了。”2016 年 11 月水合物试采水下机器人成果汇报会后，一位水合物开发的业主拉着新能源项目部员工王磊讲。

这话咋讲？

原来，在水合物试采项目预算会上，业主针对水下机器人地球物理调查项目提出质疑，坚决要否决此项工作。王磊作为中国石油大学石油工程专业毕业的预算编制人，明白钻井工程，深知地球物理调查的重要性，这个项目如果砍掉，得不到翔实的数据，那可能会对后续井位选择及防喷器安装带来重大隐患，甚至影响试采项目成功与否。

怎么办？为了缓和气氛，还要解决问题，王磊当时没有反驳，而是午餐时间打好饭，专门扎进业主所在桌上，同一桌上好几位业主代表，都是以前在水合物勘探项目中与王磊同船共事过的。第一次取样见到水合物实物的兴奋、第一次避台风的惊险、吃不惯西餐每天就盼着一碗白米粥配咸菜的往事……共同的话题很快打消了隔阂，“还记得咱那时候在辉固船上吗，有一次下海底基座，刚好井位位置坡度大，最后咱们没法用海底基座，直接光钻杆下去打，费半天劲才定好位……”“好啊你小子，难怪今天吃饭主动跟我们说以前南海打井的事，原来故意把我往这条路上引啊，还惦记做 AUV 呢？”业主代表和王磊你一言我一语的，最后都认识到水下机器人勘探是安全必不可少的一步。后续 AUV 工作顺利开展。当调查结果显示好几个点位与以前的经验值出入较大，海底坡度大于 12 度，完全不适合试采工作时，业主大呼吃惊。

新时代的中国石油海洋队伍，大家不仅有那股拼劲，更有用智慧和责任担当大任的精气神。

情有独钟于水饺

新开子项目可行性研究报告的编制，只有 19 天的时间了，要去完成一项毫无经验可以借鉴的任务，我们可以做到吗？

当天晚上 20：00，钻井事业部、天津分公司、工程技术研究院、工程设计院派出的十几名精兵强将，悉数出现在中油海工公司总部丰和大厦 1916 会议室，同时每个人面前摆了一盒水饺。“立项的依据是什么”“项目的工作目标如何确定”“项目工作部署怎样更合理”“我们项目需要解决哪些急难险重问题”，人们激烈地讨论着。

“必须进行井场地质调查”“需要进行洋流监测”“应该进行试采装备选型研究”“确定项目实施所需要解决的技术难题”。不知不觉中，窗外，东方天际浮起鱼肚白，而会议室内讨论声不绝于耳。

连续几天加班餐都是水饺。报告拿出来那天，报告负责人王存芳想犒劳犒劳大家，征求大家吃点什么，“还是水饺。”“还没吃够啊？”“我们是对水饺中的‘水’有感情了，未来也会爱屋及乌地爱上‘水合物’。”一番随意的对话，一种浓浓的情怀在队伍弥漫着，这就是“想干事、能干事”的水合物开采团队。

只要项目推进，这点痛算什么

2017 年新年来临之前，一场大雪后，膝盖患有滑膜炎的蔡德军还坚守于烟台。人们常说“瑞雪兆丰年”，但对他来说，这场雪真是一场不小的考验啊！

由于项目施工前期准备的内容太多，蔡德军扎在工作中顾不上去医院医治，也顾不上休息，每天忍着膝盖钻心的疼痛，上下十八层楼高的“蓝鲸 1 号”平台钻台，攀爬几百级台阶。赶上这场大雪，台阶又湿又滑，腿又使不上劲，一个不小心他脚下一滑，顺着护栏滑下去好几个台阶，好险啊！同去的技术组小伙子们都劝他：“蔡经理，你别上去了，回去休息吧。”但他婉言谢绝了。项目正在关键时刻，安全施工绝不能出

作业现场全景："蓝鲸 1 号"平台与两艘供应船

一点差错，他还是坚持咬牙爬上平台，盯在现场，拖着病腿一直奔波于平台现场和码头，直到顺利完成施工前各项技术方案、物资工具准备工作。看到平台按照预定时间节点迎风破浪驶向作业井位，他捶捶腿，会心地笑了。

窥一孔可见全豹，一个大型项目从启动到完成，一串串数字，记录了足迹，记录了团队的精神风貌和智慧力量。仅直升机运输就飞行了 129 架次，飞行 25427 分钟，上下人员 3530 人次，组织发船 46 船次，运输物资 21900 吨。

累吗？没有人喊累，作为试开采工程的总承包商，还有 200 多位中油海工的弟兄们，依然在奔跑着冲刺。

"他们积极吸收国外试采经验教训，并结合中国石油油气钻完井技术进行研究、分析、总结，整合了国内外优质资源，从深水浅层钻完井技术、粉砂质储层防砂工艺创新、HSE 和井控管理等方面进行了精心准备、精准设计、精细施工，为中国首次海域天然气水合物试采成功提供了保障，得出我国石油工业在水合物开采领域的地位和优势，并彰显'大庆精神铁人精神'的时代内涵。"

湛蓝的海面上，回荡着国务院发来贺信时的欢呼声，站在"蓝鲸 2 号"的甲板上，作为地球第 173 号矿物的发掘者，中油海工人坚信，没有比脚更远的路，没有比奋斗更壮美的诗篇。

（海洋工程公司　孙方宇　吴　萍　孙绪振　王贤斯　艾恩平）

逐梦蓝海的“海洋石油尖兵”

——记中油海工海洋工程事业部的弄潮者

这里曾经是一片荒芜的滩涂，他们从“一张白纸”起步，十几年间，大型专业化的花园式海工建造场地拔地而起，他们实现了中国石油海工业务的从无到有，补齐了短板，扛起了保障集团公司海上勘探开发的大旗。

这里最初只能生产几百吨的导管架，也就是现在他们口里常说的“小板凳”，现在他们不仅具备了2万吨级深水导管架生产能力，还能生产万吨级海上油气平台、海上风电升压站、LNG模块、单点浮筒以及进行海洋管道铺设、维修等，他们由小变大、由弱变强，在激烈的市场竞争中打造出了品牌和影响力，推动了中国石油的海工业务实现跨越式发展。

这就是中国石油唯一专业化从事海洋工程陆地建造、海上安装的技术服务企业——中国石油海洋工程公司海洋工程事业部（以下简称海洋工程事业部）。他们从零起步，白手起家，他们作为海工行业的“毛头小伙”，实施了西气东输二线香港支线海底管道国家重点惠港工程，亚马尔LNG“一带一路”重点项目等重大工程。尤其是党

俄罗斯亚马尔LNG模块建造项目总装施工现场

海洋工程事业部承建的大港油田埕海 1-1 平台

的十八大以来，他们深入贯彻落实习近平总书记关于大力提升国内油气勘探开发力度、保障国家能源安全的重要指示批示精神，实施了中国石油首座自主研究、自主设计、自主建造、自主运营的万吨级海上采修一体化平台——埕海 1-1 平台，亚洲第三深水导管架，册镇世界级难度海管维修项目等一批在行业内具备影响力的工程，充分展现了敢干、会干、能干成的专业能力和优良作风。

20 世纪 60 年代，铁人王进喜带领 1205 钻井队以“宁可少活二十年，拼命也要拿下大油田”的顽强意志，打出了大庆油田第一口油井，激励了一代又一代石油人。

历经岁月洗礼，“三老四严”“苦干实干”的石油精神深深根植于海洋工程事业部广大干部员工心底。他们以担当之勇、奋斗之志建设了 40 余座导管架、10 余座海上油气平台、11 座海上风电升压站、300 余千米海洋管道、4 万余吨 LNG 模块，一个个不平凡的项目磨炼了海洋工程事业部干部员工勇挑重担、能打胜仗的深厚底蕴，一个个苦干实干、拼搏奋斗的瞬间镌刻着这支“石油尖兵”传承大庆精神铁人精神的生动实践。

在海洋工程事业部 16 年的发展历程中，干部员工们始终坚持“我为祖国献石油”的初心，担负着保障海上油气勘探开发的使命，也为形成于石油会战年代的大庆精神铁人精神注入了新的海洋特色。

在渤海上竖起一座丰碑

在建造埕海 1–1 平台之前，海洋工程事业部以 EPC 总承包的角色，还未曾建设过万吨级海上油气平台。2020 年 3 月，由海洋工程事业部承建的大港油田自营建设的海上第一座采修一体化平台——埕海 1–1 平台，正式开工建造。这是大港油田在滩海地区打造百万吨级现代化油气田的关键装备，也是大港油田早日实现油气产量当量 500 万吨的重点建设项目。海洋工程事业部落实中油海工的安排，高举中国石油这面大旗，顾全大局，不怕困难、不讲条件，创造了多项中国石油的“海军”第一。

要把 9100 吨的钢材、15 万米电缆、130 吨工艺管、2.9 万件管件、1800 台阀门、166 台设备，9 万升油漆，拼装成一个挺立在大海上的智慧化钢铁巨人，对海洋工程事业部干部员工们的挑战不言而喻。

埕海 1–1 平台开工后，就遇到了史无前例的困难和考验，突发的新冠疫情，严重打乱了平台建造的各项施工组织与管理。工艺管线不能按照既定计划到货，半成品管线在车间内堆积如山，阻断了流水化施工；施工人员减员严重，整个项目几乎处于停滞状态……

合同、质量、工期、信誉……面对肆虐的新冠疫情，一批党员、干部和业务骨干勇敢地站了出来。建造安装分公司副队长、共产党员郭卫来，连续 11 天坚守在厂区，每天除了吃饭和睡觉，几乎把全部的时间和精力都“钉”在车间里，他通过研究，建立了管线数据库，将图纸中每条管线涉及的焊口信息、材料信息以及材料到货状态进行汇总、匹配、分析，整理出具备施工条件的工作量，及时调整施工顺序，找到了问题的最优解。他白天在施工现场紧锣密鼓地忙生产，晚上在办公室连夜“啃”图纸、“嚼”资料，经常忙到凌晨，硬是凭借一人之力解决了项目遇到的问题，他敢于担当的干劲儿，激励了施工中队的每一个人。

2021 年 7 月，上部组块陆地建造进入关键期，由于疫情，运输受阻，61 台低压配电柜未能在配电室屋顶封顶前到货。按期封顶可能导致设备无法安装、项目失败，不按期封顶项目工期将极大滞后，讨论现场陷入了两难。在僵局之下，机电仪分公司抗下了这块难啃的“硬骨头”，主动要求配电室按期封顶，配电柜安装另辟蹊径。

逢山开路，遇水架桥，机电仪分公司副经理许杰带领大家在施工现场开起了“诸葛会”，最终提出了侧装就位的方案。施工队长郝晓亮提前割开配电室大门底部与顶部，主动落实运输板车、起重吊车及相关吊索具、施工人力等关键资源，为施工做好准备。低压配电柜到货后，许杰、郝晓亮带领员工，人拉肩扛，一台台配电柜如流水线作业一样安全运送至房间内指定位置，经过 2 个日夜的赶工，顺利完成安装任务，他们的手上、肩上，磨起了水泡，没有人叫过一声苦、喊过一声累。

海上安装是项目的最大难点，东模块和生活楼海上安装涉及 14 艘船舶，每天成本几十万。同时根据气象预报 2021 年 11 月 6 日将会有一股强寒潮影响作业区域，海上风力达到 8—9 级，阵风达 10 级。根据测算，安全作业窗口期仅有 40 小时，考虑人员、船舶安全离场避风时间，有效作业时间仅为 30 小时。而且东模块需要从上至下将南北两个井口平台嵌套，同时还要避免碰撞 2 米之外的西模块，实施风险极大，风速、风向、浪高、潮位、流向等气象环境对施工都会产生影响。在准备过程中，海上又突起大雾，不具备吊装条件，一旦错失时机，东模块需立即解扣封固，船舶撤离避风，等待下一个气象窗口期，待工将会对整个项目的工期、安全、质量、成本造成不可估量的影响。

压力之下，在海上施工总指挥代福强的统筹下，海上施工团队 24 小时坚守岗位，船舶调度、吊装指挥、人员部署、技术指导、安全保障、后勤支持严阵以待、高效运行。11 月 5 日 16:30，雾气逐渐散开，能见度满足安全作业需求，起重吊装总指挥薛海波，快速与浮吊确认吊点角度、四个主钩受力情况、最终起吊高度，安排各个观测点人员就位，确认各相关船舶状态，在条件具备后，随着一声“起吊”指令，东模块起吊、提升、下放，顺利安装就位，并创造了中国石油海上模块安装的最大规模纪录。

从浅水到深水的凤凰涅槃

在海工建造行业，把水深在 50 米以下的称之为浅水导管架，从 50 米到 200 米称为较深水导管架，200 米以上称之为深水导管架，属于海洋工程高端建造领域。但海洋工程事业部，一直未有机会实现深水领域突破，他们承建的最大导管架高 40 多米，重量 5000 吨左右。

2021 年 4 月，他们遇到了一次市场投标机会，那就是高 265 米，重 2.4 万吨（用钢总量相当于 3 座埃菲尔铁塔）的陆丰 12-3 亚洲第三深水导管架。这是当前国内导管架建造领域最高难度的导管架之一，对中国石油提升保障国家能源安全能力具有重要意义。

从 40 米到 265 米，从 5000 吨到 2.4 万吨，对海洋工程事业部来说，这是一次革命性突破。在决定是否参加陆丰 12-3 深水导管架承建竞标的问题上，内部一片质疑和不同意见，几乎所有人都不看好这个项目。一是之前事业部从没干过这么大的项目，没有成功的案例，经验、技术都面临考验，搞不好会带来灾难性的后果。二是成本压力大，跟国内外的众多高手竞标，是在盈亏生死线做标的，盈利了，一好都好，一旦亏

陆丰 12-3 导管架总装作业

损，雪上加霜，对上、对下都难以交代。

然而，时任海洋工程公司总经理助理、海洋工程事业部经理马连山，以翔实的数据和精到的施工组织方案，一举打动了班子成员，最终决定参与投标。事后，马连山说：“当时我也很犹豫，特别是当母亲看我彻夜煎熬的样子，劝我不要为难自己，我差一点要放弃。但后来，还是挺过来了，我总觉得这个项目是打翻身仗的一次难得的机遇，加上大家都憋着一口气，如果迈过去，就是我们冲向高端市场的垫脚石。当时，确实没有退路，只能拼了。”

项目中标后，由于首次承接深水导管架建造项目，缺乏经验，各类问题如一团乱麻一般接踵而来，有点理不清头绪。同时，由于相关专业知识存在盲点，面临一系列技术空白，初期业主对编制的方案普遍存在不信任，要求几乎所有的影响因素都要在方案上体现，所有的受力情况都要计算分析，技术交底会经常开成“争论会”。

为了破解技术难点和瓶颈，技术中心副主任、项目总工程师杜书鑫，带领项目部年轻的技术团队，发扬“百折不挠、越挫越勇”的精神，将压力转化为动力，白天在施工现场进行指导，晚上加班加点查阅资料，编制施工方案，校核计算有关数据，“白加黑、五加二”成了他们的常态。先后牵头攻克了总体建造方案、建造过程受力分析、复杂空间结构吊装设计等 10 多项技术难题，填补了深水导管架建造技术空白。

为了打消业主对编制方案的质疑，海洋工程事业部还出具了 20 多份计算报告和 30 多份技术方案，以严谨的计算分析数据为依据，为项目顺利施工打下了坚实的基础。业主代表表示，“海洋工程事业部最值得学习的就是那种永不服输的精神和学习能力”。

制管作业过程中，管内加强环施工定位精度要求高，焊接量大，焊接易变形和产生缺陷又是一个“硬骨头”，之前的经验在这里都行不通了，“开场不利”严重影响了项目进度，而且还频繁接到业主单位的“投诉”。战天斗地敢亮剑、直面风雨不畏难是海洋工程事业部员工的本色。施工队长袁雷牵头成立了专项攻关小组，功夫不负有心人，经过无数次“试验—失败—再试验”，终于获得成功。他们采用的立式焊接方法，在焊接前进行反变形固定，焊接过程中通过加热设备进行精准控温，并严格确定焊接顺序，极大地减小了焊接变形，确保了一次焊接合格率达到 99% 以上。同时，焊接高级技师王童牵头研制的二氧化碳保护焊自动焊接小车，在解决压溃环角焊缝焊接反复出现未熔合、咬边、堆叠等问题的基础上可提高施工效率 1.5 倍。

在导管架总装过程中，大型吊装超过 100 次，单体结构吨位重、分片结构外形尺寸大、形式复杂、分片重心不均。由于缺乏此类高难度吊装组织经验，刚开始业主认为海洋工程事业部不具备此类大型吊装能力，强烈要求聘请第三方施工团队进行大型

陆丰 12-3 亚洲第三深水导管架

吊装作业。

项目团队迅速成立以机械保障、起重指挥、场地建造等专业人员组成的12人吊装攻关小组，横下一条心，拧成一股绳，由施工队长何伟担任吊装小组组长，周来武、孙兆森等实践经验丰富的老师傅一线指挥。吊装小组从吊装方案编制、审批、技术交底、现场模拟、风险预判、应急处置等方面入手，全方位开展吊装技术研究，不断提升实战能力。在2022年五一劳动节前后，创造了事业部成立以来7天完成6次100吨以上异型片吊装的最快纪录。他们的吊装作业连续创纪录，联合吊装作业吊重最高达到800吨、吊高超过100米，并保持了100%的成功率，获得了业主的高度认可和一致好评，打造出一支以周来武、孙兆森、曹淑勇、张君清等为代表的行业顶尖吊装团队。

2.4万吨的大家伙，精度控制要求到毫米级，这相当于在钢铁森林里“绣花”，允许误差只有一个针眼大小，哪怕是温度的变化都会对精度产生影响。安装精度之高、精控难度之大在海洋工程事业部项目建设史上实属罕见。

为了控制精度，海洋工程事业部建成了先进的毫米级三维高精度控制网，组建了以刘金营为负责人的精控测量队。他和测量队的伙伴们24小时轮班，一年四季、无论风雪、始终如一，有时为了抢抓最佳测量时间，经常连续工作十几个小时。冬季的夜晚寒风凛冽、气温极低，几个小时下来再厚的工服也冻透了，他们只能通过跑圈来取暖。刘金营和他的同事的辛勤付出，换来的成绩喜人。187米长的导管直线度控制，10层井口片三维空间同轴度控制，近百米的高空大跨距多节点、多维度扣片，直径4米导管的八度弯预制和总装等高难度施工精度控制，全部达到甚至优于设计标准，得到业主的高度肯定和认可。

在项目完工时，该项目与同类型项目相比，工期压缩了近20%，无损失工时达280万人工时，焊接一次探伤合格率99%，创造了国内同类型导管架工期最短纪录，引领中国石油海洋油气设施建造能力从浅水到深水、从千吨级到两万吨级的历史性跨越。

让“世界第一卡”重放光芒

册镇海底管道是甬沪宁原油管网的重要组成部分，是保障国家能源安全的重要设施，其维修项目所使用的管卡最大口径762毫米、重24吨、长6.15米，安装精度达到毫米级，潜水作业饱和度世界罕见，被誉为“世界第一卡”，是国家管网集团一号安全隐患治理项目。

项目施工所在的杭州湾海域为世界三大凶险海域之一，海况复杂，零可见度，而且变形管道既有轴向弯曲角度又有空间偏转角度，安装技术要求高，国内尚无“盲操”安装海底管卡先例。

石油工人干劲大，天大困难也不怕。为了练就30米水下“盲操”安装海底管卡的“独门绝技”，海洋管道建设分公司海上作业队副队长冯永超带领14名潜水骨干在青岛海工基地进行了为期45天的陆地与水下模拟培训。

潜水作业劳动强度非常大，危险系数高，为了啃下硬骨头，他们不分昼夜，一丝不苟严格训练。在训练的过程中，他们边训练边优化操作步骤，对倒链收纳袋、手链弹性固定、水下滑动踏步、管卡横移及闭合备份操作、安装架精准就位、管卡精准定位等11项方案进行了优化设计，同步解决了倒链水下缠绕、管卡六自由度平衡调节、安装架与管卡精准就位、倒链操作失效备份等难题。

在项目实施过程中，1号变形点管线北侧方向基坑底部位置地基硬度比其他区域大很多，挖沟深度超深1米，超深面积达到了近40平方米，且有9度坡度，如采用单个吨袋找平，将花费13至14个潮水的时间，工作量剧增，这将造成极大的成本浪费。关键时刻，冯永超又站了出来，他通过研究图纸，提出了改造试验管段支架底盘，制作回填工装的方案，将一次性可填2袋吨袋提升至24袋吨袋，最终在保证质量的前提下工期缩减了2.5天。在管卡安装架向海底下放过程中，出现了倒链卡住的突发情况，导致下放不到位，管卡角度发生了1.2度的变化，而且潜水员并未探摸出问题所在，在

海洋工程事业部实施册镇海管隐患治理项目

场的人一筹莫展。冯永超结合前期训练经验，主动与潜水员沟通，告知探摸位置、状态等，解除了倒链故障。

在管卡安装过程中，还出现了因管卡螺栓与螺栓孔径设计装配裕量较小，导致部分配套螺栓无法穿入的问题，能否解决这个问题关乎项目成败。千钧一发之际，项目总工程师张涛组织现场管理、作业人员开启了头脑风暴，他们制定了拉伸已穿标准螺栓、小规格螺栓与垫片组合、扩螺栓孔、更换小规格螺栓、工装矫正等多套方案，经过充分研讨、比较分析、验证，最终采用了自制错位矫正工装的方案，历时 3 天 6 个潮水成功解决了问题。

册镇海底管道维修项目的成功实施，为全球海底管道缺陷永久性修复提供了全新的解决方案。并在水下高精度定位、超深后挖沟、超高压破拆等 6 个方面创国内第一，安装架安装及水下盲装三维角度异形管卡 2 个方面为世界首创。

海上风电的苦难与辉煌

蓬勃兴旺的事业，必有矢志不移的坚定信念。战胜艰难险阻，更离不开大庆精神铁人精神的支撑。2023 年春节过后，青岛海工基地车间、总装场地夜晚总是灯火通明，华能苍南 2 号、华能汕头勒门（二）、山东半岛南 U、三峡牟平北等 4 座海上风电升压站正在夜以继日地加紧建设。

随着海上风电业务的蓬勃发展，为了积极布局新能源业务，海洋工程事业部提出了“海陆并举、油电共生”的经营策略，积极拓展海上风电业务，融入建设美丽中国的宏伟使命中。2018 年，海洋工程事业部承建了首个海上风电升压站项目——华能江苏大丰海上风电项目，这是当时亚洲在建最大的海上升压站，该项目投产后，荣获了中国电力优质工程奖，首战告捷，对事业部是一个极大的鼓舞。

翻开石油工业的发展史，每一个辉煌的篇章都浸染着石油人的心血和汗水。为了在海上风电领域站稳脚跟，掌握关键技术，为中国石油海上风电业务布局和发展提供支撑，2018 年至 2021 年，海洋工程事业部一口气承建了 7 座海上升压站。这段时间是艰苦的，有时候为了赶工，他们劳动了一天，夜晚干脆就席地而坐，一份简单的盒饭后继续工作；模块装船的时候，他们经常要连续工作 30 个小时以上；海上施工期间，缺乏必要的运输吊装设备，他们只能人拉肩扛，住宿资源不足，他们就打地铺睡在作业间里。但他们从来不喊苦、不喊累，处处发扬艰苦奋斗、自力更生精神，这就是石油人最可敬之处。2021 年，海洋工程事业部交付了华能山东半岛南 4 号海上风电升压站，助力山东发出“第一度”海上风电，事业部也荣获华能集团山东发电有限公司颁发的“项目建设功勋单位”称号，看到奖牌，每一名参建者脸上都露出了欣慰的笑容。

2022年，为了做大做强海上风电业务，海洋工程事业部组建了以技术中心副主任赵海为负责人的新能源项目部。但是随着业主早投产、早收益的意愿越来越强烈，给予项目的建设工期越来越紧，白加黑、五加二就成为工作常态，建造安装分公司经理兼党支部书记唐涛、机电仪分公司经理宋文强、防腐舾装分公司副经理李明等主力作业分公司负责人带领各自的团队，靠着“宁可少活20年，也要拿下大油田的”信念支撑，一年四季，风雨无阻地扎在项目上。在他们眼里，工期计划就是“军令”，目标不达、战斗不止。在这期间，每一个施工专业上都有一支小分队与之“搏斗”，他们有的焊接、有的铺电缆、有的吊装、有的喷漆、有的调试设备，他们中有老员工，也有年轻员工。有时候人员不足，领导班子成员就会带领机关人员组成突击队，参与打磨、铺电缆、刷漆等辅助施工，上下一心、其利断金。在做好施工组织的同时，他们还在成本管理上设置了层层关卡，例如，节约一副手套、一度电、一张打印纸、一根焊条、一升油漆在他们眼中都是创效的做法。

5年的时间，从零起步，凭借着干劲、拼劲，海洋工程事业部已经交付了11座海上升压站，他们坐落于祖国的天南海北，源源不断地生产着绿色电能，为千家万户送去光和热。

5年的时间，海洋工程事业部已经在海上风电新能源领域建立了加工设计、采购、建造、安装、调试一体化优势，“成为行业龙头企业，争做集团公司海上风电业务发展压舱石”成为他们的新目标。

华能苍南2号海上风电升压站装船作业

海洋工程事业部青岛海工建造基地全景图

作为中国石油海洋工程业务的“尖兵”，秉承“成就甲方才能成就自己”的服务理念，海洋工程事业部的创业之路筚路蓝缕，以追赶者的姿态一路奋进，为了一项新技术、为了一个新项目，他们走南闯北，陆地作业不分白天黑夜、节日平时；出海作业常常几个月回不了家，付出了比同行更多的汗水与努力，把最纯粹的爱献给了中油海工事业，把不舍的背影留给了挚爱亲情。

（海洋工程公司　张元泽）

天山战歌

这是一首跨越十年的长歌，从弹起第一个音符，到如今响彻西北的传唱，每一次婉转，都源自绵延千里的沙漠。

这是一首凝聚传奇的长歌，从保供塔里木油田，到服务三大区块，每一次冲锋，都映照了管具将士的铁马冰河。

这是一首激荡人心的长歌，从最初服务 10 支钻井队，到如今 40 支钻井队，每一个音节，都渗透着管具井控人的信念和智慧。

这是一首情谊潺潺的长歌。从塔克拉玛干的沙砾，到渤海的浪花，每一颗晶莹，都闪烁着心头的炽热。

这是属于塔里木，属于管具井控人的天山战歌！

向西！再战！

渤海钻探管具与井控公司一楼视频会议室里，负责会议组织的办公室人员正在忙碌地准备着会场。

“把办公室的座签摆在最末尾吧，这次的主角是生产职能部门。”在办公室主任的提示下，座签被调换了位置，大家都知道，这次会议的意义重大，一场硬仗即将开始。

管具与井控公司塔里木项目部管螺纹车工修理钻具

这是管具与井控公司的名誉之战，更是事关公司未来数年发展方向的命运之战……

时间回到一周前，管具与井控公司一届一次党代会刚刚胜利召开，七位党委委员组成的新一届领导班子，成为这个拥有 1200 多人公司的“掌舵人”，就在他们为公司规划顶层设计的时候，西北急报：塔里木项目部人员告急！钻具告急！生产物资告急！项目部主要业务——钻具检维修

修理管汇

租赁面临停滞的危机！

接到急报的当周，经理崔波就飞到了塔里木。在外部市场历练二十几年，跟钻具打了半辈子交道，他深知塔里木的井有多难打，国内最深的井在这里，国内结构最复杂的井也在这里，集团公司的“眼珠子井”还是在这里。自2012年，塔里木项目部已经经营了近十年的时间，项目部负责人路彬是一员在多个市场摸爬滚打成长出来的悍将，其余班子成员也有着丰富的经营管理经验，项目部中更是不乏经验丰富的老员工。这样一支精干队伍，遭遇滑铁卢，必定事出有因。来到项目部的崔波没有责备，而是一头扎进基地，了解事情的前因后果。

时任塔里木项目部负责人的龚志军几乎是用一种委屈而惭愧的态度向崔波描述了项目部当前的窘境：人员不足，四月刚补充进来的27个劳务工技能水平过低，即便有“识途老马”的带领，但是在生产旺季，还是难以支撑；塔里木区块由于地质复杂，井口钻进难度较大，井深也属陆上罕见，对钻具标准的要求极高，而满足要求的生产物资因疫情阻滞、采购周期等原因，保供不及时的情况时有发生；生产设备有限，当前设备仅能确保15部钻机生产能力，一旦有额外的工作量，还要外包给其他单位。

这是一次尴尬的工作汇报，对公司领导班子来说，这是诉苦，是告状，是求助，更是生产现场在给公司班子成员“出题”，而公司机关大楼的这次会议，核心任务就是完成一次破题。

一周的时间，领导班子成员在前线调研，随着一个个问题浮出水面，一整套解题思路也逐渐清晰起来。他们深知，解决问题的关键还是要刀刃向内，练好内功才是摆平一切外部问题的根本法则。作为渤海钻探公司相近业务融合的“试验田”，管具与井控公司的创立就带有浓重的“管理创效”色彩，而这一经营理念也恰恰成为公司班子此次的破题关键。问题在前线，解题在机关。职能科室作为通盘把握公司“人、财、物”资源的机要部门，拥有更大的资源优势和全局眼光。

“人事科已经对港内和华北片区的基层单位进行全面摸底，并鼓励员工赴外部市场工作，下步将通过薪酬杠杆，按照向一线倾斜、向边远地区倾斜、向关键岗位倾斜的原则，调整分配政策。”

“技术设备科通过与前线项目部沟通，了解到当前钻具缺口情况，已经从青海项目部紧急调用一批钻具用于应急，针对甲方要求的‘塔标钻具’，我们已经与具有相关资质的厂家联系。”

“物资管理中心现在已经开通了采购绿色通道，按照项目部提供的采购清单，超前联系，顶格购置”。

“疫情因素考虑了吗？”

“已经考虑了，我们还派了专人督促厂家，趁疫情放松期间，抓紧出货。”

“市场经营科下步的主要任务就是推动新基地建设的相关事宜，新的方案已经报上级处室审批，会根据这次项目部提出的问题，对现场设备设施规划进行调整，科室负责人亲自督促项目推进。”

……

随着各个职能科室负责人的汇报，公司班子成员的心渐渐踏实了下来，回港述职的龚志军也终于露出了一点笑容。但轻松的心情也只维持了短暂的瞬间，所有人都明白，工作方针的明确只是吹响了总攻的号角。

崔波是一个极其务实的人，凡事注重效率，是所有人对他的一项共同认知。多年的项目管理经验告诉他，会议上形成的方案再完美，实施过程中总会出现偏差，从而导致整个计划最终落败。“关于塔里木项目的下步计划已经确定了，但是这个事儿不能开会代替落实，随着后续工作开展，咱们职能科室和主管领导必须定期组织会议，掌握工作进度。今天咱们就定下来，关于塔里木项目的专题工作会，每两周召开一次，如果有紧急情况，随时集中。”

对崔波的建议，班子成员是一致赞成的，塔里木项目是渤海钻探乃至集团公司的重要市场，更是公司发展的命脉所在，这样一个量级的市场，需要集公司力量，久久为功。

停顿了一会儿，崔波见大家并没有什么异议，便作了会议的总结：“同志们，不用我说大家也知道塔里木对于公司有什么样的意义。在所有的外部市场中，塔里木的投入是最多的，可以说公司把身家都压在了这里，政治上讲，这是任务，从发展上看，这就是风口，咱们必须要打赢这一仗。”

硬仗即将开始！

与子同袍

张江是管具井控中心钻具车间的一名探伤工。6 月，是钻具车间最忙碌的季节，按照往年的惯例，他们也将开始倒班制度，随时保障钻具检维修任务，确保钻工具及时送井。可是这一年的6月，张江却准备起了行李，他要开始一场远行。妻子检查着他的随身衣物，盘点着应急药品，紧皱的眉头锁住了她太多不舍的情绪，话到嘴边，也只是变成一句："这次去塔里木要待多久？"

修理井控设备

张江是支援塔里木钻具检维修的人员之一，与其他人不同，张江并不是完全调入塔里木项目部，而是要根据前线与"家中"的生产安排，去项目部"轮岗"。由于探伤作业人员在各单位都有缺口，"张江们"就成了大忙人，不但要完成本岗位的探伤，更要随时准备奔赴探伤任务重的项目部。一周前，车间支部书记罗梅找到了张江，在了解了他的家庭情况之后，问他是否愿意参与轮岗。原本以为张江会因家中生产任务繁重而拒绝，或者起码要表达一下不情愿，没想到他二话没说就应了下来，并明确表示，一周之内安排好家里和岗位上的事情，就可以出发。

与此同时，还有许多人奔赴塔里木，他们来自大港、任丘、河间、廊坊，甚至是长庆和青海，每个人心里都有一个信念，塔里木的市场，不容有失！然而，无论张江再怎样做心理建设，还是被繁重的生产任务压得有些吃不消。

塔里木市场以深井和超深井居多，平均口井深度均在7000米左右，复杂的地质结构和长时间高密度钻井液的浸泡，对钻具的质量提出更高要求。没有人知道，钻具在地下几千米的环境中，都会经历什么。每一根钻杆从地下起出，都像是从外太空返回的宇航员一样——同样是未知世界的归来者，体检，是这些钢铁先锋要经历的第一关，而张江就是它们的"体检医生"。

1000多根钻具整齐地摆在塔里木基地的场地上。"三天之内，咱们要把这1000根钻具全部检修完毕，达到送井标准。"综合班长石磊的话，让张江倒吸了一口凉气，这里工作量之大远超他的想象。但他和所有同事们一样，没有任何抱怨，就投入了紧张的工作当中，目测长度、回收清洗、初步探伤、螺纹加工、二次探伤、三次探伤，几道工序下来，在地下钻进近万米，归来伤痕累累的钻具，才具备了二次上井条件。这期间，还要配以自检、抽检、全检的"三检制度"，确保钻具螺纹加工质量无缺陷。

6月的塔里木，热浪狂暴地袭击着场地上的每一个人。艳阳高照之下，地面滚烫，空气滚烫，钢铁的钻杆自然也是滚烫的。这种情况下，人很难用手直接触碰钻杆，否则就会被烫伤，因此无论多么炎热的天气里，场地上的职工都会戴着手套，有的人因此闷出了汗疹，痒得钻心。

“突击了三天，今天终于将 1000 多根钻具全部检修完了，明天可以按时发送给 70551 队。”晚上 9 时，一天的忙碌，让石磊腰部酸胀得直不起来，但看着这些成果，疲惫的脸上露出了喜悦。

彼时，项目部为了提高检修精度和质量，已经开始采用数控车床进行钻具螺纹修理，确保加工质量无缺陷，与此同时，还为每根钻具建立跟踪卡，做到从钻具进货到报废每个细节实行全程跟踪，遏制钻具失效事故的发生。

随着服务井队数量的增加，短期内对发井钻具的需求较为集中，待发井钻具数量也较多。为了不延误钻具送井，石磊提前谋划，把班组成员分成 2 组，采取设备不停、人员倒班轮流作业的方式，尽最大能力提高每日的钻杆清洗、检测完成量。

早上多数人还没起床，清洗工房里就已经传来了钻杆滚动的声音，晚上多数人已经准备洗漱睡觉了，清洗工房里的灯还在亮着，石磊班长正带领员工进行一天中的最后冲刺。就是这么一天天的坚持和努力，他们把钻杆清洗检测这种看似枯燥重复的基础工作做到了不断提质提速，为钻具的及时送井服务提供了有力保证。

在塔里木，钻具的车修是一项巨大的工程，而在这里，钻具的扣型种类又很多，这就对加工精度和质量提出了更高要求。项目部借鉴同行经验，引进了数控管螺纹车床，为提高修扣的加工精度和工作效率，作为车工班班长的张昆，主动承接了数控车床的编程任务。

程序的编写对于没有数控车床经验的张昆来说并不是一帆风顺。起初，他参照厂家提供的参考数据编写程序，但在试验过程中遇到了很多小问题，困扰着他夜不能寐。

作为一名退役军人，张昆拿出当兵时的勇气和韧劲，不懂就问，不会就学。于是他爬起来连夜给自己的数控编程师傅打电话咨询，得到提示和建议后又去工房里继续加班修改程序，经过几天的反复修改调试，终于编写好了程序，实际修扣的用时比普通车床正常加工快了 1 倍，而且加工精度也达到了使用要求，实际效果赶超了塔里木市场的同类加工企业。

正是靠着这种坚持和进取的决心，张昆带领管修班不仅实现了用数控车床高效完成多种类常规钻工具的修扣工作，还摸索出了接收生产指令、建立备料情况表、每日更新修扣计划、现场调配待发井钻具等一套行之有效的钻具修理和备料的管理方法，从而做到了忙而不乱，多次顺利完成了短期集中钻具送井的生产保障任务。

“只要我们用心做好自己的事，就没有什么困难是不能克服的。”每次接受称赞时，张昆总是腼腆一笑。

有了坚实的基础，后续的服务保障也尤为重要。为了做好在井钻工具的失效预防管理，技术员巩占鹏带领质量技术组定期统计各类在井钻具的具体数量、使用天数、纯钻时间、探伤等情况，根据在井钻具使用情况制定出更换钻具、钻具探伤等失效预防措施。同时还制定了巡井计划表，安排专人每月到所服务的井队进行巡井检查，查看在井钻具的使用情况，填写现场钻具巡回检查表和顾客满意度测评调查表，与井队就钻具资料、现场使用等问题进行充分沟通，让井队按照《塔里木油田钻工具管理与使用办法》合理使用钻具，对于发现的问题拍下照片列出问题清单，督促井队及时进行整改，并对上次巡井时发现的问题进行整改验证。

由于塔里木市场的井位分布较广，一次巡井往往要出去两三天、跑三四口井，但看到自己每一次的巡检成果，路上的颠簸和疲惫顿时消散，路边的沙漠景色也不再那么荒凉。质量技术组成立后，正是在巩占鹏和同事们的不懈努力下，项目部的钻具保障服务从未出现重大钻具失效事故，钻工具管理水平也得到了甲方和钻井公司的一致认可。

塞外征程

红彤彤防喷器，红彤彤节流管汇，红彤彤压井管汇和红彤彤远控台等设备，被铁链子牢牢地固定在沙漠车上。伴随着沙漠车引擎的轰鸣，这支队伍像出征的勇士一样出发了，目标：古城 8 井。

车辆行驶在 120 多千米的沙漠“软公路”上，一会爬升，一会俯冲，一会急转弯，像过山车一样上下起伏，又像踩在齐脚深的雪地里，艰难爬行。

由于大家没有太多的沙漠穿行经验，生怕哪个环节出现问题，所以一次次下车检查，在行驶五六个小时后，终于安全地抵达了目的地。为保障钻井队安全施工，安装井控设备的战役打响了。

按照预定的设计，每一个步骤都不能松懈，必须严格执行检查安装程序。尽管是初春时节，但汗珠子有的还没流淌下来，就在红工服上现出了道道白色，滴落在黄沙上的也立时没了踪影。肆虐的狂风裹着黄沙钻进嘴里，眼睛里，耳朵里，有的直接咽到肚子里。

在安装套管头的时候，为了减少问题发生，他们按照安装说明书要求，一步步地进行操作。加注密封脂后，接上转换接头，把试压用的气动泵和注塑工具连起来，气动泵开始缓慢地“嘀—嗒”“嘀—嗒”，压力保持在安全的范围内，平稳地完成了注塑。对 BT 密封性能试压，同样采取了这个办法。比起人工手压泵来做这些工作，节省了四个多小时。这，就是他们的创新。

接下来，开始对井口井控设备试压了。这可是个关键的步骤，必须按照要求，一个一个项目进行。压力很高，最高达到了105兆帕。队长说："绝对不能掉以轻心，一定要注意安全，必须严格按照操作规程来……"只见他们与井队工程师不时地叮嘱安全注意事项。正式开始试压了，伴随着气泵噼噼啪啪的响声，压力表的指针，在一步一步地攀升，到达了预定的压力值。稳压，1分钟、2分钟、3分钟……，1组、2组、3组……，试压合格……井控装备处在安全可靠的状态当中。看看时间，已经过去了24个小时，眼睛开始不听使唤了，上下眼皮开始打架了，他们的确太累了。

当古城8井突发溢流险情，由于前期工作很扎实，设备可靠，第一时间内控制住了井口，当处理完险情，做经验分享时，大屏幕上第一条赫然显示着"井控设备安装试压可靠……"，他们才任由巨大的疲惫感席卷自己的全身。

南缘区块的天安1井和天湾1井是集团公司的两口重点井，技术服务保障任务交给了项目部。他们严格按照技术标准要求对井控装置进行准备，同时选派技术过硬的井控技术人员到井上驻井，进行全方位的技术指导。作为井控技术方面的技术骨干，汪雪松承担了驻井任务。

2021年初，天安1井的一次井控试压工作给汪雪松留下了深刻的记忆。天安1井地处北疆，冬季的北疆，白天气温已经降至零下，晚上更是降到了-20℃，刺骨的寒风吹在脸上如刀割，更别提在外面持续试压近30小时。虽然穿着厚重的工服，但是还是抵挡不住刺骨的寒风。但一想到这是重点井，井控装置又是重中之重，他便困意全无，坚持完成了全部的试压工作直到试压合格。当他高兴地向项目部经理电话汇报当天的工作时，领导的一句："汪哥，您辛苦了！"让他感觉一切付出都值得的。

正是井控班员工的辛苦付出，确保了天安1井和天湾1井，在历时2年多的时间里没有出现井控装置方面的服务问题，这两口重点井的顺利完井为公司井控服务保障水平赢得了良好的口碑，在新疆市场打造出了渤钻管具与井控公司的知名度。

过关斩将

沙漠里风沙落了又起，沙漠里胡杨黄了又绿，沙漠里奋斗的管具井控人来了一批又一批。

杨桓是2022年7月底来到塔里木项目部的。此时的库尔勒，秋意渐浓。为更好地推进控压钻井业务发展，尽早实现控压钻井"上亿元"规模的产值规划，公司控压钻井中心组建塔里木项目组，在中心副经理雷成的带领下来到新疆库尔勒，为塔里木油田提供控压钻井技术服务。

项目组成员都是来自各个项目部的精兵强将，也是血气方刚的青年突击队。新疆，对这群年轻人来说，一直是古诗里沉郁雄壮的文字，也是丹青中旷远深邃的浅墨。一路上，他们发挥着自己的想象力，憧憬自己在大漠孤烟、长河落日中燃烧着自己的激情，然而现实却像一盆天山顶上的雪水，对着他们兜头而下。

控压钻井设备到达轮南基地后，项目组成员就各司其职，进行清洁保养、物料整理、试压探伤、设备调试等工作。为尽快准备好上井所需设备和物料，施工人员争分夺秒，每天都早早地前往社区排队，确保能够第一时间做完核酸检测前往基地工作，晚上十一点才回到驻地休息。经过几天紧张而忙碌的工作，控压钻井设备在他们的精心准备下已经焕然一新。“再努力两天，我们就可以去看大漠风景了，大伙加油！”施工负责人杨桓打趣地说到，但两天后他们却没能如愿前往沙漠一睹大漠风光。

8 月 10 日，划破清晨的不是第一缕曙光，而是一条封控消息：“立即返回各自居住地，严禁出门，保持静默状态”！面对突如其来的疫情，雷成第一时间带大家来到超市储备生活物资。新疆境内对疫情封控要比其他省份严格许多，无论如何得保证兄弟们的基本生活。回到驻地后，雷成与公司进行了连线，汇报了自己的情况，得到的回复是：严格遵守地方政府防疫要求，做好自我防护，保障自身安全。由于他们都有库尔勒行程，按照防疫要求，社区安排一行人集中隔离七天，但七天之后，静默管理依旧没有解除。而此时古探 1 井已经进入三开中完阶段，精细控压施工时间已经越来越近。

“天天被关在小区里，啥也干不了，这哪行！井上的任务不能耽误啊！”雷成决定，不能“坐以待毙”，他设法与社区领导沟通，在遵守防疫规定的前提下，请求社区同意在轮南社区范围内活动，准备上井事宜。最终在他们和塔里木项目部的多方努力下，社区同意项目组成员每天两点一线，戴好口罩、做好消杀后再开展工作。经过多日的忙碌，八月底，设备全部达到上井条件，整装待发。九月底，古探 1 井现场施工也因疫情原因处于等停阶段。面对此情形，项目组与各相关协作单位，紧密联系，多方打探，掌握第一手疫情防控信息，谋求上井途径。前后八次报备，都未能获得且末县防疫指挥部的同意。面对越来越严格的疫情管控，项目组没有坐以待毙，通过多方渠道得知青海进疆道路没有进行管控，通过与领导沟通决定从青海和天津组织人员设备，但在报备时依然石沉大海。面对此困境，中心领导向大庆甲方领导寻求帮助，在甲方与且末县、轮台县防疫指挥部的多次沟通协调下，通过逐级报备，被困轮南施工人员终于拿到前往古探 1 井的通行证。在组织青海和天津设备时，由于入疆车辆较少且报备程序繁琐，平均报备批复时间要三至五天，没有司机愿意等，通过多家运输公司前后寻找达一个月之久，最终落实拉运车辆。

尽管项目组成员的一颗心早已像野马般奔向了井场，但他们的路途却仍旧坎坷无比，车辆每到一个“卡子”，都需要成员们与当地防疫部门和“卡子”进行协调和沟通，有时候在路上一等就是两天，人员的生活起居全部在车内完成，一个个精神小伙儿，生生被熬成了油腻大叔……路虽远、行将至，峰再高、攀至顶。经过 2 个多月的不懈努力，控压设备人员终于全部达到“战场”。

旌旗所向

这个项目部里，几乎所有人都见过凌晨两点的塔里木，也有很多人见过大年三十的塔里木……这里的人们想尽一切办法跟时间赛跑，与生产组织抢拍。为了这场战斗，他们尽量缩小自己的活动范围，理发都是自学成才，成为彼此的发型设计师。为了这场战斗，他们把核酸检测搬到了项目部院内，避免了来回路上奔波耽误时间。为了这场战斗，有的人甚至戒掉了依赖多年的香烟……

巩占鹏坚守技术组岗位 232 天，马东方坚守车工岗位 305 天，王成、孙建齐坚守收发岗位 293 天……这是一份把思乡之情埋在心底深处的考勤表。

旌旗所向，王师所至。日复一日地付出，换来的是服务钻机数量暴涨 3 倍，是服务进尺连续数年增加万米以上，是年度创收一路上扬，还有渤海钻探管具与井控公司服务保障的金字招牌光彩夺目。

他们从这里出发，从这里思考，从这里蜕变，从这里超越，从这里唱出属于自己的天山战歌。

（渤海钻探工程公司　刘金宝　严　霞　王　坤）

青春作伴埕海　理想洒向蔚蓝

——中油海工井下作业事业部埕海一号平台调试生产纪实

“坊静居新深且幽，忽疑缩地到沧州。”从黄骅市南排河镇码头出发，一路向东，红荆迎风，贝沙溢金，穿过一片蔚蓝的大海，在距离埕海 2-2 人工岛 5 千米海域，诞生了新的渤海之子——埕海一号平台。

海浪轻轻地拍打着护桩，夜空的圆月闪着温柔的目光，静静地俯视着这个新生的渤海骄子，古老的海洋和充满现代化的平台相得益彰。渤海的风浪没有挡住黄骅将军抗日的决心，也没有挡住“我为祖国献石油”采油人的脚步。时至今日，中国石油海洋工程公司井下作业事业部（简称井下作业事业部）采油一队在寂寥的渤海埕海区块已经奋战了整一个年头。

埕海一号平台是中国石油自营区首座自主研究、自主设计、自主建造、自主投运的直桩式采修一体化平台，可满足 3500 立方米日产液的开发需求。平台的顺利投产，是中国石油采油业务由陆地向海上迈出的重要一步，坚定了自强、自立、自主开采海洋石油的信心，对加快实现“海油海采”梦想具有里程碑的意义。井下作业事业部采

埕海一号平台俯视全景

油服务中心，作为集团公司唯一一支海上采油服务队伍，肩负着为保障国家能源安全和促进经济社会发展的伟大使命，承载着“勇立潮头、向海找油”的美好愿景。作为平台主要运维方，深感使命光荣、责任重大。

不参与监造，怎么能熟悉它的脾气秉性

2021 年 7 月，埕海一号平台在中油海工青岛海工基地进入建造的关键阶段。“不参与监造，怎么能熟悉它的脾气秉性。”为了更好地了解平台的构造，从根本上熟悉平台的设计原理，以便后续生产中能及时准确地把控“脉搏”，井下作业事业部采油一队抽调采油、机械、电气、仪表自动化等多领域骨干人员奔赴青岛建造基地开展平台生产模块的设计交底和建造学习。

7 月的青岛，正值盛夏，建造场地依海而建，无遮无挡，基地院内的柳树叶子挂着厚厚的灰土，打着卷，枝条也懒得摆动，整个平台像是一个巨大、烧透了的熔炉，让人透不过气。傍晚六时十分，一顶红色的安全帽从柴油发电机间探出来，半瓶矿泉水从头浇灌而下，整张脸颊湿漉漉的，分不清是汗水还是矿泉水，一个穿着红色泛着白碱工作服的人向底层甲板走去，这是机械工程师陈磊结束了一天的工作。电气工程师、采油工程师、操作手从不同的方向来到了平台的“避暑胜地”——底层甲板一块相对通风地召开班后会。“队长，电气这边今天进行了主变压器的布线”“采油这边对计量分离器进行安装，发现两处问题，已经跟施工方进行了反馈……”队长王利冬掏出了随身携带的小本子，详细记录各专业的汇报情况，这仅仅是建造期间队员们忙碌在现场的一个缩影。埕海一号平台流程较多，管线错综复杂，多数管线都反复穿越两到三层甲板面。为搞清每条管线流程走向，采取设计详图结合现场的模式，一条管线两到三人分多层甲板同时进行走向排查，确保管线流程走向排查准确无误。为以后安全稳定生产提供了有力的现场依据，也为将来管线流程改造升级储备

安装救生筏

傍晚的埕海一号平台

了第一手资料。

在青岛监造的 90 多天里，采油一队人员充分发挥多年海上生产经验，以精湛的技术、务实的作风、严谨的态度得到了业主方、建造方、监理方等多方的认可。挥洒的汗水见证了平台由点变成线、由线变成面的全过程，大到工艺流程，小到螺丝元件，落在眼里，记在心上。虚心请教设计人员、服务厂商，全面熟悉和掌握设计要求、工艺参数、设备性能、操作规范，为平台试生产工作奠定坚实基础。

软件资料是日常工作的指导，务必准确可操作

2021 年 10 月，金秋十月本是收获的季节，曾奔赴青岛的队员在收获的同时又面临着新的任务，大家齐聚天津滨海，忙碌而又细致地开展基础资料编制工作。“没有规矩，不成方圆。”建立健全行之有效的制度机制，才能积极地推动各项工作落地见效、行稳致远。埕海一号平台新型设备设施较多，传统的采油模式渐渐退出历史舞台，新技术、智能化在现场的应用随处可见，建章立制是如何识别风险、操作保养、检查检验等现场工作的重要依据和指导。随着埕海项目的多方推进，投产工作就在眼前，平台的建章立制工作迫在眉睫。

作为国内首座自主研究设计的平台，编制工作无经验可循、无外力可借。由于条件有限，编制过程中出现了各种困难。缺集中讨论的地点，大家就把公司会议室空闲时间“强制霸占”；缺办公设备，就同家里的孩子抢起了电脑“紧急征用”；缺法律法规的指导，就去相关科室“软磨硬泡”。“紧急关断阀气路手动打压流程记不太清了，当时记录的笔记本破损看不清了，说明书又写得太笼统，不适合现场操作，这可咋编制操作规程啊？”采油工程师秦晓栋着急地说道。“紧急关断阀太重要了，地面的井控都得靠他，晓栋你再好好找找，当时有没有其他的资料留下来。”队长王利冬安慰道。一旁的电气工程师孙明君一言不发，默默“摆弄”着手机。“找到了。”五分钟后，他噌地站起喊道，大伙被他突然的一嗓子吓了一跳。“这是当时生产厂家技术人员调试时候的视频，虽然我是搞电的，也想了解下采油的主要设备，当时就录了个视频想着自己有时间学习一下，没想到派上用场了。”

建章立制这段时间，有了阻力和困难大家都会提出来，相互补充，相互扶持，也经常被这种突然的“一嗓子”吓一跳。历经两个半月的努力，结合公司各部门业务职责和管理现状，根据其他海上石油行业单位相关管理体系，充分考虑到平台现场实际，建立健全作业指导文件，规范现场作业，编制了平台 HSE 管理手册、风险防控手册等 29 个方面的制度体系文件包。这些制度文件堆叠起来足足有 1.5 米高，每一页都饱含了队员的辛勤与汗水，凝聚了团队的智慧与力量。

你不参与调试，以后有了问题咋解决？

“庭前春未暖，山后雪还寒。”2022 年新年伊始，当其他人还沉浸在春节与家人团聚的欢乐中时，采油一队的队员已经背起行囊，奔赴山海。一月的埕海，寒风凛冽，极低的温度把这片蔚蓝的海域变成了青色的冻海，一块块浮冰在阳光的照射下泛着白黄的光，让人心生寒意。温度低，队员们的姿态更低，全程把自己当作“小白”，虚心参与每台设备调试，不放过任何一个学习机会。

“你不参与调试，以后有了问题咋解决？”这是队长王利冬经常挂在嘴边的一句话。海上调试安装阶段，是关系到能否顺利投产，投产后能否正常运行的关键阶段。针对多数厂家现场服务人员不足问题，大家迅速转变身份，以保质保量保工期为目标，全力配合，参与到设备安装调试工作中。

3 月 15 日，天气有些阴沉，原定的上午 WJ57F 型号 30 人救生艇下水调试受到一定影响。但是投产在即，每天的调试工作都按照既定的先后顺序安排得满满当当，不进行单机调试势必影响到投产进度，同时会延误船级社检验发证工作。“按照计划正常进行吧，最多也就晕船难受点，能克服。”带班班长姜春龙说道。上午九点十分，姜春龙同厂家一同登艇，对救生艇开展放艇下水调试操作。“打开主电池启动开关，启动紧急洒水系统，启动柴油机……”，所有工作按照操作步骤有条不紊地进行。

海上的天气变化多端，上午十一时在调试工作即将结束的时候，原本平静的海面突然刮起了六级大风，救生艇在波涛汹涌的海面剧烈地上下起伏，前后艇钩无法顺利挂接，收艇工作受到了极大的影响。救生艇一方面作为平台重要的应急逃生设备，应随时处于应急在用状态，不能长时间离开艇架；另一方面救生艇材质较轻艇身较高，完全正浮在海中时摇晃幅度极大，人员长时间在艇中会造成严重的晕船、呕吐，对人身健康和后续的艇钩挂接造成极大的影响，且救生艇与平台连接的保险装置长时间处于受力拉扯磨损状态，一旦断开救生艇将失控，后果不堪设想，收艇迫在眉睫！艇内人员一次次地尝试，一次次地失败，体力损耗极大，晕船的恶心呕吐感愈来愈烈。

为了保证安全，队员暂时放弃了收艇工作，救生艇在平台固定钢丝绳的牵引下随着海浪起起伏伏。下午两点，风力见小，艇内人员相互配合，平台人员指挥帮助，一次挂钩成功。因为天气的影响本应两个小时结束的工作用了五个小时完成，出艇时，带班班长姜春龙脸色惨白，为了安慰大家调侃道“下次再下艇我得带着午饭下去了。”话音刚落，就扶着栏杆剧烈地呕吐起来。

海涛，你一下子培养了四个心脏大夫啊

2022 年 3 月，渤海湾的浮冰慢慢散去，海浪层层脊叠，像个学步的婴儿缓缓地挺起了脊梁，此时，平台的自动化调试进入关键阶段。作为国内首座自主设计的平台，自动化程度极高。智能自动化是一把双刃剑，中央控制系统（PCS 过程控制系统、FGS 火气探测系统、ESD 紧急关断系统）实现对采油、注水、集输、消防、生活污水处理、开闭排等多个系统的全面感知、智能调节、自动启停与逻辑关断，对油井类参数进行实时监控，在应急处置、安全环保方面发挥极大的作用。同时，控制系统如果调试运行不正常，就会发出错误的指令，犹如人的大脑出现问题，指挥身体做出一些出格的动作，对现场的生产、安全、环保工作造成不便甚至是带来风险。

面对如此复杂又极其重要的三大系统，投产时间紧，任务重，专业人员少，仪表工程师陈海涛站了出来。他毕业于长江石油大学，消瘦的身材戴着一副近视眼镜，典型的“理工男”形象。面相即本心，工作中极其严谨，对自己的要求近于苛刻。眼窝深陷的他每天要在中控室工作 16 小时以上。“小苗，井口四级关断的信号线你都捋完了没有？”“完事了师父，我都用标签纸做了标记了。”青年员工也是徒弟的苗玉亮回答道。“嗯，明天咱们开始组态，你可要好好学习记录，这是多好的学习机会啊，平时哪能遇到，别看现在这么累，等你这几个月学下来，你就能出徒了，我毕业那会儿可

没这好事。”陈海涛对徒弟教导，也是给他鼓劲。由于仪表自动化专业人员较少，陈海涛在完成工作的同时，还带了四个徒弟，工作完成了，徒弟也都学了本事，现在都能在中控岗位上独当一面，为平台和公司的发展储备了技术力量。大伙开玩笑地说，“海涛，中控是咱们平台的心脏，你这一下子培养了四个心脏大夫啊。”海涛在生活中是个很内向的人，听到后腼腆得有些不好意思，可是此刻他脸上有笑，眼里有光。

等投产完，我再下去吧

2022 年 4 月，经过了数月的努力，顺利地完成了单机设备、独立系统的调试，完成了平台整体联合调试。距离平台试生产仅剩不到一个月的时间，投产在即，气氛有些不一样，忙碌中透着一丝紧张，又带有几分兴奋，像极了一个即将踏上考场的孩子，紧张兴奋的同时，更多的是期待，往昔无数畅想的梦，一个个正灿烂地照进现实。“青春须早为，岂能长少年。”滚烫的青春，有幸与埕海作伴，拼搏是青春的色彩，认真是青春的快乐，让浑身充满干劲儿的青春气息迎接最后的挑战，让早采油、采好油的理想洒向这片蔚蓝。

“睡觉之前再给孩子吃点退烧药，你自己也多注意，晚上平台要送电，我就不给你打电话报平安了。”4 月 16 日送电当天，电气工程师孙明君挂断了跟妻子的短暂通话正准备去往高压开关间。“明君，你也连续出海快 60 天了，孩子发烧这么长时间，要不你回去看看吧。”队长王利冬有些不忍地说。“等投产完，我再下去吧。”孙明君挤出了一丝笑容。“5，4，3……”随着倒计时的结束，漆黑的海面闪耀起了万丈光芒，整个平台仿佛一座玲珑宝塔，在灯光的照耀下晶莹剔透。平台的角落里，孙明君默默地拨通了妻子的电话，像是忽然想到什么，还未接通就匆匆挂断了。此时，时间指向凌晨三点十五分。送电工作的完成，标志着最艰难、最重要的一步已经迈出！

这几个小时，熬得值了

“纸上得来终觉浅，绝知此事要躬行。”4 月 20 日，投产工作进入冲刺阶段——水循环热运。水循环热运是投产前的最后一个规定动作，模拟油气水在系统中运行，是对整个系统的性能进行测试和检验，验证独立系统运转是否正常，各系统间能否有效配合关联，同时对海底管线进行投用前的预热，以保证正式投产后上岛端的压力和温度符合设计要求，这是一项关系到能否顺利投产的重要工作，也是对数月来辛勤付出的一次检阅。

“注入生产淡水建立液位，充入氮气建立压力，形成压差流程循环……”按照无数次模拟的步骤，队员们有条不紊地进行着操作。“闭排罐压力、液位正常”，“开排泵运行正常，排量稳定……”现场的情况不断向中控反馈汇报。“报告中控，外输液量温度仅为25℃，温度过低，没达到设计温度。”采油岗的汇报让队员们心里一紧。外输温度过低，一旦投产，高温油气进入海底管线，管线会因为没有预热而造成形变，对海底管道会造成不可逆的伤害，会严重威胁到后续油气输送的安全稳定。如果不解决，投产工作将无法进行！副队长李进听到后立即来到低压开关间查看现场情况，来液温度过低、水比热大于油的比热，李进很快就弄清楚问题所在。他马上找来了采油工程师、电气工程师等相关岗位技术人员在现场研究对策。通过反复论证，决定采用双台电加热器、多组加热管同时启动，阀门控制分液量的方式对来液进行加温。

正当大家松口气的时候，问题又来了。由于两台加热器对应两条不同的管线，对于每条管线过液量无法把控，过液多温度加不起来，过液少高温设备自动断电保护。为了使液量均匀分配到两台电加热器上，李进连夜带着采油工程师，摸索合理的加热管开启组数和阀门开度。“晓栋，我这加热器A加热管再开一组，你那加热器B进液阀门回两扣。”李进在低压开关间用高频对讲机跟采油工程师秦晓栋沟通着。“加热器A进液阀门再慢慢开三扣，好了，好了，停！保持这样别动，我这边再调下出口温度设置。”就这样反复地调整，逐步地摸索，历经了四个多小时的不懈努力，外输温度终于达到了设计要求。外输温度高了，李进的情绪更高，“嘿，终于达到要求了，这几个小时熬得值。”最终热运阶段上岛温度达到了50℃。

集全员之智，克服全国疫情多点爆发、海上施工窗口期短、天气复杂多变等不利影响，不分昼夜、加班加点，埕海一号平台于2022年4月26日一次性试生产成功，在渤海湾正式“扬帆启航”。

试生产启井圆满成功

咱们既是乙方，成就甲方就是成就自己

“人之相知，贵在知心。”经过一年多的朝夕相处，采油一队队员和业主方吃在一起，住在一起，工作在一起，生活在一起，由互不相识到亲密无间，由相互磨合到合作默契，结下了深厚的兄弟情谊。同在蓝天下，共铸一平台，共同的感触，共同的愿望，思想同心、目标同向、步调同拍，相互成为最坚强的后盾。“咱们既是乙方，也是主人翁，成就甲方就是成就自己。”这是队长王利冬经常跟队员们说的一句话，大家也是用实际行动诠释了这句话。

平台是队员们看着从无到有，从小到大，就像自己的孩子一样，爱惜无比。作为国内首座采修一体化平台，设备、设施多如林间秋叶，每台设备又犹如田间小花，运行得平稳，香得醉人。生产上每两小时对油井、变频柜以及相关工艺进行巡检，确保油井平稳生产、参数录取准确、生产工艺运行正常；安全上“居安思危、思则有备、有备无患”，围绕海上油气生产特殊性，开展“安全环保无盲区”等专项活动；隐患治理上开展风险辨识活动，进行全面“扫描”，做到全覆盖、无漏项、无死角，立体式“安检”，根治“跑、冒、漏、滴”现象发生，进一步强化安全隐患排查治理工作，现场进行隐患自查自改；应急管理上强化应急演练，提升应急处置能力，以“贴近实战、周密组织、突出重点、注重成效”为原则，立足紧急事件的突发性、复杂性、多样性等特点，提升“以演促练、以练为战”的思想意识，提高突发险情联动机制的处置协作能力；冬防保温上处暑忧寒、未雨绸缪，把冬防保温作为冬季安全生产的重要环节来抓，以“不冻坏一台设备、一条管线、一个阀门、一块仪表”为标准，提前部署，拒做拖延“寒号鸟”；党支部建设上联合共建，创新运用“目标同向 + 业务互促 + 党建联盟”方式，围绕同一目标，业务上相融互促，党建上创新开展结对双促，签订支部共建协议，实现党建联盟。因途远险，才有风景，因历艰辛，才需负重，因守初心，才有始终。过去一年，平台精益求精推建产，油水并举保稳产，实现原油生产 12.5 万吨，平台各系统实现 365 天平稳可靠运行。

到过茫茫大海，你才知道他们的魅力。

来过石油平台，你才知道他们会发光。

走进他们，你才知道有这样一群人。

他们坚守平凡，却铸就着不平凡的人生。

布满污泥的手，浸透汗水的肩，清澈坚定的眼，善良勇敢的心，井下作业事业部采油一队，这支平均年龄只有 34 周岁的年轻海上采油服务队伍，从白天到深夜，从城市到海洋，一年 365 天坚守在这片单层甲板面积不足三分之一个足球场大的海上“孤

岛”，守护着埕海区块海上原油开采与集输，为大港油田海上油气开发助力前行，他们的平凡恰如一汪溪水，清澈流淌，质朴醇厚，没有澎湃的激流，只有如歌的倾诉，平凡的他们恪尽职守、坚定信念，用自己的誓言去践行新时代的石油精神、铁人精神。

回望平台建设历程的照片，相片中的眼眸和现实中的眼神在这一刻重叠，无数过往涌上心头，岁月流金，石油如歌。队员们用热血的青春浇灌了“我是海洋石油人”的鲜艳名片，用理想的翅膀让铁人精神在渤海湾回荡。

黄昏时分，登至平台飞机甲板，放眼远眺，晚霞的余晖照映在平静的海面上，闪耀着粼粼光芒，远处几艘渔船上的汉子正拉起渔网，期待着这一天的收获。“夕阳美如画，清风醉晚霞。”明天注定是个艳阳天，这里的故事还将继续……

（海洋工程公司　刘　崇　李　光　黎朋军　王利冬）

“用心焊接每一道焊口”

——记中国石油海工事业焊接高级技师王童

在别人眼里，90后的王童是石油工人队伍的幸运儿，焊接高级技师，天津“泰达杯”职业技能竞赛焊工比赛第二名，“嘉克杯”国际焊接技能大赛青年组银牌，国务院国资委“中央企业技术能手”，中央企业团工委“中央企业青年岗位能手”，集团公司“2021—2022年度青年岗位能手”……成绩和荣誉的背后是汗水、是坚持，是对匠心的不断追求。回顾他的成长经历，不难看出他是凭借着大庆精神铁人精神和一股不服输的干劲，刻苦钻研焊接技艺，用心焊好每一道焊缝，用焊花淬炼出的“王牌”焊工。

尽管电焊工的工作环境十分艰苦，作业空间狭小、电弧烘烤、烟尘弥漫、皮肤灼伤，但是王童在焊工岗位上一干就是10年。先后经受了俄罗斯亚马尔、埕海1-1平台、陆丰亚洲第三深水导管架、海上风电等几十个项目的锤炼，无论是结构钢管手工电弧焊，还是组块型材气保焊或是工艺管线氩弧焊，他都是行家里手。一次次地冲锋在前，一次次地攻克难关，在同事眼里，他既是“无所不能”的操作骨干，又是学习榜样。10年来，他从电焊高级工成长为技师、高级技师，但他始终坚守在一线操作岗位，他一直用“不经一番寒彻骨，怎得梅花扑鼻香”勉励自己追求工匠精神，在焊工岗位上不断追求卓越，不断超越自己。

王童（左二）在北京“嘉克杯”国际焊接技能大赛获青年组银牌

勤学苦练，国际大赛展锋芒

2013 年加入海洋工程事业部以来，王童开始苦练焊接技能，潜心学习焊接理论知识，并积极向老师傅请教实操技巧，每天练习 10 个小时是家常便饭，最多练习多达 18 个小时，哪天腿没蹲麻、胳膊没烫伤、衣服没湿透，他都会自认为是懈怠偷懒。

王童（右一）指导年轻焊工进行实操培训

日常的勤学苦练练就了他坚实的技能基础。2013 年 10 月，经过层层选拔，王童脱颖而出，代表中油海工参加 2013 年 10 月天津市第三届“泰达杯”职业技能大赛，荣获焊接组第二名。初出茅庐的王童，成为操作队伍中的一颗“新星”，海洋工程事业部也有侧重地给他开始“压担子”，加快其成长。

在锦州 9–3 导管架建造项目实施期间，王童负责 80 毫米钢板卷管后的定位焊以及结构管 STT 打底和二氧焊填充工作。80 毫米壁厚的结构管焊接工作量大，一旦出现缺陷处理起来费时费力费成本，王童不骄不躁，用心焊接每一道焊缝，个人焊接一次探伤合格率始终保持在 100%，起到了“定海神针”的作用。在武船 McDermott 制管项目期间，标准执行苛刻的外方工程师检查完王童的焊道都竖起了大拇指。2014 年 5 月，王童又被推荐参加由国务院国资委主办的“嘉克杯”国际焊接技能大赛，获得了青年组银牌，展现了一流的实操技能。2014 年底，王童被海洋工程事业部聘任为电焊技师，同年被国务院国有资产监督管理委员会授予“中央企业技术能手”。

突破瓶颈，国际项目磨利剑

2014 年至 2017 年，海洋工程事业部实施了“一带一路”重点项目——俄罗斯亚马尔项目 4 个工程包的工作量，项目执行严苛的国际标准，焊接工艺执行难度非常大。面对新设备、新工艺，王童开始有点摸不着头脑，焊接时对焊道的熔合情况拿捏不准，出现了个别焊接缺陷。经过自身多方练习后收效甚微，他感觉到自己遇到了技术瓶颈。

为了解决问题，他从设备原理和特点着手，白天研究学习设备知识，与设备厂家专家交流焊接注意事项，晚上加班进行实操练习，经过1个多星期的苦练，王童氩弧焊接水平有了显著提高，冲破了瓶颈。在他的带动下，项目工艺管线焊接效率大幅提升，打消了业主的质疑，受到了高度赞扬。

亚马尔项目FWP1D工程包立柱焊接是项目的关键，一根立柱重达十几吨，不仅焊接量大，而且焊接节点形式多样，焊接顺序选择对于控制焊接变形量至关重要。为了在施工中少走弯路，在焊接前，王童查阅了大量的资料和文章，与中队里其他焊工一起进行头脑风暴。经过多次试验，最终拟定了焊接方案，此方案推广应用后，提高了施工效率，提升了焊接质量，为其他工序焊接工艺制定提供了示范。在亚马尔项目实施期间，王童个人焊接一次探伤合格率始终保持在99%以上，被评为焊工队伍中的“青年岗位突击手”。2015王童被中央企业团工委授予“中央企业青年岗位能手”。

单点系泊浮筒建造项目是海洋工程事业部首次实施的深水项目，项目工艺复杂、精度要求高，焊接变形控制严苛，而项目转台锻造件的焊接是重中之重。为了保障焊接质量，王童主动与项目技术人员沟通，选择合适的预热方式，制定合理的焊接顺序，提前进行推演和实验，以保证探伤要求和焊接变形。作为焊接技师，他在完成个人焊接任务的同时，还仔细观察其他焊工的操作特点，找出不足，细心指正，不断提升团队焊接水平，整个项目焊接一次报检合格率达到99.8%以上，SBM公司现场建造监督对他的表现赞赏有加。

匠心筑梦，扎根一线当“王牌”

2015年王童被海洋工程事业部聘任为焊接高级技师。通常聘任为高级技师后，很多人都会脱离操作一线，走上专技或管理岗位。面对这些“机遇”，他总是用“我更喜欢电焊这个工作”来婉拒。他坚守初心，想要在焊工的岗位上走出更广阔的天地，为中国石油海工业务持续发光发热。

在亚马尔项目之后，王童又参与了恒力石化压力容器项目、海上风电升压站项目、埕海1-1平台项目、海油工程导管架建造项目等十余个项目的焊接工作，他的焊接质量总是一如既往地让业主放心。2021年海洋工程事业部承建了陆丰12-3亚洲第三深水导管架，在项目实施期间，由于受焊工技能差异、环板的施焊位置，焊接参数等因素影响，采用传统手工二氧化碳气体保护焊方法进行大口径管节内的压溃环角焊缝焊接反复出现未熔合、咬边、焊道堆叠等焊接成型问题，半年间，给项目进度和质量控制造成了极大困难。2022年1月，为了彻底解决问题，王童所在的建造安装分公司提出了使用二氧化碳气体保护焊自动焊接小车进行角焊缝焊接的思路，并成立了以王童为组长的试验小组。在试验期间，遇到了自动焊接小车夹持二氧化碳气体保护焊把容易跑偏、焊接小车通过筒节纵缝时容易卡涩底盘等问题，王童带头进行焊接工艺研究，采用了及时调整小车走位，对焊接小车底盘和导向轮机构进行改造，灵活变化施焊顺序等措施，一遍遍进行方案改进，经过了近半个月的试验、改进，取得了成功。自动焊接小车投入项目使用以来，焊后的角焊缝外观成型美观，焊道压层均匀，焊脚尺寸合适，焊接质量大幅提高；机械行走方式稳定可靠且操作性好，降低了对焊工技能水平的要求；8 小时工作班次内，焊接效率提高了 1.5 倍，解决了长期以来困扰项目实施的制约性问题。

2022 年，海洋工程事业部承建了 NP1–29 储气库、嵊泗、埃克森美孚惠州等多个海管项目。为了打造海管焊接自有核心团队，事业部成立了“张袁海管战队”，专攻海管焊接作业。没有海管焊接经验的王童主动要求加入了这支团队，他利用周末和下班后的休息时间，练习下向焊，通过百倍于常人的努力，他很快具备了海洋管道焊接能力，成为一名多面手焊工，并逐步在“张袁海管战队”中起到了领头雁作用。他们负责实施的首个项目——NP1–29 储气库海管项目海上部分一次探伤合格率达 100%。2023 年，他被集团公司评选为 2021—2022 年度“青年岗位能手”。

王童在企业中是青年岗位操作能手，是标兵，在社会上也是一名有责任心、有正义感的石油青年。他在家乡青岛胶州市休息期间，曾目击一名正在实施盗窃电动三轮车

王童讲解陆丰 12–3 亚洲第三深水导管架焊接工艺

王童在中油海 101 船进行浙江嵊泗海管项目焊接作业

的犯罪分子，他马上前往制止，并与歹徒发生了激烈的搏斗。虽然搏斗中他的右手被划伤，但他始终没有放弃，最终将犯罪分子抓获，当地公安局顺藤摸瓜，将犯罪分子同伙一并抓获。为了表彰王童，他被青岛胶州市政府授予“见义勇为优秀青年”。

“用心焊接每一道焊口”。这是王童作为一名一线岗位员工的内心想法。作为中国石油的一名青年员工，他甘于扎根生产一线，用心焊接每一道焊口，用弧光照亮前路，通过成千上万道合格焊口，传承和发扬着大庆精神铁人精神。

（海洋工程公司　张元泽）

第六章

砺剑淬锋

摘取中东钻探技术皇冠的铁人团队

——记工程技术研究院中东工程技术支持团队

沙特阿拉伯，阿曼，阿联酋，伊拉克……

一个个油满气足的国家。

阿美石油，米桑石油，BP 石油，道达尔石油……

一个个如雷贯耳的公司。

近 5 年，在风云突变的国际形势下和世纪疫情面前，中国石油有一支油气钻完井工程技术研究与支持团队，不但在中东油气勘探开发的高端市场叫响品牌，而且在世界顶级的钻探舞台赢得一批国际知名石油公司的尊重和信赖。

这个一鸣惊人、一飞冲天的科研团队，就是中国石油集团工程技术研究院旗下的中东工程技术支持团队，甲乙方口中的“中东铁人团队”。

明知中东难，偏向中东行

石油和天然气，是工业的血液。

中东市场是全球油气勘探开发的高端市场。随着世界油气资源的勘探开发进入中后期，钻采工程技术难度越来越大。可以说，任何一支技术和服务团队，赢得了中东地区的认可，就赢得了国际知名油公司的高度信任。

多年来，工程技术研究院上下深刻体悟“国之大者”的胸怀，积极贯彻新发展理念，弘扬石油精神和大庆精神铁人精神，挺进高端，追求卓越，勇担责任，以助力油气勘探开发的实际行动彰显石油人的拼搏精神和光辉历程。

2018 年以来，工程技术研究院不断加大对中国石油海外钻完井工程技术的支持力度，与中油国际中东地区公司共同组建中东工程技术支持中心，在开拓中东市场的过程中，很快叫响了“中东铁人团队”品牌。

海外合作项目存在诸多不确定因素，特别是面临诸多技术难题和挑战，中东地区的碳酸盐岩地层普遍存在钻井恶性漏失严重、复杂时效高、钻井周期长等“老大难”问题。

“明知中东难，偏向中东行。”多年来，崔龙连经理（海外所所长）带领的“中东铁人团队”，坚决贯彻中国石油国际化发展战略和工程技术研究院海外工作的部署，克服市场风险高、自然环境恶劣、时间紧、任务重、人员少等挑战，坚持“科研与生产结合、贴近现场、靠前支撑、前后结合”的原则，紧紧围绕中国石油中东重点油气项目，针对工程技术瓶颈问题，开展科研攻关和技术服务，为中东地区提供“一揽子”工程技术服务，支撑中国石油中东地区油气高效勘探开发，在国际一流油气市场展示中国石油科技实力，为提升中国石油声誉和保障海外业务高质量发展做出了突出贡献。

进军阿布扎比高端市场，比肩国际一流石油公司

阿布扎比国家石油公司陆上项目作为阿联酋产量最大的油田，成为BP石油、道达尔石油等国际顶尖公司同台竞合的平台。

2017年，中国石油通过过硬的技术方案征服了阿布扎比国家石油公司高层，获得陆上项目NEB资产领导者合同，这是中国石油进军国际高端市场的重要里程碑，揭开了中国石油特色成熟技术走进高端市场序幕。

“进军阿布扎比高端市场，比肩国际一流石油公司。”作为NEB资产领导者支持团队重要组成部分，刚刚成立的“中东铁人团队”直面NEB油田钻完井技术瓶颈，采用前后方、国内外一体化技术支持模式，先后选派王治中、曲从峰、崔龙连、李嘉莹、张国斌、刘琦等10多名钻完井专家，奔赴阿布扎比公司开展靠前技术支持工作。

这些国内知名专家长期扎根海外，每年平均有9个月坚守在前线项目。在百年难遇的新冠疫情暴发期间，这些专家“逆行海外”，在阿布扎比连续开展技术创新和技术支持等工作。学铁人见行动，舍小家顾大家，他们长年累月不休假。其中，崔龙连、张国斌等专家在海外持续工作近一年。

5年来，“中东铁人团队”先后承担并完成涉及重点井钻完井方案、钻井提速提效新技术、低渗油田高效开发钻完井技术、二氧化碳驱试验区钻完井技术、智能完井技术、井筒完整性技术、桶油降成本、躺井治理、碳减排综合能源治理等9大类90项研究课题。

其中，智能完井、钻机网电代油、MRC井设计评价、车载修井机降成本和井筒完整性管理等多项技术和方案获得外方认可，并进入现场实施，为NEB油田高效开发做出了积极贡献，体现了中国石油资产领导者的技术实力和价值所在。

与此同时，“中东铁人团队”作为中国石油阿布扎比公司钻完技术支持主力军，深度参与公司股东行权工作。他们负责陆上项目、海上项目、陆海项目四个项目的钻完

井动态跟踪分析，及时掌握各项目钻完井工作量及投资执行情况；代表阿布扎比公司参加各类技术交流会，分享中国石油在井控管理、环空带压井治理和弃井策略方面的特色经验技术，获股东们的高度认可；作为股东代表参加各级别股东会议，协助项目公司每年完成上百项采办事项和股东事务审批事项，切实行使了中国石油的股东权利，维护了中国石油的投资权益。

携手沙特阿美石油公司，解决等井径膨胀管世界级难题

2019年年初，沙特阿美针对开发Khuff地层存在严重的高低压不同层，导致的严重漏失问题，提出了膨胀管封堵低压地层的需求。若采用等井径膨胀管技术，可缩小各开次套管的尺寸，每口井至少节约150万—200万美元。

等井径膨胀管技术代表着当今世界石油钻探工程技术的最高水平，国际知名膨胀管技术服务公司近几年在沙特阿拉伯境内的等井径膨胀管应用一直未能成行，沙特阿美石油公司经过大量调研，决定与中国石油合作研发等直径膨胀管技术。

当年6月，沙特阿美与工程技术研究院签订了等井径膨胀管系统研发合同。关键时刻，“中东铁人团队”受命，承担了研发适用于当地油井的等井径膨胀管系统重任。

非常之事，非常之策。受领任务后，“中东铁人团队”举全员之力量和智慧，机械所所长张全立带领贾涛、郭慧娟、尹洪伟、周毅等科研骨干，大力弘扬持之以恒的坚韧精神，关键时候“白＋黑”，三天两头儿“五＋二”，仅用一年就实现了重大突破。

截至2020年6月，“中东铁人团队”突破国外技术垄断，完成了高性能膨胀管材料研发，材料多次膨胀率高达100%，创新形成了等井径膨胀管工具，开发出了大膨胀率负角偏梯膨胀螺纹机构，实现了可靠的密封。

此后，“中东铁人团队”共完成5次室内等井径膨胀试验，膨胀长度超过150米，并对膨胀后的管子进行了抗内压、抗外挤、螺纹气密封及打压腔疲劳性能测试，其中气密封能力超过45兆帕，已达到世界先进水平。2021年，“中东铁人团队”顺利完成项目第二阶段验收，提前收官各项科研任务。

2022年，沙特阿美提出将项目延期一年，用于落实沙特阿拉伯境内等井径膨胀管现场试验井位。根据沙特阿美的要求，“中东铁人团队”将在第三阶段完成全部工具的加工和现场试验准备工作。

打造金刚钻，好揽瓷器活。“中东铁人团队”承担的等井径膨胀管系统研发项目，正式翻开了工程技术研究院与沙特阿美的合作篇章，见证了中国石油膨胀管技术在国际高端市场的竞争力，标志着我国膨胀管技术跻身世界先进行列，对膨胀管系列产

品在中东市场的推广具有重要的开拓意义，对响应“一带一路”倡议具有积极的贡献作用。

走进伊拉克荒漠哈法亚，建功两千万吨大油田

1976年发现的哈法亚油田属于“超巨型”油田，当时测算得出的综合采出程度仅0.05%，基本处于未开发状态。

2009年，中国石油携手合作伙伴参与伊拉克油气开发合作，赢得了哈法亚油田的合作合同，全球能源市场共同开启了中伊能源新丝路之旅的新篇章。

在伊拉克哈法亚油田工作的中国石油人，深知自己工作的重要性，同时也深知工作面临的各种困难和挑战。当时，当地社会风险高，来往井场必须要乘坐防弹车、身穿防弹背心。

斩获项目时的喜悦很快被摆在每个人面前的严峻现实冲淡，好像一杯香气扑鼻的咖啡，第一口的苦涩总是让人左右为难。西方公司早已对当地复杂的地质状况和工程挑战了如指掌，一直在苦苦寻觅治理 Nahr Umr 地层垮塌、Kirkuk 地层卡钻、Lower Fars 盐膏层蠕变的“特效药”“救命丸”，到头来还是无果而终。世上哪有什么“特效药”，“救命丸”是心无旁骛搞理论、扎根现场搞科研凝聚的汗水和泪水，而这正是“中东铁人团队”之所以能够走到今天的坚定信条。

面对恶劣的自然环境、复杂的社会环境以及工程施工重重技术难题，作为哈法亚2000万吨大油田建设的科技支撑龙头团队之一,“中东铁人团队”坚定地走上工作岗位，在艰苦的工作现场中迎难而上，不折不扣地践行着“没有条件创造条件也要上”的铁人精神。他们如同铁人一般，通过千辛万苦，艰苦奋斗，顽强拼搏，克服了一个又一个的困难，解决了一个又一个的技术难题，为油气勘探开发事业做出了杰出贡献。

勘探开发有句行话，叫作“钻头不到，油气不冒。”哈法亚油田的岩性及压力系统复杂，钻井漏、涌、卡钻等事故频发，严重制约钻井施工效率。攻克哈法亚钻完井工程技术瓶颈将有力支撑2000万吨产能的快速实现。

与伊拉克米桑石油公司进行科研课题交流

技术支撑，专家先行。“中东铁人团队”先后派出邹科和李丛俊等专家长期驻守前线，积极开展科研攻关

与技术支持服务，助力哈法亚项目提前完成2000万吨产能建设任务，提升了中国石油在伊拉克的影响力和美誉度，推动了与伊拉克国家油气合作进一步深入。

尤其值得一提的是2022年，伊拉克米桑石油公司启动哈法亚油田超深探井计划，“中东铁人团队”第一时间分析技术资料，从超深探井的钻井风险分析、邻井及国内外深探井调研、井身结构优化设计、套管选型、钻井液、固井技术、钻机设备选型及配套工艺、完井测试等方面开展攻关研究，召开专家咨询会，听取并交流经验，最终提出“一揽子”工程解决方案。

历时一年的研究终于在2023年5月画上了圆满的句号。“中东铁人团队”负责人崔龙连率领院级专家杨国彬、齐奉忠以及科研骨干付晋三人前往迪拜，与米桑石油公司的专家评审组开展了面对面的交流，得到甲方肯定和称赞。

大疫情逆行，助力中国石油完美胜任资产领导者

2022年是极不平凡的一年，全球疫情持续发酵，国际油价跌宕起伏。这一年恰逢中国石油担任阿布扎比NEB第一任资产领导者五年任期收官之际，当年的综合绩效直接影响第二任资产领导者的申请。

作为中国石油担任阿布扎比NEB第一任资产领导者的重要科研支撑单位之一，工程技术研究院领导高度重视，统一协调组织，指示“中东铁人团队”聚焦NEB资产组钻完井技术瓶颈和关键生产问题，努力克服疫情影响，把人员派上去，把担子扛起来。于是，张国斌和刘琦二人“逆向而行”，前线人手少、任务重，他们通力协作，紧密配合，把实验做在前线，把报告写在井场，确保承担和参与的9大项共19项KPI课题全部按期结题，成果得到各方好评。

鉴于其在智能完井、躺井治理、致密储层改造、井筒完整性管理等方面的杰出表现，“中东铁人团队”被NEB资产组赞誉为“年度优秀工作团队”，在国际高端舞台展示了中国石油的技术实力和业务能力，为顺利获取二期资产领导者打下坚实的基础。

2023年年初，中国石油阿布扎比公司接到ADNOC正式信函，中国石油NEB资产领导者2022年绩效合同评价综合得分80分，在陆上项目四个资产领导者中位列第二。这充分肯定了“中东铁人团队”在过去一年内的辛勤付出，高度评价了过去五年来工程技术研究院对中国石油阿布扎比公司的有力支持。

自从与沙特阿美公司建立联系以来，工程技术研究院信息中心的崔猛和崔奕与外方反复沟通，不断争取扩大双方的合作领域。2023年4月14日至19日，依托沙特阿美国际合作项目，历时两年技术攻关和室内测试验证，“中东铁人团队”研制的钻井智

能优化与控制系统成功应用，标志着具有自主知识产权的钻井智能优化提速技术开始在沙特阿拉伯规模化应用，跻身国际高端市场。

合力打造海外科研高地，奋力拓展高端市场蓝海

兄弟同心，其利断金。

自2022年1月30日正式揭牌成立之后，中东科研与技术支持团队在工程技术研究院迪拜分院的带领下，贯彻落实“三新三化”要求，全力支持中国石油迪拜研究院建设。

这是中东科研与技术支持团队2022年助力打造中国石油海外科研高地的一组大事记：

2月，“中东铁人团队”细致梳理生产难题和技术需求，编写了西古1、鲁迈拉和阿布扎比项目技术支持工作计划。

3月，“中东铁人团队”根据中东地区技术需求，编写连续管、顶驱、自动化固井、高性能膨胀管等10项特色技术产品推介材料，协助中国石油迪拜研究院推广各项技术和产品。

5月至6月，“中东铁人团队”在工程技术研究院迪拜分院领导协调小组的统一指挥下，一体化、多专业联动优势得到进一步发挥，积极协助开展集团公司YAMAMA专项立项开题。

10月，“中东铁人团队”派出两名专业过硬、外语优秀的人才奔赴前线，开展现场技术支持和产品推广工作，得到了迪拜研究院领导的高度肯定。

12月，中国石油迪拜研究院给工程技术研究院发来感谢信，对中东科研与技术支持团队的大力支持表示感谢。

一流的团队创一流的业绩。截至2023年1月，“中东铁人团队”与阿曼五区项目公司多次开展控水增油和储层改造技术交流，获得项目公司和Daleel联合公司的高度认可，称赞此次技术交流是有史以来最成功的一次。

对于“中东铁人团队”的每个人来讲，他们所取得的成就本身就是一座高峰，但在他们心中，自己远未到达巅峰的顶端，还有更多的险峰等着他们去征服。

（工程技术研究院　付　晋　张国斌　刘　琦　杨国彬）

铸就物探中国“芯”

关键核心技术是国之重器，地震数据处理解释软件是中国石油物探进军国际高端物探服务市场的重量级砝码之一，东方物探公司自主研发的 GeoEast 处理解释一体化软件，实现了国产物探软件“从 0 到 1”的突破，彻底改变了我国石油物探软件长期依赖进口的局面，成为推动公司高质量发展的尖端利器。

——题记

2023 年 3 月底，东方物探公司与阿联酋 TII 公司签订 GeoEast 软件采购订单代合同，标志着 GeoEast 软件继 2022 年首次中标国际软件采购项目后在海外软件市场又取得新的突破。

2023 年 5 月 10 日，在西安召开的“第二届石油石化装备产业科技大会暨科技创新成果展览会”上，东方物探公司申报的“GeoEast V4.0 地震数据处理解释一体化系统”荣获 2023 年度中国石油石化装备行业新技术、新产品、新材料杰出创新成果奖，该成果在所有获奖的 30 项创新成果中排名第一，拔得头筹。

自第一代 GeoEast 诞生以来，20 年风雨洗礼，东方物探 GeoEast 研发团队秉承“开发一流软件，服务油气勘探”的初心，为中国能源勘探事业做出了不可磨灭的贡献。

如今，GeoEast 版本经过多次迭代升级，功能实现了从陆地到海洋、从纵波到多波、从时间域到深度域、从叠后解释到叠前五维解释的跨越；性能上实现了从数十 GB 级到 PB 级数据、从单工区到盆地级数据处理解释的飞升，提升了中国物探技术的影响力和国际竞争力。

习近平总书记曾经说过，“关键核心技术是要不来、买不来、讨不来的”。中国物探人几十年如一日，不忘初心、艰苦奋斗，团结一致、矢志创新，成功研发了 GeoEast 软件并不断推广应用，用实际行动打造了一颗物探中国“芯”。

炬 火

我国自主研发物探软件的历史始于 20 世纪 70 年代。

其时，历经数年攻关，我国自主研发的第一台百万次计算机 DJSG11（俗称 150 计算机）于 1973 年 10 月研制成功并交付石油部 646 厂（原石油地球物理勘探局前身）计算站使用。基于 150 计算机，老一辈物探技术与软件专家成功研制了我国第一套地震数字处理系统，并于 1974 年 4 月 2 日处理出被誉为“争气剖面”的第一张数字地震剖面。

150 工程的成功，有力推进了我国地震勘探数字化，开创了我国地球物理勘探资料处理的新时代。其后，随着国家的改革开放，许多国际先进的计算机和配套的处理解释软件纷纷进入我国，并长期占据主导地位。我国通过在引进、消化和吸收的基础上再创新，先后自主研发了银河、PE3284、KJ8920 等针对具体计算机平台的地震数据处理系统，有力支持了我国地震勘探技术由二维向三维的转型。

20 世纪 90 年代，由原物探局研究院自主研发的基于 UNIX 通用工作站平台的 GRISYS 地震处理系统和 GRIStation 地震解释系统，首开国产勘探软件产品化发展之路。这两个系统以富含针对中国地质特点的特色功能，在生产中发挥了独特的作用，使国产勘探软件市场占有率逐年上升。

2002 年，对于中国石油东方物探公司是意义非凡、喜忧参半的一年。公司国际业务收入首次超过国内业务，作业区域扩展到亚洲、非洲、拉丁美洲和欧洲 18 个国家和地区，海外作业队伍达到 27 支，这意味着东方物探公司的国际化战略、国际业务一体化发展目标初见成效。

但也因此，使西方竞争对手产生了危机意识，他们对我们实行技术封锁，想要在

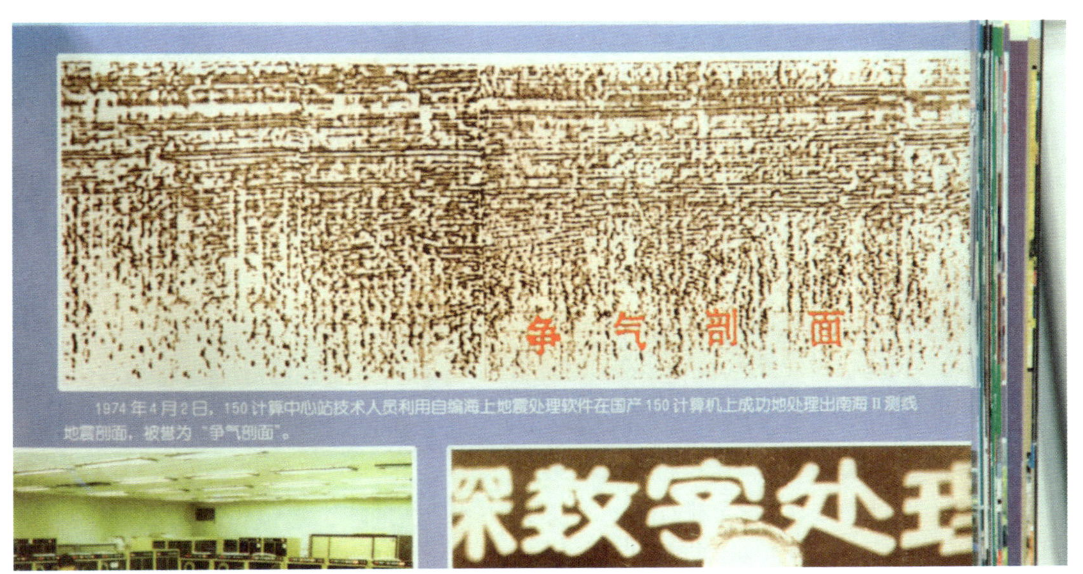

1974 年 4 月，处理出被誉为“争气剖面”的第一张数字地震剖面

召开 GRIstation 地震解释系统产品发布会

技术上卡住我们的“脖子”。

怎么办?

只有主动出击才能不受制于人。2003 年 1 月，中国石油集团党组高瞻远瞩，决心打造核心物探技术利器，把主动权掌握在自己手中，一次性投入 1.4 亿元资金，并将其确定为“十五”重大科研投资专项之一，这也是中国石油投资最大的科研项目之一。按照中国石油的决策部署，东方物探公司正式启动 GeoEast 地震数据处理解释一体化系列软件自主研发工作。

经过 600 多个日日夜夜的辛勤努力，研发团队不负众望，在 2004 年底即成功发布了 GeoEast V1.0 产品，形成了业内首套具有完全数据共享的处理解释一体化软件平台和基本的处理解释能力。东方之剑傲然出世，打破了西方的封锁美梦，为进一步研发和集成具有中国特色的处理解释应用功能奠定了坚实的基础。

世纪宏愿，今朝梦圆。一个中国石油没有地震数据处理解释一体化软件的历史被终结，开启了把核心技术掌握在自己手里的勘探新征程。

微　明

GeoEast V1.0 的成功发布犹如星火，使中国物探人看到了光明。但此时的 GeoEast V1.0 只具备了以陆上常规处理和基础构造解释为主的基本功能，犹如羽翼还不够丰满的雏鹰，要想成为搏击长空、与同类同台较量的雄鹰，还必须通过持续的功能扩充增

2004 年 12 月，GeoEast 一体化软件正式对外发布

强其解决复杂地质问题的能力，同时，已开发的功能及 GeoEast V1.0 首创的处理解释一体化平台和新的工作模式，也需要通过实际生产的检验来充分地暴露问题，促进产品完善。

因此，“十一五”期间 GeoEast 的研发工作主要包括新功能扩充、系统完善及试生产三大方面。在新功能扩充方面，以增加海洋资料处理、多波资料处理、VSP 资料处理，以及面向储层研究的地震属性系列、多井对比系统和三维可视化地质构造建模功能为主；在系统完善方面，则主要是结合试生产和现场处理应用暴露的问题和提出的新需求，以及与同类软件的对标，对已开发功能和平台进行修改完善；在试生产方面，主要依托东方物探公司研究院的处理中心和解释中心，选择了我国西部和东部的若干个典型工区进行应用和对标，同时还在国内物探队进行了现场处理的推广应用。

经过六年强筋壮骨般的持续功能扩充、系统完善及试生产的磨炼，GeoEast 的应用功能得到极大丰富，系统的完备性、稳定性及友好性得到大幅提高，生产应用的比例逐年稳步上升，彻底实现了从“研”到“用”的转变。

从此，GeoEast 以披荆斩棘、勇往直前的精神真正踏上了与世界同行正面较量的舞台！

在物探技术研究中心有这样一个人，他叫孙鹏远，从事地震资料处理方法研究和软件开发工作。他有着面对各类图纸数据的“火眼金睛”，有着面对“硬骨头”的挑战永不服输的劲头，一次又一次带领研发团队在探索开拓的“取经之路”上勇破险阻，为此，同事们都亲切地叫他“孙大圣”。

孙鹏远的“取经之路”崎岖难行。2008 年上半年的一天，在一次项目中期检查的

孙鹏远博士（右二）与团队成员讨论技术问题

评审现场，孙鹏远如坐针毡，因为他作为项目长负责的多波各向异性处理技术研发项目在评审中排名倒数第一，部分专家建议该项目暂停。听到这个结果，孙鹏远就如同被霜打的茄子一般，极为消沉。

2007 年，东方物探公司启动了高精度成像和多波地震等高端处理技术研发，由于多波地震技术是复杂油气藏勘探的重要手段，长期以来一直被国外垄断和封锁，再加上前期研究基础与项目管理经验薄弱、项目人员有限，两年周期内要完成 10 项技术的方法研究和模块开发任务，尽管经历了大量的文献阅读、技术讨论和算法试验等艰辛努力，整个项目进展仍极为困难。

尽管评审结果不尽如人意，项目进展前途渺茫，可是“孙大圣”岂是轻易就被打倒的。

“越是艰险越向前”，这是孙鹏远最常和团队说的话。

孙鹏远重新查阅大量文献，带领团队推导公式和算法试验，遇到不懂的问题就向国际知名专家写信请教。一开始，名不见经传的他并没引起专家的注意，他发出去的信就如石沉大海一般，可他并没放弃，坚持不懈地请教，每次的信中都详细描述自己的见解和推断，时间长了，一些专家被他诚恳的态度打动了。

“大圣，Mike 回信了吗？”项目组的小刘关心地问。

“回了回了，我正看呢，他说得很详细，我‘消化’一下，一会儿咱们讨论。”孙鹏远飞快地扫过电脑屏幕上的一行行英文，手里拿着笔迅速地在纸上画出一张图。

“这就对了，就是它，问题就在这儿”孙鹏远恍然大悟地说。

随着一个个难题不断被突破，2009 年，团队终于成功攻克了高分辨率多参数速度分析及多波资料高精度匹配等技术，并在后续两年内在转换波综合静校正、多波成像参数分析及建场、转换波方位各向异性参数分析与校正、多波各向异性叠前时间、深度偏移等技术领域取得了一批具有完全自主知识产权的原创性成果。

团队研发的 GeoEast-MC 多波处理软件被专家组鉴定为国际领先水平，当年被列为中国石油集团公司 32 项技术利器之一，彻底打破了长期依赖国外进口的被动局面，目前该软件成为裂缝型、隐蔽型油气藏及非常规油气藏勘探开发的技术利器，有力提升了东方物探公司乃至中国石油在国际市场的核心竞争力。

破 晓

经过“十一五”期间的磨砺，GeoEast 已从一个蹒跚学步的婴儿逐步成长为一个充满活力的健硕少年。试生产的结果证明，GeoEast 已具备了在东方物探公司进行全面推广应用的能力。

同时，生产应用的技术需求也在不断提高，高效采集、高密度、宽方位、深海及深度域成像等新技术日新月异，形成了新的技术壁垒；异构计算、分布式文件系统等计算机软硬件技术也层出不穷。这些对 GeoEast 系统的功能和性能都提出了新的挑战。

“十二五”期间，东方物探公司充分发挥生产科研一体化优势，坚持研用一体、相互促进、共同发展的理念，一手组织强攻深度成像及速度建模、OVT 五维处理、高效采集配套、海量数据大规模计算、盆地级连片综合解释等高端技术，一手组织 GeoEast 在东方物探公司的大规模推广应用工作，提出了“把 GeoEast 发展成公司处理解释业务主要生产科研平台”的目标，大打 GeoEast 软件推广应用攻坚战，并出台了多个配套政策。

在 GeoEast 软件产品用户交流会上，软件新功能受到用户关注

高端技术的攻关成果使 GeoEast 解决复杂地质问题的生产能力持续提高，实际生产应用力度和应用范围不断扩大，GeoEast 系统的功能和性能得到了进一步检验和完善。研用相长、迭代发展的机制保证了 GeoEast 生产应用

率逐年上升，到“十二五”末，GeoEast 系统在东方物探公司处理、解释的生产应用率分别达到 82% 和 84%，现场处理应用率达到 100%，GeoEast 系统从辅助地位成为东方物探公司主力软件平台，成功实现了对国外产品的替代，同时也获得了国外用户的广泛认可。

“手持利器显神威，力挫群雄载誉归。

寰宇任我游徜徉，再为东方添光辉！”

这是对这一时期 GeoEast 成就的高度赞誉和概括。

2012 年春天的一个周末，物探技术研究中心机房窗户的玻璃上映出一张垂头丧气的脸，“又失败了！”负责计算机程序试验的小张说。

“这是第几套方案了？”旁边一直等待结果的王成祥问道。

“第 11 套了。”小张一脸失望地说。

“别着急！”王成祥察觉到小张的情绪，安慰他说，“咱们换一套算法，这两天我有了一些新想法，接下来咱们可以试试。”

“头儿，什么时候才能有结果呢？”小张鼓起勇气把心里憋了许久的话说了出来。

“咱们查资料、推公式、做方案、搞开发、上机试验，一遍又一遍，都没有结果，我……”小张眼眶里亮晶晶的，说不下去了。

王成祥拍了拍小张的肩膀，“我知道你心里不好受。但是，我们每验证一个错误的方案，就离正确的方案又近了一步。软件研发的道路绝对不是一帆风顺的。”

像是说给小张听，又像是说给自己，王成祥的思绪回到了 8 年前。

那时，被任命为地震成像技术项目长的王成祥，面临着一个又一个棘手的难题。

当时，地震成像技术是一个世界级技术难题，而国内地震成像技术处于落后状态，缺乏研究积累，屡屡遭到国外商业对手的要挟，临危受命的王成祥感到了肩上担子的沉重。

“一定要拥有自己的地震成像技术！一定要给中国人争口气！说什么也要拿下它！”王成祥暗暗给自己定下了目标。

回想当初的誓言，想想这几年自己和十几名项目成员坚持不懈的积累，虽然已经失败了许多回，但王成祥总有一种感觉，一种黎明到来前的感觉。

第二天是周日，王成祥在家吃完午饭后主动要求洗碗，并美其名曰进行体育锻炼。半个小时后，妻子发现，厨房水池里的碗依然散乱地放着，王成祥却不见了踪影。

妻子循着动静来到书房，电脑前，王成祥正飞快地敲着键盘：“关于积分求和……”电脑边地桌子上，两个沾满洗涤灵的盘子满是泡沫，正静静地等着主人给它们洗澡。妻子又气又笑：“体育锻炼又变成脑力锻炼了！”

两周后，机房里，王成祥和六名科研人员围在一个显示器前，目不转睛地盯着屏幕，好像生怕错过了什么似的，周围鸦雀无声，明亮的日光灯定格了他们的身影。

终于，一个像夹心蛋糕的彩色图形出现在屏幕上。三秒钟后，爆发出雷鸣般的掌声和欢呼声。

“成功啦！终于成功啦！”负责软件开发的小王高高地抛起了白大褂，负责修改算法的小张激动地转起了圈，负责操作试验的小张咧开嘴笑了起来。

这是可以载入史册的一天，从这一天起，中国拥有了可基本用于工业生产的GeoEast地震成像技术，实现了地震成像技术从无到有的转变。

王成祥并不满足于眼前的成绩，他开始研究起油气勘探中复杂区地震资料的地震成像难题。

如果说之前的研究实现了地震成像技术的国产化，在地震成像领域入了门。那么现在王成祥要做的事情就是挑战世界级难题，与国外同类软件一较高下。可这谈何容易。

王成祥与数学、物探、计算机等不同专业的科研人员组成了项目组，开始了新征程。

科学研究的过程是不断创新的过程，也是不同思想交汇与碰撞的过程。唇枪舌剑般激烈的辩论经常出现于项目成员间。

“GPU版本，国外软件至今没有，我们无法参考，难度不可想象。”

“积分法时间偏移成像是网络密集型的，而GPU是计算量密集型的，算法不同，能行吗？”

“就是因为没有人尝试，所以没有新技术的产生，我们为什么不能做第一个吃螃蟹的人呢。”

这天，就是否开展积分法GPU叠前时间偏移地震成像技术的研发，项目组成员展开了激烈的讨论。

又是数不清的日日夜夜过去了，还是在那个明亮的机房里，还是那些科研人员，又围坐在一台显示器前。

所有人的目光追随着屏幕上不断出现的提示，最终锁定在“ok”的提示框上，那一刻，空气仿佛凝固了，大家你看看我，我看看你。

“成了？”

“成了！”

“真的成了？”

“真的成了！”

不约而同地，王成祥与大家的手紧紧地握在一起，内心的激动已经无法用语言来表达，就化成简单的几个字。

全国劳模王成祥博士（右二）与解释专家讨论问题

此时此刻，又有多少人知道，在这个机房里，这些科研人员，研发了一项世界首创的新技术，积分法 GPU 叠前时间偏移地震成像技术。

历史将向这一刻回首，这项新技术的诞生不仅解决了 CPU/GPU 大规模并行协同计算的技术难题，而且标志着，在地震成像技术领域，中国人终于可以扬眉吐气了。

2015 年底，王成祥团队研发的地震成像软件不仅整体达到了国际同类软件技术水平，而且计算效率达到了国际领先技术水平，圆满完成了集团公司下达的研发目标。

2015 年，王成祥被授予“全国劳动模范”称号，在接受记者采访时，他说：“国产软件还有很长的路要走，我只是做了自己应该做的，并且会一直做下去。”

绽　放

“十三五”期间，GeoEast 研发团队及产品面临着三大挑战。

一是全球物探市场竞争格局发生了深刻变化，国际物探公司加快了结构调整，主要竞争对手着力发展处理解释等轻资产、高技术含量、高附加值的业务领域，不断构筑新的技术壁垒，技术门槛不断抬升，技术更新越来越快，GeoEast 面临更高挑战。

二是股份公司勘探与生产分公司决策，“十三五”期间在中国石油各油田及相关科研院所全面推广应用 GeoEast 系统，经过两期共 6 年的推广应用，到“十三五”末成为中国石油的处理解释软件主力平台，要实现该目标，必须解决 GeoEast 产品链向油藏的延伸及如何落地到采油厂的问题。

三是云计算等计算机新技术已可预期，处理解释业务的模式将发生重大变化，基于21世纪初期计算机技术的软件平台急需更新换代。与此同时，经过10多年的磨砺，软件产品能力和行业影响力站上新的高度，推广应用深度和广度出现新的局面，国产软件事业发展进入了新的阶段，GeoEast团队面临着如何进一步提高创新创效能力的考验。

面对这些困难与挑战，GeoEast团队并没有退却，也没有被吓倒。

他们紧紧围绕物探前沿技术研究、股份公司推广应用工程实施、新一代软件平台研发三大中心任务开展攻关，先后突破海洋节点OBN资料处理、高效混采数据分离、叠前五维解释等关键技术瓶颈，在部分技术上实现了差异性竞争优势，确保了东方物探公司在国际上保持综合实力业内第一；成功开发了具备多学科协同、云模式共享、多层次开放、可有效管理PB级海量数据、支持大规模并行计算的新一代软件平台GeoEast—iEco，以及全新一代的处理解释一体化软件产品GeoEast 2021。

2018年，熊晶璇加入GeoEast软件研发团队，从此，她对所承担的使命有了更深刻的认识——打造物探“中国芯”。

对于写代码、编软件，熊晶璇有着自己的理解和认识：“很多人觉得像苦行僧，很枯燥，而且还被戏称为‘码农’，但我很喜欢，因为代码可以把理论变为工具，让技术化作利器，给工作带来很大改变。”

她沉浸在代码语言的世界里，用数学公式、各种符号以及英文字母默默描绘着自己的人生。仅在2021年，熊晶璇一个人就承担和参与了集团公司项目2项、局处级项目6项。

攻坚克难，心无旁骛，熊晶璇说：“我觉得自己很幸运，能够从事热爱的工作，拥有东方物探公司这么好的平台，有足够多的地震数据供我们测试，处理解释项目供我们推广应用，我才能在岗位上创造自己的价值，为国家找油找气事业尽自己的一份力量。”

2019年，熊晶璇创新工作室应运而生。这是东方物探公司一支重要的研发团队，主要承担静校正、采集观测系统、人工智能处理技术的攻关和创新。工作室共有9人，其中，有6名博士、3名硕士。

作为工作室负责人，也是唯一的一名女性，熊晶璇承担着巨大的压力和责任。

不同平台代码如何整合？

野外、室内处理重点如何兼顾？

……

工作室运行初期，一系列问题迎面而来。

回想起一开始面临的困境，熊晶璇摇着头说：“真是一筹莫展！当时能想到的技术路线都有不可跨越的障碍，但我就是想攻下这个难关，无论如何都一定要攻下这个难

熊晶璇（一排左一）创新工作室“会诊”静校正技术难题

关。”重重困难反倒激发了这个川妹子不服输的“辣劲”。

她向身边的公司高级专家请教，与用户反复交流沟通，到专门的软件公司学习。

早上天不亮出门，晚上回家已是凌晨，代码写了8万余行，孩子愣是一个月没见着她。每天都追问爸爸，妈妈去哪里出差了，为什么不带她去动物园。

在GeoEast新平台静校正软件包研发交流群里，熊晶璇总是那个被“呼叫”次数最多的那个人。而“我在，马上解决”是她最常用的回答。她是这样说的，也是这样做的。

她遍查各种资料，带领团队进行设计创新，引入微服务软件架构理念，确保开发的一致性，让问题迎刃而解。

功夫不负有心人。历时两年高强度攻关，破解了无数难题，功能完整、技术领先、全交互、可拓展的新平台静校正软件包研发成功，并被集成在GeoEast软件中，使这个集团公司十大科研项目之一的重要软件更具竞争力。

2022年“三八”妇女节前夕，熊晶璇入选集团公司“感动石油·巾帼风采”人物，作为东方物探公司的优秀女性科研代表站上了更广阔的舞台，充分展示了新时代科研女性的风采。

进入“十四五”，GeoEast团队把目光投向更远的远方，他们要在实现软件的“生态化、智能化、差异化、一体化、国际化”上下功夫，以高质量技术供给支撑引领中国能源勘探事业行稳致远。

（东方物探公司　李铭明　王纳申）

从无到有　星火征途

——CG STEER 国产旋转导向钻井系统十三年磨一剑

勇往直前　翻过最高的山

“那是 2019 年的 4 月 29 日到 5 月 28 日期间”，无论何时谈到 CG STEER 旋转导向钻井系统的发展历程，白璟都会提到宁 216H6–1 井，也会脱口而出这个时间段。在此之前，CG STEER 刚完成新一轮功能升级，按照自主探索出的“平衡趋势造斜率预测模型”，把理论造斜能力提高到了 10 度 /30 米以上，并在 2018 年底形成第二代工业样机，在刚结束不久的模拟井验证中，打出了 11.7 度 /30 米的高造斜率，令人振奋地终结了持续近十年徘徊在 4 到 6 度低造斜率的处境。在宁 216H6–1 井进行的这次现场试验，是脱胎换骨后的第二代 CG STEER 工业样机“一唱天下白”的关键战役。

作为国家科技重大专项项目旋转导向钻井系统研制课题的副课题长、川庆钻探钻采院副院长白璟一直在现场驻守，严密观测第二代 CG STEER 应用于现场的性能反馈。当发现开始二趟钻后，CG STEER 出现了井下信号不稳定、钻进状态下无法正常传输和解读数据的问题时，他心急如焚。恰在此时，地质导向师提示地层提前，需要立即以 10 度 /30 米以上的造斜率尽快着陆。摆在白璟面前有两个选择，一是放弃试验，用其他工具抵达目的层；二是继续钻进，信赖 CG STEER 的造斜能力。选择一，意味着 CG STEER 会错过一次证明自己的机会；选择二，如果造斜不成功，错过产层，将给宁 216H6–1 井带来不可挽回的损失。

白璟顶着各方压力，申请进行一次静态测试，以便判断信号不稳定的缘由。在确认故障源自脉冲传输不稳定，工具性能没问题后，他果断拍板：“让我们打！”随后，CG STEER 勇往直前，擦着产层惊险地打了个水漂后，以 11.2 度 /30 米的最大造斜率，顺利着陆。当后续井下数据传达地面后，盯守在地面主机旁的十多号人瞬间欢腾，跳起来击掌庆祝。

课题组成员、川庆钻探钻采院科技研发中心的张继川把这个夜晚视作自己 2019 年的年度记忆，他记得在众人的欢呼中，白璟悄悄走出监控室，在井场边点了支烟，望着钻台出神，看不清他的神情，只看到烟头的星火明明灭灭。张继川说，那是整个 CG STEER 旋转导向钻井系统研发团队最欣慰最放松的时刻。白璟则形容，那一刻，最高

宁 216H6-1 井 CG STEER 旋转导向系统工业化应用首战告捷

的山已经翻过去了，如释重负。

宁 216H6-1 井完钻后拉起了红红的横幅——热烈庆祝 CG STEER 旋转导向系统工业化应用首战告捷，这成为川庆钻探公司在川渝页岩气成功实现替代进口产品完成全井段导向作业的标志性事件。

优势互补　挽起强强联合的手

在宁 216H6-1 井之前，CS STEER 旋转导向钻井系统走过了漫长的自主研发之路。2008 年，川庆钻探启动旋转导向系统研究；2010 年，开始与航天科工惯性科技有限公司成立产学研联合攻关团队；2013 年，完成推靠式原理样机试制和验证；2015 年，通过公开竞标获得国家“十三五”油气专项项目“非常规油气钻井关键技术与装备”支持，从此在自主研发旋转导向、并向工业化产品进军的艰难征程上披荆斩棘。

斯伦贝谢、贝克休斯、哈里伯顿三大国际油服公司从 20 世纪 90 年代初起，开始研制旋转导向钻井系统，发展出推靠式、指向式、混合型三种技术思路，经过三十多年的发展，分别形成自己的商业化产品，并形成市场垄断。旋转导向钻井系统是公认的、代表当今世界钻井技术发展最高水平的自动化高端技术装备，是非常规油气资源勘探开发的核心关键技术，它革新了导向方式，能引导钻头朝着优质储层段钻进。在理论上，它有促使水平段无限延伸的能力，能明显提高油气采收率和单井产量，是美国掀起页岩油气革命的幕后推手，更是钻井提速提效、减少事故复杂的利器。

“搞清了旋转导向，我们就摸到了石油行业钻井技术的上限。”这样的技术当然处处都是技术封锁和技术壁垒。首先，它是集机、电、液、测、控为一体的井下自动/智能控制系统，涉及钻井工程、力学、数学、自动化、电子电路、姿态控制、结构力学、材料学、软件、地质力学、钻井液、机械等十多个高精尖专业，技术集成难度大，不借助外力寸步难行。其次，它必须具有较强的工程适应性，要满足工程条件要求，是“拿来用”的家伙什，不是“摆着看”的高科技。国内与 CG STEER 同时起步，或者早于 CG STEER 的研发团队还有好几个，基础原理研究基本都已突破，但在页岩气实现工业化应用的，只此一家。

“做正确的选择，选择做正确的事”，在 CG STEER 从无到有的星火征途中，这一观念贯彻始终。2009 年，川庆钻探首次与航天科工惯性科技有限公司（后简称航天科工三院）建立联系，了解到对方在国内惯性控制行业处于领先地位，能为研制旋转导向钻井系统提供工具姿态控制、井下工具电路设计与制造、电能/信号传输等领域的专业帮助，而川庆钻探在动态钻柱力学、工程适应性设计与制造方面具有技术优势，双方一拍即合，于 2010 年起，走上跨地域、跨行业联合研发之路。2015 年，中国石

课题组成员既是研发者又是推广者，还是维保者，每个人都要熟悉所有原理和流程，为系统的稳定性、可靠性保驾护航

油大学（华东）加入课题组，增强了理论研究实力。三方达成成果共享、合作共赢的共识，建立起科研资源对等投入、共同掌握核心关键技术的合作模式。这一模式建立了一个科研项目从理论研究到设计思路提出再到实践验证的全闭环，三股力量互为作用，推动 CG STEER 在这个闭环里精益求精。

此外，获得国家科技重大专项立项，得到国务院国资委、集团公司、油田公司的高度关注和大力支持也是 CG STEER 能坚持走到底的信心和力量源泉。川庆钻探公司更是为 CG STEER 的研发大开绿灯，紧紧围绕研发需求开展顶层设计，层层压实责任推动现场试验。课题长、川庆钻探首席技术专家陆灯云在谈及研发过程遇到的困难时表示，从原理样机走向工业化产品是一个漫长而艰苦的过程，从知道做的方向到真正做到，还有万水千山要跨越。但是，他坚定地说：我们没有时间彷徨！

集智攻坚　蹚出国产化之路

自 2013 年原理样机问世后，课题组以三年一代的速度完成技术迭代，于 2015 年推出基本具备旋转导向功能的第一代工业样机，但 4—6 度 /30 米的造斜率，距离 8 度 /30 米的最低造斜率还有差距。2016 年到 2018 年底，课题组开始针对旋转导向的各子系统进行瓶颈和短板攻关，在做大量功能性试验的基础上，先后到 12 口井进行现场功能试验验证。过程中，实现了从水平段稳定延伸、到造斜段精准控制、最后再到零度造斜功能的突破，这些，都为 2018 年推出第二代工业样机打下了坚实基础。其中，最振奋人心的突破还是摸清了推靠式旋转导向系统的复合力学模型，将理论造斜率提升到 12 度 /30 米以上，也就有了宁 216H6-1 井一次性打成造斜段和水平段的创举，拉开了 CG STEER 工业化应用的序幕。

在 CG STEER 旋转导向钻井系统逐步工业化的过程中，课题组对旋导技术的认识逐渐明晰，并深切体会到，在石油工业这个实践性非常强的行业里，“实践是检验真理的唯一标准”。在三方合作中，川庆钻探钻采院始终起到主导作用，充分发挥在动态钻柱力学、工程适应性设计与制造方面的优势，在何去何从的方向问题上，在精益求精的细节追求中，始终以满足井下需求为前提，不断提升 CG STEER 的工程适应性。

虽然国际油服的旋转导向钻井系统已经发展到第五代产品，我们走的是模仿、追赶的道路，但是，能模仿的只有基本原理和看得见的外观结构，其余的，小到一颗螺丝怎么固定、27 组数据如何通过一根线来传递，大到如何在 17 到 23 毫米厚的非旋转套上，集成各种功能模块……只有靠自己一点一滴摸索。

在这个过程中，既有他山之石的助攻，更有神来之笔的创新。CG STEER 由地面系统、随钻测量模块、发电 / 双向通讯短节、中枢控制短节、伽马成像短节、电阻率随

无数的小型试验在同时展开，科学严谨，驰而不息

钻测量短节、挠性短节、导向短节八大部分串联组成。其中，导向短节是核心控制单元，其核心部件非旋转套上集成了智能控制模块、微腔高压导向模块、多体系电控模块、低速旋转控制模块等。钻压、扭矩等通过主轴传递给钻头，主轴与非旋转套之间，设计有独特的推力与径向轴承系统，实现了主轴高速旋转情况下，非旋转套缓慢可控旋转，满足了旋转导向挂接螺杆钻进提速需求。主轴与非旋转套之间空间狭小，在遭受近钻头多维度流体冲击的情况下，很有可能因外力振动磨损搭载的模块元器件，如何安装电路板就成了确保系统性能稳定的关键一招。为此，科研人员另辟蹊径，以吸振的方式抗振，发明了电路板悬浮安装降振法，把电路板包裹在一种特殊的胶体中，像琥珀一样置于导向机构的狭小空间里，这一近距离磁感应传输抗压抗损工艺为近两年 CG STEER 的稳定性作出了贡献。

这样的故事每天都在 CG STEER 身上发生，被倾注了心血和智慧的它，能精准控制井眼轨迹，能实时传输钻井参数，还可以接收地面指令进行作业，它已不是简单的钻井工具，而是井下机器人。这个机器人既要在高温高压的地层深处作业，又要反应敏捷、头脑清晰，兼具功能性、稳定性和可靠性。今天的 CG STEER 经过 40 多口井的现场功能验证和应用试验，它的累计进尺已超过 65000 米，且相继突破了“造斜率低”“能量与信号传输不稳定”“工作寿命短”等关键技术瓶颈，形成了造斜率预测等 6 大核心技术，系统国产化率达到 95%，共申报发明专利 50 件，综合性能已达到国外

通宵达旦讨论是家常便饭，头脑风暴更是研发必需，CG STEER 是智慧的结晶，实践的结果

公司同类产品水平，填补了国产旋转导向钻井系统在陆上非常规油气区块规模化应用的空白。

2021 年 6 月 18 日，CG STEER 通过国家能源局委托、大型油气田及煤层气开发专项实施管理办公室组织的“十三五”项目综合绩效评价验收，以综合绩效 94.2 分的成绩获得专家组高度评价，这标志着由川庆钻探承担的国家课题“旋转导向钻井系统”完美收官。按照国家科技重大专项课题的总体安排，CG STEER 旋转导向钻井系统将在 2021 年完成 40 口井、2022 年完成 50 口井、2023 年完成 60 口井的工具功能试验，以满足系统不断提升功能性、可靠性和稳定性的需求。

整装待发　奔赴迢迢征途

6 月 22 日，川庆钻探钻采院定向井技术服务公司的工程师寇明正前往四川省三台县，这一带与西充、盐亭、射洪连成了目前川渝致密气藏的主战场，以打秋林河道砂体为目的层的致密气勘探开发正如火如荼。2020 年 7 月 19 日，秋林 211–8–H1 井以 12.54 天的完钻周期，创下了致密气油气钻井提速的新纪录。这个成绩离不开 CG STEER 所助的一臂之力，CG STEER 也凭借这口井一趟钻打完造斜段和水平段，赢得征战致密气藏的钻井队的青睐。

2019 年 5 月，率队打秋林 205-8-H1 井的川庆 40122 钻井队队长赵鹏，第一次见证 CG STEER 旋转导向钻井系统在致密气藏上的威力，此后他在该区块打的每一口井都有 CG STEER 的身影。打得最顺畅的一口井是秋林 209-8-H2 井，用时 15.5 天完钻，创造了旋转导向单次入井进尺纪录。他对 CG STEER 的评价是，越打越好，越用越顺。他对比过与秋林 209-8-H2 井类似的金浅 2 井，那口井打了 43 天，比秋林 209-8-H2 井足足多了 28 天，以井队每天运转成本 9 万元计，这节约的 28 天就是 200 多万元。赵鹏自愿当起 CG STEER 的宣传员，夸奖国产旋导不仅服务费便宜，而且性能卓越，驰骋致密气藏所向披靡。

寇明的日常工作是带队推广应用 CG STEER，在接触 CG STEER 之前，他使用贝克休斯的 ATC 旋转系统为井队提供服务。先使用国外产品，再使用国产产品的经历，让他体会到 CG STEER 的中文操作界面具有易理解、易上手的优势，而其性能与国外产品不相上下。最关键的，CG STEER 旋转导向钻井系统强大的维保团队，让寇明在使用过程中后顾无忧。

每入一次井，一串 CG STEER 旋转导向工具就需要进行一次维保。课题组在河北涿州和四川广汉建立起系统总装和维保基地，不仅具备自主可控的单元制造能力，而且具备四级维保能力，能对 CG STEER 旋转导向钻井系统 107 类 167 种 6700 多个零部件进行维修保养。高达 95.8% 的国产化率，25 人的维保团队，使得 CG STEER 不怕坏、坏不怕。

到 2021 年 6 月，CG STEER 已经在川渝、长庆、苏里格等地区开展工业化应用，用稳定造斜能力 10.5 度 /30 米，系统单趟最长入井时间 403 小时，通过 175℃高温试验验证，打出一趟钻水平段 2331 米进尺纪录等技术指标，全面完成国家科技重大专项的各类考核。

每一串工具进行现场试验和应用后，都会回到位于广汉的旋导维保基地进行检修和问题查改

它的横空出世，一举改变了国外公司只提供服务、不出售旋转导向系统的销售策略，加快了进口旋转导向系统在国内销售的进程，增加了国内旋转导向工具的数量，推动了我国非常规油气资源规模上产，并以绝对的价格优势，迫使旋转导向系统的市场销售价格、

服务价格急剧下跌，为非常规油气资源勘探开发降本增效贡献了不竭动力。

宝剑锋从磨砺出，梅花香自苦寒来。CG STEER 旋转导向钻井系统研发团队在十三年的上下求索中，始终怀抱科技报国的远大理想，用智慧、心血和汗水，铺就了国产旋导的自主产业化道路。从此，一个属于中国的旋转导向时代来临！

（川庆钻探工程公司　刘　玲）

CG STEER 国产旋转导向钻井系统课题组成员合影

在“死亡之海”智进地球深部

——记工程技术研究院塔里木工程技术支持团队

作为我国陆上最大的含油气盆地，塔里木却被国际地球物理学家称为“勘探禁区”，不仅因为其地面环境恶劣，酷暑、严寒、风沙、洪水……几乎集齐了所有的地球恶劣气候，更在于地下的油气资源复杂，勘探开发几乎不可能。

中国石油人向难而进，攻坚啃硬，1989 年塔里木会战以来，逐渐打开局面。我国陆上第三大油气田——塔里木油田拔地而起，矗立祖国西极。中国石油工程技术研究院作为重要的参战队伍，2010 年派驻技术支持工作组，2013 年正式成立塔里木油田技术支持团队，扎根一线，以解决现场生产难题为导向，充分发挥研究院技术研发优势，与油田和各大钻探队伍开展联合攻关，形成精细控压钻完井、国产油基钻井液体系、高强韧性固井水泥浆体系“三大法宝”，高效解决了库车山前盐膏层安全快速钻进“心病”，有力支撑了复杂深层油气藏的开发利用，并不断创新优化升级深井超深井钻完井技术，科技助力塔里木油田万米深井钻探，为保障集团公司持续增储上产，筑牢国家能源安全防线作出了卓越贡献。

从克深开发，到博孜救险，再到山前井控……在一次次的油气攻坚战中，工程技术研究院塔里木技术支持团队发扬石油精神和大庆精神铁人精神，无惧险阻，深耕地下，书写着以担当和创新端牢能源饭碗的时代华章。

井控领跑者
精准调控“血压平衡”中枢　奋进争创“自主安全”时代

库车山前钻井难于上青天。其地层深处发育的巨厚盐膏层，就像沼泽，钻头进入就陷入地层压力系统复杂、高压盐水发育、恶性漏失等各种“敌人”围攻。

熟悉石油的人知道，遭遇这些世界级钻井难题，钻井施工作业时，极易因钻井液密度低、井漏等造成盐膏层缩径卡钻。据统计，传统钻井技术在盐膏层钻井的事故率是常规地层的 3 到 5 倍。

克深 10-2 井就是这样一个“狡猾的敌人”。克深 10-2 井四开裸眼井段钻井过程中受盐膏层蠕变、盐间高压层和薄弱层共存、盐底卡层困难等因素影响，井底当量密

精细控压团队顺利完成克深 10-2 井控压作业任务后与驻井专家合影留念

度略高时发生井漏，略低时出高压盐水，但为对抗地层蠕变，需要适当提高钻井液密度，导致在多重制约因素影响下，几乎没有压力平衡点，属于“零窗口”，存在井漏和高压盐水溢流的风险。

提密度就漏、降密度就溢，这是死循环啊！考验团队精细控压能力的时候到了。

一波未平一波又起。因情况紧急，现场要求 48 小时内开展安全钻井作业，还面临生产组织和设备动迁的难题。

“有条件要上，没有条件也要上。”油田子弟出身的郭庆丰，从小被铁人精神耳濡目染。“不为失败找借口，要为成功找方法”已经成为他和他的控压团队应对难题的不二之选，也是他们锲而不舍、矢志不渝追逐铁人精神的特有品格。

发挥党员先锋模范作用，把党小组建在团队。他反复鼓励队友：“膏盐层裸眼段蠕变和盐水层钻完井实现安全作业，是我们这次任务最主要的目标。我们要发挥党员先锋模范作用，激发青年科技骨干力量，凝聚团队精神，发挥直属科研院所的技术优势，战胜库车山前盐膏层钻井这一世界性难题。”

一场攻坚战就此打响。兵分两路，一路王正旭和屈宪伟带队赶赴井场做现场踏勘，一路由张鑫、张景田带队连夜赶赴设备基地，争分夺秒地开展备料、设备起运等一系列工作。

踏勘前得知交通线路崎岖，没有通信信号，导致无法实现精准定位，难以与井队取得联络。“我们自己绘制地图。”有人说，“虽然费工夫，但管用。”踏勘人员带上手机和电脑，仔细记录沿途经过的路标，最终一幅实用的简易地图出炉了。

运输设备的车辆，及时驶达了井场。控压团队在驻井专家刘伟教授的带领下，征衣未解、人不下马，连续安装设备。25 个小时过去了，设备试压顺利完成。任汗水洒满井场，当控压设备第一时间切换至井场控压作业流程时，团队每一个人都松了一口气。

最终，克深 10–2 井通过准确计算环空压耗，编制高压盐水层微流量控压钻进、长程起下钻、控压防漏辅助探盐底、控压固井等技术施工方案，四开盐膏层精细控压钻完井作业取得圆满成功。

钻井液突围者
精细净化“盐层钻井血液” 争先勇当“深层治水先锋”

钻井液是钻井工程的“血液”，在库车山前，输血却面临两难。一方面，传统的水基钻井液难以满足库车山前复合盐膏层安全钻进，“血型”不配；另一方面，油基钻井液体系可有效应对盐层污染，但该地区初期的油基钻井液技术全部被国际公司垄断，只提供昂贵技术服务，油基钻井液关键处理剂需要进口。

“万事不求人”，唯有自己研发核心处理剂。杨海军在 2012 年带领油基钻井液攻关团队，经过数以百计的合成实验，数千次的评价实验和数十次的中试放大试验，用完的重晶石以吨来计，记录的实验数据超过 1000 多页，不断优化处理剂分子结构和体系性能，终于形成抗高温高密度油基钻井液技术。

这项技术，在塔里木勇不可当，堪称钻井“网红”。2017 年，完成库车山前超深井克深 1101 井油基钻井液技术服务，从此打破国外技术垄断；2018 年，库车山前克深区块中石油最深井克深 21 井完钻，刷新抗高温超高密度油基钻井液应用 3 项纪录，标志着抗高温超高密度油基钻井液技术整体达到国际先进水平，有力推动国产油基钻井液技术的跨越式发展。同年，该技术获“中国石油十大科技进展”和技术发明二等奖，2019 年完成集团公司“新产品发布”。

杨海军作为钻井液驻井专家在中石油深地塔科 1 井开钻仪式上合影

而其攻坚克难的经典案例是应用在克深 1101 井。这口井是库车坳陷克拉苏构造带的一口评价井，三开至五开使用抗高温高密度油基钻井液体系，完钻井深 6700 米。四开深层盐间遭遇漏—溢—漏同层，如果采用常规提高钻井液密度压井将带来恶性井漏，实施排水降压技术可降低井漏风险，但对油基钻井液抗污染能力提出很高的要求。

杨海军同油田公司和钻探公司技术专家共同制定控压排水的技术方案。排放盐水过程中，从大年初一至初六，他连续六天衣不离身、鞋不离脚，吃住在井场，紧盯钻井液性能。该井通过64次控压排出1100余立方米高压盐水，钻井液密度降至2.19克/厘米^{3}后成功恢复钻进，钻井液保持良好的流变性，结晶盐未堵塞管道，无井下事故发生，保障了克深1101井复杂盐膏层及深层钻井、取心、电测、下套管和固井完井作业的顺利实施。

克深21井是又一个经典案例。作为2018年中国石油的最深井，该井面临高温、高压、盐水、超深巨厚盐膏层共存的巨大挑战，也是检验工程技术研究院油基钻井液体系的关键一战，堪称“上甘岭”。

当时项目第一阶段成果落地，就要与国际知名油服公司“同台竞技”。过去多年间，国内市场都是由国际油服公司服务，论经验论技术成熟度，国产技术都不占优势。杨海军主动请缨，带领团队长期住在施工现场，最终的竞技结果让人激动——国产技术创造了该地区井最深、密度最高和温度最高3项纪录。与国际知名钻井液公司完成的邻井相比，井更深、密度更高、性价比更优，高效助力油田降本增效。

每一次研发成果的精准有效，都是因为杨海军离现场“更近一步”。从克拉克深，到博孜大北……塔里木油田的井场，都留下了他的坚实足迹。

钻井守护者
精心调理“高强韧性”骨骼　砥砺奋进“井筒完整性”架构

库车山前区块井深6000—8000米、温度130—180℃、压力高达180兆帕，“三超”特征显著，同时裂缝发育、密度窗口窄、固井难度大、密封要求高，如何保证井筒完整性、提高封固质量，一直是横亘在钻井界的超级难题。

工程技术研究院固井研究所吕斌与攻关团队凝智聚力，搜集库车山前已完钻井的录井、固井和测井资料，在那段艰苦的时间里成为最稳定的最后一批熄灯人。功夫不负有心人，通过逐项分析总结规律，调研华北、大庆等东部区块高温高压深井超深井固井工艺及水泥浆体系，吕斌带领团队针对性地开发了以表面改性高温增强材料、微交联稳定剂、高性能膨胀增韧材料为主剂的高强韧性水泥浆体系，水泥石28天抗压强度可达40兆帕以上。

与此同时，结合库车山前盐膏层、目的层尾管固井难点及密封要求，从保证环空冲洗效率、全过程平衡压力固井等方面入手，形成井眼准备、下套管速度设计、套管居中度分析等全套固井工艺技术措施。

测试钻井液性能时，他们是“人形支架”，即使热浪滚滚也要与钻井液工程师一同

吕斌与水泥浆化验小组成员，在每日的巡检路上

守在钻井液罐上，掌握最新的钻井液流变数据；下套管时，他们化身移动加热炉，即使手指冻得僵硬也要与司钻、套管队一起握牢秒表掐准套管下放速度；编制固井方案时，他们变形为超能计算器，即使基础资料千头万绪也要与建设方、协作方一起抽丝剥茧梳理出最佳步骤。

应用新体系、新技术的大北 1101 井，是 6 年内首口负压验窜合格井，克深 132–2 井四开创 2019 年库车山前盐层固井质量最好纪录，大北 12–H1 井二开固井质量合格率 100%、较同区块改善明显，克深 24–4 井五开创克深区块复杂深井固井综合质量最高纪录，博孜 3–K1 井三开首次实现博孜区块 4500 米单级固井一次上返，博孜 3–K2 井四开较同区块平均合格率提高 36%、优质率提高 28%。

塔里木油田一直就有一个雄心勃勃的计划，即在“十四五”期间加快天然气储气基础设施和油藏型战略储气库建设，致力于保障季节调峰、应急供气和国家能源战略储备。

规划丰满，现实却很骨感。储气库井寿命周期长、安全性要求苛刻，运行过程中要长期承受交变应力、温度的冲击，对水泥环的密封能力、力学性能、固井质量提出了更高的要求。

怎么办？吕斌带领技术团队挺进塔里木盆地西南坳陷和塔克拉玛干沙漠腹地。由于身处环境艰苦的一线，再加上反复的新冠疫情，他的休息时间一减再减。干燥的气候和长期驻扎一线的思乡之情常常使他身心异常疲惫，干燥的气候，苦涩的风沙，再加上复杂的工况，无形的压力交织在一起，让他嘴角的水泡起了一波又一波；远方一双儿女甜甜的浅笑，也是他心头舍不掉的牵挂。

但他知道，生活上的艰苦是小事，解决技术难题才是最大的挑战。不懈的努力下，团队人员不断推动学科交叉融合和跨学科研究，引入固井新理念、新模式，结合工程技术研究院储气库井固井经验，制定细致缜密的固井方案，不断优化完善具有自主知识产权的高强度韧性防窜水泥浆体系和抗污染高效冲洗隔离液技术，克服新疆地区新冠疫情影响，与塔里木油田产能建设事业部、川庆井下事业部、西钻巴州分公司固井项目部等协作方深入合作，顺利完成柯 7K-H1 井、柯 7K-H3 井、东河 1-H21 井和塔中 4-C6-H1 井等固井施工参数 AnyCem 软件模拟和固井水泥浆技术服务。

甲方和合作方竖起了大拇指。点赞消解了家人的怨气，也增强了吕斌和技术团队的底气。实践中，他们逐渐形成塔里木盆地储气库固井核心配套技术，满足了储气库规模高效建设的迫切需求，为优化利民管道运行模式、提高现有管道输气效率、保障南疆地区冬季调峰供气等起到了积极作用。

困难是磨刀石也是试金石。塔里木油田技术支持团队秉承“十年磨一剑”的韧劲和耐力，突破了库车山前盐膏层钻完井理论认识，实现了针对盐膏层特殊地层的控压钻完井工艺与配套井筒工作液体系的技术革新，夺取了攻克盐膏层钻完井难题“攻坚战”的重大胜利，实现了从“打不成”到盐膏地层等极端工况“打得快”“固井优”和“靠得住”的重大跨越，为塔里木油田库车山前盐膏层安全钻完井提供了强力支撑。技术支持团队先后获集团公司科技工作创新团队、十大科技创新奋斗团队、中国石油和化学工业联合会创新团队奖等荣誉称号。

塔里木项目部经理陈志学带领技术支持人员参加红色主题教育，学习马兰精神和“两弹一星”精神

“我们是党的队伍，听从党的指挥，能打胜仗，我们的征途不仅有星辰大海，还有深地工程”，工程技术研究院塔里木技术支持团队说，“作为石油科技工作者，我们将牢记习近平总书记对中国石油及中国石油相关工作的重要指示批示精神，胸怀‘国之大者’，闻油而动、闻气而动、闻难而上，坚定不移进军万米超深层，争做超深油气勘探开发技术进步的引领者，打造超深油气勘探开发钻完井技术策源地。我们将全力攀登‘地下珠峰’，加大勘探开发力度，当好能源保供‘顶梁柱’，推动我国超深层钻完井技术实现跨越式发展。”

（工程技术研究院　刘裕双　王正旭　张家旗　吕　斌）

“造血者”的一天

1966 年，伴随着大港油田的隆隆钻机声，渤海钻探泥浆公司拉开了发展的序幕。如果说，50 余年的发展历程，是一部披荆斩棘的奋斗史，那么科技创新就是其中最为恢宏的篇章。站在推动企业持续高质量发展的今天，回望过去、直面未来，泥浆公司科技发展的脉络如此清晰而又熠熠生辉，这背后，离不开一代代为油龙气虎“造血”的泥浆人。

——题记

泥浆是什么？众所周知——钻井的“血液”，也叫钻井液。“血液”赋予了钻井生命的活力，它的重要性不言自明。然而，又是谁赋予了“血液”的生命呢？

是他们。他们的世界，是透明无瑕的玻璃器皿，是五颜六色的材料试剂，是丰富多彩的化学反应。工作看似轻松，可背后，凝聚着他们勤于钻研、甘于奉献、善于思考、永不言弃的创新精神。他们，就是渤海钻探泥浆公司的“造血者”——钻井液研发中心科研团队。

钻井液研发中心，拥有 14 个大型综合实验室，各类钻井液仪器 300 余台 / 套，主要承担钻井液体系研究、产品研发、现场技术升级、产品质量检测及产品标准制修订等工作。在这个仅有 33 人，平均年龄 36 岁的小集体里，就有技术专家 5 人，硕博士 9 人，本科以上学历 27 人。近年来，研发了 BH-WEI、BH-KSM、BH-OBM、BH-PHV 四大高端钻井液体系，成为渤海钻探公司开拓市场的先锋利器。这个集体获省部级科技奖励 14 项；通过国家认可委员会的实验室认可评审；获国家授权专利 61 件；曾获得全国五一巾帼标兵岗、天津市模范集体等荣誉称号。正是这样一支队伍，承担着“造血”的主要功能，为钻井输送着源源不断的优质血液，也涌动着石油钻探生命的脉搏。

清　晨

“张博，这么早，昨晚又没回去吗？”

“昨晚盯着 BZ-ORM 的实验呢，咱们卡壳的那个配比，可算是出来了，我看着数

张现斌开展油基钻井液处理剂研发

据显示还不错，应该没什么问题了。”

“真的？太好了！这一年的煎熬，可算是熬出头了。”

“别高兴得太早，咱们还是要严谨一些，趁着没到上班时间，我回家看一眼孩子，一会回来咱俩把数据再论证一下。”

清晨，万籁俱寂，东边的地平线泛起的一丝丝亮光，小心翼翼地浸润着浅蓝色的天幕，新一天的阳光从远方渐渐地移了过来。这天清晨，为了实验数据早早来到研发中心的陈安亮，看见张现斌刚从门口走出来。

张现斌，钻井液研发中心副主任，大大的眼睛上架了一副小小的眼镜，看起来书生气十足，可张现斌的骨子里，有一种铁人王进喜“誓要拿下大油田”的志气和闯劲。因为是博士，又是同龄人，钻井液研发中心的同事们更喜欢叫他“张博”。

2012 年，张现斌进入渤海钻探泥浆公司工作，在看到油基市场的广阔前景后，他暗下决心：走自主研发之路，用自己的油基处理剂，敲开市场大门！

BZ-ORM 是油基钻井液的流型调节剂，也是体系中的核心处理剂之一。项目开始初期，没有方法、没有方向、没有经验、更没有参考资料，一切都要从零开始。

张海迪曾说：“人的一生如洪水奔流，不遇着岛屿和暗礁就难以激起美丽的浪花。”成功的路上并不会一帆风顺，油基流型调节剂的研发道路，暗礁密布，张现斌和项目组成员面对枯燥的实验数据、相同的实验步骤，成百上千次的重复配浆，一天、两天，一个月、两个月……始终没有任何进展。

项目组的成员有些急躁，张现斌却是“不急不躁”。别看他不说话，脑子可是在高速旋转。在翻阅大量文献，对比前期数据后，他确定，其中一种原材料的有效成分含量不能确定，导致处理剂性能始终达不到要求。5%、8%、10%、20%……张现斌根据不同配比的实验结果，一点一点建立标准曲线进行分析。功夫不负有心人，终于这天清晨，曲线数据与处理剂规范标准完全一致，他的心，终于尘埃落定。而这一晃，就是一年。

流型调节剂的顺利完成，接踵而至的就是主乳化剂、辅助乳化剂、润湿剂等其他核心处理剂的研发。巨大的挑战才刚刚开始，超强负荷的工作让张现斌无暇顾及妻儿，办公桌前的他，将头深深埋进了双手中，做出一个艰难的决定。

又是一个晨光熹微的清晨，张现斌拖着两个行李箱，送妻儿下了楼。原来，为了更好地投身工作，冲刺油基钻井液核心处理剂研发的最后阶段，张现斌只能将妻子和2个月大的孩子送回老家照顾。没有甜言蜜语，更没有临别亲吻，妻子只说："照顾好自己的身体，别太累。"张现斌只回："你也要照顾好自己，到了之后给我打电话报平安。"门轻轻关上，张现斌驻在原地，直到车子缓缓驶出视线，这也许就是石油夫妻对爱情最深沉、最浓郁的表达。收拾好心情的张现斌来到研发中心，在办公室支了一张行军床，同事们都戏称，"张博这是把家安在这儿了！"

辛勤的付出换来了丰硕成果，两年的时间，张现斌和项目组成员完成了油基五类核心处理剂的研发生产，申报发明专利8项，授权3项，他们编写的论文《矿物油基钻井液低剪切流变行为调控技术研究》还获得了第三届中国石油勘探开发青年学术交流会一等奖。在塔里木油田、长宁页岩气项目等国内外市场，饱含着"造血者"辛勤汗水的油基钻井液汩汩流淌着，正在为钻井生命输送着源源不断的优质血液。

正　午

"张坤，你跑什么？吃饭这么积极啊？"钻井液研发中心油基钻井液项目的孙双看着张坤急匆匆地跑向食堂，笑着调侃道。

"中午吃完饭我就进生产车间了，咱们第二批的油基处理剂今天中午一点开炉。"张坤边跑边回答。

烈日骄阳，炙烤着大地，树上的知了不停鸣叫，空气中没有一丝风，就连地上的虫儿，都懒懒地一动不动。张坤穿戴好全套劳保，走进了生产车间。一只脚刚迈进车间大门，一股热浪就扑面而来，"就当免费蒸桑拿了"，他在心里安慰自己。

张坤开展钻井液研究

作为中心公认的"管家"，上到危险化学品管理、试验设备管理，下到同事电脑故障、烧杯摆放位置，张坤都要操心。处理剂生产这个既要懂项目，又要有责任心的工作，张坤自然是最合适的人选。

夏天，室外温度30℃时，车间里就能达到40℃以上，更不用说二层台上的生产锅炉附近，起码也有50℃。倒阀门、控温度、放原料、看反应……一系列动作下来后，工衣早就被浸湿。好容易熬到了晚上，张坤心想：终于可以凉快一点了。可谁知，夜幕刚降临，满身花纹的毒蚊子隔着工衣就开始咬人，一会儿的工夫，腿上、胳膊上，就肿起了一个个黑豆大小的脓包。

为了保障每个批次的产品质量，一旦进入生产流程往往只能“人歇炉不歇”，同样是油基钻井液项目的成员张向明和张坤轮流倒班，24 小时确保生产的连续性。虽然有明确分工，但心里都惦记着生产进度，常常是兄弟俩齐上阵，从早忙到晚。

酷热的环境，让参与生产的车间工人有些急躁。

“张工，这天气太热了，咱们不能停一停吗，白天晚上 24 小时不停炉，这车间都成蒸笼了”。在传送带前负责放材料的小杨有些不高兴。

“小杨，不停炉是为了让大家能早点干完，早点休息。一旦停下来，所有的阀门、温度、材料都要重新调整，不仅影响产品质量，又费时耗力，一个月的工期，就要延长到两个月，更难受不是？咱们加把劲，争取高质量把这 100 吨处理剂生产完，不用返工，这样大家都能早点休息了。”张坤苦口婆心地劝道。

小杨想想，张坤说得也有道理，于是喝了杯水，又继续回到传送带前认真工作了。

这天中午，张坤像以往一样，踏着楼梯登上了二层台的反应釜旁观察材料反应，这一看不要紧，他的心立刻提到了喉咙。本应有水流出的冷凝器接收管中根本没有水流出现，再转头看一眼温度表，才 110℃。肯定是工人忘了添煤！他连忙跑到生产车间后面的锅炉房，果然空无一人。顾不了那么多，张坤挽起袖子，拿起铁锹就开始往锅炉里添加煤块，加一点，就要跑回车间去看看温度表，然后再返回锅炉房调整煤块加入量，来回跑了 5 趟，温度表的数值终于达到要求，冷凝器接收管中水流终于持续流出来了。可张坤却虚脱了，坐在车间外的阴凉处，半天都站不起来。

一个月后，BZ-OPE、BZ-OSE、BZ-ORM 等 5 种油基钻井液处理剂共计 200 吨，整齐地码放在了库房，等待物资集港。两年来，无论严寒酷暑，张坤扎根车间，共生产水基、油基钻井液处理剂几十批次，每批质量检测都完全符合产品标准要求，他像照顾孩子一样，全身心地呵护着这些研发成果，促进成果转化，为公司创收增效。

午 后

“磊磊，你怎么来上班了？怎么现在才吃饭？你这吃的是什么？”午后，钻井液研发中心主任王敏经过博士办公室，偶然瞥见刚刚做完手术的王磊磊正在艰难地吃着流食，赶紧上前关切地问道。

王磊磊英俊的面庞浮现一丝微笑，“我过来……”刚一张口，就露馅了，他的嗓子沙哑，根本说不出来话。

王磊磊开展抗高温降滤失剂研究

今年春节，王磊磊高烧不退，去医院检查发现是扁桃体肿高了一厘米，医生建议直接切除。周一手术，周四出院，周五王磊磊就出现在实验室。

王敏严肃起来："赶紧回去休息，养好了身体再来上班，这边的实验我让徐浩然盯着，赶紧回去！"

被硬生生赶回家的王磊磊在家好好歇了一个周末，周一又回到了实验室。

"磊哥，你去休息一下吧，这个实验我来。"共同承担项目研发的工程师徐浩然主动扛起实验任务。

王磊磊和徐浩然正在研发的，是BH-KSM钻井液中的降滤失剂，也是渤海钻探重大专项。他们俩可是"红工衣—白大褂"双向交流的典型，为了促进科研实验与现场施工的有机结合，确保科研成果最大限度地转化为创效能力，钻井液研发中心创新实施"双向交流"，"白大褂"带着科研成果驻现场，检验施工效果；"红工衣"带着施工难题来实验，促进成果的优化升级。

在油区市场施工的钻井液工程师徐浩然发现，BH-KSM需要一种抗高温降滤失剂，才能更好地发挥体系作用，因此，他来到了钻井液研发中心。

毕业于中国科学院的博士王磊磊，是BH-KSM项目研发组的负责人，看到徐浩然的加入，兴奋地说："这下我们能以现场应用的导向为指导，再也不是盲人摸象了。"之所以没等身体康复就赶回来上班，主要是王磊磊不放心项目，还有两个月就要中试生产了，可是处理剂的抗温性始终"欠点火候"，追求完美的王磊磊，总想着如何再完善改进。

"浩然，咱们之前的实验数据，你还记得吗？是不是我们忽略了反应现象？"王磊磊沉思着。

"磊哥，你这么一说，我也想起来了，咱们之前只是排列了每次实验的数据，反应现象的颜色、性状都没有横向对比过。"两人相视一笑，开始着手配置新的钻井液样品，准备重新来一次横向对比跟踪。反复的试验，造就了《抗高温水基钻井液核心主剂研制及体系升级》项目的成功。

王磊磊曾说："最艰难的时候，其实就是黎明前的黑暗，坚持跨过去，就能看到最美丽的太阳。"最终，抗温抗盐降滤失剂BZ-JLS如期完成产品中试，并在国内多个高端钻井市场成功推广应用。王磊磊看到了他心中最美的太阳。

傍　晚

夕阳西下，晚风徐徐，当暮色渐渐笼罩了林立的高楼，一片繁星似的灯火渐渐亮起。

站了 15 个小时的郭剑梅弯下腰，伏在实验台上，长长舒了一口气，为了项目如期完成，她一“站”就是 23 天。

一个月前，钻井液研发中心接到通知，冀东油田要应用水包油钻井液体系施工一口试验井。这个体系在项目研发完成后，一直没有应用，所有的实验，还只停留在室内模拟阶段。时间紧、任务重，郭剑梅没有犹豫，挺身而出。

郭剑梅是钻井液研发中心的老大姐，人如其名，在三十多载的岁月流逝中，她为石油事业努力绽放，成为最美的一朵“铿锵玫瑰”。出生在石油工人家庭的她，从小听着父辈们战天斗地的事迹长大，经常被他们无私奉献的拼搏精神所感动，被他们创造的工业奇迹所激励。毕业后，她毅然走进了钻井队，希望自己也能像父辈们一样，闯出一片天地。19 岁，她在井队当起了场地工，扛料、卸料、加料，弄得满身污渍，石油人的女儿没有一丝女孩子的娇气。

接手项目的第一天，郭剑梅就赶往冀东油田，实地查看地层特性、翻阅施工资料，回来后又一头扎进实验室优化体系配方。

“今天先配 7 个钻井液样！”郭剑梅对一同承担该项目的王红芳说。

7 个？！王红芳着实吓了一跳，7 个样品至少需要 14 个小时，她没有想到，郭姐竟然这么拼。看着认真的郭姐，莫名地，王红芳觉得干劲十足。

此后的 22 天，她们每天都保持 7 个样品以上的实验工作量，为了寻找最优配比，她们上百次反复摸索试验，评价、筛选几十种原料，一站就是十几个小时。期间，郭剑梅腰疾复发，走路都困难，但她仍不肯休息，“白加黑”“5+2”是她工作最真实的写照。最终在项目开钻前，她们完成了全部室内评价，顺利保证了项目实施。

郭剑梅进行水包油钻井液技术研发

谈起郭姐，张现斌这样评价，“郭姐像个资历深厚的老中医，善于望闻问切，把握要害，将药方配比调整到最佳状态。”

“郭姐，新港 1 井的井浆到了”，“郭姐，张 17X1 井的井浆到了”……随着勘探开发的持续深入，施工的难度也在持续加大，对钻井液的要求也就越来越高。郭剑梅的另一项重点工作，就是为重点井提供技术支撑，根据不同区块、不同地层，找准“症结”，优化体系性能，对症下药。几年间，郭剑梅为大港、冀东、海南、印尼、伊拉克等市场的 20 余口井提供了方案优化和技术支撑。

“老中医”的功力非一日所成，她精湛的技术、骄人的业绩是日复一日钻研书籍、勤奋实践所得。有人问她“做了二十多年的实验，不腻吗？”她说：“不腻，实验原理虽然有规律可循，但手法不同、加量不同，实验现象也会不同，这与一线工程师是一样的，这个过程也苦也累，但是我乐在其中，甘之如饴。”

深 夜

“铃铃铃……”一阵急促的电话铃声，打破了夜的宁静。

史野一看，是公司副经理的电话，赶快接起来。

“喂，张总，怎么了？”

“页岩气那边又发生井漏了，你赶快准备一下，明天就过去，时间很紧急啊。”电话那头急切地说道。

“好的，我收拾一下马上就出发。”

22:30，挂了电话的史野立刻拿出了“旅行包”准备出发。说起这“旅行包”，里面可是大有文章，它可是“百宝箱”。你若打开这它，就能看到里面放着工衣、工鞋、技术规范、工作日志、日常用品等，史野管这叫“随叫随到的保障”！

史野开展触变水泥堵漏技术研究

史野，是防漏堵漏技术服务中心研究室的负责人，也是堵漏技术的行家里手，更是井场上的“救火队员”。由于井漏发生都较为突然，为了抢时间，史野准备了两个“旅行包”，一个放在单位，一个放在家中，无论在哪，都可以第一时间赶往井场。

在调研国外前沿技术时，史野发现触变水泥浆技术能够提高浆体滞留能力，但价格昂贵、技术垄断，迫切需要具有自主知识产权的新技术。为了让这项技术“国产化”，他迎难而上，从分子设计开始，一点点摸索，研究适合的原材料，进行核心处理剂室内合成，最后再形成技术配方，历经半年，终于啃下了这块“硬骨头”。当时的他可不知道，这项技术日后会大显身手。

又是一次深夜，大港油田风48-16井，历经3次桥接堵漏均未成功。23:00，料车装料完毕，史野又跟料车一起出发了。高速上飞驰的车辆，路途的颠簸噪音，伴随着夜晚的繁星，这一路，史野始终抱着一本专业技术书籍，反复阅读，琢磨着最完善的施工方案，他想到了触变水泥浆技术。

凌晨时分，到达井场后，史野下车直奔会议室，迅速开始技术交底。

“这口井是大港油田枣89断块一口定向井，井深2472米，岩性为孔二段的火成岩，特殊岩性导致天然裂缝发育，漏速失返，静止井口看不见液面，漏失非常严重，有什么针对性的方案吗？”工程方专家有些怀疑。

“我们准备用触变水泥浆堵漏技术，它可以有效解决火成岩段裂缝发育、承压能力低等技术难题，通过形成的网架结构力，改变堵漏浆的流动状态，增强其滞留能力，从而达到堵漏的目的。”其实，史野的心里七上八下，因为这是触变水泥浆技术第一次在现场进行应用，室内的实验与现场施工肯定存在差异，能否成功，谁也不敢

渤海钻探钻井液研发中心科研团队合影

打包票。

来不及多想，凌晨1:30，史野开始进行小型实验；凌晨3:00，室内稠化实验完成；凌晨3:30，所有材料到位，“膨润土80袋，植物纤维20袋，……这个要先加……”，略显圆润的身躯，在井场上来回奔波着。“堵漏浆配置完毕”“下钻完毕”“堵漏浆入井”……为了确保堵漏施工万无一失，他一直盯在现场，反复确认各水泥浆外加剂的加量，不断检测水泥浆的触变性能，10多个小时后，井队正式开泵循环，钻至井底，钻井液返出正常，未发生漏失，堵漏一次成功，实现首战告捷。所有过程一气呵成，井队队长及相关领导什么都没说，只纷纷对史野竖起了大拇指。两年来，大港、冀东、华北、青海、页岩气等国内多个油田，都留下了史野的足迹。

这里是美丽的渤海之滨，这是以石油的名义播种的希望，一群“造血者”的执着与智慧，推动着钻井事业的生生不息。对于他们来说，每一天都是新的挑战，他们甘于匍匐大地，并且正在向更深的地宫蔓延，为擒住油龙气虎，也为更加昂扬向上的明天！

（渤海钻探工程公司　刘　薇　江雯霏）

力挺油气深井钻探的科研新秀

——记工程技术研究院“十大杰出青年”李牧

青年兴；则企业兴。青年强，则企业强。

一位青年才俊的科研之路究竟能走多远？今年年仅 33 岁的工程技术研究院钻井工艺研究所所长助理兼深井钻井技术研究室主任李牧，用力挺油气深井钻探的一流技术和业绩告诉我们——思想有多远，路就有多远！创新之路有多长，奋斗之路就有多长！

参加工作 7 年来，李牧实现了从优秀大学毕业生到优秀工程师再到青年科研领军人才的两次转变。7 年来，李牧荣获各级奖励和荣誉称号 19 项。2023 年“五四青年节”，他被工程技术研究院授予“十大杰出青年”称号，实至名归。

扎根现场创新，解决“世界难题”

奋斗是青年的主题，创新是青春的基因。

2016 年，刚刚从中国石油大学（北京）硕士研究生毕业后入职的李牧，毅然飞向远在数千千米外的塔里木钻井技术支持项目部报到。“知识在一线闪光，经验靠现场积累。”当时年仅 26 岁的李牧认识到，钻井工程是个大专业，涉及的学科很多，只有深入一线和现场，尽快把工程弄通、工艺技术弄熟，才能成长成才、胜任科研岗位，成就一番事业。

考验接踵而至。正式上班第一天，油气工程研究院给李牧安排了第一项工作，参与编写克拉苏气田大北区块优化调整方案（钻井工程方案）。

李牧认为，区块开发井工序是类似的，可钻井井下环境千差万别，遇到的复杂也多种多样，只有通过系统基础数据统计研究，使钻井工程认识更加扎实，才能为独立完成钻井工程区块方案打下坚实的基础。

在项目部、油气工程研究院领导和专家的指导下，李牧和同事们一起夜以继日精选细编、精研细读，花了 2 个月时间统计邻井资料，最后高标准、高水平、高质量完成了《克拉苏气田大北区块优化调整方案（钻井工程方案）》编写工作，受到领导的一致好评。

2017 年 7 月，参加工作不到一年的李牧，从钻井工艺室调到了钻井设计室，并被任命为塔里木项目部钻井设计组组长。

“要么不干，要干就要干好。”第一次当组长，李牧小卒过河顶大车，从钻井设计的每个细节入手，井身结构设计、钻具组合设计、水力参数设计、井口组合设计、固井设计……遇到疑难问题，要么向专家请教解决之道，要么查阅文献寻求解决之法。项目部的人都知道李牧随身带着小本子，短短 2 个月就记了三大本，全是遇到问题获得的解决办法、思考过程和创新心得。

就这样，李牧很快成长为钻井工程的设计主力，并带领设计组全年完成超深井工程设计 70 口以上，工作量较前一年增长了两倍多。

真的勇士，敢于直面各种重大挑战。

2018 年，工程技术研究院控压钻井技术开始进入塔里木油田库车山前推广应用。12 月，李牧奉命调到钻井工艺所钻井新技术研究室，从事控压钻井技术的研发和现场服务。

库车山前是塔里木盆地天然气的主产区，也是西气东输的主力气源地，然而历经多期构造挤压运动导致地质条件极其复杂。复合盐膏层是制约库车山前超深井钻井的“拦路虎”。控压钻完井技术在这种条件下应用如同“走钢丝”，风险大、难度高，稍有不慎就难以实现地质目标。

终于有机会在塔里木油田开展控压钻井装备及技术工艺现场试验，这是李牧参加的第一项现场试验任务。他非常激动，能够在代表世界最高水平的塔里木油田超深井开展现场试验，不仅是一种荣誉，也承载着巨大的责任和压力。

面对摆在面前的世界级难题，李牧有幸得到周英操、赵庆、刘伟、王瑛、郭庆丰等领导和专家的指导与帮助。

针对复合盐膏层特点，他们创造性地对精细控压钻井技术和装备进行系统升级，通过精准的水力学模型计算，利用双级节流为特征的高精度井筒压力控制钻井装备，实现了 0—7 兆帕与 7—14 兆帕双级高精度压力自动控制。该技术在克深 9-2 井试验取得成功，一举解决高压盐水导致的难题，一趟钻完成进尺，10 余天安全钻穿高压盐水层。该成果作为主要内容之一，获得了 2022 年度中国石油和化学工业联合会科技进步奖一等奖。

阿克苏柯市坪县露头区泥页岩取样

能者多劳。2019年年中，工艺所再次对李牧的岗位进行调整，由钻井新技术研究室调往深井钻井技术研究室担任工程师。从此，李牧与深井钻探技术创新与服务结下了不解之缘。

到深井室后接到的第一个任务，就是阿布扎比钻井技术支持项目。在“一带一路”倡议下，中国石油入股阿布扎比国家石油公司项目。由此，中国石油工程技术也随之进入阿布扎比国家石油公司项目，而工程技术研究院则担任了这个海外项目的钻井技术支持工作。

虽然到一线开展技术支持工作对于李牧来说轻车熟路，但是首次出国服务而且是服务全球顶级高端市场，受领任务时的心情还是比较忐忑的，一方面对自己的英文听说读写能力还有一些不自信，另一方面就是对当地的工程地质情况一无所知。

2019年，李牧先后3次前往阿布扎比办公，与外方面对面进行汇报和技术交流，英语从开始的磕巴生涩到后期的流畅交流，李牧的综合素质和能力再一次得到全面历练。

咬定原始创新，实现“上山下海”

钻头不到，油气不冒。

多年的现场技术服务，使李牧深深地认识到高精尖工程技术装备的重要性，并下定决心要在工程技术创新与装备研发，特别是工程技术与装备原始性创新上下功夫、求突破，以填补国内和国际空白。

机会垂青有准备的头脑。很快，李牧在深井钻井技术研究室接到了第二个重要任务，就是开展控压固井专用装备的创新研制。

面对这个任务，李牧和团队成员一起，从工艺技术、装备研制、软件研发三个方向出发开展攻关。在工艺技术方面，他们创建了控压固井工艺方法，利用现有控压钻井装备分别在新疆、四川等油气田完成了控压固井工艺技术现场应用10余井次，有效降低固井漏失等复杂，显著提高施工层位固井质量，大幅减少施工周期和成本，证明了其能够解决复杂地质条件下固井作业技术难题，具有广阔应用前景。

创新永无止境。控压固井专用装备的创新突破，并没有让李牧和团队成员躺在功劳簿上裹足不前，而是从国家实施“海洋强国”战略和中国石油实施“海洋兴油”战略中敏锐地认识到，创新钻井技术不但要能“上山擒虎”，而且要能“入海缚龙”。

向浅海进军！向深海进军！！向蓝海进军！！！

英雄所见略同。2021年，在工程技术研究院领导的战略安排下，在工艺所领导的靠前指挥下，控压钻完井技术开始全面向海洋大举进军。

2021 年一举中标中海油控压钻井装备采购合同。针对海洋平台特殊工况，团队打破传统橇体内部结构，优化各部件组合方式，研发了海洋控压钻井井筒压力实时计算与智能控制综合软件。

两年多来，李牧作为控压团队一员将控压技术和装备成功推广应用到海洋石油勘探开发领域，助力蓝色国土油气勘探开发取得一个个突破，创下一个个纪录，不但取得“渤海油田 5813 米最深井深”“锦州区块 320 米控压最高单日进尺”等一系列指标性成果，而且在渤中 1 口井助力渤海湾盆地 50 年来最大深层气田勘探发现，目的层钻进 464 米“零漏失、零复杂”，打破单钻头进尺多项纪录。

矢志理论创新，打造“技术高地”

如果说现场创新是李牧的看家本领，原始创新是李牧的精品杰作，那么理论创新则是李牧的腾飞引擎。

科学理论揭示发展规律，科学理论指引创新方向。李牧首先将理论创新的着力点放在了多物理场测量微型芯片工具的研究和制造上。

在世界科技发展聚焦于以数据驱动的工业 4.0 革命的大背景之下，如何发展数字化、智能化的前沿井筒监控技术，精确掌握井筒实际情况，高效制定应对办法，快速执行处理措施，对于工程技术实现向深部进军的目标具有迫切需求和重要意义。

李牧团队联合相关高校、油田企业和钻探公司等单位，组建了包含油气井工程、微机电工程、材料工程、控制工程、通信工程、机械工程等多个学科的联合攻关团队。

通过联合理论研究、样机研发与实验测试相结合的方法，李牧带领联合创新团队研发了体积小巧、投放灵活、能随井筒流体快速循环移动的微型芯片工具。

接着，李牧又带领团队向陆地双梯度钻井技术理论创新和研发工作攻坚。

现有深井、超深井井筒压力控制技术采用单一的环空压力梯度体系，无法实现可上可下的井筒压力调节，迫切需要从技术及软硬件等多方面攻关形成一种能够实现井筒压力整体和局部压力双向调节的新型控压钻井技术，实现陆地深井超深井双梯度甚至多梯度压力钻井，形成陆地深井超深井控制压力钻井的核心技术变革。

因为这个技术不论国内还是国外都没有先例、属于首创，所以这个技术的理论创新和研制难度是史无前例的。

李牧带领团队与油田、钻探、装备等企业进行联合攻关。

联合创新团队经过艰辛的理论创新和模块设计，通过开展数值仿真，模型优化升级，提高理论计算精度，初步完成了压力调控软件架构设计与模块编制，形成模块化循环联通装置与环空封隔工具结构设计与加工图纸，并完成了环空压力分布调节工具样机加工，同时完成了原理性验证室内实验台架设计与加工方案。

2022 年底，工程技术研究院被列为万米井工程方案设计的主要参与单位，工艺所成立了方案设计编制与支持专班，李牧作为“深地塔科 1 井”工程方案设计具体负责人，以前塔里木超深井钻井工程技术研究的基本功就派上了用场。

万米深地科探工程是一项举世瞩目的重大工程，对突破重大勘探领域、重大勘探发现、传统理论认识、关键工程技术等方面意义深远。

李牧带领团队成员，研究国内外超深井发展历程与面临问题，梳理形成万米钻探关键技术装备目录，明确万米特深井钻探地质工程难点与施工风险，形成了系统完备的井身结构设计方案。

2023 年 3 月，油气和新能源分公司组织集中办公，细化前期工作，形成可研报告，向集团公司党组汇报。李牧和团队成员一起针对万米井套管设计问题，通过一系列基础研究，高质量编写完成《万米深地科探工程可行性研究论证报告》，彰显了工程技术研究院作为直属研发机构的责任担当。

2023 年 5 月 30 日，深地塔科 1 井如期开钻，李牧带领团队成员随时跟踪生产动态，在关键施工井段驻井支持，推动国产特色成熟技术现场服务与科研攻关成果现场试验，支持深地塔科 1 井打成、打快、打好。

李牧的理论创新和技术创新成果，不仅提升了钻井工艺的效率和安全性，也赢得了同行的广泛赞誉。7 年来，他通过科研攻关与实践，取得了丰硕的成果，参与国家级项目 5 项、省部级项目 19 项、厅局级项目 6 项；发布标准规范 4 项、技术秘密 2 项、软件著作权 3 项，获得授权发明专利 2 项、授权实用新型专利 4 项。与此同时，他致力于理论研究，发表学术论文 27 篇，出版专著 2 部。

山高人为峰。站在山峰之巅，目光所及，连绵的山脉仿佛铺展出油气高效开发的漫长艰辛征途，一座座山峰犹如一座座科技攻关的灯塔，标定着前行的航向。全副武装的李牧，意气风发地走在高端钻井技术创新和高质量发展的征程上，用青春的热血、激情和智慧，向着更远、更高、更大的希望之巅进发……

（工程技术研究院　叶晨曦　金　艺）

我以我心写韶华

2023 年 5 月，我在组织的信任鼓励下，有幸参评并当选中国石油渤海钻探“十大杰出青年”荣誉。我知道支撑起这个荣誉的不仅是我个人的执着，更是我身后的公司、我参与的团队。我也知道，比我优秀者大有人在。在奋斗的山阴道上，应接不暇的有未知的风景，有不期而遇的战友，更有不一样的自己。

人在跑道，就要奔跑出岁月的狂飙

我是 2017 年 7 月参加工作的，从 2019 年至今，我总计获得 1 项国家级、5 项省部级科技奖项，8 项局级技术进步奖，制修订 4 项企业标准，登记软件著作权 7 件，发表 SCI、EI 等科技论文 20 余篇，授权国家专利 30 余件。

朋友们可能想不到，我在设计工具绘制图纸时，感觉吃饭都是在浪费时间。半夜入睡时满脑子的工具结构，让我走不出来，竟然落下了失眠的病根，经过一个月的折磨，靠看中医调理才好转起来。

面对一时的收获和赞誉，我的感受是，既然人在跑道，哪怕有再多的困难，也要在奔跑的年纪，跑出岁月的狂飙。

记得我参与大港油田首个页岩油平台井下泵投产作业时，建设方为了防止压井液污染储层影响原油采收率，不想使用压井液压井。而对我们来说，套管压裂后不压井下泵投产却是个大问题。建设方着急见产，我们没有任何的资料可以借鉴，如何找到既满足甲方需求又能同时保证我们顺利施工的办法呢?

研发井筒暂闭工具。我脑子里瞬间构建了这样一种工具，下泵时暂闭井筒，生产时可打开形成油气通道。说干就干。但摆在面前的井下油气通道重复性打开关闭、高压井筒内工具的稳定坐封、高温环境中胶筒的持久密封等困难，像一道道厚厚的城墙挡在我的眼前。3 个月的时间里，我绘制了数百张工具的图纸。理论计算、数值模拟、室内验证。不知失败了多少次，内心深处曾经充满的自信和真正研发时各种困难的碰撞，让我患上了严重的失眠。

面对深夜闪烁的电脑屏保，和摊在桌子上的绘图工具，我曾经两眼模糊，但耳边却清晰听到夜风撼动大树的天籁、雨滴敲打玻璃窗的声音。一线队友们不分黑天白夜的施工，激励着我必须啃下这块硬骨头。

记得是因为公司组织的一次创新方法培训，充分利用井筒液压能量，让我突然找到了突破口。经过不断的动作仿真和实际验证，工具样品终于成功，具备了入井条件！我怀着无比激动的心情，连夜组织将工具下入井内。那晚，夜风夹杂着小雪粒打在我的脸上，生疼。但我只顾着看工具坐封后的试压结果，在井口死死地盯着有没有流体溢出。

王方祥在工具车间检查测量入井工具

可事与愿违，仅仅过了5个小时，井筒暂闭工具就出现了渗漏现象。看着工友熟悉而又失落的眼神，我也有些自我怀疑，站在井口的我，双腿像灌了铅一样沉重。

现场布置了那么多大型设备，那么多人关注着平台的进展，我绝不服输。很快，我重新梳理设计，重新计算各种参数，提高加工、装配精度，也很自然地找到了症结所在。那13个日夜我在井上连续奋斗，皮卡车后座成了我的临时居所。在一个北风呼啸的下午，我真的成功了！当时虽然天冷，但我的心是热的。

平台井运用井筒暂闭工具，优质完成施工。到现在我们已经在原来研发基础上，形成了3种适用于不同井况的不压井工艺和配套工具，已经在大港油田应用37口井，经济效益可观。这个项目也获得了局级技术进步一等奖。

现在想来，我十分感谢给予我成长的渤海钻探井下技术服务公司的领导和师傅们。正是因为来自大家的信任、宽容和鼓励，让我这个来自山东的农家子弟，沿着铁人的足迹，开启了石油味道的人生。

献身石油，油气水交融面临“三体”

2023年春节前夕，习近平总书记视频连线奋战在塔里木油田轮南油气储运中心西气东输第一站克拉集气区的石油工人。总书记的亲切问候，让我深感作为一名中国石油人的责任和荣耀。

这种责任和荣耀是那么强烈，让我选择石油事业的意志更加坚定。

2007年9月，我离开家乡山东阳谷县，来到了中国石油大学（华东），获得了石油工程专业的学士学位。2011年到2017年的6年，我完成硕博连读获得了油气井工程专业工学博士的学位。2017 年的 7 月，带着一身书卷气的我，有缘来到了渤海钻探井下技术服务公司。

我能感觉到周围人们的各种眼光。有羡慕、有赞赏、有观望、有怀疑。一个后来成为我哥们的工友当时说："王方祥，你在我们这基层队根本待不长，最多一个月准走人。"

是的，或许有人会这样。但令许多人都想不到的，是我在一线一待就是 2 年。我在组织的关怀下，先后在试油 S10602 队、钻修 D12634 队、测试连续油管队、压裂页岩油平台，与一线的同志们"摸爬滚打"了好久，跟他们处成了哥们。后来正是他们，在我遇到许多难以想象的困难时，无私地帮助我，完成了艰难的科技成果现场试验和转化。

我觉得我跟他们最相通的就是，都有着吃苦耐劳的劲头。凭这一点，他们都信服我。到现在，我每天晚上 11 点回住处都是家常便饭。

因为我和一线人有了感情，他们的难处就是我的难处。我们队接到保证华北地区用气需求的任务，需连夜奋战。冬夜储气库的现场，我看到他们用通管规一根一根地进行通管作业，就是一根油管两头各站一个人，一个人用铁丝拉、另一个人推，检查油管有无变形并清除油管内的杂物再下入井中。看着他们连夜要通数百根油管，我就想帮助他们降低劳动强度。

我经过长期的专业训练，在流体机械领域具备了一定的理论体系和比较扎实的功底，在数值模拟计算、三维动作仿真等方面具备一定的专业优势，这让我在面对一线难题时，有着"不一样的眼光"。

我记得做专业项目研究时，有一种在其他领域成熟使用的电动爬行器。为了给公司省钱，我运用所学的知识，参照成熟产品的原理，白天跟师傅们请教通管的规程要求，处理着日常工作，晚上就计算参数、绘制图纸，找厂家加工制作，经过一个月的努力，这款简单实用的电动通管规在井上派上了用场。

看到一线师傅们开心的笑容，我觉得无比自豪。我们的工作就是为油田找油、找气、避开水层。油气水，就是我们面临的"三体"。我能为这项工作助力，真的很自豪。

6 年来，我设计了很多接地气的小工具、小革新、小改造、小产品。钻塞防反扭器，用于解决使用油管钻塞时管柱反转导致作业效率低、安全风险高的问题。油管钻孔器，用于油管内堵塞无法建立油套循环时在油管内壁钻孔，杜绝"湿提管柱"，保证井控安全。旋转连接器，用于连续油管倒管时便于管柱对正，安全轻松快捷地完成动力滚筒倒管作业。这些工具有的结构简单，有的复杂，但都能实实在在地解决现场问题。

一线工人满意的笑容，就是对我最大的鼓励。

沉入现场，我的未来我的梦

习近平总书记强调，科技工作者要把论文写在祖国的大地上。这句话让我想起了我就读大学的一位了不起的前辈。

我进入中国石油大学（华东）不久，就知道我们大学有位了不起的前辈。他就是德高望重、众人熟悉的中国工程院首位石油开采专业院士王德民。他扎根一线五十余载，研发了石油勘探“松辽法”“三次采油”等重大技术成果。我曾经在校史馆中他帅气的照片前驻足观望。记得最受他启发的话是，“谁最先经历了石油第一线的实际锻炼，谁就有了了解实际问题的话语权”。

从王进喜到王德民，他们都是我仰望的丰碑。如今，我从事井下技术服务工作，就是要沿着前辈的足迹，走出我的脚印。这一步迈出来，我才感受到，虽然现在条件好很多，但在基层做科研工作，实现科技成果转化，却有很长的路要走，需要我和许许多多的人一起努力。我们需要的就是来自前辈的精神鼓励。

团队从无到有，经费日渐充足，我能感受到现场研发的条件越来越好。记得我找工厂加工工具，图纸出来后，为了保密，不能把完整的图纸交出。不同的零件加工好后，需要自己组装完成。在现场试验时，是过去那些一线的朋友们给我提供很多帮助，老交情发挥了大作用。

王方祥在试油现场试验泵送式油管内壁除锈工具

当前，我承担了渤海钻探公司的“揭榜挂帅”课题“压裂井场地面作业‘数智化’技术研究”，以数字孪生、AI 算法为核心技术，开发压裂作业监控平台。在这个平台上，可以直观地看到整个压裂的过程，显示出压裂各个环节的施工参数，更为关键的是，可以在这个平台上直接控制压裂的施工进程。通过该平台的应用，不仅可以实现压裂现场的协同精准作业，而且可以大幅度降低一线职工的劳动强度，远离高压风险点，把一体化的智能联动控制带到施工现场，让一线的师傅们享受到数智化带来的便利。目前，经过大量的测绘，根据压裂现场“储—供—混—注”设备的实际情况，已经构建了设备的三维数字模型库，便于不同井场设备模型的调用和数字孪生井场的重构。通过自动采集压裂过程中的排量数据，自动调控液添泵的转速，保证降阻剂的精准加入。

开发这么一个庞杂的监控平台，涉及机械工程、机电控制、大数据分析、软件编程等多方面的内容，同时需要大量改造升级压裂井场的硬件设备。专业知识的欠缺、各方面的协调等问题让我压力倍增。

虽然摆在眼前的困难很多，但我不就是解决现场困难的吗？王进喜、王德民等许多石油先辈，他们遇到的问题不比我们的艰难繁重吗？他们的足迹是丰碑，我们的足迹就是梦想，一个沉入现场的梦想。

这样想，我觉得我的未来辽阔无垠。

（渤海钻探工程公司　王建国　王方祥　贺亚琼）

第七章

时代丰碑

新时代新钢铁的扛旗人

——记大庆油田 1205 钻井队第 21 任队长张晶

张晶的老家在黑龙江省安达市任民镇，是一个离大庆油田不远的小村子，村边儿就是松辽盆地的第一口探井——松基 1 井。从父辈口中张晶知道了铁人王进喜，知道了 1205 钻井队，朴素的石油情，让张晶从小便有一个当石油人的梦想。

宁可复读，也要圆了石油大学梦

2003 年夏天，张晶握着大学录取通知书推开了家门："爸，我想跟您商量件事。"

父亲愣了一下。

"爸，我想复读。"张晶看着父亲说。

"复读？！为啥？"父亲问。

"爸，我没考上石油学院……我还是想学石油。"父亲沉默片刻，说："男子汉要对自己的选择负责任。"父亲严肃地看着张晶，眼前的儿子抿着嘴唇，依然坚定自己的选择。

父亲说："走，跟我去个地方。"

父亲带着张晶来到了一块看起来很普通的石头边。"爸，这是松基 1 井旧址……"张晶开口道。"对，松基 1 井就在咱们镇，这事儿镇上人都知道。你想要学石油专业，我不拦你。但是，你得给我说出个子丑寅卯来。别的不说，对这口井，你知道多少？"

"松基 1 井是大庆油田勘探、找油、开发的第一口基准井。1958 年，国家在松辽地区展开大规模石油勘探，7 月 9 日，松基 1 井由松辽石油勘探局 32118 钻井队进行钻井施工。这也是我国在松辽盆地找油的第一口基准井，在这里，大庆石油人开始了'第一钻'……"

张晶流利地答出了这口"英雄井"的信息，父亲沉默了。他眼里的孩子，目光坚定，有自己的选择和坚持。

"你也不小了，我还是那句话，男子汉要说到做到。"父亲再没多说。

这个小伙子“不一般”

经过一年的复读，张晶终于考上了心仪的石油院校。

毕业后，张晶被分配到钻井队。他不嫌脏，不怕累，还能干。五十斤一袋的重晶石粉，二三十吨堆成小山，一米五高的漏斗，他一袋一袋抱起来，手脚并用，往漏斗里倒，连续干两三个小时不直腰，头发上，眉毛上，鼻子上，浑身上下都是白，汗水在脸上和泥，脑袋在臂弯里一抹继续干，也不吭声。冬天干的棉袄里直冒热气，夏天下了钻台，一扬脖能灌好几瓶凉水，井队搬家时蹲在地上狼吞虎咽吃盒饭……队里人说他，“不像刚进队的大学生，倒像是在井队摸爬滚打了十几年的‘老师傅’”。

看到张晶身上这股子摧不垮、折不断的坚韧劲儿，队长对这个认真的小伙子很满意，不由得心里多了一份欣赏，“好好摔打摔打，能成一块好钢”。当实习钻工4个月后，队长想让张晶当技术员。没想到张晶摇头了，他说：“队长，通过这段时间的轮岗实习，我想申请当司钻。”

队长看着眼前站得笔直的小伙子说：“你想好了吗？刹把一握就是8小时。司钻手上三条命：人命、井命、设备命，责任重大。你确定要当司钻？”

“我确定。”张晶说：“司钻这个岗位很关键。虽然我是石油专业毕业的，可经过这段时间的轮岗实习，我深刻体会到，在一线，我不会的东西太多了。现在干技术员，我心里没底。我想把队上的操作岗都熟悉一遍，把基本功夯得更实一点儿。”

队长看了看这个小伙子，点点头。就这样，张晶从场地工干起，冬天抡大锤，夏天上钻台，钳工、井架工、副司钻、司钻，井上的各个岗位他都干了个遍。从盯一个班，到管一口井，不管在哪儿，不管干啥，张晶都扎扎实实，一步一个脚印。

接过1205队旗，他彻夜未眠

在张晶驻井宿舍的床头，放着本《铁人钻井队》，这本448页、像砖块一样的“大部头”，是张晶爱不释手的“宝贝”。书里有铁人老队长带队打井的传奇故事，有一代代05人接续奋斗的故事。张晶研读了三遍，仍然意犹未尽，提笔在扉页上一笔一画、工工整整地默写出前20任队长的名字——王进喜、孙永臣、张学

2018年5月3日，张晶成为1205钻井队第21任队长

贵……盛文革、李新民、胡志强，这些名字，连同他们的故事，他都牢牢地铭记于心，默默致敬。

2018 年 5 月 3 日，张晶又在扉页底部补写了这样一段话：“我要带领 05 队传承铁人精神，创造更多的成绩，为国家做更大贡献。”正是那天，张晶成为 1205 队第 21 任队长。

现在，队旗交到了他手里，队史要由他带领续写，张晶感到从未有过的压力。

夜深人静，开完零点班交接会，张晶推开队史室的门，一遍遍地走，一遍遍地看。1205 钻井队是中国石油创造纪录最多、钻井总进尺最高的钻井队，诞生了两代铁人，输出各类骨干一千四百多人，他们都是听党话、感党恩、跟党走，心里装着国家的人，都是争第一、扛红旗，永远不向困难低头的人……前辈们仿佛都从照片、影像里走出来，看着自己问：“年轻人，这一棒打算怎么接？”

张晶彻夜思悟。天明时分，他不知不觉地站在了习近平总书记视察 05 队的那幅照片前，耳畔又响起“要把红旗一直扛下去！”的殷殷嘱托，他的心里就像被曙光照亮的大地，越想越敞亮，越想越觉得有干劲。他告诉自己，要想扛好 05 队这面红旗，就得吃大苦、克大难，干出像样的业绩，在保障原油稳产的最前沿领跑打样。

一次失误引发的思考

有人会问，现在的条件比会战时期不知好了多少倍，打井还有啥苦、有啥难？

大庆油田开发 60 多年，在地上，看到的是大大小小的抽油机、采油树。可地下，纵向，八九个油层，横向，九套井网，新井、老井密密麻麻，比大城市的立交桥还要复杂。总书记提出“绿水青山就是金山银山”，环保要求越来越高，市区打井不用多说，就是在荒无人烟的野外打井，也要做足防护，一滴油、一滴钻井液都不能落地。

这些难，每个队都会遇到。最大的难，是张晶给自己加压。为了保稳产，他和队班子商量，决定年钻井进尺再上十万米。在这些情况下上十万米，难度是世界级的。

抛开难度，十万米什么概念，相当于一年干了两个井队的工作量，每月至少交 7 口井！要是井位远就得拆搬，几十车的物资装备，三四天完成运输、安装、调试，然后再打新井。

这么苦、这么难，张晶图啥？他算过账，十万米折合油田 5 万吨产能，在张晶看来，多打井、打好井是本分，有条件、有能力上十万米，就不能藏着掖着，给自己留后路，再苦、再难，也要想办法克服。

队里一位新工人大钳操作不熟练，耽误了安排好的夜班测井，造成八个半小时没能连续生产。小钻机耽误一天，就浪费成本三五万元，大钻机则一天上十万元，张晶

地上是美丽的大庆油城，地下却是密密麻麻 9 套井网

算着成本，眉头皱得很紧。

“打井要猛如老虎、细如绣花”，是铁人老队长常讲的一句话。看似是人的失误，根子还是管理不到位，工程思维，精益管理……张晶开始琢磨怎么把这些理念运用到管理中。

他一连掐了几口井，记下了 11 道工序、60 个工况的操作时间。三个半月，他带领团队查出了 367 个可以优化的项点，摸索建立了精益钻井生产模式，一年下来，能挤出 50 多天，相当于多打 1.66 万米进尺。这个模式，获得油田和黑龙江省的管理创新奖，推广后，大庆钻探当年就有 16 支钻井队年进尺突破了 7 万米。

拿下十万米“四连冠”

可谁也没想到，更大的困难在等着他。新冠疫情突然暴发，迟迟得不到开工的消息。往年都是大年初七打井，耽误一周，就少打 2000 多米进尺，再追，就更难了。张晶跟公司打申请，正月十八，05 队最先复工复产。

复工那天，因为部分小区隔离，全队返岗的还不到一半。生产任务紧、防控压力大，张晶急得嘴上起泡，胃病犯了。起初是几天疼一次，后来一天疼几次。吃药只能缓解一会儿，疼得受不了了，他就拿矿泉水瓶灌热水，在胃部敷一敷、顶一顶。

大家劝他去医院，可张晶想，进了医院又是隔离，又是居家健康管理，一来二去小一个月，胃疼要不了命，十万米口号喊出去了，队里最吃紧的时候，队长不在，活

张晶（右一）忍着胃病的疼痛，和队友们一道奋战在井场上

还咋干，目标还怎么完成？

就这样，张晶在井上挺了 40 来天。打完那口井，新井位距离 70 多千米，得拆搬，又赶上了下雨，晚搬一分钟，钻井这些铁家伙陷在泥窝子的风险就增加一分。张晶和大家在大雨中干了十几个小时，井架子是立起来了，可他却疼得直不起腰。

“家也搬完了，井也开钻了，这回你得听我们的！”党支部书记硬把张晶按进了车里送到了医院。张晶紧紧地弓着身子，侧躺在病床上。大夫给他用了止疼药，才慢慢把矿泉水瓶从他的手里抽出来，商标皱了，瓶口被怼歪了……

经过胃肠镜检查，结果是胃溃疡、肠息肉。“怎么挺到这时候才来？不怕穿孔啊？！”主治医生略带情绪地责备眼前这群“粗心大意”的人。肠子割了 9 块息肉……经过这么一折腾，张晶一下子瘦了 20 多斤。

距离年底不到一周，05 队终于拿下了十万米“四连冠”。那天晚上，张晶在井场看着高耸的井架，很感慨……那一年，他在井上 270 多天，父亲脑梗住院，没照顾上，小儿子出生一个多月，才见上一面……但疫情也没耽误 1205 队的生产，拿下十万米的成绩，张晶觉得，值了！

主动请缨，鏖战非常规

在十万米祝捷会上，张晶听说油田要开发非常规油气资源。专家讲过，大庆的非常规原油储量丰、油品好，在油藏的富集区，足球场面积开采的油，就能让“辽宁舰”

航母航行 100 多天，C919 大飞机飞行 50 万千米。张晶立马觉得，05 队有了新方向新目标。

然而，上不上非常规油气开发？大家想法不统一：

“2021 年是建党 100 周年，在老区再干个十万米，稳稳当当来个‘五连冠’为党献礼，多好啊！”

“新区块不好打，要是干不出名堂，不就砸了 05 队招牌？！”

……

张晶明白，这些“建议”是“关心”、是“爱护”，而且他也考虑过 05 队当时情况：深井没打过，新地层没见过，7000 米自动化钻机没摸过，能不能拿下非常规，他不敢打百分百的包票，不知不觉，他又一次走进队史室。

这些年 05 队在哪打井，就把队史室搬到哪里，就好像铁人老队长始终在 05 人身边。

看着铁人老队长当年主动请战，最终“虎口拔牙”拿下 319 井的照片，张晶想通了：中石油连续开展的主题教育活动，为啥叫“转观念”，“勇担当”？就是要解放思想，干出硬核业绩！非常规油气资源是保障国家能源安全的新希望，是大庆油田高质量发展的战略性资源支撑。05 队这块钢铁是党打的，是党铸的，求稳怕难，就辜负了总书记的嘱托，更不是中国共产党人的风格。

人员经验不足、设备操作时间短，张晶就带着大家加班加点“恶补”。每天两个交接班会，张晶坐在门口和大家随机互考，答不上的都不好意思出门……班组倒班也没人回家，家人担心怎么办，“就当我们是出国打井了！”

“恶补”很见效，就拿最基本操作接立柱来说，他们从 12 分钟练到了 4 分半，就连钻机生产厂家都觉得不可思议。

等他们进了非常规油气开发试验区发现，最难的是要攻克“青山口组”这个目的层。1 米厚的岩层，有上千个小层，又薄又脆。想多拿油，钻头得水平穿行 2000 多米，就像拿根吸管横穿千层酥饼。劲小了，钻速慢，钻井液就会泡塌井壁；劲大了，岩层就开裂，甚至掉渣……劲大劲小，都会造成恶性工程事故，有 4 支队伍在那遇上了麻烦。

05 队开钻后，张晶白天盯现场，夜里跟大家开“诸葛亮会”，遇到问题就向专家请教，一起挖点子、想法子。为了摸清地下情况，他上钻台记参数，去钻井液池测密度，到振动筛看岩屑变化。熬得睁不开眼了，他卷了件军大衣当铺盖，在井场的值班房打盹，就像他说的“听见钻机轰隆隆地正常钻进，才睡得稳睡得香。”

最终，他们通过调整钻井液密度、梯次开泵等原创性措施稳住了地层，第一口井就把钻井周期从 113 天缩短到 33.1 天，一举打破了“青山口组”魔咒，而后接连突破 30 天、25 天。

取得了成绩，张晶没有满足，而是带着班子总结经验，通过一点点梳理分析，他们建立了包含 17 条巡检路线、482 个巡回检查点的岗位责任制标准，形成了涵盖生产、技术、装备等五个模块的大庆非常规油气开发高效钻井模板，再次共享给所有钻井队，试验区钻井速度大幅提升。05 队做到了第一口井立标杆，第二口井建标准、出模板。

很快，就有一个兄弟队按照共享的方法刷新了纪录。队里一个新钻工着急了，说：“咱们辛辛苦苦打出来的经验都告诉别人了，现在红旗被抢走了，05 队的脸往哪搁啊？”

张晶跟大家说，05 队打得再好再快也是“一枝独秀”，我们得让 05 模式在陆相非常规油气“遍地开花”，这样能源饭碗才端得稳、端得牢。

2021 年冬天，05 队开进 2 号试验区。11 月 5 日，手机上不断弹出暴雪预警，蓝色、黄色、橙色。张晶犯了嘀咕：井场离市区 100 多千米，大雪封了路，物资进不来，这井还咋打？纪录还怎么破？

他带着副队长小高把拖拉机焊上钢板当清雪车，雪不停地下，他们不停地清，从井场清到驻地，再清到试验区外围。那场雪连下了三天三夜，窝风处垒起一人多高的雪垛子，是大庆 60 多年来的最强降雪，但在张晶的带领下，物资供应没出问题，生产一刻也没耽误。

几天后，钻头稳稳地定在了 5156 米，钻井周期 13.77 天，05 队再一次刷新大庆非常规油气开发最快纪录！深井钻机快一天，就能省十多万，从 113 天到 13.77 天，就省下了一千多万，陆相非常规油气开发效益建产再上新台阶！

张晶（右一）带领 1205 钻井队战严寒、斗暴雪，再次刷新大庆非常规钻井周期纪录

“铁人三问”的新时代回答

2023年4月，在建队70周年之际，1205队被大庆油田授牌“新时代新钢铁”。这些年，05队受到各级组织关注，也给了05队和张晶很多荣誉，2021年他到北京领了全国五一劳动奖章，参加了中国共产党成立100周年庆祝大会。七一那天，张晶穿上提前熨好的红工服，当天安门广场响起“大庆铁人拼命拿下大油田的誓言铿锵”的献词，这个铁骨铮铮的东北汉子激动地流泪了，既感到光荣，更感到肩上担子有千斤重。

参加盛典后，张晶来到了铁人老队长曾经走过的沙滩街，这是铁人老队长走过的路，是中国石油人走过的路。当年，铁人老队长参加石油大会战，一不问吃，二不问住，有了“铁人三问”。如今，由张晶带领的新时代05人这样回答：

“钻机到了没？”

——随叫随到！而且智能化操作，钻机下方铺设轨道，液压顶着钻机向前“走”。

“井位在哪里？”

——在海拉尔，在塔里木，在四川盆地……在蒙古国，在伊拉克，在南苏丹……

“这里钻井的最高纪录是多少？”

——最高纪录一直在刷新！

面对铁人老队长的“三问”，2023年9月6日，1205钻井队又将大庆非常规油气钻井周期提速到9.98天，让胜利的旗帜再一次牢牢地插在了主峰上！这是1205钻井队第21任扛旗人张晶的回答，更是大庆精神铁人精神的新时代答卷！

（大庆钻探工程公司　王剑飞）

从技校生到大国工匠

谭文波说自己长得挺磕碜的，五官组织纪律性稍差，“雷鸣闪电”般吓人，这是他自嘲。实际上，他的长相没有那么惨，他皮肤黑，姑且用黝黑这个词形容吧，皱纹深，如一张粗糙的皮革，眼睛不大，嵌在眼窝里，看不出灵光，可是挺有力，不倦地射出生命的火花，应该是岁月和阅历带来的内涵。整个人有沧桑感，这也是石油战线上的男人最应该有的特征。

谭文波跟帅不搭界，却是有一定辨识度的，因为比起单纯的外表，由内而外散发出来的人格魅力，浑身流露出的精气神，以及他眼神里透出来的坚韧和执着，才是他最吸引人的地方。

一

20 世纪 60 年代，为了响应国家减担减负的号召，从抗美援朝战场转业到石油部，在四川石油管理局当了石油工人的谭世太动员妻子谢德珍从国营企业“下岗”自谋生路。为了补贴家用，谢德珍便去煤厂做了临时工，那时候，卸一车煤可以挣一毛二分钱。

1970 年 12 月 18 日，挺着大肚子的谢德珍像往常一样去了煤厂，一车煤还没卸完，意外发生了，谢德珍的肚子开始发紧，下腹袭来一阵一阵的疼痛，手里铲煤的铁锹也握不住了，身子开始缓缓往下蹲，工友们一看情况不对，搀扶着她坐在了煤堆上，这一坐不打紧，谭文波便被母亲早产在了煤堆里（谭文波皮肤黝黑，估计是被母亲生在了煤堆里的原因）。

谭文波在万州度过了他的中学时代。老师和同学们对他的评价是：喜欢搞破坏、经常乱拆东西，经常挨批评，人却很善良仗义，很有少年侠士的侠气味道。

谭文波是一个让班主任丁勇头疼的学生。有一天，丁老师进教室巡视，走到谭文波的课桌前时，见他慌里慌张地停下手中的动作，快速用书本盖住了桌面，握成拳头的双手还死死捂住书本，一把小刻刀从拳头中露出了头。肯定有猫腻。丁老师拨拉开谭文波的手，移开书本后，眼前的景象让他大吃一惊，原本光滑的课桌被谭文波刻上了满满的图案和文字，文字为隶书体，“知忠耿、明哲理；懂礼貌、守纪律”共十二个字，六字一行，两两并排，字迹工整而又凹凸分明、富有质感，字的四周配有相应的插图，插图里的军车、军人更是有棱有角，栩栩如生。

查看井下工具状况

“这小子有天赋有功底啊。”丁老师心里嘀咕着，但是，谭文波破坏公物“罪名”成立，念及雕刻技术不赖，丁老师没有追究责任。只是，在随后的化学试验课上，谭文波不按照规定的方法和步骤使用仪器试剂，不仅浪费试剂，还损坏了仪器，事又传到了丁老师的耳朵里。试验室的其他老师也常常给丁老师告状，谭文波奇思怪想太多，常常在试验室里惹祸。

丁老师决定到谭文波家进行家访，与家长好好沟通一下，希望父母能抽出时间多管教他。见到丁老师后，谢德珍立即从屋里拿出被拆的七零八散的收音机、闹钟、铁锁等物件，一一展示给丁老师看。她诉苦说：“丁老师啊，你帮我们多管哈谭文波嘛，他把屋里头好好个东西都拆完喽，没少打他，没得啥用。”“我还可以装上去嘞，你着急个啥嘛？”见母亲揭短，谭文波为自己辩护。“装个鬼哟，败家子，老子打死你。”谢德珍拎起立在墙角的扫帚作势就要打人，谭文波见状哧溜一下跑了。

丁老师立在原地，一脸懵呆，家访以失败告终。

学生时代的谭文波虽然任性顽皮，却是很善良讲义气。那时候，和他一起在万州上学的同学，基本都来自附近农村，生活艰苦，经济拮据。晚上自习课停电是常有的事，同学们需要从自家带煤油灯或者蜡烛照明，很多农村来的孩子是没有这个条件的。那天，谭文波偷偷摸摸把家里所有的蜡烛都带到了学校，分给了每一位同学。那天晚自习，烛光照亮了整个教室，宛若白昼。而这些蜡烛，是父亲、母亲和姐姐，积攒了几年的劳保，被他一夜之间“挥霍一空”。

谭文波是石油子弟，家里虽然不富裕，吃饱肚子是不成问题的，午饭大家一起吃从家里带来的水泡饭，那些住校的同学除了午饭，晚饭很少吃的，因为带来的粮食数量有限，常有同学饿着肚子上课。饭都吃不饱，更别提能吃到肉了，半年不见肉是常有的事。

谭文波为了同学们能吃上肉，竟然干起了“偷鸡摸狗”的事情，他寻思了很久后，对生物老师养的一只鸡“下了手”。趁生物老师不在，他拎起那只鸡往家狂奔，到家后，烧水拔毛、开膛破肚、烧水炖肉一气呵成，那些吃不饱饭的同学都被叫来了，啃鸡肉，喝鸡汤，吃鸡汤泡饭……这些穷孩子们，在那个贫穷的年代，意外地“过了个年”。

后来生物老师知道这件事后，装了糊涂，一字未提。

临近毕业时，老师同学都互送礼物留作纪念，大多是一寸、两寸照片或是明信片、手绢之类，谭文波的礼物与众不同，他独自一人跑到距市区十多千米的大垭口深山里，背了一书包石头回来，那是一种质地非常细润的石头，后来班上的每个同学，都陆续收到了谭文波亲手雕刻的独一无二的“石头工艺品”，每个石头上都雕有不同的图案，有人物、有动物、有花草，十分有趣。既高雅又诗意的毕业礼物令同学们如获至宝。

谭文波也陆续收到了同学们回赠给他的礼物，其中冯天涛同学在送给他的明信片上写道：谭文波，你喜欢钻研，将来到了工作岗位，如果能把一件事情，专注做到极致，你将是一个了不起的人！

二

1992 年，谭文波从四川石油技工学校测试专业毕业，即将踏入工作岗位。

谭世太从工友们那里打听到塔里木油田正在大开发，在所有油田中最艰苦、最遥远，这个把前半生献给保卫祖国、后半生献给中国石油的老人，快速地给小儿子指定了一条人生路，他说：“年轻人，就要到边疆去，到祖国最需要的地方去。”

谢德珍不愿意，新疆太远了，太苦了，儿行千里母担忧。她怕儿子吃苦。她小心翼翼地和老伴商量：“让娃儿留在身边吧，到机械厂当个锻工也可以，新疆太远了嘛，走好久都见不到。”

谭世太不同意。谭世太的顽固和强势是他的人生经历所决定的，他对军队和石油有难以割舍的情结，对祖国更是充满了深沉的爱与忠诚，在为谭文波指定人生道路时，他不会考虑“个人意愿”和“个人可能性”这两点，在他看来，年轻人的激情，诗意和远方都是乱七八糟没价值的玩意儿，到艰苦的地方接受锻炼，为建设边疆，为祖国做出一点贡献，让孩子做一个永不生锈的螺丝钉才是最重要的。

谭文波无法违背父亲的意愿，他心里与父亲赌气：“有什么嘛，你让我去吃苦，我就证明给你看，我不但能吃苦，还要干出点样子来。”他拿出地图，找到了新疆，找到了塔里木，也看到了地图上标注的塔克拉玛干沙漠。对于新疆，他脑子里存储的是驼铃悠扬、羌笛豪迈这样的词，或是大漠孤烟直，长河落日圆这样的诗句。他在脑海里勾画大漠边疆，葡萄美酒夜光杯的异域美景的时候，却完全忽略了一个现实：那个他即将奔赴的地方以面积广阔和环境恶劣出名，那是一片荒凉的戈壁滩。

22 岁的谭文波坐上了去往祖国西部油田的列车，绿皮火车坐了三天三夜，到达乌鲁木齐后，又坐了一天汽车到达克拉玛依，分配到新疆石油管理局试油公司，谭文波成了作业小队的一名试油工。在克拉玛依培训了两天后，直接就被拉到了现场。到现场后，谭文波傻了，他觉得他被老天爷耍了，这辈子要毁了，没有葡萄美酒，只有满眼的沙子。

九十年代，试油工的工作拼蛮力，“试、探、提”是试油工作业的“三步曲”。单说“提”的过程，就是把之前“试”时下到全井筒的油管，再全部提上来。提上来的油管，用管钳拧开，摆放整齐，每 10 根一出头，以便计算油管长度和井深。五六千米的井，几百根管子，拧开这些管子全靠人工。仅这个过程，就既耗时，又费力。

超强的体力劳动，机械地重复操作，加上气候干燥，水土不服，长时间驻井，方圆几十千米杳无人烟，和沙漠一样望不到边际的孤独在谭文波的心里蔓延，这些都让他充满了挫败感。工作了一年后，谭文波决定放弃了，他准备当逃兵，回四川老家去，他想着，回万州摆个烟摊也比在沙漠里强。

谭文波逃跑计划在当时属于竹篮打水，原因很简单，他没有回家的路费。那时候，因为心情不好，每月工资都变成了消愁的酒和排遣寂寞的烟，不仅如此，他还欠了小商店老板 900 块。当年他向领导请了探亲假，回到基地的招待所后，那小老板闻讯跑来向他讨债。欠钱还钱天经地义，做人讲诚信，民无信不立，这样的道理从小父亲就告诉过他。谭文波掏遍全身，只凑了一百来块，于是，他决定挣了工资还完账再说。他给小老板支招:“你这钱我一时半会还不了，但是，你看，沙漠腹地，石油工人工作生活也需要日用百货，你在那开个商店，我挣了工资就立刻还你，你还可以在沙漠里扩展业务。”小老板听从建议，在井场不远处开了当年沙漠里的第一个“商店”，谭文波的这“一欠一路”，成就了当时一个新的“经济模式”。后来，陆续有商人小贩把生意做到沙漠，不仅有了商店、饭店，甚至有了理发店，如今大名鼎鼎的石西一条街应该就是这么来的吧。这件事情后来成了大家调侃谭文波的笑料。

欠的账还完后，谭文波决定留在克拉玛依了。

三

谭文波决定扎根在克拉玛依的原因有三条。

第一条是，他恋爱了。

1993 年 6 月，准噶尔沙漠里的陆南指挥部新来了一个叫韦书红的服务员。这姑娘性格开朗，总是笑盈盈的，脸蛋儿泛出石榴花般的红晕，人又质朴又大方。那时候，石油汉子常年工作在戈壁荒漠，与女性接触的机会很少，基地里如果来了名女同志，不亚于新闻头条，这里的每个姑娘都是“香饽饽”，背后七八个石油汉子惦记着。

谭文波教徒弟使用万用表

韦书红笑盈盈的样子牵动着谭文波的心，他决定先主动出手。

那是一个霞光静谧的傍晚，谭文波约韦书红在沙梁子上见面，说是有礼物送给她。韦书红走上沙梁时，谭文波已等候许久，不时地来回踱着步子，见到韦书红后，他立即迎了上去，从工衣口袋里掏出一个精致的手工摆件递过去，急急地说："这是我用石头雕刻的。这是一只小马，它的背上驮着一个姑娘，如果你愿意，我希望你能把一生托付给我，我愿意照顾你一生。"这几句话不长，谭文波在心里酝酿了很久，他说得不是很顺畅，却更能凸显真诚。韦书红接过手工摆件仔细端详，马背上那笑呵呵的姑娘，像极了自己，那一刻，她收下了礼物，也接受了谭文波。

那天的晚霞格外美丽，红彤彤，金灿灿，整个沙漠被晚霞笼罩着，变得柔和极了，霞光在跌宕起伏中的沙梁上铺开，在红色与金色交织的大漠中，两个年轻的身影形成一幅美丽的画卷，那是爱情的画面，幸福在整个沙漠弥漫。不远处的沙梁子下面，传来了工友们吆喝声，他们原本是来为谭文波打气的，担心他关键时刻犯怂，看到谭文波表白成功，工友们挥舞手臂，向他表示庆祝。

确定关系后，谭文波和韦书红为了攒钱，在沙漠里埋头苦干，整整一年没有回克拉玛依。婚礼是在基地举办的，工友们送上了真诚的祝福，那是一个既简单又隆重的婚礼，令人永生难忘。刚结婚时，他们的家在三坪镇老试油处，房子不大，50 多平，房子的装修、装饰都是谭文波一手捣鼓出来的，墙上的装饰挂件，一桌一物都是他制作的，"就没有我老公不会捣鼓的东西"，说这话时，韦书红脸上溢满了幸福。

第二条原因是，单位领导对谭文波很器重。

谭文波从事的是最艰苦的岗位。有个段子是这么说的：物探苦，钻探累，又苦又累作业队。这里的作业队指的就是井下作业工，谭文波干起活不惜力，肯吃苦，脏活累活抢着干，对待工作没有任何含糊，"该我干的活，我保证不出任何岔子完成。"谭文波说这是他工作的原则，也是他工作第一年就被评为骨干的原因。

之前谭文波一直认为自己是个技校生，底子弱，总觉得比别人少一条腿。为了干好工作，他私底下自学了很多知识，包括井下作业事故处理、机械制造原理、测井仪器仪表、石油工程地质、电子电路的应用、机电维修、维修钳工，等等。有其他单位的领导看谭文波踏实肯干，想把他"挖"走，试油公司的领导一听就急了：谭文波是我们的人，谁也别想把他调走，他走了，我们到哪找那么让人放心的员工。

领导的肯定让谭文波感受到自己是可以为企业创造价值的，是可以和公司一起成长、能够找到自己位置的人，之前那个在他心里一直暗暗作祟的学历低的包袱渐渐抛去了。

第三个原因是，1997 年，潭文波的儿子出生了。

孩子是父母的骨和肉。谭文波说，妻子给了儿子肉，他就要给孩子骨血，要让儿子懂得顶天立地，作为一个父亲，要给儿子以榜样，说给他听，不如做给他看。他有了更多的责任，希望儿子是最幸福的小孩。他送给儿子的第一个礼物是一辆能跑 40 码的卡丁车，那是一辆“谭文波牌汽车”。

这辆汽车谭文波从孩子出生就开始准备了，花费了三年时间打造而成。原材料全部是一些废旧器材，有的是捡的，有的是去废品回收站淘的，有的是从家里的旧家电上拆的。这些材料，他亲手焊接，装配，设计，最后就成了一辆类似于“卡丁车”的小汽车。而发动机，用的是他和同学从乌鲁木齐买回来的一辆摩托车的发动机。

这一项“伟大”的发明，当时令他甚是自豪。因为空闲的时候，同事或家人，会驾着这辆小汽车满院子跑，刹车，拐弯，奔跑，操作自如，既兜风又好玩。九十年代，这在当时，在单位，为一大佳传。

谭文波这么能捣鼓，引起了同事们的注意，一个老师傅鼓励他说：“小谭，你要是把这些心思放在发明创造、技术创新上，肯定能干出名堂来。”

谭文波听后没在意。他没那个想法，自己捣鼓是为了给单调的生活增添一点调味剂，发明创造都是科学家和专家干的事，他一个技工，那不是他该干的事。

四

就像沉睡了一个冬天的种子，需要一场春雨的浸润，才会突然苏醒、生根发芽，很多人也是在某一场意外中突然觉醒、转变。谭文波的转变与创造力的迸发，也始于一次意外。

20 世纪 90 年代，我国石油生产设备很大程度依赖进口，试油公司也不例外。那是 1998 年的事了，当时，试油公司有一套国外进口装备出现了故障，公司请来国外的专家在厂房里维修，谭文波想凑进去学习学习，结果，还没等靠近，那又高又壮的外国专家立即站起来，把潭文波挡了个严严实实，嘴里还不耐烦地说着“NO！ NO！NO！”，推搡着把谭文波轰出了厂房。老外的眼神和语气都充满了不信任和瞧不起。在自己的地盘上受这样的羞辱，这让谭文波好久都缓不过来劲。

这件事情对谭文波的触动很大。以前，他觉得“完成工作，及格就行”，经历了这件事后，他才发现“完成工作只是刚及格，勇于钻研，才能更优秀”。

他给自己鼓劲，老外能做的事情，我们也能做。2008年的一天，谭文波在南疆塔河油田施工，一辆装载着德国力士乐液压系统的电缆车的液压泵发生了故障。联系外国维修专家，得到的回复是只能换台新的，并且要过半年才能到货。

“如果这台车摆上半年的话，损失将高达上千万。德国人能做的，我们也能做，不然让我试试看。”谭文波的犟脾气上来了，他向领导主动请缨，揽过了这个“瓷器活儿”。

他查阅了大量资料，把自己关在厂房里三天三夜，拿出了一套修复方案。随后，拆了液压泵，用废旧材料，排除了故障。改“换”为“修”，谭文波直接为公司节省成本100多万元。

这件事不仅让谭文波开心，单位的领导也为这个好消息感到异常兴奋，四处夸赞谭文波厉害。从那之后，很多人都知道，试油公司有个“土专家”。

从此以后，一发不可收拾，单位成了谭文波的家，厂房里一个并不宽敞的房间，成了他最初的工作室，角落里堆满了各种旧零件。空闲的时候，他就在那里鼓捣着他的“宝贝”，近乎痴迷。每个零件设备他都要摸透结构、吃透原理，并加注自己的思考。

2010年，谭文波利用闲置材料对传统井下工具进行加工改造，成功新增打捞功能，使其能够在通井的同时进行碎块打捞，原本需要两次井下往复作业的工序变为一次。同年，他发现公司用的电车点火电压过高，易伤电缆，便对稳压器进行了改造，并在点火时采用独立稳压电源，大大提高了电缆使用寿命。

2011年6月，谭文波选取报废电缆能用的部分长度进行铠接，然后再次投入生产，在提高应急能力的同时，实现了直接创效。不到一年时间，试油公司就在46井次中使用这项技术，节省成本130多万元。当他听到同事们抱怨连续油管车排管、倒管作业非常费时，动辄好几个小时的时候，谭文波便记在了心里。随即，他利用捡来的材料和零部件，发明了连续油管液压助排器，直接将作业效率提高了30倍。

“我们一线操作者，针对生产难题，只要敢想、敢动，在我们现有的条件下，肯坚持将复杂变简单，工具设计结构简单、加工简单、操作简单，现场适用就是好的作品。就能给公司带来好的效益。创新的路上，自己也一定有所收获。”这是谭文波的原话，他还说：没有小岗位，只有大事业！

2013年，试油公司成立“谭文波工作室”，并成为首批自治区命名的劳模创新工作室。有了工作室，谭文波仿佛进入了自由之境，他在工作室里抱着专业书籍翻看，自学工程与技术的相关知识，光读书笔记，他就整理了二十多万字，那些专业书籍摞起来足有两米高。工作室里的各类机器设备他都熟悉了解，似乎是，他和那些机器设备越来越心灵相通，无论什么样的机器，经他一鼓捣，总能琢磨出名堂来，在他眼里，那些机械零件，还有那些瓶瓶罐罐都是有生命的，他们之间是可以交流的。

工作室里还存放着谭文波的私人物品，都是一些老物件，比如父亲的一件旧棉衣，一台不知道是哪一年出品的电影放映机，一块停摆在某时某刻的手表……谭文波对老物件情有独钟，每一个老物件都有一段老故事。父亲的那件旧式蓝色棉大衣对于他来讲，已不仅仅是一件旧衣裳，是经历了父母养育他们兄妹 3 人的全部过程，让他们读懂了生活的坚韧，读懂了父辈的情怀。那台老放映机，总能勾起谭文波对那段美好往事的回忆。小时候，一场露天电影带给人们的不仅是视觉上的享受，还有精神上的盛宴。令他回忆起人们奔走相告的喜悦、密密的人群、在光束前探头探脑的孩子、放映机转动时发出“沙沙”的响声。太忙太累，研发和创新摸不着思路的时候，那些老物件是谭文波的精神寄托。

五

如果说每个人都有属于自己的人生纪念册，那么对于谭文波来说，2013 年无疑是精彩的一页。

2013 年“谭文波工作室”成立，工作室发挥“引领、聚力、攻关、创新”作用，积极开展导师带徒、技术攻关、发明创造、现场难题解答等活动，培养了一大批青年技术骨干。但是，那一年，试油公司遇到了大难题，由于安全隐患，使用火药作为动力的桥塞坐封工具很难再继续使用了，可一时间又没有能替代的动力。谭文波以一个小班长的身份参加了公司科研项目的一个会议。“我提出我的想法，我想改变这个工具，我要巧妙地用一个指头产生 30 吨的力。”

而实际上，这种技术，在世界上没有先行人。

“一个技校生，满身稀泥巴，还冒充科学家。”“自不量力，就他爱出风头。”讽刺挖苦和不信任的声音不时传进谭文波的耳朵里。听到这样的议论，谭文波也犹豫过。“拳头大小的空间里面，要产生 30 吨的压力，这不是一般的结构能完成的……”谭文波也有过畏难情绪，但一想到作业过程中那些复杂、危险甚至失败的经历，他便不再理会这些议论。查资料、拆解设备……那段时间，谭文波几乎天天泡在厂房里，通宵达旦已是工作常态。厂房最里面的一个隔断里，摆了一张床，还有几件简单的做饭家什，这就是谭文波的另一个“家”。清水挂面是他的最爱。

近 4 个月后，谭文波手工焊制出一个设备模型。它究竟能不能替代火工品？这就需要动力测试。这是研究过程中最重要的一环，也是最危险的挑战，谭文波心里没有绝对把握。他决定，自己先悄悄实验，用严格的数据检测结果说话。

现场组装井下工具

2013年初春的一个周末，趁着休息，厂区几乎没人，谭文波决定开始实验。对于这次实验的危险性，他一清二楚——设备的密封一旦出现纰漏，随着压力的增加，便会发生泄漏，一旦发生闪爆，冲击波会相当于半个火车皮砸在人身上，后果不堪设想……

谭文波豁出去了，桥塞座封能否升级换代，在此一举。实验之前，谭文波让门卫老杨远离场地，敞开大门。他在手机拨号界面上输入“120”三个数字后，郑重地将手机交给杨师傅：“你要是看到里面情况不对劲，就赶紧拨出去……”

一切安排妥当后，谭文波启动了装置。压力一点点增加，时间，仿佛凝固了，谭文波紧盯着压力表，额头渗出了汗珠。30兆帕，50兆帕，70兆帕……当压力达到80兆帕时，装置仍安然无恙！成功了！谭文波的心都快跳出了嗓子眼儿。他来不及欢呼，立即将拉断力、切割力等数据，一一记录到笔记本上。握笔的手，是颤抖的，他的鼻子，也止不住地发酸……

2013年6月1日，动力设备第一次上井，一次成功，且效率大幅提高。第一代桥塞座封正式诞生了！

“就像电动车代替了燃油车，这是历史性的变革。它彻底消除了火药在采购、运输、使用和储存管理过程中的安全风险，不但社会效益显著，还有力地提升了在国内地层封闭技术的核心竞争力。”当时有媒体这样报道。

世界首创的电动液压地层封闭技术获得成功，谭文波为世界石油技术实现了一次重大革新。

“我只是做了工作中应该做的事儿，我打心里珍惜石油工人这个职业。”红透半边天的潭文波接受记者采访时，说出的话依然是那么的朴实。

然而，创新的道路就像一座永远爬不到顶的高山，艰难崎岖总会在前方等你。

油田作业中环境保护工作至关重要。如何在施工过程中不让油污落地？2017年3月的一天，谭文波在完成日常施工任务之余又开始“抽汲防喷盒”的加工改造，这已是他为新项目开发连续作战的第3天，他先后尝试了4种“新型防喷盒”改造方案，但都被自己一一否定。

他不停地思考如何实现“防喷盒与抽汲绳完全动态密封”的问题。突然，一个新想法蹦了出来——既然要密封，围堵不行，疏浚可否？

打开厂房灯、启动电焊机，谭文波按照新思路对工具连夜改造加工。经过反复多次试压和动态模拟试验，看到所有参数符合要求后，谭文波长舒了一口气。次日，谭文波带着他的“新型抽汲防喷盒”进行首次现场试验，整个抽汲过程安全环保，无油滴落地。2017 年 5 月，改进后的新型抽汲防喷盒推广使用，不增加原防喷盒尺寸，现场使用操作简单、环保效果好，深受施工作业队的欢迎。

近些年来，靠着长期摸索出来的经验，谭文波与他的工作室解决了一个又一个生产难题，在业界声名鹊起，有不少企业陆陆续续找到他，希望购买新工具的专利，他拒绝了；有人开出年薪 200 万的条件，请他跳槽，还许诺，可以把他儿子送到国外读书，学费全包，谭文波也拒绝了。要说钱，谭文波不是不需要。他的妻子韦书红是名家属工，在一家改制企业的配液站工作，每月工资两千元左右。他的工资也不高，这些年来，几乎都用来买了设备、材料。“有些东西，比钱更重要，是钱买不来的。”如果没有企业提供的干事业的平台，没有领导的支持，没有同事的帮助和理解，谭文波说，他一个技校生，不可能有现在的成绩。

六

荣誉接踵而来，集团公司优秀党员、自治区最美企业员工、全国五一劳动奖章、大国工匠年度人物，十四届全国技术能手，谭文波不仅是克拉玛依，是西部钻探的骄傲，也成为石油行业的荣耀，从一个普通的操作工到能代表石油工人最高荣誉的大国工匠，谭文波实现了他工作生涯中的“中国梦。”

在很多外人看来，谭文波已是今非昔比，但是在家人的心里，如今大红大紫，大风大浪下的谭文波仍然是当初那个心灵手巧、乐观坚定、不忘初心的那个人。谭文波说，他的成绩离不开家人的支持和理解，每每遇到挫折，他总能感受到身后那股力量的强大，家人总在他最困难的时候挺身而出，给予谅解、给予信赖、给予支持，让他的心里充满了温暖。

谭文波说他不是一个合格的父亲，为了创新研发，错过了儿子谭淞元成长过程中的很多个重要阶段，连儿子高考他都没有抽出时间陪伴。但是，谭淞元说他是最棒的爸爸，家里的“父子工作室”，培养了自己的动手能力和科学兴趣，爸爸制造的那辆卡丁车是他最酷最炫的玩具。

谭文波说他不是一个称职的丈夫，为了试验研究，他把家里的钱都“败”在了配件、器材这些“铁疙瘩”上，没有给韦书红买过像样的首饰，像样的衣服。但是，韦书红说他是最暖心的老公，那个定情时的手工摆件，是她最珍贵的饰品，那套由谭文波一手设计装修的房子，是她最温暖的港湾。

在工作室做实验

谭文波说他不是一个孝顺的儿子，提及过世的母亲，谭文波的心如刀绞般地痛。

2015 年 7 月是谭文波生命历程中刻骨铭心的一个月。之前，桥塞座封在油井上操作，会触及液压泵，最容易出问题。投产不久后发生的一起液压泵停机事件，又让谭文波琢磨开了。于是，他找到公司领导，立下了“军令状”——“给我 15 天时间对设备进行升级，我要把设备改造成‘傻瓜照相机’，这样即使最普通的操作工，也能拿上就干。”

那年 7 月正是新型桥塞工具的改进研发工作最关键的阶段。这时，一个突如其来的电话，让谭文波猝不及防——母亲检查出癌症，病情恶化。谭文波交代好工作，回到重庆。

医院的病床上，躺着虚弱老迈的母亲。受病痛折磨，母亲的身体变得很轻，生命正在以小时、以分钟、以秒计算，谭文波心如刀割，那种即将失去母亲的恐惧萦绕心里，他甚至不敢打开窗户透气，他担心一阵风，会把母亲吹走。那几日，他常常一个人在医院走廊抹眼泪。

那时，谭文波的心里乱极了，一边是病重的母亲，另一边是正在等他改造的设备。如果没有在规定的时间里完成，这个项目很可能会被“枪毙”，那他和团队几年来的心血和努力，就会付诸东流。

思量再三，谭文波找到母亲的主治医生，希望能通过特效药物的剂量微创介入，控制病灶。6 天后，谭文波从母亲的病榻前返回克拉玛依，直接钻进了厂房。厂房里，团队的成员正在等他。他们望着他，谁都没有说话，但眼睛里面，分明满是期待。望着厂房里那一堆零件、工具，谭文波换上工作服，默默走向操作台。一个星期之后，桥塞座封升级改造完成，谭文波兑现了承诺，然而，他却没能陪母亲走过生命最后的日子……

谭文波说，这是一辈子的痛。

2018 年 3 月 1 日，在央视“大国工匠 2018 年度人物”颁奖典礼现场，谭文波作为全国石油石化行业唯一获此殊荣的代表，与另外 9 名来自国防军工、航天科技、文物修复等领域的精英一起登上领奖台。谭文波身着醒目亮眼的红工装站在舞台中央，当大庆油田“新铁人”王启民把大国工匠的奖杯递到谭文波的手中时，台下掌声雷鸣，他挥舞奖杯致谢观众，听到场下有人高声喊："中石油谭文波"，那一刻，谭文波的眼眶湿了，几十年的努力与坚守、艰辛与付出、汗水与泪水、专注与执着都在那一刻得到了体现。

"听诊大地弹指可定，相隔厚土锁缚气海油龙。宝藏在黑暗中沉睡，他以无声的温柔唤醒。谭文波，你用黑色的眼睛，闪亮试油的'中国路径'。"

央视颁奖大厅里回响着这段颁奖词，这是对谭文波工作27年来的定位，远在天上妈妈一定也听到了。

（西部钻探工程公司　王　芳）

塔里木的青春足迹

时值五月，新疆库尔勒机场却依然四野荒芜。一天之中，仅有寥寥几趟航班起落。伴随着一架航班的到来，冷清的出站口才有了一丝热闹。

赵博等候了许久，焦急地向出站口张望着。“晓丽，这边！”他越过重重人群向远处抱着孩子的妻子招手。

郑晓丽小心地护着襁褓中的婴儿，一位老人背着大包小包，站在她身后。从盘锦坐火车到沈阳，之后坐飞机到乌鲁木齐，再转机到库尔勒，10 多个小时的旅程让两人非常疲惫，然而她们的眼角眉梢却满是笑意。

这是赵博到塔里木工作半年后，一家人第一次团聚。见到日夜思念的妻子和孩子，还有千里迢迢来帮忙带孩子的母亲，想到她们远离故乡东北，几乎跨越整个中国，赵博不禁红了眼眶，“委屈你们了！”

浙江大学、博士学历、年轻有为……赵博的履历闪闪发光，但他也曾有过彷徨。“要把视线投向国家发展的航程，把汗水洒在艰苦创业的舞台。到基层去、到西部去、到祖国最需要的地方去。”习近平总书记的话像一粒火种，点燃他心中的信念：西气东输的源头，埋藏着丰富油气资源的塔里木盆地，那里才是一个地质学博士科技报国的最好战场。

理想的风吹起了青春的帆，繁华都市的霓虹没能动摇他坚定的决心。从垂柳依依的西子湖畔，到悬崖戈壁的大漠孤烟，赵博义无反顾将根深深地扎进了塔里木盆地。

挑战世界难题

塔里木盆地油气资源丰富，但由于地下地质结构异常复杂、地表自然环境非常恶劣，给找油人留下了无数个久攻不破的“世界级难题”。

2016 年博士毕业，初入物探的赵博选择了塔里木物探研究院库车项目组。库车坳陷是赵博硕士、博士专业的研究方向，长达 103 页的博士学位论文就来自这里。该研究区地表高山林立，沟壑纵横，高速砾岩空间叠置，速度复杂，对地质和物探技术都是极大的挑战。赵博铆足干劲，向世界级难题再次发起攻关。

他以实际生产项目为平台，认真总结前辈们的研究成果，查阅大量的资料和文

赵博带领项目组分析地质图件

献。他把所学的丰富理论知识，结合具体的地震、地质资料进行系统分析，最终沉淀出属于自己的认识和见解。每当同事工作中有疑惑时，他总会给出详细的解释和回答。大家亲切地叫他库车组“行走的教科书”。迎着晨光赴梦，踏着星光归巢，赵博听到论文里的成果飞出象牙塔的声音，深刻地感受到什么是把论文写在祖国的大地上。

他常常与妻子郑晓丽讲起自己在新疆的见闻。一次野外踏勘，赵博远远望见托木尔峰，激动地和妻子视频连线：“晓丽，快看，那是托木尔峰，我们曾经研究过的地方。”“看到了！”郑晓丽也激动起来，虽然只是一条隐隐约约的雪线，但她的心仿佛也飞到了那里。

半年后，郑晓丽博士毕业，带着刚满三个月的女儿，主动申请到新疆工作，赵博的母亲也千里迢迢从家乡赶到库尔勒帮忙照顾孙女。在火车站，看着风尘仆仆的妻子和母亲，赵博瞬间红了眼眶。

“你在哪里，家就在哪里！”郑晓丽笑着宽慰他。

学有所成不是终点，学以致用才有意义。上学期间，赵博和郑晓丽的研究对象都在塔里木盆地。花前月下的话题也总是三句离不开石油勘探。现在神秘莫测的塔里木盆地荒漠戈壁，成为博士夫妻并肩作战、比翼齐飞的辽阔天地。

一次次地反复推敲与实验，赵博与团队创新提出了全新模式的构造转换带观点。借助这一模式，多口探井先后获得高产油气流。2018 年，赵博代表东方物探公司参加

赵博和郑晓丽一起讨论问题

美国石油地质学家协会年会。他所作的“库车坳陷盐下变形动力学机制与成藏机制”的汇报，获得现场专家的一致好评。这一机制的提出，困扰盐构造领域专家多年的盐上、盐下变形耦合的问题，终于得到了一个较为满意的答案。

近年来，库车地区盐下探井成功率在70%左右，领先于世界范围内类似地质条件下的其他公司。这意味着中国的盐下勘探，在技术和实践上均已达到了世界先进水平。在该理论指导下，建成了博孜—大北万亿立方米气田区，为塔里木油田“十三五”3000万吨产能建设作出了重要贡献。

勇闯勘探禁区

作为一名“油二代”，从小耳濡目染父辈人拉肩扛、战天斗地的铁人作风。大发现、大油田深深地震撼鼓舞着赵博。能参与勘探大场面，一直是他的梦想。

塔里木盆地秋里塔格地区，山峰峭立似刀，沟壑深不见底，垂直落差超过600米，是名副其实的“刀片山”，被称为“黄羊和雄鹰都无法到达的地方”。有国外地球物理专家曾经断言：秋里塔格是勘探禁区，根本就做不了物探！但能否实现秋里塔格油气勘探的大突破，对塔里木油田增储上产、跃上年产3000万吨台阶至关重要。

赵博博士期间就曾经深入了解过秋里塔格，这次终于可以真正踏上这片心心念念的地方。他和郑晓丽第一时间主动揭榜加入了攻关组，誓要在这片让国外专家直摇头的“勘探禁区”，找到油气突破的新希望。

为了用最短的时间为油田确定井位，赵博带领项目组住进办公室。白天看剖面，晚上查资料，前线与后方的电话沟通不停。深夜一盏盏明亮的灯光，点缀着整个研究大楼。

“赵博士，地质研究资料太少，地层看不清，信噪比低，浅层构造和速度模型无法准确建立。我们搞处理的无从下手啊。”回想起研讨会上处理人员的意见，赵博一时理不出头绪。

要想取得好的处理成像效果，必须攻克浅层构造速度建模这一难题。为了获得第一手资料，刚刚完成英国交流任务的赵博，没来得及回库尔勒的家，就立刻带领三名技术人员奔赴秋里塔格野外采集现场。

赵博带队在秋里塔格踏勘

时值盛夏，物探队已经进行了3个多月的艰苦作业，踏勘途中看到野外施工队员扛着几十公斤的设备，在最大落差600米的刀片山上施工，赵博紧了紧手中的图件，感觉到身上沉甸甸的责任。

顶着炎炎烈日，他们在悬崖上布点，在峭壁上采样，追寻一套套地层的变化特征、探索一条条断层的展布规律。理论知识和实际地貌相结合，建立起大量的地质新认识。与此同时，百里之外的另一处山谷中，妻子郑晓丽也在踏勘。每次遇到重大任务，两人都不得不这样分离。

“今天只推进了300米。”赵博站在山巅嘴里嘀咕道。建立精确的三维浅层构造模型，需要海量的地层产状信息，这是最有力最关键的建模证据。放眼成千上万条沟壑，能够穿越秋里塔格构造带的深谷数量却并不多，稀缺的地质资料对于建立全区构造模型杯水车薪。时间不等人，研究的需求和现实的矛盾在这一刻达到了顶峰。

俯瞰群山，赵博的思绪随着直升机的颠簸不断起伏着。他回想起踏勘前与郑晓丽就建模问题讨论时，妻子提出可以用高精度地表遥感完成海量数据的快速提取和自动

建模。这个建议让他茅塞顿开！他立刻打电话给妻子，一起讨论这个想法的可行性。

半个多月后，踏勘结束。赵博和郑晓丽相约乘火车回家，时隔两个多月终于见面。“我给女儿买了毛毛熊，给你买了防晒霜，他们说很管用，你别再晒伤了。”看着丈夫不远万里从英国带回来的礼物，郑晓丽十分开心，“你很少给我买礼物，这次怎么记得了？”赵博笑着给妻子一个温暖的拥抱。

回到库尔勒，赵博立刻与团队一起尝试用高精度地表遥感完成海量数据的快速提取和自动建模，郑晓丽帮助完成核心算法。通过一系列技术攻关，经过几百次模型修正，他们在这满覆盖几百平方千米的区域上，勾勒出一个个清晰的地质构造模型。仅用三天时间，完成超过三个月的现场踏勘工作量，一步步还原出地下最真实的地质结构，建立起秋里塔格地区高精度三维浅层模型。

秋里塔格地区的地质资料不再是一片空白。看着曾经的“勘探禁区”变成“找油热土”，赵博在塔里木艰苦的环境和繁忙的研究中，看到了一片希望的星空。

探索地下珠峰

上天难，入地更难，塔里木盆地大量油气资源埋藏在超深层。能否掌握这一领域的关键核心技术，实现高水平科技自立自强，对保障我国能源安全意义重大。既要仰望星空，更要脚踏实地，赵博将目光锁定深地勘探，燃起向“深地”要油的斗志。

但进军碳酸盐岩勘探领域，探索沙漠腹地 8000 米之下的“宝藏”，绝不是件容易事。想要打破勘探限制，必须打造自己的技术利器！2019 年，赵博与团队一起集中力量开展塔河南深层—超深层地震地质综合研究。

研究之路从来没有捷径，也从来没有坦途，挫折和失败才是常态。试验、失败、复盘、总结，日复一日，年复一年……三年里，大家以“困难面前有我们、我们面前没困难”的担当，硬是将“接力棒式”处理流程升级为“并行跑式”流程。先后研发了非均质地震弱信号识别与提取、“双等时”相控地质统计学反演、人工智能断裂破碎带预测等配套技术，确保了三维地震“当年采集、当年处理、当年解释、当年发现”，加速了富满油田跨越式的大发展。

认识越深入，发现就越多。随之而来的问题，也越来越棘手。有时候试验一次又一次地失败，连续熬了十几天见不到一点进展，赵博也曾想过放弃，“为什么要选这个研究方向？”

“既然选择了，就不要后悔，别忘了当初我们来到塔里木的初心！”妻子郑晓丽的温柔提醒让赵博坚定信念，青春时的理想既是航向，更是一份沉甸甸的责任！

赵博重整旗鼓，再次回到终端房，查资料读文献。与研究方向相关的、跨领域的，

赵博带领团队攻关技术难题

他把手头的资料都翻了个遍，但相似的理论在不同地区的应用，特别是深层超深层这种未知领域，得到的结果天差地别。失败又接踵而至，这次，赵博沉着冷静。为了加快进度，他每天都睡在办公室，在担心和期待中一点一点攻克难题。

经过艰苦攻关，赵博和团队一起研发出碳酸盐岩断控体描述配套技术和地震地质工程一体化随钻预警技术。钻头装上了“眼睛”，深埋地下的油藏一下子清晰了起来。

4 年来，团队在富满油田落实了三十多条断裂带，钻出“百吨井”260 余口，“千吨井”9 口。与兄弟单位一起，打破“古隆起控油”理论禁锢，创新提出超深海相断控碳酸盐岩成藏地质理论，为富满油田形成横向百里连片、纵向千米含油的 10 亿吨级大场面贡献了物探力量。

青春各有不同，使命一脉相承。7 年来，赵博扎根边疆，在找油找气的事业中，找到了属于自己的人生坐标。2023 年，他获评集团公司十大杰出青年。

每天上下班，赵博都要经过征服塔克拉玛干纪念碑。每次路过，他总要朝那望一眼。他说：“这是物探人为国找油找气的见证与荣耀。我将紧握前辈们的接力棒，继续奋力前行！”

（东方物探公司　谢　楠　张　冀）

一生择一事，一事守一生

他，从来到井队的那一刻就下定决心要在一线工作一辈子；他，坚持在岗位蹚出一个不平凡的人生；他，参加工作32年只专注打井这一件事情；他，代表产业工人站在人民大会堂发言，发出了“学习铁人精神，矢志为国找油”的呐喊。

他，就是高维明，1991年参加工作，一直在前线井队工作，现任西部钻探吐哈钻井公司50638钻井队队长兼党支部书记。自担任队长15年来，他带领井队一线员工锐意进取，顽强拼搏，克服甘肃、新疆等野外勘探区域恶劣的自然环境；不畏艰难，干群一心，忍受高温酷热、冰冻严寒、沙城漫天的极端气候，驾驭钻头不断向地底延伸达31万米，相当于钻穿了35个珠穆朗玛峰的高度，创造和刷新了150余项石油勘探行业区域钻井生产纪录，实现收入4亿余元。

所在钻井队数次被授予吐哈油田“百面红旗钻井队”等荣誉，先后荣获新疆维吾尔自治区“工人先锋号”等多项称号。高维明本人多次获得西部钻探“十优党支部书

额头的川字纹是高维明的典型特征，也是他三十余年钻井生涯的见证

记”“安全生产先进个人”等荣誉称号，先后荣获新疆维吾尔自治区克拉玛依市“劳动模范”、中国石油集团“优秀共产党员”“特等劳模”、新疆维吾尔自治区“劳动模范”、全国“五一劳动奖章”等荣誉称号。

初入井场，踏实肯干赢得认同

1991年初，吐哈石油会战打响，华北、长庆、中原、吐哈等50多支钻井队共赴吐鲁番盆地同台竞技，打小听着“铁人”王进喜的故事长大、励志也做一名石油工人的高维明有幸成为这个大军中的一员，而这一干就是一辈子。

1991年2月1日，还有3天就是大年三十，高维明一路坐着绿皮火车来到了位于雁木西区块由45164钻井队承钻的大1井。由于位于山口，这里一年有320天都在刮8级以上的大风，平时让人们闻之色变的12级大风在这里也只是家常便饭，当地仅有的一处房子仅十几年的时间就被砂子埋了一半，2008年吐鲁番火车翻车也是在这个风口。

“去吃饭要扶着墙走，土都被刮走了，吹在脸上的全是米粒大的砂子。”高维明想起刚参加工作，恶劣的野外环境就给了他一个狠狠的“下马威”，在没有遮挡的阳光和狂风的双重作用下，人根本睁不开眼。

十分珍惜这次工作机会的高维明并没有被这样的情况吓倒，他听从队长景历明的安排，认真地做起了学徒，当时的队上有70多人，学徒只有3、4个。高维明话少、闷头干，不管是队干部、师傅安排的任何工作，他都认真去完成，得到了全队上下的一致认可。在一年一度的会战奖励、一支井队只有一个名额的激烈竞争下，高维明几乎全票通过，1993年、1994年先后两次获得个人会战“银牌”“铜牌”的奖励，获得的奖品随身听也被高维明当作宿舍的共同财产，“我为祖国献石油”成为了大家耳熟能详的歌曲。他所在的井队在承钻探井的情况下，首次获得当天完钻、当天搬家、当天开钻的“三个当天”纪录，起到了很好的示范作用。

大胆实践，勇做绿色钻井先锋

呵护家园、爱护绿水青山，环保施工是每个钻井人的责任和担当。2010年，《环境行政处罚办法》和《地方环境质量标准和污染物排放标准备案管理办法》相继实施，全国上下对环境保护的意识及观念不断增强，高维明积极响应节能减排的工作目标，在国内钻井市场中率先实验“油改电”技术。

由于此项工作没有经验可借鉴，所有工作都要自己摸索。从设备的安装调试、到正常运转，从性能、工作原理，到日常的维护、保养，他废寝忘食、潜心钻研，通过查阅大量资料、请教电气专家等，在他的辛勤努力下，“油改电”技术首次在中石油吐哈区域获得成功，为石油勘探低碳绿色发展蹚出了一条新径。

“高队长是趴在设备下面一条线一条线摸出来的经验。”马珍彦当时刚参加工作。7月的烈日下，人坐着不动都是一身的汗，高维明趴在滚烫的设备上，只有戴上棉手套手才不会被烫伤，红色的工服被汗水腌渍了一片片的白花。

“噪声没有了，井场上静悄悄的。”这项工作完成后，高维明的脸上终于露出了笑容。使用“油改电”技术避免了柴油机声音大、易漏油的风险。那段时间，高维明在连木沁、鲁克沁的农田里打井，周围不到200米就是住户，打井的噪声不会吵到老乡，和当地农民的关系也越来越近。“油改电”项目的应用与同区块同类型钻机相比，一口井可节约柴油20吨，仅半年就节约成本30多万元，在全公司推广应用后，每年可节约油料资金1000多万元。

外拓市场，主动寻求发展空间

2016年，面对石油市场持续低迷，工作量严重不足等挑战，高维明主动请缨，远赴山西开拓煤层气市场。煤层气井桃－平6井，位于山西省吉县内，该井地处黄土高原腹地，在雨季每个月将近有二十天都有阴雨，山路陡峭狭窄难行，黄土路面泥泞湿滑。

初次涉足煤层气，在陌生的区块，安全风险大，员工背井离乡，说不定还白干。刚来到2500千米外的山西，员工就走了大半，42人只剩下了22人。

科学施工，提前预判井下钻井难点，制定针对性措施

高维明抵住层层压力，想尽办法克服困难，为了保证安全地将钻机从山下转运至山顶井场，他让食堂给他准备好馒头咸菜，一连三天昼夜坚守在现场，白天指挥调度车辆，安排衔接工序，晚上山上山下巡逻防止设备和配件丢失。由于井场狭隘，作业空间受限，在设备安装调试作业中，为了保护好员工和设备安全，每天他带领队干部紧盯各个关键环节，

和员工们一起抡榔头、紧扳手鼓舞士气，仅用 38 小时就顺利开钻，创造了当地搬家安装的新纪录。

“一下雨，水车就上不来了，我们只能借当地的三轮车，50 升、100 升这么拉水。”10 月末的一个傍晚，高维明刚押车来到山脚，当地的农民就提醒他，马上就要下雨了，住下吧。可是他不放心队上的兄弟，井场上没信号，手机也打不通，他连夜摸黑上山。刚走到半山腰，大雨滂沱而下，车也陷在了泥里完全出不来，高维明和司机只能徒步上山。

两个人仅靠着手电筒的微弱灯光走了 40 多分钟，就听到了一声又一声的焦急呼喊，十来个兄弟连夜来接他们。虽然他俩已经被大雨浇透，但是披上雨衣的那一刻，心里涌过了从未有过的温暖。

人心齐泰山移，队上的员工们开钻后，面对从未接触过的煤层气井，通过书本、网络阅读学习大量的煤层气的钻井知识，同时不断向邻井作业同行取经求教。最终，该井以井身质量合格率 100%、固井质量合格率 100% 的成绩完美收官，不但收获了第一手的煤层气钻井作业的宝贵经验，而且得到了中石油煤层气公司的高度赞扬，为西部钻探公司挺进煤层气市场奠定了坚实基础。

攻坚克难，技术创新安全提速

通过技术创新提速和生产组织提速，让每一口承钻井早日投产，为国家能源建设出力这是油田甲方的初衷，更是高维明的工作追求。为此，在工作理念上、技术方法上、设备管理上追求创新，让“心力、动力、智力”有效融合互相推动，成为他钻井生产提速的秘诀。针对不同区块和不同井的生产状况，他每周带领全队员工，反复学习讨论施工方案和钻井技术，组织成立技术攻关小组，向生产施工的瓶颈问题挑战。

严把安全关。作为队长的高维明经常到各个岗位检查设备运转情况，排除安全隐患，确保钻井安全

2017 年，他所带领的 40570 钻井队鏖战新疆吐哈油田神泉区块。该区块是吐哈油田勘探区域出了名的“硬骨头”，机械钻速低、地质条件复杂，漏、塌、卡钻等各种高风险工况并存。他带

领全体员工认真总结经验，查阅资料，大胆创新技术，先后组织承钻了多口高难度、重点钻井施工作业，在神 8–15、神北 4–3 等井中刷新多项先进指标，成功破除了扣在神泉区块的提速“紧箍咒”。在神泉区块，14 个月完成 12 口井，平均钻进周期 15 天，机速提高 45.05%，建井周期缩短 19 天之多，创出机速最快、钻井周期最短、最大位移定向井等多项纪录，实现口口井无复杂事故、口口井盈利的目标，保持了在吐哈油田施工的 80 多支钻井队综合考评中一直位居前三名的纪录，先后承钻的开发井、勘探井多次被油田甲方授予“优质工程”奖。

在他的带领下，该队一举克服新疆哈密三塘湖区块 1800 米地层的漏失、牛东区块 2000 米的井壁掉块，石炭系地层大段破碎带等区域的钻井施工“顽疾”。承钻的牛东平 37–2 井、芦 1–182H 井分别改写了三塘湖、牛东区块最快钻井机速、最短建井周期及最深水平井纪录。连续多次获得该单位“双文明先进集体”“集体二等功”，西部钻探“集体一等功”等荣誉。

民族团结，舍弃小家成就大家

高维明经常说：“每个村子里都有我的民族亲戚，时常走亲戚，串门子，用心同他们交朋友。”他带领队伍走到哪里，就把民族新篇谱写到那里。

2015 年，在吐哈油田温西 20 井的宿营地，在一阵阵的维吾尔民族呐格拉鼓和唢呐声里，洋溢着七克台乡政府和村民阿布都 · 满金一家人感激之情。“谢谢高队长，还有你的兄弟们，你们在我们这打井，是我们全村人的福气……”在凌晨 4 时，在井场下套管完井作业的高维明发现，七克台乡一大队五小队的维吾尔族村民热杰甫家中突然失火，报火警后，他迅速召集员工准备消防器材，组织水罐车立刻赶往现场，房屋周围的麦草树枝火借风势，已经引燃了邻居的树林，经过 3 个多小时的战斗，耗尽 15 吨水，肆虐的火魔终于被降服。

清华大学航天航空学院博士二年级贫困学生王兆伟，品学兼优，曾获得校“三好学生”“校优秀学生奖学金”“国家励志奖学金”“国家奖学金”，参加全国航空模型锦标赛暨国际飞行器设计挑战赛，获得了亚军的好成绩。父亲早年受伤丧失了部分劳动力，母亲在家务农或者干一些杂活补贴家用。父亲由于感冒病毒引发了血液病及并发感染，断断续续住院三个月，王兆伟面临随时辍学的风险。高维明得知这一情况后，主动联系王兆伟，并捐赠了 1 万元，帮助王兆伟顺利渡过难关，也使这个家看到了脱贫的希望。

2023 年 5 月，高维明带领的 50638 钻井队在吉木萨尔区块承钻萨 7 井，井场的南边是一个玻璃厂，西北边是住宅区，门岗房正对着高速公路，从井场到长途汽车站只

每年春季，高维明都要带领队友在工余时间，帮助维吾尔族村民搭葡萄藤、干农活

有不到 5 分钟的车程。

“我最喜欢的就是这口井，是我所有打的井里面离当地人最近的一口井。”交通便利了，员工们的心思也活泛了，下了班经常到高维明这里请假，去买个生活用品、撸一下当地的羊肉串，高维明总是痛痛快快地给假，也不忘叮嘱他们及时回来，注意安全。“孙娃子 4 号过百天，我还没见过呢。”高维明 3 号送爱人坐上火车，他要等到固井完再回家。

自从结婚以来，一直是妻子一个人将孩子拉扯大，从来没有和高维明抱怨过，直到孩子考上大学，妻子才从老家来到井队上帮他。一方面，充分发挥自己的白案技能变着花样给员工做好吃的；一方面像个大姐姐一样，帮助小班的员工洗洗缝缝，生活区的晾衣绳上总是挂满了衣服和卧具。

高维明长了一张严肃的脸，深深的抬头纹经常让新来的员工们不由自主地紧张，可是只要是嫂子来了，高队长马上换上一幅嬉笑的嘴脸去哄，大家都知道高队长的“惧内”更多的是爱、是愧疚。只要是岗位上能倒开的情况，高维明都尽量安排大家去休假，多陪陪家人，不想让大家和自己一样留有遗憾。

参加工作 30 多年，高维明总说自己没有轰轰烈烈的伟大成绩。他始终坚守在岗位上，战严寒、斗酷暑，继承“铁人精神”，怀抱为祖国找油的初心，征战不同区块，打破了一项又一项的纪录。2019 年 4 月 23 日，作为 695 名“全国五一劳动奖章”获得者之一，高维明受邀走进了人民大会堂发言。在发言的最后，高维明紧握拳头，代表广大石油人发出铮铮誓言：“迈进新时代，踏上新征程，我们石油工人将始终不忘初心、牢记使命，永远学习铁人精神，矢志为国找油，为中国梦提供源源不断的能量。”高维明是这样说的，也是这样做的，从北京人民大会堂回来，高维明又一头扎到了井队上，择一事守一生！

（西部钻探工程公司　马　超）

金牌队的扛旗人

——记中国能源化学地质工会“大国工匠”苏飞

2023 年 6 月 20 日，泰国彭世洛府地区天气潮湿闷热。上午 11:15，在长城钻探泰国项目 GW80 队承接的 NTM-B15 井施工现场，平台经理苏飞与斯伦贝谢、Exlog 等现场负责人开完交底会后，向泰籍司钻查龙下达了“开钻”指令。伴随着钻机轰鸣声，GW80 队开始朝着半年进尺上 6 万米的目标迈进。

这是苏飞工作场景的一个真实片段。

海外十九载，在与国际一流油服公司同台竞技中，苏飞始终以大庆精神、铁人精神励志塑魂，练就了一身过硬本领，带出了一支铁军队伍。截至目前，他带领 GW80 队在泰国累计完井 736 口、总进尺达 197 万米，创造出国际同类钻井队年进尺、年完井数量、钻机搬家速度三项世界第一，向海外展示了“中国钻井速度”，打造出了响当当的中国石油“金刚钻”品牌。

学习与磨砺：积蓄力量“走出去”

苏飞 1991 年毕业于大港石油技工学校。当时的石油技校，是为油田培养技术工人的主要基地。技校毕业后的苏飞，在大港油田成为一名石油钻井工人。

“咱文凭不高，一心只想把钻井这个活儿干好。”苏飞话语平实，淡淡回忆着他的钻井工人之路。

他说自己是油二代，从小看王进喜的电影、电视剧长大，对钻井的喜爱源自心底。单位领导觉得他工作上心、愿意琢磨，所以一有培训机会就派他去。就这样，在干中学，在学中干，苏飞渐渐练就了石油钻井的真本领，也在中国石油大学（北京）完成了继续教育。

20 世纪 90 年代末，随着改革开放的不断深入，中国石油“走出去”战略提上了日程。由于平时的勤奋好学，苏飞被公司第一批选入国际市场人才库。但是，出国除了要技术硬，还要懂英语，这可就难了！

“1999 年，公司让我去参加钻井英语培训班。第一堂课，就跟听天书一样，我有打退堂鼓的念头，但铁人‘识字搬山’的气魄和刻苦精神，又生动地教育了我。在接下来的日子里，白天黑夜地学英语成了我最大的任务。吃饭时练听力，甚至睡觉时都抱着书，再去参加学习的时候，我终于听得懂了。2000 年，第 3 次参加钻井英语培训班时，我已能和老师、同学用英语交流。”回忆起苦学英语的那段日子，苏飞记忆犹新。

2004 年，苏飞被长城钻探公司第一批选派进入泰国市场作业。没想到，他们刚到泰国就遇到了第一个难关——甲方不认可中国的井控证，要求作业员工必须取得国际井控协会颁发的井控证。“甲方要求我们 5 天之内必须通过 IWCF 考核，否则就打包回家。教师来自挪威，很认真负责。我们白天上课时间超过 10 个小时，晚上回来还要复习，把课上不懂的地方逐条翻译，还有各种计算，压力特别大。”对苏飞来说，记忆最深刻的学习经历就是刚到泰国时全英文的井控培训了，“那时，我们十几个人住在著名的旅游地芭堤雅，出门不到 100 米就是海。但是学习的那几天，我们都不知道旅店周围是什么样子，除了吃饭睡觉，都扎在学习里了。功夫不负有心人，最后我考了 80 多分。知道了成绩，我们出去好好吃了一顿饭，才惊喜地发现，原来我们就住在海边。”

2004 年，国内大多使用机械钻机，使用方钻杆钻进，而泰国市场要求必须使用顶驱。面对这个新事物，在国内有 13 年钻井经验的苏飞一下子又需要从头学起。好在甲方总监愿意做他们的师傅，手把手地指导他们如何使用电动变频钻机、如何使用顶驱。

2020 年苏飞与带班队长一起检查井控设备，对远控房做功能测试

有一次闲聊时，监督突然问起，关井时立柱压力是多少，一下子把苏飞问蒙了。在国内工作的时候，直接去看井口的压力表就行了。现在的管柱下有井下回压阀，井口压力为零，立柱压力需要自己计算。知识长时间不用，就容易“还给老师”。从此以后，苏飞每天把《钻井工程技术手册》揣在口袋里，一有时间就揣摩钻井数据和标准，同时虚心向老一代平台经理韩民久请教，很快对所在区块的作业程序、钻井工艺了如指掌。每当说起这些经历，苏飞总是感慨：“走出去使我们获得了更多学习和交流的机会，对我来说太受益了。”

传承与超越：带出最优秀的队伍

“GW80 队的设备是我从海关一船一船接过来的，就像我的孩子一样。”苏飞谈起自己初次结缘 GW80 队，“2004 年，GW80 队的设备在四川制造完成，河运到上海，再分 4 船运到泰国。我们刚取得井控证就马不停蹄地到港口清点设备。为了不耽误工期，我们都不敢住宾馆，就找了一个空集装箱，在里面垫上纸箱子睡觉。我们只有两个人在港口，其他人在井场等着装设备。船半夜到，我们就半夜找人吊装，找人装车，保证卡车一早就能出发。我们用了 4 天时间才将设备接收完全。但是，想起在泰国工作的经历，那几天好像是压力最小的。”

他描述起 GW80 队打第一口井的情景：“我们第一口井完井只用了 7 天，甲方也很满意，但是搬完家去结算时，反而超了合同规定时间 2.5 天，造成较大亏损，大家情绪难免有些低落。”

苏飞给大家鼓气，他说：“我们总算实现了铁人‘把井打到国外去’的夙愿，虽然成绩还不理想，但只要找原因、想办法，相信我们不比西方井队差。”

于是大家坐下来讨论问题出在哪里。原来，在泰国钻井市场，甲方执行壳牌标准，对井队各项作业效率都进行了严格规定，将搬家时间都算在工期内，合同中 1—100 千米内搬家只给 2.25 天，超了就扣日费，而 GW80 队第一次用了 6 天，显然是慢了。

“我当时既要指挥泰籍雇员，又要与搬家调度、安全总监打交道。沟通不畅是造成速度慢的主要原因。英国、印度、泰国人的英文发音各有风格，大多数当地员工只能讲泰语，想要和所有人都能顺利交流，需要时间适应。时不我待，我又从学习泰语开始。”谈起那段经历，苏飞苦笑了起来，“什么都需要时间适应，但市场就是战场，别人不会站在原地等我们，当时真是想尽了办法提高英语、泰语适应能力。大家沟通顺畅了，搬家效率也就提高了。”

2008 年 6 月，苏飞担任 GW80 队平台经理。“担任平台经理后，我感受到了前所未有的压力与挑战。命运我不能左右，但要勇于担当；结局我不能把握，但要付出努力。”当时的 GW80 队已成为集团公司在海外的一面旗帜，在泰国市场创造了“国际钻井金刚钻”品牌。如何进一步提高作业效率、做好传承，成为那段时间苏飞思考最多的事情。

在他看来，尽管 GW80 队钻井速度已在泰国作业区排名第一，如果将搬家时间进一步缩短，节约更多时间为甲方打井，那么 GW80 队就可以实现超满日费，这将是一个双赢格局。

然而，GW80 队搬家谈何容易？一部 5000 米电动钻机拆卸后需要装 120 多台大卡车，运送到几十千米外的新井场竖起来，安装调试好再通过甲方验收，这其中各工序时间几乎已经压缩到了极限。

作业程序如何优化？钻机怎么拆？员工怎么分组？吊车怎么摆？运输车辆如何循环？苏飞以科学求实、忘我拼搏的精神带着全体员工一次次尝试，一遍又一遍修改，最后形成了《钻机快速搬安精准化模板》《GW80 队快速钻井技术工人读本》，员工使用后，效果如虎添翼。

终于，苏飞带着 GW80 队实现了陆上 50D 钻机搬迁当天拆卸、当天运输、当天安装、当天开钻，打破了德国钻井队在该作业区保持 20 多年的纪录。从此，50D 钻机等距离搬迁的最快世界纪录一次次被 GW80 队刷新——10 千米 0.89 天，30 千米 1.07 天，95 千米 1.19 天……苏飞和他的队友们不断交出精彩的成绩单。

一枝独秀不是春，百花齐放春满园。苏飞不仅希望 GW80 队出彩，也希望兄弟井队同样出色。2018 年，GW221 队初到泰国，第一次作业就遇到 GW80 队初到泰国一样的问题——口井用时超过合同期。得知这一情况，苏飞主动向项目部请战，带领 4 名中方骨干和 15 名泰籍员工去支援。

榜样的到来让员工心中的沮丧一扫而光。大家一起找差距、改不足。GW221 队的作业效率有了很大提高，很快就实现了盈利，第二年钻井进尺就突破 10 万米大关，成为泰国陆上钻井市场的新标杆。

苏飞说：“以前在国内打井，感觉就像歌中唱的那样，我为祖国献石油。现在走出国门打井，在国家共建‘一带一路’大格局下，更感觉是在为祖国做贡献”。的确，在泰国这片土地打下的每一米进尺，代表的都是中国石油的钻井实力，代表的是中国石油工人的技术水平。泰国国家石油公司副总裁颂猜说：“我在泰国石油行业工作了 30 年，许多世界知名钻井公司都和我们合作过，但中国石油的队伍是最优秀的队伍！他们创造性的工作，为我们石油勘探开发提高了速度、降低了成本，坚定了我们在目标区块进行勘探开发的信心。”

尊重与融合：当好“大家长”

有人说GW80队最值钱的就是那台电动变频钻机，但实际上，GW80队最宝贵的财富还是那批团结合作、敢打敢拼、满腔热忱创事业的员工。

作为GW80队的带头人，苏飞不太乐意别人称他队长。“我就是个旗手，为这个优秀的团队扛大旗。我会全力跑好属于我的这一棒！”苏飞心中充满了对这群朝夕相处、一起摸爬滚打的弟兄们的爱。他愿意扛起这份责任。

在苏飞的倡导下，GW80队把国内“师带徒”的好传统带到泰国。中泰员工不仅是工作上的同事，还是生活中的家人。东南亚地区天气炎热、潮湿，白天40多摄氏度的高温，晚上扑面而来的蚊虫，常常没有征兆地下暴雨……有时雨太大，泰籍员工就劝苏飞：“咱们去躲一躲雨吧。”这种时候，苏飞总是让岁数大一些的泰籍员工去休息，他带着生产班组3个中国人雷打不动地站好每班岗。日积月累，泰籍员工也都自觉地向“中国师傅”学习，养成了不怕难、不怕苦的作风。

团队不能缺少团结。在异国环境及文化差异下，要想使中外员工思想一致，必须相互尊重、精诚合作。谈到团队建设，苏飞深有感触，他说“我们光在一起工作不行，得讲融合、讲感情。队上有一名叫乌泰的员工，因交通事故不幸身故。我们去看望他的家人时才知道，原来有些泰籍员工的家庭这么困难。我就带着乌泰的孩子来到井队工作，现在，这位小伙已经是一名合格的副司钻了，我们尽可能去帮助那些有困难的家庭”。不止一名当地雇员告诉苏飞，在其他公司他们把工作当作谋生手段，但在GW80队他们有归属感，有家的感觉。

每逢中泰传统节日、假日，苏飞都要组织联谊活动，让枯燥乏味的一线井队生活变得丰富多彩。这几年，因新冠疫情影响，联谊活动受限制，那就想办法让大家在紧张的工作中吃上可口的饭菜。每天过问伙食，成了苏飞额外关心的工作。员工休假受限，他就主动替班，疫情3年期间他仅回国休假3个月；员工身心不适，他想办法储备应急药品，并主动联系公司工会，协调远程心理疏导。在员工心中，苏飞不仅是队长，还是贴心人，是“大家长”。

苏飞常说：“GW80队在泰国从追赶者成为领跑者，靠的是大庆精神、铁人精神的支撑，靠的是全体中外员工齐心努力。”在泰国的19年，GW80队年均进尺始终保持在10万米以上，安全生产可记录事件为零，并总结形成体系科学化、制度严格化、人员专业化、作业标准化、动作规范化、风险可控化的“六化”管理理念，成为凝聚中泰力量的榜样队伍，先后获得中华全国总工会“工人先锋号”，中央企业团工委“青年文明号”，集团公司“功勋钻井队”“金牌钻井队”等荣誉称号，苏飞本人也先后荣获中国能源化

2019 年 GW80 队作业井场

学地质工会第八届“大国工匠”、集团公司“特等劳动模范”、铁人奖章、长城钻探公司“功勋员工”等称号，连续两次登上集团公司石油精神论坛并作主旨发言。

后记：泰国当地时间 2023 年 6 月 26 日 22：00，GW80 队完成了本文开头提及的 NTM-B15 井的钻进任务（井深 4176.91 米），上半年进尺破 6 万米的目标已实现（实际达 60987 米），全队员工对全年进尺上 12 万米充满信心。据平台经理苏飞介绍，GW80 队积极适应泰国钻井市场大趋势，自去年 7 月转战大包井合同以来，收入增幅 400%，利润增幅 230%，实现了工作量与效益双提升，这是对弘扬石油精神和大庆精神铁人精神最好的回答。

（长城钻探工程公司　董姝男）

第八章

巾帼英雄

但行前路　无问西东

“当你认定一件事，它在你心里，永远是一个，闪闪发光的宝藏。”与马文辛的初识始于她的主场——科研汇报。镜头之下确认过眼神，明亮、澄澈、专注，无疑是场上最为自信的那一位。工作的第七个年头，在人才济济、学霸云集的科研院所，有多项省部级、局级科技进步奖加身，获评集团公司“青年科技英才”、川庆钻探“优秀人才”等荣誉，这样的马文辛，总有些不同吧。

一场恋爱

2005 年，马文辛本科毕业。主修计算机专业的她在成都一家车身广告公司就职，而她的男朋友黄文明，保研成功继续攻读成都理工大学矿产普查与勘探专业硕士，两人忙碌却也幸福。

那一年，正值石油行业的春天，就业形势一片大好。学地质的黄文明时常在宿舍邂逅石油企业“上门招聘”，其给出的“优厚条件”居然还包括“可携家属一同就业”，这令黄文明动心。他渐渐滋生出一个念头：要是马文辛能与我一样学地质，将来签到同一个单位工作，该多好。

在他的“撺掇”之下，从没想过考研的马文辛斟酌权衡后，接受了这份带有私心的挑战，“或许就是出于喜欢一个人，想和他结伴、与他为伍吧。”

工作之后重返校园并不容易，然而跨校、跨专业考研，更是将难度升级。

马文辛找到黄文明的导师——成都理工大学能源学院刘树根教授，表明来意，想师从刘教授入行地质。因为两人的关系，刘教授对马文辛自然是知晓的，于是开门见山：“我知道你是黄文明的女朋友，但我不会因此而降低我的标准，在我这里，只招第一名。”刘教授建议马文辛先去把本科所有的专业课上完，再考虑考虑。

显然，教授的一番话是波冲击不小的“退堂鼓”，字字句句都敲击在两位年轻人心上。马文辛却丝毫没有退缩，向来言出必行的她眼神笃定，暗下决心：一定要考上。

紧接着，2006 年秋天，马文辛辞职，重返学生时代。她找来资源勘查学本科课程表，排好时间，开始密集地补课。

与其说是补，实则才刚摸到些许火候。这些黄文明常挂在嘴边的课程如今变成自己所学，马文辛不知到底是不是一种幸运。原以为能得到“师兄”的指导，殊不知，两人奔波在各自的时间线中，只有晚上才能得空讨论上几句。

2006 年决定考研，2007 年正式报考，2008 年初试复试，这两年时间里，马文辛密集地穿梭在教学楼、图书馆之间，两点一线、从早到晚，忘我地投入到专业课的基础学习以及考研科目的准备中——“仿佛像是打了鸡血，整个人充满精力”，怀揣对目标的渴求、徜徉在知识海洋中的马文辛没有丝毫懈怠，她不仅将备考的试题倒背如流，更是一头扎入书本中，几乎成了行走的“记忆面包”，不仅将每门专业课的内容搞得通通透透，更是能够将石油地质学、储层地质学、构造地质学、沉积岩石等几本重要的专业教材倒背如流。

博士马文辛

就这样，当年保研第一的黄文明，看到马文辛收获考研第一名、成为自己同门师妹，愿望达成了。马文辛却总是调侃：“黄师兄的基础知识怕是还没我搞得通透哦！”

因一场恋爱，马文辛的人生开始转向，开启了她与地质学的不解之缘。

读个博士

研究生入学后，马文辛与博士在读的黄文明真正成为同行。延续着两点一线的日常，马文辛或是跟随导师做课题研究，或是泡在图书馆看文献资料，单线的学习生活平静充实。

2010 年，黄文明博士毕业入职川庆钻探公司地研院，同年，他们结束 9 年的爱情长跑，由恋人成为家人。一年之后，马文辛完成硕士课程，继续攻读博士，而此时，一份礼物悄然而至——她要当妈妈了。

2012年盛夏，随着儿子黄铮鑫（盼盼）出生，马文辛的生活发生了巨变，几乎所有精力都倾注在照顾小生命上，学习时间所剩无几。

但博士必须拿出像样的成果，眼看着同学们纷纷进入项目实习，马文辛求助于丈夫黄文明，两人促膝长谈后，决定向地研院申请实习。彼时，地研院科研板块发展势头迅猛，各项目求贤若渴，马文辛顺利进入伊拉克项目实习。

于是乎，在盼盼不到两个月的时候，马文辛满怀愧疚地踏入职场。白天，她是项目里任劳任怨的小马，任何琐事杂事都要主动承担；晚上，她是盼盼最依赖的妈妈，喂奶、陪玩、洗澡、哄睡……待孩子睡去，马文辛才回过头来“照顾”学校的课题以及自己的论文。那个阶段里，时间最为珍贵，学习、事业、生活三点交错，繁忙抵达顶格，每晚咖啡相伴，睡眠严重不足，头发噌噌地、大把地掉落下来。

“那种压力是我人生中史无前例的，每每想起我都会潸然泪下，也有些后怕。”或许没有生育过的人无法懂得，在被赋予母亲这一身份的头两年，马文辛与所有新手妈妈一样，被生活琐碎无情碾压，总是因为孩子的一声哼唧惊醒，也总是担心他是否长得不够好、睡得不够踏实。

而同时，置身另一条跑道上的马文辛，焦虑与担忧一分也没有少，她与所有奔跑在博士养成路上的小伙伴一样，总是会问自己：我的实习是否令单位满意？能不能顺利签下工作？我的论文何时才能写好？会不会无法按时毕业？

各种压力交织在一起，很容易令人沮丧崩溃，但也可能是成长的一张通行证。2014年夏天，马文辛拿着自己的毕业论文到导师面前进行试讲。待她讲毕，刘树根教授惊讶得说不出话，他感慨道：马文辛，你真的远远超过了我的预期。

从不被看好的跨专业考生，到学霸级别的优秀毕业生，马文辛一路脱胎换骨的蜕变，丈夫黄文明都看在眼里：“她比本专业的同学要努力许多，无论是实验还是写论文，她总是严格要求自己，将每一件事做到了极致。”

职场精英

博士毕业后的马文辛终于“转正”，进入地研院地质研究所。那是2014年，正值页岩气蓬勃发展，地研院派遣了一批科研骨干支撑川庆钻探风险合作勘探开发。这样一来，院里不少大项目亟须补充新鲜血液。

马文辛在这时被调至地研院最大的科研项目——土库曼斯坦阿姆河项目组。“当时我确实对自己没信心，前辈们非常优秀，我害怕做不好这么重大的项目。”临危受命，马文辛诚惶诚恐，领导找到她：“我说你行，你就行”，这般信任，抵过千言万语，马文辛鼓足勇气朝着新目标前行。

初到阿姆河，马文辛与同为新人的张婷一起进行基础地质研究。看似名为“基础”的工作，实则囊括了井区规划、潜力分析、井位论证、综合评价选区等钻前最为重要的各类地质工作，旨在找寻 14314 平方千米阿姆河右岸气田之下天然气的脉搏所在。由于人手紧缺，两人当时的工作量等同现今五、六人所干的总和，工作强度、密度与压力不言而喻。

时任地研院副院长费怀义，也是阿姆河项目的总指挥，他将厚望寄予这些具有潜力的年轻人身上，也不断地给他们“压担子”。

博士期间主攻方向在四川盆地的马文辛，放眼同属碳酸盐岩油气藏的阿姆河右岸气田，满是好奇。在她看来，地质研究就像是在阅读一本二手书，这本书中有着厚厚一叠区域资料，你能够从中读到前人的判断与认识；除却阅读之外，你还需要对这些认识进行辨别提炼，找出能够为你所用的部分，来佐证你的判断与想法。

“地质像历史，也更像哲学，既要寻找答案，也要印证自己的观点。”身处未知的区域，马文辛沉浸其中，尽可能地将历史资料、相关文献、现场工况、钻井数据、岩心样本等方方面面不断输入，也逐渐开始对阿姆河有了些许熟悉的感觉。

2016 年 6 月，马文辛第一次去到土库曼斯坦，辗转进入戈壁后，视线愈发开阔，耸立的井架吸引了她的注意，井名标识在路牌上，熟悉的名字映入眼帘，曾数次在纸上画圈部署这一口口井，也曾不停歇地记录下它开钻后的每日工况，还曾在显微镜下观察过它的岩屑岩心，见到它们就像是见到了老朋友，令马文辛十分雀跃。

几日之后，一个重任降临。时任阿姆河天然气公司副总经理的刘合年即将来到现场，听取地研院对于整个合作区块的地质情况汇报。与往常不同，此次汇报地点就设在了马文辛所工作的第一集气站岩心库房。岩心库房里空旷敞亮，没有电脑等设备，无法依靠 PPT 进行辅助；而时间紧迫，接到通知之时距离汇报仅剩下一天。

对团队人员最为熟悉的费怀义将这个任务交到马文辛手中。“我压力非常大，刘总是学地质的，在他面前汇报就是班门弄斧，要讲就得讲出水平。”

一天一夜的准备时间里，马文辛在本子上搭出汇报框架，厘清主要观点，并将它们全盘背熟，然后就这样战战兢兢地来到岩心库，面对阿姆河公司三四十人、浩浩荡荡的检查团队，开始了自己的汇报。

从阿姆河右岸合作区整体地质认识入手，马文辛清晰地勾勒出每个区块地质情况及其差异性，再逐一阐述其勘探方向，以及业主方最为关注的一点——影响气田高产的主控因素。随着论点的频频抛出，马文辛更需要做的，是每讲到一个观点，便拿出充分的素材资料进行支撑佐证。对于这场长达近 4 个小时的现场汇报而言，因为缺乏 PPT 进行辅助，马文辛仅能依靠记忆，将气田情况娓娓道来。

这并没有难倒马文辛。能够将考题倒背如流的她，过去这两年多来早已将阿姆河整个区域的数据印在脑海中：大到整个区块有多少气田、多少口井、多少取心井；小至每一口井的特点情况、测试产量、储层发育厚度、物性、孔隙度、渗透率，甚至岩心矿物成分及生物变化，马文辛无一不知："我把它们都掌握清楚了，就相当在脑海中形成了一个数据库，需要什么，我就能去搜索什么。"

近 4 个小时汇报下来，马文辛思维清晰、有理有据。听完她的阐述，阿姆河公司的刘总简单地说了一句话："今天马博士的观点和我的认识是一致的，我很认同。"

领导的点评让马文辛长舒一口气，压在身上沉甸甸的包袱终于缓缓卸下，脸上露出了自信的笑容。她始终相信态度大于能力，自决定考研的那刻起，马文辛就给出了全力以赴的答案。

非凡妈妈

高强度的工作之下，马文辛却是同事兼邻桌夏慧萍眼中把工作和生活兼顾得最好的女性。

2017 年，川庆钻探另一自营区块苏里格招贤纳士，黄文明思量再三后，暂别妻儿，主动请缨北上。由于双方家庭都有兄弟姐妹，自盼盼上幼儿园后，马文辛便没有再拜托父母帮忙照顾孩子，黄文明走后，家庭的重任便落到了马文辛一人身上。

成都与土国有着 4 个小时的时差，到了阿姆河气田生产繁忙的季节，大小会议不断，连线现场的视频会议开至深夜更是家常便饭。项目组的成员时常会在地研院 404 视频会议室的最后一排，看见一个小小的身影——那正是马文辛的儿子盼盼。

这一天，盼盼如往常一样，幼儿园放学后就被接到妈妈单位，坐在角落里安静地听妈妈汇报。会议结束已将近晚上 10 点，马文辛牵着盼盼快步走回家。走着走着，盼盼突然停住，他蹲下身，开始哇哇大哭。马文辛心疼地抱住他，问怎么了，盼盼止不住地抽泣，缓缓地对她说："我想爸爸了。"

马文辛不忍将这件事告诉远在乌审旗的丈夫，但黄文明自然能够想到这两母子的难处。情绪极其理性、甚少外露的黄博士，总会在提起妻儿时眼角湿润。

2018 年，马文辛与黄文明度过了最难熬、最纠结的一个夏季。

盼盼即将幼升小，面试成绩优秀的他选择项有好几所不错的学校：公立还是私立？走读还是住校？本应不难的决定，却因为一个点使马文辛纠结了许久：如今走读小学下午放学的时间普遍偏早，她一个人的确无法保证做到每日按时接送。

类似的状况中，爷爷奶奶或外公外婆总有人能帮忙负责接送，但马文辛的弟弟、黄文明的哥哥都是二胎家庭，比他们更需要老人的帮助。出于工作的平衡以及对盼盼的培养，马文辛最终选择了成都北郊一所私立小学，决定让盼盼去住校。

马文辛和儿子

她的选择令很多不知情的人疑惑，纷纷问她：孩子这么小，你怎么舍得让他去住校？

表面上答着更好的教育、锻炼独立性等说辞，实际在马文辛心里，自己终究没有说服自己："他毕竟那么小，连衣服都穿不好、洗漱都不会自己打理，更别提照顾自己了。"作为妈妈的马文辛，对送盼盼住校这件事有着万般不舍。

可马文辛明白，孩子越大、需求就会越多，她不能也不愿像过去一样，一边加班一边让盼盼等自己了。学校里老师与同学更高质量的陪伴，或许对儿子的成长更有益处。"这是我能做出的、最适合我们家的一个选择，也是最为艰难的一个决定。"

盼盼开学后，马文辛的生活似乎更"轻松"了。但细心的同事还是察觉出她情绪上的变化，丈夫在外、儿子住校，回家后孤单一个人，难免心里会有些失落。

失落的心情不止马文辛有，已经 8 岁、读三年级的盼盼直到如今提起这一点仍然有些许伤感。为了奖励表现优异的同学，盼盼的学校会准备很多心愿卡，盼盼有很多张这样的卡片，可却始终没有使用过一次。每当妈妈问他：你有什么愿望？盼盼总会说：我想要不住校。

每每想起儿子唯一的心愿，马文辛只有愧疚。妥协、成全、牺牲，因为她是父母的好女儿，公婆的好媳妇，丈夫的好妻子，弟弟的好姐姐，可唯独这一次，她觉得自己没能成为盼盼心中合格的妈妈。

可其实，马文辛早已是大家心里完美的职业女性：她认真演绎生命中的每个角色，她勇敢直面生活中的一地鸡毛，她不愿辜负自己每一分热爱与坚持，她愿意做永不停歇、奔涌向前的激流。

“马文辛，你累吗？”

“累呀，没有一天会觉得轻松。”答完这句，她又笑着说，“你是不是该再问我，你开心吗？”

“其实，我也挺开心的。能够在一个愉悦的环境、温暖的团队里工作，与一群给力的同事并肩作战，身后又有永远支持我的家人，我何尝不幸福呢？”

（川庆钻探工程公司　王姝童）

大漠的女儿

中东，阿联酋，阿布扎比市，黄昏。

从工地返回项目部办公室的路上，沙山连绵不绝，逶迤远去。东方物探公司8615队聂习一行人乘坐皮卡车爬上一座沙山，司机停下车，大家下来活动活动筋骨。

“晚霞下的沙子真好看！”

夕阳映照下的沙漠，遍野金黄。聂习捧起一把沙子，任细沙从指尖流下，随风飘逝。

追风、追油、追梦，聂习说她是“大漠的女儿”，在荒凉、酷热的撒哈拉沙漠、鲁卜哈利沙漠里“追油”不息，并且还要继续追下去。

离家别国飘万里

聂习，东方物探公司阿联酋项目部办公室主任，也是当地两千多名中外方员工中，唯一的一位中国女性。聂习去过苏丹、利比亚、阿联酋，中东大漠留下了她一串又一

2021年聂习在鲁卜哈利沙漠沙山上眺望远方

串勘探的足迹。

“你保证好人身安全，留够一张机票钱能回来就行，放心大胆去闯吧！”20 年前，聂习第一次出国，送别的父亲对她说。

“爸，实在想我了，你就向西看，天边吹来的沙粒中，有一颗是我。”聂习的回答出乎父亲的意料。

父亲万万没想到，他想象中也许半路会打退堂鼓的女儿，会在海外一干就是 20 年。

沙粒飘往的首站地，是被称为“世界火炉”的苏丹首都喀土穆。在它的周边，排布着 200 多座努比亚金字塔。它们十几、几十座簇拥在一起，在阳光与风沙的陪伴下屹立至今。

“在苏丹 15 个月，每天坐中巴车去语言学校，酷热中教室和车里都没有空调，教室里墙、桌子摸哪里都烫手。车里能有 50 摄氏度。”聂习笑着回忆，“这种经历挺好，让自己之后去哪都觉得条件挺好。”

2005 年，聂习加入东方物探公司，前往利比亚项目从事人力资源工作，正式参与公司海外项目运作。招工、制定薪酬政策、造发中外方雇员工资……聂习完成各项工作有条不紊，她开朗的性格让她迅速地交到了很多朋友。“我笑起来嗓门大，就怕打扰别人，也怕别人不打扰，哈哈！”

初升的月光洒在撒哈拉沙漠，一颗颗离家万里的沙粒平静入睡……

紧急撤离归家国

风起，沙涌。2011 年 2 月，利比亚陷入战乱，平静的工作被炮火打乱。

“真是突然间就乱了，所有人都没料到那么快，就一两天时间一切都不正常了，让人措手不及。”

现在说起来，聂习还心有余悸。“公司要求，人身安全第一位。项目部组织了夜间巡逻队，晚上不能开灯，半夜一波一波的人来抢东西。我们穿着衣服鞋子睡，每人配备了应急包放在枕头边，随时准备着紧急撤离。”

中国开始了有史以来最大规模的海陆空撤侨，第一趟包机专程接送老弱妇幼归国。聂习与女同事桂一芳，在两位中国男同事和一名利比亚籍雇员的护送下前往机场。然而到了机场才发现，那里已经一片混乱。熙熙攘攘的人群挤来挤去，神色惶恐，滞留机场不愿离去，只愿有一丝机会能逃离纷飞的战火。

“冷静，必须冷静。”此时风雨交加，身高一米五几的聂习被人群淹没。衣鞋湿透的她，深呼吸让自己保持冷静。历经艰难，一行人在人山人海中寻觅到了大使馆集合点。饥饿、寒冷、过度疲劳、无尽危险……在户外相对遮风避雨处，她一蹲就是 20 多个小时。登机的讯息传来，聂习的眸子忽得亮了起来。“祖国接我们回家了！”

“我们心里觉得有底，毕竟公司已经积累了很多海外施工应急经验。”聂习回忆时神情自豪，“印象特别深，当时到了首都机场，看到了飘扬的五星红旗，紧紧被父母拥在怀里，才更加深刻体会到，一个国家必须稳定，人民才有幸福可言。”

这颗“流浪的沙子”，以这样的方式回到了祖国母亲的怀抱。在历经风暴后，她又是否会贪恋这份平静，告别那片大漠与远方……

愿得此身长报效

白手起家、从零起步，往往是最难的。

东方物探公司贯彻中国石油集团公司“走出去”战略，瞄准阿联酋这个国际物探市场“高端中的高端”。

2014 年，聂习主动请缨到迪拜，任人事监督。2017 年，又到阿布扎比。项目上仅有她和项目经理两个人，却要组织一场技术研讨会，邀请甲方高层参加。

人生地不熟的聂习依靠导航在阿布扎比奔波，联系各方事宜。会议前夜却接到临时通知，参会人员由 20 人增加至 70 人。聂习紧急联系更换场地，急忙组织拷贝制作上百份会议资料，通宵达旦地工作最终保证了研讨会的成功举办。看着甲方对 BGP 的高度评价，那一刻聂习充满成就感，她说“这一切都值了！”

2017 年 7 月，BGP 中标阿联酋 ADNOC 公司 Al Yasat 和 Al Dhafra 两个项目。这可是东方物探公司历史上第一次拿到 ADNOC 的项目，干得好不好，直接影响后续工作量。新项目的启动压力尤其巨大，启动初期人员少、工作多、任务重。此时项目上仅有项目经理、作业经理和聂习三人。聂习既代理人事经理，同时又兼职办公室主任。公司注册、签证、联系各类分包商、地震队招工、高级雇员签合同、中外籍雇员薪资核算造发、新办公楼和新住宿楼的选址、签合同、搬迁……零基础的项目要求聂习时刻绷紧神经。

“我当时没觉得啥，想着不就是多干点活儿嘛。后来我知道了，真是可以累哭的，累得自己躲着哇哇地哭，现在都是故事了，哈哈。”

2018 年 7 月 19 日，阿联酋项目迎来高光时刻，东方物探公司中标 ADNOC 16 亿美元全球最大三维地震勘探项目。五万平方千米陆海施工面积，10 万道最新采集设备，3000 多名中外方雇员……全球物探史上前所未有！

为了进行人员扩充，寻找合适的宿舍楼，聂习几乎跑遍了阿布扎比所有小区，一个人张罗着搬迁宿舍和新办公室装修。办公室事务烦琐，不容易出成绩但关系到每个人工作生活的方方面面。聂习配合各个部门，全力做好地震队后勤支持、人员往来食

聂习总是忙前忙后，随时准备陪甲方到地震队检查访问

宿安排、物业、水电、机票、档案管理等工作，保障项目平稳运作。

旷野之下，聚沙成塔。

巾帼当为女铁人

聂习不仅“刚”得起烦琐事务，也以“柔”暖得了人心。

2019 年底，新冠肺炎疫情暴发，办公室属地负责组织疫情防控，筹备防疫物资，开展防疫演习、制定防疫措施，编写各类防疫规定 20 余项，并翻译成中文、英文、阿拉伯语、乌尔都语方便中外籍雇员学习执行，组织防疫培训 200 多次。

然而，外籍雇员全是穆斯林，都有着清真寺礼拜的习俗。如何保证外籍雇员既正常做礼拜又确保疫情防控不出现问题?

聂习连夜查找资料，终于找到了解决办法。聂习在《圣训》中翻阅到：有疫情的地方就不要去，里面的人也不要出来……聂习立即请助手找出阿拉伯语原文，同时译成英文，又用空闲房间改造了一间临时礼拜室。她尊重雇员信仰习俗的同时，让他们从内心深处接受并配合防疫工作。员工的心，稳住了!

2022 年 3 月，ADNOC 项目陆上最后一个区块 Al Ain 项目完工。3 年多时间，15 个区块，1000 多个日日夜夜，4.6 万平方千米，2100 万安全人工时，开创了 ADNOC 物探史上多项纪录。一个个数字，一项项业绩，凝聚了阿联酋项目部每一名中外方员工的汗水和奉献。

“军功章里，有我的两千分之一！”聂习自豪而又不无谦虚地笑着说。是的，她虽然没有在勘探生产的最前线，但甲方来访满意而归，有她的跑前跑后；员工出归国订票接机送机，有她的跑前跑后；雇员招聘入职面试培训，有她的跑前跑后；项目部上百号人的吃喝拉撒，更离不开她的细心操持……

收工典礼上，她的女助手阿莲娜对她不停地竖起大拇指点赞，“Miss Xi, iron lady！用你们中国人的话讲，就是‘女汉子’！”

“不，准确地说，她是 iron lady，‘女铁人’。”项目部经理接过话茬。

项目结束了，ADNOC 又给了东方物探公司一个大项目，Mafraq 城区三维地震勘探，比之前的任何一个项目都更具挑战。刚回国休假两个月的聂习接到项目部电话。

“回来吧！我们一起挑战！”

“没问题。”她回答。20 年了，这个回答从没变过。

风吹着细沙，在沙丘顶上打着转。一颗颗沙粒折射着太阳的光芒，五彩斑斓、闪闪发光……

（东方物探公司　刘津彤　董　功）

我拒绝被女性身份定义

工作中的卢丹

3月3日，卢丹像往常一样，早起巡岗，在班前会上安排一天的工作，在司钻操作室关注着起下钻的情况。

她想起去年5月，30岁生日那天，她刚好也是值班。队上测试定向仪器无信号，进行循环起钻。她从寝室到井场，再从井场去会议室，在钻井队这个小天地里忙碌着一天的工作。30岁的生日很平淡地过去了，没有蛋糕，也没有欢庆。

那段时间，她所在的川庆70562队承钻的磨溪021-H1井正在进行龙王庙油气层钻进，艰难地打着水平段。她是这支队伍的技术副队长，却是第一次在高磨区块钻井，对这个区块的地层压力和钻井方式都不熟悉，压力有，但更多的，是对学习新知识的渴望和兴奋。

卢丹是主动申请到这个区块学习的，之前，她已经在页岩气区块待了两年，打了8口井，创下了四个纪录。公司领导告诉她，钻井不能只顾及快，井控才是更重要的，于是她离开熟悉的区域，换到了高磨区块，想把井控的知识学得更扎实一些。

三十而立，三十而励。卢丹是川庆钻探川西钻探公司目前唯一一个过了三十岁还依然坚守在钻井一线的女生。钻井队不比机关单位，背井离乡、风吹日晒的苦不是每一个女生都能吃得下，6年的钻井队工作经验在很多女生看来已经是坚守一线的极限，但她还没有想要回后勤的心思。

“现在还不是时候，刚工作的时候我就有了对未来的职业规划，现在正在这条路上走着呢，没必要回去。”她的选择看似特别，却又一切都有迹可循。

女工程师也很酷

2010年，卢丹高中毕业，她想学金融。但就像大部分的油二代油三代一样，她在选专业这件事上并没有多少话语权，在一大家人的建议和压力下，她还是选择了并不是这么喜欢，甚至有点抵触的重庆科技学院石油工程专业。她不是一个固执的人，慢慢接受了自己的专业。

她其实是有第二次选择机会的，从小学习书法和绘画的她，在大学里发挥优势，成了学生会的宣传部部长，并且做得得心应手。但是，当她把社团活动搞得风生水起的时候，偶尔也会很羡慕身边那个沉迷于专研和深耕自己专业，并且还申请了专利的朋友。这种羡慕的思绪时不时提醒她，学好课业很重要。

在临近毕业找工作时，转行去做政工类工作，或者继续坚持现在的专业成为石油工程技术人员，一个分岔路口，描绘出未来两种不同的人生轨迹。妈妈觉得学了这么多年的书画童子功，放弃了可惜。爸爸觉得她从小娇生惯养，没有主见，需要到钻井队去吃苦和历练，培养独立生活的能力。

她去寻求学院党支部书记王艳的建议。王艳为她分析了两份工作的利弊，告诉她，在一群工科男里面女孩子是不容易有优势的，太辛苦，精力也跟不上，要慎重选择！她想，如果就因为这些原因就放弃了，不去做与石油相关的技术工作，那这么多年的学不是白上了吗？听完建议后，她反而暗暗下定了决心。

“书记说，人的精力有限，只能做好一件事，但无论怎么选择，决定了就要全心全意去做。”6年过去，卢丹依然深深地记得这句话，也记得这个做事雷厉风行，对学生们要求极为严格的被她视为榜样的书记。同样身为女生的她，在二十几岁的年纪就有自己坚定的人生目标，能干且勇敢。卢丹觉着，不管未来要面对什么，都要努力成为王艳书记这样的人。

毕业如期而至，卢丹坚定地选择了更难更累的那条路，也为自己定下了未来的目标——要成为钻井队最酷的女工程师。

被逼着成长

这并不是一条容易走的路。

“这儿怎么洗澡？”这是卢丹来到钻井队，面对远不如家里安逸的环境后蹦出的第

女副队长是卢丹最不值一提的标签

一个想法。

小的时候，卢丹偶尔会跟着父亲到钻井队玩耍，以为自己早已熟悉了这种野外生活，但当第一次需要独自面对这样的工作环境时，还是忍不住在心里打了退堂鼓。第一次上钻台，她颤颤巍巍上去了就不敢下来。爸爸打趣她肯定受不了钻井队的苦，待不了一个月就要回家。她像是赌气一般，硬是咬着牙逼着自己适应了在钻井队的生活。

搬家安装期间打“前站”，连续几天没有水洗脸；因为旱厕离营房太远，晚上不敢独自上厕所；队伍连续搬安作业，几个月回不了家；处理井下复杂，连续两天未合眼……这些年的每一次“受苦”都像是升级打怪，经历多了，自然也就习惯了。“我爸为了锻炼我，曾经还想送我去当兵，每次遇到艰苦环境时我就想，钻井队的生活环境总比当兵好吧。”在不知不觉中，爸爸眼里那个柔柔弱弱、凡事都要靠家里的女儿，已经成长成了一个坚强独立的“女汉子”。

生活的艰苦能克服，工作的难题却不是靠毅力就能解决的。2014 年，刚开始实习时，卢丹被分配到川庆 50728 队，队上的男职工们出于善意，觉得让一个小女生干脏活累活也不合适，对卢丹很是照顾。但队长王笃勋却认为，再这样照顾下去，她什么都学不会，不逼一下她，就永远都成长不起来。她定岗后，正好遇上原来的技术副队长调走，王队长没有向公司申请要人，一个队长，一个设备副队长，再加上她，三个人需要撑起整支队伍的技术工作。一半是客观条件所迫，另一半，她也认同王队长的想法，想要实现自己的目标，她必须提高自己的业务能力。

爬钻台、值夜班、定措施、测钻具……当真正参与到实际工作中时，才知道在学校里即使“满腹经纶”，到了真正的钻井现场后，一切都要从头开始。好在技术员的工作更多是用脑力而不是拼体力，性别带来的天生的体力弱势并没有给她造成太大困扰。加上王队长虽然严格，却也给了她知无不言言无不尽的指导和犯错误的空间，她用半年的时间摸透了钻井工艺流程，学会了如何设计施工方案、判断井下情况。后来回想起，卢丹觉得能那段时光是幸运的，虽然当时很辛苦，也有很多压力，但因为上面没有技术副队长“扛事”，反而逼迫着她快速成长起来。

打怪升级

2017年5月，川庆50728队进入国家长宁页岩气示范区承钻宁217井，卢丹成为队上的技术副队长。她自信地觉得自己学会了，完全能够胜任这份工作，但外界的质疑却随之而来。“女娃娃搞工程，能不能行哦。”“这么年轻不说了，还是个女娃娃，估计都是挂个职，迟早要回后勤去的。”在钻井一线这个常年以“男子汉”为主的“战场”上，一个二十几岁的女生说话并没有太多分量，背后的揣测和猜想，直白且伤人。

但卢丹并没有时间理会这些质疑，她清楚地知道，回应质疑的最好方式是做出成绩，让所有人心服口服。“想让井队上的人认可你，首先你要能很好地完成本职工作，其次你能帮助别人解决问题，再次你制定的方案、提出的建议都是合理的，人家才会听你的。”既不妄自菲薄也不盲目自信，既不刻意去改变这样的刻板印象，也不任由他人胡乱猜测。卢丹只是关注着自己的目标，默默埋头做事，用过硬的专业能力，在工作中一点一点改变她小透明的现状，消除大家因为性别不同导致的区别对待。

在钻井队，她过得不像一个年轻人，每天早上六点半起床，晚上十点不到就睡觉，也不太爱参与大家的娱乐活动。“因为白天太忙太累了，特别是遇到开钻，有时候连睡觉都是奢望。好不容易有点时间，就想赶紧多学习专业知识，有段时间我都觉得工作成了我唯一的乐趣。”她“工作狂”到甚至不喜欢休假，常常在假期未完时，就主动申请早点回队。

而这些曾经下过的苦功夫，最终在承钻宁217井直改平时发挥了作用。这是一口从钻表层开始就遭遇恶性井漏，被大家笑称为“谁打完这口井就能在长宁页岩气区块随便横着打”的井，当时整个片区只有中国石化中原钻探的钻井队用1.45克/厘米^{3}的钻井液密度打完了邻井的水平段。井漏的问题解决不了，大家都不自信自己能顺利完成这个工作，任务落到了川庆50728队头上。

卢丹知道，这虽然是个烫手山芋，但一旦成功，对整个长宁页岩气区块钻井都有很重要的借鉴意义，也因为这口井很复杂，过程中一定能让她学习到很多新知识。因此，她凭借着在这口井打直井段的经验和此前在邛崃2井、邛崃2C1井积累的防页岩垮塌经验，不断鼓励自己没问题的，一定会圆满完成这个艰巨任务。

最终，在川庆钻探和川西钻探公司技术专家以及甲方请来的国外堵漏工程师、中石化技术人员的技术支撑下，川庆70528队试验出分段降低密度解决井漏的方法，用1.4克/厘米^{3}的钻井液密度，以未发生过一次卡钻的好成绩顺利钻完1500米水平段。宁217井直改平的成功完钻，让卢丹信心大增的同时，也解锁了降低密度解决井漏问

题的新方法，学习到了很多堵漏技术知识以及国外解决堵漏问题的思路。也正是这口井的成功，让公司里很多人意识到，女生也一样能干好钻井队技术副队长这个活，一样能在钻井一线工作中取得成就。

队长王笃勋笑说，等以后老了，大家碰到一起聊天时，肯定都会谈起这段经历，想起那一年的宁 217 井直改平有多难多难。卢丹感受到了这种在高压下顺利“通关”的成就感。“后来我就很喜欢打复杂井，还跑去跟领导申请哪里有复杂井我就去哪里。”卢丹觉得，既然选择了搞技术这条路，就必须要在钻井一线一点一滴累积经验，才能更快地进步。

最不值一提的标签

卢丹记得，打完宁 217 井直改平后，长宁公司组织附近兄弟企业的钻井队来学习，刚开始大家见到她，有些人脸上写满了“我为什么要听一个小女生教我钻井”的疑惑，等真正与她交流完钻井经验后，又纷纷对她竖起了大拇指。“搞工程的人都很挑剔的，他们只认技术不认人，所以我必须抓紧一切机会让自己成长。”

2019 年，卢丹如愿以偿成为一名钻井工程师。承钻威 202H14–6 井时，卢丹当时所在的川庆 50051 队与中原钻探的一支队伍在同一个平台钻井，两支队伍“同台竞技”，两个技术副队长之间少不了相互探讨交流、学习取经，也在各自暗暗“较劲”。最终在最后一趟钻时，卢丹通过不断优化钻井技术模板，在钻井速度上更胜一筹，赢得对方的肯定和赞扬，也同他们的技术副队长牟晓会成为了很好的朋友。

有一次，卢丹顺路蹭其他公司的车时，司机跟她说，常听到有人聊天，说以前川西钻探公司有个女副队长，开始什么都不懂，喜欢抓着这个问，抓着那个问，写技术上的资料也是听周围的人怎么说就怎么写，后来自己慢慢学到了，现在有能力了。从别人口中听到自己的故事，她一边哈哈大笑，一边觉得自己这么多年的努力，总算是有了些小小的回报。

偶尔也有失误的时候，2020 年 8 月，卢丹在当上技术副队长后第一次参与试油。因为对试修工艺不熟悉，她就试着把自己熟练的钻井工艺技术带到试油工作中，却发现行不通，还出现了一些小问题，最后求助了其他同事才把问题解决了。这让她意识到，自己掌握的知识还远远不够，还要更虚心求学才行。这些年的经历告诉她，每一个优秀的钻井工程师都不是在某一个点就突然成长起来的，而是要在钻井一线经过漫长的“实战”和经验积累，才能充满底气。在一次次的成长中，她越发坚定自己的信念。

“好多人都说我一个女生，在钻井队坚守这么多年很辛苦，但我其实从来没有这样觉得过。这就是一份工作而已，这个社会有的人需要从事脑力劳动，有的人需要从事体力劳动，谁的工作不辛苦呢？”卢丹很少跟自己的朋友和家人提起工作中的艰辛，也从不觉得因为性别原因自己应该得到更多优待。在她眼中，野外工作并没有让她牺牲什么，也不值得大家的夸赞，她想，坚守初心就好。

6 年里，她参与过 4 支钻井队 14 口井，完成钻井总进尺近 10 万米，个人和集体都获奖无数：2017 年荣获川庆钻探工程公司重点勘探区域“开源节流降本增效”劳动竞赛“先进个人”、2017 年荣获川庆钻探工程公司首届“优秀新员工”、2018 年荣获 2016—2017 年度川庆钻探工程公司“女职工先进个人”、川庆钻探公司“优秀共产党员”、川庆钻探工程公司第三届“优秀青年岗位能手”、2020 年荣获川庆钻探工程公司第四届“优秀青年岗位能手”。所在的川庆 50051 队 2019 年实现“五开五完”，年进尺 22890 米，荣获“川渝页岩气标杆钻井队”称号。

如今，她也成为一名“老员工”，带了自己的徒弟。“她都不用看资料，就能脱口而出这口井的情况，对井下情况也非常熟悉。而且人又好，我刚来时忘了带专业书，她到处帮忙去给我借资料看。”说起自己的师父，徒弟杨聪的崇拜之情溢于言表，恨不得给出一百二十分的评价。

卢丹是他参加工作后认的第一个师父，他亲眼看到卢丹凌晨两三点起床处理突发情况，见识了她快速判断井下故障发生原因，迅速找到解决方法的专业能力，也见证了在钻雷口坡—嘉陵江地层时，她准确分析所选钻头对钻井速度的影响并形成报告的过程。他很喜欢和师父交流技术上的问题，觉得自己从她身上学习了很多。

川庆 70562 队队长蒋晓龙评价卢丹工作能力强，性格开朗，这么多年坚守钻井一线，难能可贵。“她工作上技术过硬，布置任务时思路很清晰，生产班的同事们都还是挺服气她的。”就连快退休的司钻邓文志对她也是频频点赞。

专业能力好、工作责任心强、性格开朗……如今，在同事眼中，钻井队女副队长这件事已成为卢丹最不值一提的标签。从质疑到信服，从偏见到赞扬，卢丹无惧刻板印象的束缚，用一往无前的决心和厚积薄发的实力，撕下被定义的标签。

（川庆钻探工程公司　黄茹霖　张海龙）

梦中那片神奇的海

——记全国“五一”巾帼标兵贾海燕

寻寻觅觅走来，只为了那个港湾；匆匆忙忙追求，还是那个港湾。无论你在哪里，离我有多远，为了你，我永远不会停止奋进的脚步，一生都把你放在心上……

——题记

采访贾海燕是快乐的。在长城钻探地质研究院她的办公室，我们快乐地交流。面前的贾海燕文静娴熟，没有一点一院之长的官架子，也没有某些知识分子“谨小慎微”的“酸”味儿。听她温婉娓娓地讲述，感慨于此，感动于此——不一样的70后，不一样的巾帼勇士！

22年，贾海燕致力于能源革命，为实现能源强国的目标，始终坚守在致密气和页岩气勘探开发科研生产一线，刻苦钻研每一项工作、每一个项目，练就了从勘探、地质到开发的“十八般武艺”，助力长城钻探公司实现致密气与页岩气的规模化、效益

贾海燕（中）在现场研究水平井地质导向情况

化开发，推进海外技术支持能力不断飞跃。专家们称她的团队是探索两气的“地质慧眼”，他们见证了石油勘探行业的巨大变化和发展。贾海燕用最美好的青春年华，在“测、录、试”各种资料搭建的舞台上，书写着属于自己的精彩人生，让我们看到新时代的“铁人”风采。

一抹石油红

或许是因为名字的原因，出生在山东胶南的贾海燕，从小就喜欢蓝色，梦想成为那只“像黑色的闪电，高傲地飞翔”的精灵，雨过天晴后，自由自在地欣赏那片属于自己的蔚蓝。谁能想到这个看似小巧娇弱的女孩，骨子里却拥有如此博大的胸怀——2000年夏天，她刚刚以优异的成绩从本硕连读七年的母校西南石油学院毕业，便只身一人坐了46个小时绿皮火车，来到位于中国最北海岸线拥有“湿地之都”“候鸟的天堂”美誉的盘锦。

这是一座缘油而建、因油而兴的北方小城，没有什么高楼大厦，也谈不上繁华。不过，这里却是贾海燕认定能够托付终身、实现梦想的地方。

“我和爱人是同班同学，他读完本科就回到家乡，始终工作在采油一线。”贾海燕平静地说，他们的爱情没有什么轰轰烈烈坎坎坷坷，很真实很纯净很自然，他们顺利地完成结婚生子的必修课，如今宝贝女儿正在读大二法律系，女儿偏爱文科的“叛逆”也让她和爱人两个理科生感受一把“文理相融”的快乐。她早已把山东的父母接到盘锦，他们时常要与公公婆婆一家快乐小聚，作为女儿，作为妻子，作为母亲，她一定要做上几个拿手的山东鲁菜。其乐融融，足矣。

都说搞科研工作枯燥寂寞，当年贾海燕在辽河石油勘探局（长城钻探重组之前的名称）工程技术研究院入职后，每天6点起床，在食堂匆匆吃点早饭，7点前准时到达办公室开启工作模式——了解区块地质情况、看井史资料、分析动态数据，遇到想不明白的就查阅专业书，追问身边的工程师。这里的科研工作不再只是象牙塔中的白纸黑字，而是今天的地质认识明天就会从现场返回的生产数据中得到验证，科研创新是为了服务于生产难题。日复一日，年复一年，她在这样节奏快又实践性强的科研工作中享受到了学以致用的快乐，获得了成就感。也为她后来成为地质开发、生产科研一体化的学科带头人，打下了坚实的基础。

“干上那一行，才能慢慢地爱上它。”贾海燕告诉我们，这里就是她梦中那片神奇的海，是心灵的归宿，奋斗的终点。她已经深深地爱上了这一行，越来越喜欢那一抹石油红，那是一代一代油气人薪火相传的红色情怀。

一棵梭梭草

2005 年 8 月，长城钻探中标苏里格风险合作总包项目，进入致密气生产开发领域。致密气作为我国天然气增储上产的重要领域，此前整体处于探索起步和发展阶段，虽然国内勘探取得了一些重大突破，但是还没有实现经济有效地开发，产量增长非常缓慢。苏 10 区块需要被快速认识地下地质情况，并在苏里格气田复杂的地层中寻找致密气藏。长城钻探中标之后，如何实现低渗、低压、低丰度、低产的“四低”致密砂岩气藏高效开发和规模上产，也是摆在所有人面前的一道难题。

贾海燕意识到这是一次不可错过的机会。在时任工程院院长易发新积极推荐和苏里格项目部总地质师王国勇的带领下，她远赴毛乌素沙漠去“亲近”这块不毛之地，寻找地下气藏的钥匙。她表示要做这大漠里的一棵梭梭草，扎根这里，征服这片沙漠。

贾海燕说，要永远感恩在自己成长路上帮助过她的人。还记得在沙漠里第一次上井的情形。那是一个阴沉沉的早上，狂风像一匹发了疯的野马，肆虐地掠过旷野，飞沙走石，远远望去，荒凉的沙丘上烟尘阵阵，犹如正在厮杀的沙场。此时，红帽、红衣、红裤的她内心却热情似火，奔涌的血液就如同沙漠中井架上飞快钻动的钻杆，有着无穷的力量。

她非常珍惜去现场勘查测试的机会，这是她向上级打报告才争取来的，师傅劝她道：“小贾啊，现场刚刚建立，位置在毛乌素沙漠深处，天寒，风沙大，条件艰苦，要住帐篷的，天天早出晚归，你这年纪轻轻的女孩子，还是在家里等现场的同志给你传数据做研究吧。”贾海燕没有丝毫犹豫：“师傅，深入现场才能第一时间根据生产情况，调整最佳方案呀，正是因为我年轻，这点风沙我能抗住。”师傅欣慰地看着这个倔强的小姑娘。

在漫天黄沙的毛乌素沙漠，贾海燕遇上过暴雪天气。大雪封路，她每天带上馒头、水，拿着卫星定位仪，步行到达井场，在冰天雪地和刺骨的寒风中早出晚归，虽然艰辛她却快乐满足。在一次次往返中，贾海燕吃透了苏里格单井生产情况，在一次次观察岩心、岩屑和对比测井图后，摸准了重要的气层开发层位，她深知没有付出就不会有任何成果，这也正是她申请来西部一线做科研的原因。

2006 年，贾海燕作为苏里格气田研究室副主任，凭借已经积累的对苏里格各区块地质情况以及致密气开发特点的扎实认知，带领团队一同推进低渗、低压、低丰度、低产的“四低”致密砂岩气藏高效开发和规模上产，但二维地震和三维地震、小型压裂和大型压裂、直井和水平井三个技术方向该选择哪一个问题优先进行改良，团队内意见不一致。

贾海燕善于发现问题，并能够准确地指导团队解决问题。她暗暗发誓要做“第一个吃螃蟹”的女科研人，她决定以“技”服人，让“数据”说话。于是，她一头钻进厚厚的资料中，开始反复对比国内外不同方案的差异。

夜幽，人静，在地质院科研楼里，总有一盏灯明亮如昼，贾海燕纵横于浩瀚的数据，去发现隐藏的规律，她优选实验井携团队开展了先导实验。

2008 年，贾海燕选定的第一口水平井 S10-38H 采用小型压裂技术，日产气稳定在 3 万立方米以上，试验的成功，首次揭开了苏里格致密砂岩气藏水平井开发的神秘面纱。

2009 年，贾海燕携团队通过优化钻完井工艺及参数，引进裸眼封隔器分段压裂技术，实现水平井大型压裂，初期日产气 10 万立方米，为同区块直井产量的 4—6 倍，S53-4 水平井区先导试验成功实现了重大突破，解决了“走什么路”的问题。

但是探索仍未结束，通过大量的现场调研和资料分析，贾海燕发现风险合作区虽然属同一类气藏，但是合作区内部不同区块之间地质差异性极大，如果采用统一的开发方式，远远不能实现区块的高效开发，必须打破常规。

在大量的数据论证后，她和团队创新提出了“直井 + 丛式井 + 水平井”差异化开发策略方案，先后形成了致密砂岩气藏富集区优选技术、地质工程一体选区选井选层技术、地质建模—数模一体化剩余气挖潜技术、砂体构型水平井地质导向技术等十余项致密气开发配套技术，不仅同时实现了三个区块的高效开发，而且开创了国内外低渗岩性气藏开发中规模化应用水平井开发先河，至此通过科技创新“三步走”敲开了苏里格致密气高效开发的大门。

“我们是让‘大漠变绿洲’的设计者，我最大的快乐就是看着图纸上那一个个小圈圈，变成一棵棵壮实的采气树。”贾海燕无比自豪地说。

一块灰色的页岩片

当今，石油勘探行业面临着来自自然界和技术的巨大挑战。一个课题从开题、立项、攻关到最后完成，常常需要一年甚至数年的时间。只有对科研工作心无旁骛，不为名诱、不为利惑、不为物累，历经失败而不气馁的人，科研之树才能根深叶茂，硕果累枝。但贾海燕从不做独行侠，她常常一人先行在布满荆棘的科研攻关路上选择方向，虽然有时步履蹒跚但脚步坚定，敲开了一扇扇有时是失望有时是希望的大门，见到希望后就带领团队一同攻坚克难，转化为创新成果。

2010 年，长城钻探苏 53 区块投产，长城钻探首次建成产能 40 亿立方米，实现了“六个率先”（率先打评价井，开始对气藏进行评价；率先钻井提速，并持续提速；率先编制区块开发方案并通过审批；率先在未探明区打评价井，新增天然气地质储量 500

亿立方米以上；率先投产上产，产量一直保持在配产指标上运行；率先试验水平井技术，实现单井产量提高），创造了为人称道的“苏 10 速度”，在长庆油田“5+1”合作开发模式中走在了前列。

多年来，贾海燕携团队先后承担局级以上科研项目 30 余项，攻克了含气甜点区预测技术、水平井整体开发部署、精准地质导向等一系列致密气关键技术，优选含气富集区 17 个，部署井位 2500 余个，助力公司累计天然气产量超 420 亿立方米，落实储量超 2000 亿立方米，踢好了非常规资源高效开发的“临门一脚”，为我国天然气上产和绿色低碳发展作出了突出贡献。

采访中，贾海燕给我们拿出一块灰色的页岩片，上面或深或浅不规则的条纹记录着那些前世今生的奥秘——随着社会对清洁能源需求不断扩大，天然气价格不断上涨，人们对页岩气的认识迅速提高。特别是水平井与压裂技术水平不断进步，人类对页岩气的勘探开发正在形成热潮。据预测，世界页岩气资源量为 456 万亿立方米，主要分布在北美、中亚和中国、中东和北非、拉丁美洲、俄罗斯等地区，与常规天然气相当，页岩气的资源潜力可能大于常规天然气。

对页岩气资源的研究和勘探开发最早始于美国。20 世纪 90 年代末开始大规模开采页岩气资源，依靠成熟的开发生产技术以及完善的管网设施，短短十年间，美国的页岩气成本仅仅略高于常规气，这使得美国成为世界上唯一实现页岩气大规模商业性开采的国家。

我国蕴藏着丰富的页岩气资源。国土资源部油气研究中心 2012 年发布的一份报告显示，我国页岩气预估地质资源总量 134 万亿立方米，资源潜力与美国相仿，与美国不同的是，我国的页岩气开采难度更大，页岩气层深度比美国深得多。

作为中国页岩气起步最早的油气公司，中石油从 2006 年开始就涉足页岩气领域，但中石油页岩气开发的脚步在 2012 年后逐渐慢下来。相较之下，中石化凭借涪陵、礁石坝、彭水等有利区块频频发力。2013 年中国页岩气产量约为 2 亿立方米。其中，中石化产量接近 1.55 亿立方米，而中石油产量只有 4000 多万立方米。

面对严峻的形势，2014 年，长城钻探凭借丰富的风险总承包经验和地质工程一体化优势，逆风而行，开始进军页岩气风险合作开发市场。面对页岩气开发这个全新的课题和迫在眉睫的上产僵局，作为“排头兵”的地质团队负责人贾海燕，再次挺身而出。

面对新挑战，她带领油气开发科研团队向汗水和创新要成绩。与现场紧密结合，即使在过年期间，钻机不停，压裂不停，前线工作不停，后方技术人员支持就不能停。

随着国家大数据发展战略的加快实施，越来越多的行业开始享受大数据带来的价值和机遇。大数据时代中，页岩气乃至非常规油气领域同样需要深入挖掘海量业务数据的潜在价值。

开发甜点认识不清、配套工程不完善，开发效果被动……一系列的难题摆在贾海燕面前，她没有慌了手脚，而是迅速抽调技术骨干，进行抽丝剥茧式的研究分析，通过查阅国内外页岩气开发案例，结合现场实际情况，最终确定了页岩气双重地质模型、“甜点”分布特征预测、压前套变地质风险预测和地模—随钻—元素一体化地质导向四个攻关方向，开始页岩气开发攻关的“急行军”。

经过几年的刻苦钻研，她和团队通过“六性”评价成果，确定了目标甜点“既甜又脆”的特性，利用页岩气双重地质模型，实现了页岩气小层级别甜点的精细刻画，将目标箱体由 6 米的深度范围缩小到 2 米之内，牢牢的锁定了铂金靶体，解决了地质甜点太粗和工程甜点太细不统一的难题。

千淘万漉虽辛苦，吹尽狂沙始到金。地质攻关的突破终于打破了页岩气上产的僵局，解决铂金靶体、甜点平面及纵向甜点分布特征预测等一系列问题后，单井产量由原来的 8 万米 ^{3}/ 日跃升到 22.9 万米 ^{3}/ 日，优质储层钻遇率由原来的 75%，提高到 97% 以上，达到国际先进水平，发挥出了地质工程一体化优势的威力，不仅填补了长城钻探公司非常规气藏建模技术空白，也带来了产量和钻遇率质的飞跃。

2016 年 1 月，202SH5 首个百万立方米平台建成，长宁—威远页岩气国家示范区的被动局面得到扭转，为集团公司页岩气开发注入了一针强心剂，再次坚定了页岩气开

贾海燕（中）与科研人员研究威远页岩气具有代表性的岩心样本

发的信心。

2019—2021年，在贾海燕团队的技术助力下，长城钻探公司建成10个日产超百万立方米的平台，建成了15亿立方米产能规模，页岩气勘探开发也凭借甜点精细评价技术、差异化井位部署优化技术、优快钻井技术、地质工程一体化压裂优化技术等一系列优势技术，保障页岩气水平井优质储层钻遇率在97%以上，压裂丢段率控制在1%以内，成功走在国内页岩气勘探开发前列。

一张井位部署图

2020年，贾海燕被任命为长城钻探地质研究院院长。看文献、与专家讨论最新应用的科研技术，前后方连线研究解决一线生产技术难题，她比以前更加忙碌。唯一不变的是，办公桌上永远有一沓沓的各类图纸和技术报告……

逆势而上，寻求突破。“在致密气和非常规气领域，我们取得了一点进步，面对长城钻探‘海外二次创业’的号召，地质科研人要敢于担当，有责任有义务走在前，干在前。”贾海燕冷静分析当前形势，在油价低迷时期和全球新冠疫情暴发的双重阴影下，积极组建海外市场开发小组，到非洲、亚洲、澳洲各国开展技术推介，与斯伦贝谢等国际一流油田技术服务公司同台竞技，凭借高性价比的技术服务多次中标，在国际石油工程技术服务的市场中占有一席之地。项目多了，科研人员有干劲，技术成果多了，项目一次性验收合格率100%。

22年如一日的科研常态，永不忘初心的砥砺坚守，换来科研硕果孕育参天大树，赢来荣誉勋章鲜花掌声。贾海燕用严谨细心化解危机，事劳而不觉累，路遥而不觉远。她可以是活色生香的厨房达人，是女儿枕边的倾诉对象，也可以是叱咤职场的风云人物。角色变换，眼神流转，一步一个脚印，以聪慧、坚韧、勇毅书写“建功新时代，奋进新征程”的新篇章。

工作之余，贾海燕也热心带徒，传授技能。如今，她的身后，已培养出一批科研骨干，有的走上领导岗位，当然也不乏铿锵有力的科研玫瑰。她常教导徒弟做不与市场脱节的科研创新，要让每一次技术突破，都能在生产中产生成效，在市场中激起水花。

贾海燕喜欢把自己的团队比作“雁阵”——“头雁”领航、“壮雁”振翼、“雏雁”助力，“雁阵效应”能够充分激发队员们志有所向、事有所成。通过建立健全地质院致密气与页岩气学科建设，为团队技术骨干成才成长创造营养丰富、精细分类的土壤，打造了一支涵盖地震解释、储层反演、测井评价、综合地质研究、动态分析等多专业的科研战队，让各学科带头人做精后，再实现学科交叉，成为综合复合型技术骨干，奋力在创新高原上登上高峰。

她每次看到青年科研人对技术知识的如饥似渴，对科研攻关能力的迫切提升渴求，就想起了刚来盘锦的自己，心里有说不出的感觉，她用心呵护其探索精神，努力创造各种科研项目实践机会，解决部分科研人缺少经验，只懂科研而不懂工程等问题，建立了“师带徒”培训制度，助力他们展翅翱翔。

贾海燕说，年轻时她喜欢把《红楼梦》当故事看，岁数大了慢慢感觉不一样了，更当做世事因果在看，每个人物的走向和结局除了环境影响，其实也是性格和认知导致，有的主动选择有的被动选择，主要还是觉得文辞很美和命运无常。

“窗外是太阳，永恒的微笑。”贾海燕总是用路遥《平凡的世界》主人公孙少安的这句话来鼓励自己和身边的伙伴们——心中要永远装着那张井位部署图，那是梦的开始，也是梦的解析。

（长城钻探工程公司　付晓岚）

给父亲的一封信

——谨以此文献给所有像“铁人”一样坚韧又平凡的石油人

亲爱的爸爸：

别来无恙！

这是我们分开的第十八个年头。第一次提笔给您写信，我这里已是深夜了，您那里呢？今天我收到开展“弘扬铁人精神 讲好技服故事”主题征文大赛的通知，毫无来由地，第一个想到的人就是您。此刻，我坐在老书房，翻看您多年前的日记，泛黄的书页，潦草的字迹，密密麻麻写满了您的思绪。“1997 年，香港回归。今天，单位组织优秀共产党员去北戴河，支部只有一个名额，大家都选我，两个女儿到处跟人炫耀说爸爸要去北京了。想了半天，还是把名额让给老王了，他要退休了，一辈子没出过四川，希望女儿晓得后莫怪我。2000 年，千禧年。今天是难忘的一天，我被选为局劳模了，单位请我在运输大队上讲几句获奖感言。说不紧张是假的，一上台，掌声一响，红花一戴，我手脚都不晓得怎么放了，说得也不太利索，感谢组织看到这么不善言辞的我。2003 年，非典。娃儿的学校提前放假了，一家四口难得聚拢一桌。小丫头面临文理分科，她兴奋地说着以后要考远点，要去武汉大学。大女儿偷摸恋爱了，被媳妇儿狠狠训了一顿。时间过得真快，转眼娃儿都大了，想想以后，她们终归会有自己的生活，真舍不得她们长大……”这些琐碎的日常是您日记里的文字，时隔多年仍然看得我泪流不止，为了最后的告别，您居然用心累积了那么沉的重物，足以撬起您走后多年我心里的地球。

爸爸，真不敢相信，2023 年就在眼前了。我没能如愿考上武汉大学，您失望吗？我们一直计划着去武汉大学看樱花，直到您意外去世，我仍然觉得这个约定没有结束。高考结束已经十八年了，我总能想象着您站在武汉大学门口等着我，您就站在那里，昂扬、蓬勃，和死亡毫无关系，就算死亡再来一万次，我也不相信死亡这个东西。直到我死了，我也不相信它。死亡只是人生旅途的一瞬间，时空漫漫，我才不稀罕这一瞬间，只是会很长一段时间不能再见到您，不能听您念叨单位的各种琐事，不能挽着您的手一起散步，不能亲昵地与您谈天说地。但我知道您就像我的姓氏一样会永远陪伴着我，我不惧这样的分别，我相信只有面对死亡是怎么回事，才能真正了解生命的意义。

爸爸，您知道吗？ 2020 年的新春，死亡第一次离我那么近。大年夜，妈妈、姐姐和我三地过节。没有聚会、没有人群，数万医护工作者驰援武汉，新闻实时更新着确诊、死亡数据。有些人突然就成了新闻联播上的数字，可我知道，他们不是数字，他们是一个个鲜活的人，是匆匆一瞥的路人，是打过招呼的邻居，是走街串巷的小贩，是一起奋战过的同学，是素未谋面的网友……我看到无数的逆行者，医生、护士、清洁工、外卖员、保安、司机…… 我看到那些平日生活艰辛的人，仍对他人的灾难心存悲悯，倾囊相助；我看到那些受了很大的牺牲、委屈，却依然坚守在自己岗位的人，用他们的专业、智慧和无私守护着我们的家园。人类本身真好啊，在灾难和疾病面前，点滴善意的本质就足以打动人心。那段日子，打开新闻，总是流泪。我和大多数国人一样，以一种特殊的方式在新闻网络上接受着“再教育”。

这是我和爸爸的唯一一张合影

里尔克说生活是合理的，我们要去信任生命中的那些不幸，深深地潜入，去看见自己内部究竟发生了什么。我那样做了，也收到了礼物。

爸爸，我真切地感受到了自己在这段日子里被悄然改变的部分：我曾经骄傲地把自己塑造成了一个离群索居的“佛系青年”，有一套“独善其身”的“躺平”处世哲学，但现在我只觉得胸腔有一股热血亟须释放。那些奔走在一线的同胞，那些滚烫而又勇敢的灵魂，都在提醒我，不要被吞噬在安逸和舒适里，不要被怯懦和随波逐流打败。我不再是那个小小的我，我的心里有了一个大大的世界，我听得到远方的哭声，看得到他人的困境，我不是我，我是我们。

春回大地，万物复苏，2023 年的春天，中华大地又一次崭新。但我永远不会忘记，这几年，我们都是幸存者，对逝去生命最大的尊敬也许就是用力地活在当下。我迫切地渴望通过自己的宣传工作传播向善向上的声音，给更多人的心灵建设提供支持。尽管一个人的声音很微弱，但永远不能放弃发声。小时候，有句著名的教育标语：托起明天的太阳。而这个时代，我们需要的不只是太阳，而是让每一颗星星都永远不放弃释放它微小的光亮。

爸爸，这些生命能量的转化与更新发生在我 33 岁，在我一生中的黄金时代。多年前，我曾问您，作家王小波艰苦的知青岁月为何叫“黄金时代”？您没直接回答，只是对我说这辈子最幸运的事就是成为一名石油工人，他彻底地改变了一个农村孩子的命运，让您拥有了家庭的温暖和事业的尊严，您说这就是属于您的“黄金时代”。那时的我嘲笑您跑题了。但是今天，我想对您说，入职中国石油，选择一个关系国计民生的重要行业，与百万石油人一起扛起兴油报国的重大责任，在未来近30年的职业生涯中，经历2030年碳达峰、2060年碳中和，这是属于我们的“黄金时代”。因为激情燃烧过，所以才如黄金般闪耀。

此刻，我不仅是您的女儿，还是您的同事、您的战友。我和您一样，选择中国石油，选择川庆钻探，选择成为“攻坚克难、敢为人先”的川庆铁军中的一员。在这里，头戴铝盔走天涯是职业浪漫，更是时代使命。在这里，人人都在用言行诠释着“铁人”，那是征服者的孤独，是家国天下的情怀，是千千万万一线石油人忠诚而硬朗的精神气质。

生于斯，长于斯，奋斗于斯，何其幸哉！站在川庆钻探建设世界一流工程技术服务企业的新征程上，身为螺丝钉的我能为他做些什么呢？我立足岗位，积极投身新闻宣传工作。与中国石油“转观念、勇担当、新征程、创一流”的步伐一致，奋力奔走在争创世界一流的路上，身体力行讲好石油故事，传播石油声音；我热气腾腾地投入志愿服务活动，组织青年参与社会公益服务，捐建高原爱心图书馆，探访慰问革命伤残军人，捐款捐物驰援受灾一线；我比任何时刻都渴望加入中国共产党，只因我亲眼见证了自疫情发生以来我们的国家做出的巨大努力。中国，从构建人类命运共同体的高度，用大国情怀兑现着大国责任。

爸爸，2022年9月我光荣入党了。我像年轻的您一样，有足够的勇气去担当，有纯粹的心去信仰，伫立于中国石油这片热土，我一刻不敢懈怠，只因我知道，您一直在天上看着我。

夜已经很深了，日记翻到最后一页。“2005年11月24日，天气晴，娃儿们特意回家拍了全家福。明天是我49岁的生日，老家的亲人张罗着要给我摆两桌酒席热闹一下……”您的日记永远定格在了这一天。11月25日，生日当天，您因公殉职。原谅我，即使多年后仍然无法坦然描述您离开的过程，更不想强调您走得多么无私多么伟大。只是每个想您的夜，总忍不住想知道，当您指挥着每一个队友平安通过危险路段，最后孤零零一人驶过那处悬崖时，您心里害怕吗？

最后一眼，十八岁的我，开往大学城的609路公交车启动了，我回头看您，您站在夕阳下，日落的余晖洒在脸上，您眯着眼睛笑着冲我摆摆手，然后转身离去。告别有什么了不起的，我们终究会独自面对这寂寞，抱着一路行过的记忆，但我总觉得那个时候的您还有话要说，您总有一天会对我说出，对吗？

爸爸，无须告别，山高水长，我们终会再见！

永远爱您的女儿

莎娃子

（川庆钻探工程公司　彭丽莎）

第九章

星火生辉

坚守，让时光告诉你

检查完循环罐，渤海钻探第三钻井公司 70152 钻井队技术员张连水紧了紧身上的工服，开始往钻台爬去。

呼啸的海风刺痛了他的脸，他低下头、俯下身蹬蹬地往上走去，不敢有一刻停顿。4 月底了，夜间的海风还是那么刺骨，呼呼的从工服的缝隙溜了进来，搅的前胸冷飕飕的，脊梁却汗津津的湿了一片。摸着扶梯的手，在手套里倒是不凉，就像小时候被妈妈温暖的大手握住，既柔软又暖和。这种天气，他已经见怪不怪，早已不像那些毛头小子般咋呼。

他最喜欢的还是初秋的白天，那时的海亮晶晶的蓝，红嘴鸥在头顶翩翩起舞，委婉低鸣。运气好的话，还能看到几架飞机擦着天边飞过，有时近的好像一伸手都能碰到。退潮时，入岛公路的四周就会露出泥泞的滩涂，里面藏着许多肥美的海蛎子……

13.5 米的钻台 1 分钟就爬完了，扶一扶安全帽，张连水赶紧收回思绪。张海 17101 井今晚继续钻进。刚刚从屋里的显示屏里看到拉力数值明显增高，反复多次尝试仍然没有降低；扭矩也明显增大，可以看出倒划眼也很困难。他需要到钻台好好查看一下。最终，由于发现及时，70152 队迅速调整施工举措，提高顶驱钻速，增大扭矩，反复尝

张连水目视井架工攀爬笼梯检查井架附件

试，顺利破坏了键槽，继续施工。一个平常而又不平静的夜晚，就这样结束了。

长舒一口气，张连水终于踏实地下了钻台，回到房间。关上房门，他熟练地拨通了妻子的电话，把关了一天的心事尽情地释放出来，问问孩子的成绩，谈谈家里的琐事，用几句梦游般的低吟倾诉着情感，用思念赶走黑暗的夜。放下电话，张连水的思绪飘了很远。

这样日子，伴随着他们这对夫妻已经很久很久了。有多久呢？大约，比整个埕海二号人工岛打完这 100 口施工井的日子还要长。从这座人工岛建岛起，张连水就守在这片岛屿上，一干就是 15 年。

15 年里，他守着岛打出一口又一口高指标井，一打就是 100 口。

15 年里，他的妻子守着家，默默地养儿育女照顾老人，一守就是 100 口。

“好女不嫁钻井郎。”这是初识时张连水妻子委婉传达给他的话。

是呀，那时的张连水还在长庆市场，第一次上井，就是五个月不回家。这样的工作时间，哪个人愿意嫁？他能理解。

钻井工人又辛苦又危险，这样的工作性质，谁会找？他能理解。

天天和井队一群大老爷们糙糙地过日子，这样的工作环境，怎么去爱护、陪伴人家？他也能理解。

这一个个现实的困难，他都理解，可他还是伤心了。遇到了心爱的姑娘，却牵不住她的手，怎么能不难过？

可是，老天到底还是垂爱我们这群质朴可爱的汉子。临上井之前，因缘巧合，两个人偶遇了。钻井人的执拗在这个时候，又冒了出来。他刚循循善诱地和这个可爱温柔的女孩儿要了一个彼此了解的机会，就又被一竿子支到了 1000 多千米外的荒漠中。

人是走了，但是咱们工人有毅力呀，咱们工人更有一颗火热的心呀。拿出“征天战地”的那股子犟劲儿，张连水这颗滚烫的心一点点焐热了她。

他告诉姑娘，咱们钻井工人最实在，以后啥都听你的。

他告诉姑娘，咱们钻井工人最简单，一辈子对你死心塌地。

他告诉姑娘，咱们钻井工人最吃苦耐劳，只要在家啥事儿都不用你操心。

他告诉姑娘……

可是，他却好像忘了，或者说不愿想起，咱们钻井工人，很难回家。

张连水和这个善解人意的姑娘喜结连理时，他已经是渤海钻探第三钻井公司 70152 钻井队的技术员了。那时的海岛，还空荡荡的，很多设备设施都不齐全。作为第一批上岛的队干部，像布置“家”一样，忙忙碌碌，没日没夜地工作了起来。

而平常的婚后生活，尤其是有了孩子以后家里家外的操持费心，让张连水曾经的“告诉”越来越无力，他是能做到，但他能做到的机会，太少了。

每天早上 6 点，孩子还没睡醒，妻子就要出门倒一两个小时的公交车上班，下午 5、6 点下班又要急急忙忙赶 2 趟车回家照看孩子。尤其到了冬天，更是摸着黑出门，披星戴月地回家。张连水心疼啊，可是他没办法。

那年，一个突然的电话，让他的这份心疼又加剧了无数。电话里，妻子同事急急忙忙告诉他，由于液体电热宝突然爆炸，妻子的右半边身子、胳膊、下巴、脖子都烫伤严重。可等他安排好井上工作，急急忙忙请假赶到时，这个右胳膊缠满绷带动都不能动的伤员，这个坚强的钻井工人妻子，已经回家照顾孩子了。后面的日子，就很平常了。他继续回去上班，妻子吊着一只胳膊，做饭、接送孩子。

可直到他歇班回家陪妻子换药，才第一次亲眼看见了妻子的伤口，当看着那片粘在伤口上的纱布扯都扯不动，最后硬是拉下来时，这个三十多岁的大男人，扭过了头去。

接下来的事情，这个平时在队上心思缜密，指挥方遒的技术员，都不愿往下说。因为，他说不出，说不出自己的愧疚与难过。

也许，这些就是对咱们钻井工人的淬炼。经得住别离，受得了孤单，忍得住艰苦，这，就是钻井工人的情与义。

收了思绪，敛了思念，听着熟悉的钻机轰鸣，看着窗外高耸的钻塔，那种融入钻井人血液中的豪情又油然而生。咱们石油工人是好汉，咱们石油工人的妻子就是“女中豪杰”。

又是新的一天。海边的旭日冉冉升起，耀眼的阳光洒在岛屿上，洒在井场上，洒在张连水已经开始奋斗的第 101 口井钻台上。而，张连水和他的妻子，一如往常般坚守在各自的岗位上，平常而又坚韧。

（渤海钻探工程公司　朱婵偲）

埕海二号人工岛施工现场

18 年伴着钻机声睡觉

五月的呼伦贝尔大草原，虽然没有夏季的翠绿、秋季的丰盈，也没有冬季的宁静，但是争相绽放的杜鹃花，如诗如画，斑斓多姿。在这辽阔的草原上，6 部钻机矗立着，钻机轰鸣声和橘红色的身影映衬着周边的美景，一派和谐。杨棕楠，便是这些身影中的一员。

杨棕楠，现任大庆钻探钻井一公司海拉尔项目部负责人。虽然已经在管理岗位，却依旧每天穿梭在各井队间巡查。走过看过，心里才踏实。

参加工作 18 年来，他始终扎根钻井一线，与钻塔为伴，与钻头为伍，牢记使命担当，凝聚攻坚力量，助力企业稳健发展。

有人不止一次地问他："你有很多机会回后勤工作，为何坚持留在前线。"杨棕楠总是微微一笑，"我觉得，作为一名石油院校的毕业生，井场才是我奉献油田、报效祖国的地方。"

奋斗者成长

时间回溯到 18 年前，2005 年 8 月，杨棕楠怀着"我为祖国献石油"的豪情壮志，来到钻井一公司，成为一名钻井工人。回忆起当年，杨棕楠一下子打开了话匣子，"我的老家在大同，小时候就听说过铁人王进喜，心中一直崇拜这个英雄，而且我大伯曾经和铁人共同工作了一年，后来因为种种原因，大伯回家务农，但是那段经历总是被大伯提起，而我也从大伯的讲述中，对铁人越来越敬佩，对钻井越来越有兴趣。每当我们村来了钻井队，我和小伙伴们就去看热闹，看着钻井工人头戴安全帽，身穿工作服，神气十足，特别羡慕。可参加工作后，才知道当个钻井工人真不容易，一年四季在野外，雨打风吹、蚊虫叮咬更是家常便饭，是真的辛苦。但我想，既然选择了钻井，选择了这个职业，就绝不后悔，说啥要干出个样子来"。

就这样，杨棕楠带着对工作的热爱和自豪，上钻台、打钳子、爬架子、扶刹把、扛石粉、下套管……各种工况都能看到他的身影，面对每一道钻井工序，他都积极参与，虚心请教，苦练基本功。由于表现出色，成长迅速，第二年，杨棕楠便被队里任命为司钻，2007 年，他所在的班组被中石油命名为"杨棕楠"班，成为第一批以班组长姓名命名的班组，也是大庆钻探工程公司成立后首个获得“全国工人先锋号”荣誉的班组。

经过日日夜夜的艰辛磨砺，杨棕楠练就了一身的过硬本领，逐渐成长为一名队长。2011年，他担任30511钻井队队长，面对队伍设备陈旧、人员结构复杂、技术水平低等诸多困难，他没有被吓倒，反而充满了干劲儿。他想，这正是检验自己，充分施展才华的良好时机。

在七厂敖9区块二开施工时，由于表层固井后罐内进入水泥浆，罐内钻井液出现钙侵，一号罐和二号罐连接管线出现堵塞，钻井液无法排出。为了保障生产，在零下20多度的严寒下，他脱去外衣拿着撬棍跳入罐内往外清理钻井液，大家备受感动，也和他一样跳进去，经过1个多小时的奋战，终于把罐内钻井液全部排出，杨棕楠又迅速组织人员重新配制钻井液，保证了及时开钻。

任职以来，他坚持天天吃住在井上，与员工摸爬滚打，以实际行动凝聚了士气，激发了员工的斗志，也证明了自己带好队伍的决心和信心。

接过重担

2016年，对于杨棕楠来说是个特殊的年份，他接过金牌队30681钻井队队长的重担。从那一刻起，他深切地感到，这是组织交给他的一份沉甸甸的光荣使命，担不起这份使命，就愧对组织的培养。他下定决心：“尽到自己的责任，干出个样子来。”

工作中，杨棕楠响亮地提出：作为一名钻井队长，就要手把红旗不放，力争排头不让，无论何时都要扛得起、打得响，让队伍闪闪发光。

他守在井场，带着队干部和生产骨干不倒班，包班组、盯现场，白天带着工人上钻台、下机房，爬高钻低，忙个不停，手把手地教，面对面地指导，哪个岗位弱，哪个工序有问题他就顶到哪里，一点点地带，让新顶岗的工人尽快适应岗位需要。每天晚上，心里不踏实的杨棕楠工装不离身，伴随着钻机的轰鸣声，他点着灯和衣而卧在队部的沙发上，只要屋内的灯一闪，或井上的动静稍有变化，他就赶忙爬起来看看。在大家的共同努力下，他当队长的当年，就打出了年钻井进尺8万米的好成绩。

在特殊工况、井下复杂、突击任务、节假日顶岗替班时，杨棕楠总是冲在最前面、守在第一线，起早贪黑，带领员工奋勇拼搏。只要转盘一转，他的全部心思就都放在了井上，除了开会、学习，杨棕楠没有离开过井队。遇到难打的井段时，他更是连续几天坚守在钻台上。

2019年1月，在采油八厂肇405-斜2区块施工一组10口的平台井，井底水平位移大，最大井斜角接近40度，钻井液密度高，易发生粘卡和井下复杂。为了啃下这块硬骨头，他带领队干部全天候盯在现场，把好关键环节，控制井眼轨迹，防止井下复杂，做好相应预案，保证了各道工序施工安全。经过两个月的奋战，终于高质量地拿下了这组平台井。

这些年来，凡事都爱用心琢磨的杨棕楠感到："要想站排头，争第一，就必须在精细管理上下功夫、求实效，想方设法提高施工效率，加快钻井速度，多打安全优质高效井。"

30681 钻井队主要承担的是开发井施工任务，钻井节奏快、搬迁频率高。为了解决这个问题，每次搬迁前，都事先做到"井号清、井别清、设计井深清、地理位置清、路况清、工农关系清、井场布局清"等七个清。

"干就要干一流，争就要争第一！"杨棕楠一直引导大家要树立这样的意识，干就要干好，干就要干出成绩！在岗一分钟，奋斗 60 秒，全员动起来，队伍才能转起来！

"工序时效量化模式借鉴工厂流水线作业方式，细致梳理钻井施工 16 道主要工序，绘制出流程图，制定工时标准，所生成的'生产时效动态大表'能清晰反映影响时效的问题，有效加快生产速度。"

"班组进尺承包模式对钻井班组下达进尺承包指标，通过实施'干部包班连带考评制'，使奖金与班组工作量完成情况挂钩，提高干部员工生产积极性。"

"生产环节无缝衔接模式从抓好生产各个环节入手，做到超前准备、超前部署、超前协调，实现环环相扣、无缝对接，最大限度提高运行效率。"

"三种模式"的应用在钻井施工现场激起进尺千层浪。

2022 年，30681 钻井队接单根最快仅需 1 分半钟，全井可节省时间 4 个多小时，创出电测一次成功率 100%，中靶率 100%，平均机械钻速 59.67 米 / 时，月上万米 5 次、年进尺十万米四连冠等施工高指标，队伍进尺和节余一直位居公司首位，遥遥领先其他钻井队。

每一个被记录下的小成就，都成为 30681 钻井队迈向 10 万米的阶梯。每一次突破，都是他们独占鳌头的基石。

勇往直前

担任队长 11 年来，杨棕楠一直坚持做到工人身上多少泥，干部身上多少泥，用自己的实际行动感染和带动员工。

"我们队长啥事都愿意亲自动手，只要有时间，他总是和工人一起干！"提起杨棕楠，员工总会说他是实干型队长，喜欢和员工同吃同住同劳动。

查看设备运转情况

2019年6月18日上午10点多，阳光格外耀眼炙热。立式砂泵旁，一杆钻井液瞬间刺了出来，弄得周围几个人浑身都是泥点子。

正在钻台上巡查的杨棕楠赶紧和大家一起动手，更换了备用的立式砂泵，并把刺坏的部位进行了维修，都忙完了，他才甩了甩手上的钻井液，抹了一把脸上的泥点子，回了驻地。

“队长，进井路堵死了！”还没等坐下，杨棕楠就接到了电话，他们进井必经的道路被其他单位的车辆误车堵死了。杨棕楠赶紧赶到一千米左右的堵车点进行查看。因为井场地处草原，连日降雨，路面车辙印就有半米多深，而因为误车两边被堵车辆已达百余台，排起了长龙，很多还是重载车，不疏通所有车辆都将杵在那，原定晚上要到达他们队的固井车辆也无法到达。

“咋整，硬着头皮商量呗！”杨棕楠自言自语道。杨棕楠联系本队的2台拖拉机到现场待命，然后分别和两边的司机沟通，商量哪一方退回到另一条路上，疏通后再通过。现场，他挨个车协商，再挨个指挥拖车拽车，使车辆顺利通过低洼泥泞路段，就这样，从中午一直到晚上八点钟，当所有车辆全部疏通开，他才返回井队，晚饭都没顾上吃，就开始组织固井，让员工很感动。

杨棕楠清楚，干部的带动作用，员工看在眼里，记在心里，关键时刻，一定会体现在行动上。

前年11月初的一次搬家，井位也是在草原上，恰逢雨夹雪，天气格外凉。那天，按预定计划，本可以当天收尾，但是突如其来的雨夹雪打乱了计划，场地变得湿滑，车辆行驶难度大，大家干活也不方便，不知道摔了多少跤，衣服都被淋湿了，浑身上下都是泥，别提有多惨了。为了赶工期，谁都没嫌冷，摽着劲干。晚上7点，天黑透了，他们还是没有搬完，住房和餐厅都没有就位，不能做饭，没法休息。无奈，杨棕楠带着大家临时到附近找旅店，可问了两家，一看到他们身上一片片的油渍，人家都不愿意接待。

那一刻，杨棕楠的心里酸酸的，很委屈。他心想：“我们为的啥，说小了，养家糊口，说大了，不就是为了我们的石油事业。谁不想在热乎被窝里睡觉，谁不想陪伴在家人身边，可我们不能。”湿、冷、累都没有让这些汉子说半个不字，可老板的态度确实让杨棕楠心酸，看着这些冻了一天、饿了一天的兄弟，他很心疼。后来，好说歹说，他们把工衣都统一堆放在大厅里，老板才同意住宿。晚上，杨棕楠拿着吹风机把大家的棉袄挨个吹，尽可能让衣服干一点。

第二天一早，大家穿着头天还没干透的工服，打响了新一天的战斗。尽管里面穿着自己的棉袄，可冷风一吹，还是冷得哆嗦。中午，所有装备都就位后，杨棕楠赶紧安排炊事班给大家熬了姜汤驱寒，下午，大家加班加点进行安装，当天晚上就开钻了，看着弟兄们的付出，杨棕楠心里说不出的感动。他知道，这些兄弟真是拼了！

正是杨棕楠的以身作则，带头大干，一定程度上提升了队伍的精气神，使干部员工的心往一处想，劲往一处使，人人肩上有担子，人人身上有责任，使这支队伍召之即来，来之能战，战之必胜。

全员创新

杨棕楠清楚地认识到，创新是队伍发展的助推力，唯有创新，才能让队伍充满活力，提升竞争力，提高战斗力。所谓“滴水不成海，独木难成林”，众人拾柴火焰高！他充分调动全员的力量，依托老队长“徐景峰创新工作室”，发动全员搞创新，努力创建一支有创新、有活力、有激情的员工队伍。

他鼓励员工创新，对革新成果或者合理化建议效果突出的，给予一定奖励，提高大家的创新热情。遇到难题时，杨棕楠就组织创新骨干开会研究，大家一起出招献策，共同解决，很多革新成果由此而生。

封井器需要保持清洁才能保证出现状况时第一时间关井，而封井器原来自带的钻井液伞，虽然可以搜集井口掉落的钻井液，但每口井都需要拆卸，费时费力。杨棕楠提出问题后，钻台大班齐永祥主动请缨，自制了一个稍大些的钻井液伞，吊在上船下部，与封井器相连，这样每个平台的几口井就不用拆卸，每口井可节约半个小时。后来，这种钻井液伞已在项目部推广。

以往更换刹车片时，需要拆开盘刹护罩，把一圈几十个螺丝卸下，再把护罩拆下来进行更换。副队长王立臣觉得这样太费时，受货车车厢挂钩的启发，自制一个罩。他先用绞铁焊出窗口，安装两个合页，再安装一个类似车厢上的挂钩，需要时，开启，向上一掀就可以更换，不需要时，挂钩进行固定，方便快捷，更换时间也从以前的 2.5 小时压缩到半个小时。

修理钻井泵

党员干部带头搞革新，让队里有了浓厚的创新氛围。队里时常能看到这样的景象，有人提出了一个生产中的小问题，大家纷纷开动脑筋想点子、出主意。有员工感觉在二层台操作推钻具时没有借力点，大家就想出个办法，在二层台焊上几道栏杆；有员工感觉从套装水罐向加药罐打水后需要控出管线里的水费时费力，大家就想办法装了一个排空阀……诸如此类的好点子比比皆是，既减轻了劳动强度，又提高了工作效率和安全环保水平，很多点子已经在公司推广。

创新工作室成立 10 年间，累计获得国家专利证书 3 项，油田科技发展部及钻探工会等级技术成果 6 项，16 项创新创效合理化建议在大庆钻探工程公司推广使用。

暖心“当家人”

在 30681 钻井队，只要一谈到杨棕楠，员工们就会津津乐道：“杨队长最贴心，跟杨队长干，我们心齐、气顺、劲儿足、有奔头。”

工作中，他不仅是领导更是工友。闲暇时，他是员工宿舍的常客，在温暖的“拉家常”中，倾听员工的所想、所思、所盼。

2021 年 4 月的一天夜里，工程师孙东宇接到爱人电话，原来在北京看病的岳母被下了病危通知，爱人很无助。孙东宇心里非常犹豫，当时施工的那口水平井井底位移 700 多米，很容易发生复杂，技术上不能出一点问题，他放心不下井上，也同样牵挂病危的老人和无助的妻子。一时间，心神不定。第二天早上，杨棕楠看出他情绪不对，就问他是怎么回事。得知情况后，他一点都没犹豫：“东宇，你赶紧收拾收拾去北京，家里发生这么大的事不能没有你。井上有我和书记呢，技术这块我可以，你就放心吧。”

像这样关心员工、为员工着想、帮员工解难的事情很多很多，员工过生日，做一碗长寿面；员工生病了，专门送去“病号饭”；员工家人患病造成生活困难，发动全队捐款；疫情期间不能正常倒班，组织在家人员帮员工搬家，让员工感受到家一般的温暖。

作为井队的大家长，杨棕楠是暖心的，可作为家里的顶梁柱，杨棕楠却总是缺席。

妻子王丽已经记不清杨棕楠有多少个节假日没在家过了，“平时即使倒班回家，只要井上在钻进，他的心就还在队上”。杨棕楠长年在野外工作，一年回家的时间加起来也不过 60 天，根本无法照顾父母和家里。王丽知道他很忙，也不指望他照顾家，在善良的妻子眼里：“家里事再大，也是小事；井队上的事再小，也是大事。”

其实，杨棕楠也有很多遗憾和愧疚，只是在面临选择时，他更多地选择了工作。

2017 年年底，正是冬季生产的关键时刻，杨棕楠一直盯在井上 20 多天，那天下午突然接到妻子电话，说是医生建议她去哈尔滨诊治。那一刻，杨棕楠有一瞬间是懵的，不知道已经怀孕 8 个月的妻子发生了什么？他赶紧联系朋友，把妻子送到高速口，而杨棕楠从井上直接赶到高速。见到妻子的瞬间，他才发现，浑身水肿的爱人已经变了样。在紧急赶往哈医大二院的过程中，他才知道，爱人严重的妊娠高血压并发症已经危及生命。到了医院后，杨棕楠才知道后果有多严重，水肿已经波及大脑和脏器，爱人开始视力模糊，呼吸微弱，医生说脏器都有衰竭迹象，胎儿严重缺氧，再耽搁一会，恐怕大人都会发生意外。

杨棕楠不停地签字，不停地听着各种后果，不停地自责。后来，只有两斤重的女儿出生后直接住进了 ICU，又过了 2 个小时，爱人手术结束了，医生说从腹腔抽出 2000 毫升积水，脑部积水也很严重，好在治疗及时，没有后遗症，算是不幸中的万幸。

一周后，因放心不下井上情况，杨棕楠把她们母女拜托给岳母，又上井了。半个月后，孩子从 ICU 回到儿科病房，杨棕楠揪着的心才放下来。

队里员工知道后，感触地说：“跟着你这么能干的队长，我们能不好好干吗，你赶紧去照顾家里人，队里有我们呢！”杨棕楠摇了摇头：“我对不起家人，但我一定要对井队负责！我要让大家知道，我和弟兄们在一起！”

一分耕耘一分收获。组建以来，30681 钻井队先后 5 次年进尺突破十万米，荣获钻井一公司金牌钻井队，大庆钻探工程公司金牌队，大庆油田公司先进集体、功勋集体，中国石油工程技术服务金牌钻井队等殊荣。

转变身份

2022 年 8 月，杨棕楠调到海拉尔项目部担任负责人，身份虽然变了，但他的那份敬业和执着依旧。

刚到海拉尔，一切都是陌生的，从地面到地下跟大庆差别很大。杨棕楠利用多年积累的钻井经验，每天仔细深入地思索，仅用一个月的时间就进入角色，与甲方和地方相关部门及人员沟通顺畅，熟悉了井位运行、生产节奏、施工进度，并把先进的做法逐步灌输给井队长，使得各队在钻井速度、经营管理等方面大幅度提升。

来到海拉尔仅2天，大庆和海拉尔两地疫情暴发，所有车辆和人员禁止往返，钻井物资得不到保障，测井、固井、运输不能正常运行。为了不影响生产，又要遵守地方政府和油田公司防疫政策，杨棕楠组织各井队相互支援，互借对方急需的生产物资。同时积极同甲方、地方、各协作方沟通协调，采取多种灵活方式，运送应急物资，保障生产进度不受影响。

面对人员紧缺的实际情况，杨棕楠再次沉下身子，带领机关的党员干部顶上去。在40016钻井队搬迁楚19井时，井距达230千米，受疫情影响人员上不来，杨棕楠急调50066钻井队2个班组14人，加上项目部的人员火速支援，帮助搬迁安装。杨棕楠亲自带队，现场指挥，带头大干，哪里需要哪里就有他的身影，最终楚19井长途搬迁仅用1.5天，安全高效地完成搬迁任务。在此期间，没有因为物资影响生产，没有因为车辆造成等停，为公司和甲方交上了一份完美答卷。而杨棕楠在海拉尔坚守了四个半月，直到冬季井队撤回，他才返回大庆。

这就是杨棕楠的故事，与其说是付出，不如说是一种责任，更是一种钻井人的担当。他的身影也许并不高大伟岸，但他吃苦耐劳、朴实豁达的人格魅力，同样闪烁着“铁人式员工”的光芒。天道酬勤！杨棕楠以刻苦钻研的品质，勇于创新的精神，无私奉献的情怀，铸就了精彩的人生，他本人也先后被评为油田公司杰出员工、功勋员工、黑龙江省五一劳动奖章获得者、黑龙江省劳动模范。

（大庆钻探工程公司　刘　娟）

英雄岭上追梦人

英雄岭，一个富有传奇色彩的名字，一座充满挑战的山峰，一个蕴藏丰富石油的山地。那里，地表寸草不生，高寒缺氧、是地球上的“月球”；断崖林立，山峰交错，最高海拔超过 4000 米；风沙肆虐，一天四季，白天，强烈的日光照射，地表温度能达 60℃，夜晚气温又降至冰点之下……

英雄岭，位于青藏高原柴达木盆地西北缘。20 世纪 80 年代，美国合作队曾尝试过征服英雄岭，由于技术上无法突破，美国人也只能望山而叹、无功而返。石油人何时能够解开英雄岭神秘的面纱，让英雄的旗帜高高地飘扬在桀骜不驯的英雄岭上，曾一度成为一个神话般的谜。

随着柴达木盆地英雄岭砂 37 井、砂 40 井获高产工业油气流，英雄岭地区油气勘探取得重大突破。青海油田“全面建成千万吨高原油气田”的号角嘹亮吹响。重上英雄岭，拿下大油田！攻克英雄岭的重任历史地交给了青海物探这支高原勘探劲旅手中。

刘海涛（右一）在英雄岭现场研究施工方案

在东方物探青海物探处，只要一提起249队队经理刘海涛，可谓无人不知，无人不晓。身体微胖，长满络腮胡的脸上架着一副近视眼睛，多年征战高原，脸上多了几分漂亮的“高原红”，加上最“耀眼”的秃头，让他比实际年龄看上去苍老了许多。

心，交给了宏伟的石油事业。情，倾注在戈壁荒原。

作为一名特级队经理，他连续三年带领勘探队员征战柴达木盆地，攻克了被誉为国内五大“勘探禁区”之首的英雄岭。随着英东油田的诞生，青海油田的光辉目标正在实现。

提起英雄岭上的日子，这位物探铁人感慨颇多。

一次，刘海涛乘坐奔驰车颠簸了近两个小时，来到了山地钻小营地。走进帐篷，看到钻工们吃的都是鸡蛋炒米饭，一个白菜一个土豆。他二话没说，冲着电台里喊山下的队部：“让炊事班长接电台。马上！”

“刘队，有什么事？”两分钟后，电台里传来炊事班长的声音。

“队上买了那么多的菜，小营地为什么没按要求配备？”刘海涛的声音大得吓人。

“刘队，一大早送菜车就出发了，山路太陡，车根本上不去。”炊事班长小声解释道。

“找设备队长协调车辆，今天中午必须将菜全部送到各小营地。”

晚上的生产例会上，刘海涛专门从推路组协调出一辆推土机，将通往山地钻的路重新削低。实在没法用推土机的地方，他就带领队员用人工抬，用绳索架，把能用的办法全都用上，保障了后勤给养的顺利补给。

“山上每天都有几千人在干活，人是铁饭是钢，吃不饱饭哪来的力气干活？”会议室里，刘海涛和班组长骨干们召开碰头会，给大家鼓劲，“英雄岭，我干了三年，知道是块难啃的骨头，我也理解大家的难处。但越是艰苦的时候，越需要我们咬牙坚持。”

有了路，安全风险降低了，施工效率提高了。有了路，奔驰车行驶在了陡峭的山脊上，水罐车穿行在了百米的深沟中；有了路，山地钻机通过索道飞跃到了另一个山头，仪器车稳稳地停在了英雄岭的山巅。

为了让队员们克服缺氧、粉尘和颠簸带来的不适，刘海涛就给他的员工配发了三件宝：红绳、抗高原反应药、防尘口罩。作业时，用一根红绳把头勒紧，对抗高原缺氧造成的头疼欲裂。每天出工前吃上一把抗高原反应的药，增加身体的抵抗力，降低高原反应。作业时戴上厚厚的口罩，预防粉尘侵袭。从英东到英中再到英西，三个山地项目，三件宝伴随着员工度过了英雄岭的时光。

刘海涛说，他每天都要到作业现场走上一趟，不然晚上睡觉睡不踏实。是呀，偌大的英雄岭上，2000多名员工在用生命谱写着物探先锋的铮铮誓言，他没有理由享受片刻安逸。他是英雄岭上的掌旗手，是全体员工的主心骨和贴心人。

山地钻井班组人抬肩扛钻井设备

有一次去放线班，刘海涛了解到，因为英雄岭浮土巨厚，彝族员工感觉到这里的山比云南的龙山、虎山都难爬！刘海涛就聘请了新疆的登山教练给全体员工培训登山技能，为员工配发了特殊的劳保和最好的防滑鞋，确保山地施工的安全。

249 队是一支“铁军”队伍，组建几十年来，从高原到山地，从南祁连到英雄岭，队长换了一任又一任，钢铁的作风在血脉传承，以善打硬仗著称，一直在用一流的业绩实现着新的攀登和新的跨越。

英雄岭山体高大，断崖陡峭，野外施工中钻机搬迁和摆放排列是山地作业的头号难题。为了完成好这些“尖刀”任务，刘海涛亲自挑选身体条件好、业务素质精、敬业精神强的 30 名员工，组成了英雄岭“飞虎队”。他们攀陡崖、过深沟，将一台台山地钻机从一个山顶搬迁到另一个山顶，保障了整个野外生产的顺利开展。在飞虎队作业现场，青海乐都的飞虎队员告诉刘海涛，在海拔 3600 多米的英雄岭上，背三串地震检波器小线比背30斤青稞都重！于是，刘海涛从物探处协调了重量更轻的SN8检波器，并组织修理班人员为飞虎队定做了背线的工具，大大减轻了飞虎队作业的强度。

看着每天的生产日报效率一天一天稳步提升，刘海涛饭能吃得下了，晚上睡觉的呼噜声也响起来了。远在河南开封老家的妻子打来电话，说想带孩子看看他。一忙起工作，刘海涛十天半个月都顾不上给母子俩人打个电话，偶尔打个电话也是匆匆忙忙说上几句，妻子问什么都是“OK”。刘海涛仔细算了算，自从上了项目，他离开家已经 9 个多月了。

钻井班利用绳索“飞渡”钻机，减少钻机搬迁

高原的天空没有雾霾，偶有空闲，刘海涛喜欢用手机拍下照片传给妻子。

“看着像假的！”妻子看到如此漂亮的照片总有些怀疑。

“有机会你来看看吧！我怎么舍得骗你……”

当妻子带着儿子坐火车、转汽车一路风尘仆仆来到工地，看到寸草不生的荒野中伫立的板房车和绿色的帐篷，看到在飞扬的尘土里攀爬高山的找油人，妻子眼里满是泪水。常听别人说找油人苦，她发挥自己最大的想象力，却没有想到实际情况远远超过了她的想象。

而 11 岁的儿子看到这些情景，满脸欢笑，兴奋地在戈壁滩上撒欢儿。也许，在孩子幼小的心里，他看到的更多的是新奇、是未曾见识过的壮观和震撼！

“爸爸，快来，给我拍张照片，这里的景色太漂亮了！”儿子召唤着刘海涛，裤兜里装满了从山上捡到的各种颜色的石头。刘海涛拿在手上，居然找到了一小块带有鱼化石的黑色石头。

“儿子，你看这个像什么？”刘海涛问。

“像鱼！”儿子一脸惊奇，像是发现了新大陆，“这是化石吗？我有宝贝了！”

“是鱼，而且是一条几百万年前的鱼。和它一起的同类，变成了沉睡在地下的石油，等待着我们去发现。”刘海涛把石头递给儿子，眼睛里闪出一丝喜悦，“我就是一条做梦的鱼……”

“立下凌云志，攻克英东铸精品；重上英雄岭，再续勘探新辉煌”。这是挂在 249

队大门上的对联，是全体队员的心声。作为队长，刘海涛是全队人员的主心骨，千般苦，万般难，刘海涛带领他的队员迎难而上，知难而进，靠着“缺氧不缺斗志、艰苦不怕吃苦，困难大决心更大，海拔高追求更高”的高原先锋精神的激励，这块隐藏着神秘的地宫即将被自己打开，他觉得自己的人生必将与英雄岭紧紧整合在一起！

为了提高生产效率，刘海涛和钻井项目长商量，推行“分区施工、独立运作”的生产模式。将项目划分为山地钻作业区、机械化钻机作业区、震源作业区等多个区块，在整个项目运行计划的指导下，分区作业。这种小分队作业模式，减少了各小组之间的干扰，减少了单个小组的包袱，促进了整个项目效率的提高。

突破英雄岭，技术是关键。作为当年东方物探公司“一号工程”，中国石油股份公司、青海油田公司、东方物探公司的专家们展开“头脑风暴”，打破常规，加大投入，下猛药，出绝招，在攻关思路和方法上寻求大的突破，探索形成了一套适合于高原复杂山地地震勘探的核心技术。

8 月 26 日，柴达木盆地首个复杂山地三维项目在多方努力下，收获了一份沉甸甸的喜悦。英雄岭高原复杂山地三维勘探共完成 127 束线，44608 炮，偏移前满覆盖面积 320 平方千米，资料合格率高达 99.88%，提前计划 5 天完成勘探任务，为后续的处理解释乃至钻探赢得了宝贵的时间。

这种举全公司之力采取的“采集、处理、解释”一体化运作模式，为攻破英雄岭

钻井班在英雄岭油区进行作业，昔日的荒山已经立起了众多的采油机

创造了条件。边采集、边处理、边解释，大大加快了勘探节奏与进程，应用攻关的新资料、新成果提供的 6 口预探井、7 口评价井、8 口试采井，100% 获得成功。实现了“当年攻关、当年采集、当年应用、当年见效”的目标。

为了纪念这一历史性的突破，青海物探处在海拔 3600 多米的英雄岭主峰，立了一块“英雄岭勘探纪念碑”。这块碑，告慰着前人，那些为了石油事业将自己的青春甚至生命留在这里的前辈，可以安心了。这块碑，更昭示着后人，以此为新的起点，再也没有石油人无法攻克的勘探难题。

由于身体和年龄原因，刘海涛从 249 队回到了物探处工作。与朋友闲聊时，只要一提到野外，他必然会说起英雄岭，滔滔不绝、无法阻挡。偶有出差上高原，只要路过英雄岭，他的大脑都会异常清醒，往日的情景如电影直播不停在脑海里出现。

巍巍昆仑，莽莽雪山，今天，青海油田已建成英东油田，昔日的荒山井架遍布，各种车辆在蜿蜒的山间穿梭，像一条条在海里畅游的鱼。

青海物探人庄严地在英雄岭勘探纪念碑下宣誓：传承英东模式，发扬铁人精神，发扬高原先锋精神，为青海油田早日建成千万吨级高原油气田而奋斗，为我们的中国梦、石油梦而奋斗！

（东方物探公司　朱海彬）

初心如磐始创新　行走一线解难题

2023 年 5 月 13 日，周六晚上十点多，西部钻探吐哈钻井公司张耀先“劳模和工匠人才创新工作室”的灯光还未熄灭，张耀先坐在桌前分析“旋转循环防卡装置”现场应用数据。

“旋转循环防卡装置”是他自 2022 年开始研究的项目，该装置具有动密封、高压密封、水平井段仪器打捞、旋转防卡 4 项关键技术及创新点，可以在测井、打捞绞车起升下放电缆时和起升循环系统故障后等不同复杂情况下，实现井下钻具转动及钻井液正常循环，有效预防卡钻事故发生。3 月 19 日，在吐哈钻井公司 50072 钻井队施工的柯新 1H 井现场，顶驱冲管刺漏更换过程中首次成功应用。

现任“劳模和工匠人才创新工作室”领衔人的张耀先，1991 年中专毕业后来到吐哈钻井公司工作。参加工作以来，他扎根基层，刻苦钻研，一步一个脚印，从一名专业“小白”成长为多重荣誉加身的“专家”，从一名普通的操作工人转型为成果丰硕的创新带头人。他是“自动记时选点电子多点仪器”“MWD 解锁式投捞器”“打捞式随钻堵漏旁通装置”的创造者，拥有 5 项国家发明专利、27 项新型专利，是新疆维吾尔自治区“第十一批有突出贡献优秀专家”、中国石油集团公司“石油名匠”、西部钻探“劳动模范”等多项荣誉的获得者，先后荣获中国创新方法大赛全国总决赛二等奖 1 次、三等奖 2 次、新疆赛区一等奖 3 次，多项发明先后为国家挽回重大经济损失、创造经济效益超亿元。

从零起步　启逆袭之旅

2000 年，张耀先从钻井工转至定向操作岗位。在一次投放测斜仪器过程中，由于连续三天三夜不间断作业过度劳累，不小心将右手食指卷进绞车。在医院躺了数日后，心情逐渐平复的张耀先开始反思。人工多点测斜仪故障率高、耗电量大，数据误差大，使用期间井队频繁起下钻，操作人员劳动强度随之增加。

“要是能把人工计时改成智能选点就好了。”张耀先第一次产生了创新的念头。

“中专毕业的操作工，高科技你哪懂。”回到岗位以后，他向同事说了想要研发的想法，猝不及防被泼了一盆凉水。同事消极的话语并未打消他的念头，反而让他更加

张耀先使用工具进行创新研究

坚定。奔向成功的路不管走多远，只要方向正确终能到达彼岸。

他没日没夜钻研苦读专业书籍，虚心求教学习各类仪器设备图纸，自学英语浏览国外技术网站，93 本笔记见证了他从业余到专业的“逆袭”。他查阅资料、请教专家，一有时间就驻井熬夜做实验，甚至用笔记本偷偷记录技术员在电脑上的操作步骤。

在荒漠中坚守 700 多个日夜，现场试验上百次，终于研制出定时测量、自动记录、智能休眠的“自动记时选点电子多点仪器”，在温 5-417 井进行首次试验并取得成功。此项发明，将仪器入井工作效率提高了近 5 倍，数据精准率从 65% 提高到 100%，口井节约纯钻时效近 30 小时，成为之后钻井提速的一大利器。

“每次看到现场员工因减少一次起下钻而笑容满面的时候，我就特别满足。”尝到甜头的张耀先从未忘记他的初心，从此走上无止境的创新之路。

贴近一线　解事故复杂

“创新研究需要浓厚的兴趣、坚韧不拔的毅力和持之以恒的创新精神，缺一不可。”张耀先如是说。他的工作室里，摆满了各式各样与定向有关的仪器。其中，MWD 投捞器自 2005 年开始研制，目前已经发展到“第五代”，每一代都根据钻井工艺的发展来更新完善。

MWD 仪器用于定向钻井的井眼轨迹测量，造价高，且在地下作业时容易失去信号，维修更换 MWD 仪器必须通过起下钻，井下出现事故复杂时极易造成仪器报废导致重大经济损失。张耀先动起了心思，想要实现不起钻就完成仪器更换打捞。

他潜心研究仪器结构和原理，设计图纸方案，选择配件钢级，联系厂家制造工具……屡试屡败，屡败屡试。2013 年 12 月，第一代产品在连平 23-1 井成功将无线仪器捞出，挽回经济损失 50 多万元。此后，下入 MDW 仪器的井出现事故复杂，井队第一时间邀请他上井解决难题。

持续的现场经验和学术积累，使他发明创造的步伐不断加快。2014 年，MWD 投捞器研发遇到了瓶颈，仪器在使用过程中会经常性脱键，导致无信号。一天在与家人吃饭时，看到电视机中播放着飞机高空加油的场景，从事多年仪器打捞工作的他，立刻发现二者存在着异曲同工之处。飞机加油的程序给他打开了一条新的思路，突发灵感的张耀先扔下碗筷便直奔办公室。

通过不断查阅相关资料，反复试验，“MWD解锁式投捞器”在2017年“破茧而出”。在不起下钻的情况下，能够将发生故障的MWD仪器打捞到地面维修后，重新投放到井底继续工作。5000多米的深井1个小时就能完成MWD仪器打捞操作，将作业时间缩短近30小时，解锁打捞成功率达100%。

该项发明填补了国内外石油行业同类空白，在美国钻井技术交流期间，国际油服公司专家对于其能够解开MWD锁定装置折服不已。“MWD解锁式投捞器”被新疆维吾尔自治区总工会评为“卡脖子”技术创新活动优秀创新项目。截至目前，“MWD解锁式投捞器”为国内石油行业挽回经济损失超6000万元。

坚守初心　破一线难题

习近平总书记提出“广大科技工作者要把论文写在祖国的大地上”，张耀先则将自身工作定位“创新的价值在于服务一线”。30余年来，不管是身患带状疱疹还是孩子升学高考，都没能让他离开实验工作室半步，他初心如磐，在解决一线难题道路上笃定前行。

张耀先认真观察仪器数据

2016 年，吐哈油田温 8 区块多口井发生井底漏失，张耀先赶赴现场打捞测井仪器，却看到员工都在旁站着，一问才知道井队安装了 PBL 堵漏工具，测斜仪器打捞不了，他们在等技术服务人员。这个工具是国外研制的一套随钻堵漏系统，一直垄断国内市场，最高单井租赁费用 54 万元。

“时间就是效益，井队等不起呀！”无功而返的张耀先连续数日夜不能寐，他从网上搜索出 PBL 堵漏技术的相关信息，反复研究工作原理，发现它是采用改装旁通阀，进行 6 次投球堵漏的装置。

“外国人都觉得自己牛，可他们只知道把球扔下去，就不考虑怎么把它取出来。”在经历了反复研究之后，张耀先不仅摸透了工具结构，还通过逆向思维延伸出大胆的创新思路。

经过 1 年的反复研究和现场试验，成功研制了“打捞式随钻堵漏旁通装置”，在不起下钻的情况下能够及时、有效、多次进行高浓度、大颗粒堵漏作业，并能有效的保护井下旋转导向、MWD 仪器、螺杆等各种仪器及工具。在发生卡钻后，可以灵活方便打捞维修和投放 MWD 仪器，避免了爆炸松扣所带来的安全风险。这个成本仅 9 万元的研发成果，率先打破国外 PEL 堵漏技术垄断，处于国内领先水平，堵漏时间可由原来的每井次 72.63 小时降到 1.23 小时，获得了 2019 年中国创新方法大赛新疆区赛一等奖。目前，已经创造出 7000 万元的经济效益。

百尺竿头　为创新加速

创新需要深厚的知识积累，他坚持学习提升自己，用更好的思路和方法去解决钻井生产技术瓶颈和安全隐患。

2017 年，张耀先参加了集团公司组织的《TRIZ 创新理论方法》的学习培训。太抽象了！他与其他学员们都有着相同感受。15 天里，就有八成学员因为太难中途放弃，张耀先内心也有了微小波动，但是一想到自己是带着生产难题来的，学不好不仅浪费了公司给的机会，更是延误解决问题的时间，他内心又充满了紧张感和压迫感。

52 岁的他，精力与脑力并未处在巅峰，凭借着越是艰难越向前的意志，一锤接着一锤敲的韧劲，将 TRIZ 创新理论方法牢牢掌握，参加培训时带来的难题也得到了破解。应用新方法研究出的折翼式扶正器成功解决了在打捞 MWD 仪器时，仪器无法通过倒扣接头的问题，为解决井下事故复杂开辟了捷径。

“现场生产总会出现新的问题，那就需要不断地去解决。”他坚持参加了 2018 年以及 2019 年创新理论学习班的学习。每年，他都带着新的生产难题去学习，在学习中寻找解决办法，为破解问题节约了不少时间。

他发挥“安专迷”精神，将理论与自己的研究贯通，创新成果不断取得突破。2019 年至 2022 年，研究的《基于 TRIZ 解决随钻旁通系统水眼畅通的难题》《基于 TRIZ 研制随钻堵漏倒扣装置》《基于 TRIZ 研制随钻堵漏倒扣装置》接连在中国创新方法大赛总决赛斩获二等奖、三等奖。《随钻仪器信号检测系统》等成果获得新疆维吾尔自治区“五小”职工群众性优秀创新成果等荣誉，为石油行业技术自主创新研发做出了重大贡献。

传道授业　助人才成长

一花独放不是春，百花齐放春满园。作为创新工作室领衔人，张耀先将人才培养作为重中之重。他将工作室创建成学习基地、人才培养基地、难题攻关基地，制定培训计划并开展专项培训、岗位练兵，将自身技能、经验手把手地传授于徒弟。

他积极发挥“传帮带”作用，编写了《吐哈钻井事故预防技术》《长筒套铣打捞一次成功新技术》等学术成果，与“大国工匠”谭文波共同主编完成中国石油西部钻探《石油钻井工》题库，利用现场培训、技术例会等机会，坚持为一线员工讲课，提升员工对事故复杂的认识和处理能力。

张耀先为徒弟们讲解工具测试原理

同时，不断组织协调年轻优秀的骨干人才进入工作室进行轮训培养，大力支持员工参加各类技能竞赛，提供技能培训、赛场经验分享等各种帮助，将“一个阵地创造效益、一堂讲座提升素质、一个方案预防事故、一个平台鼓舞士气”的工作室职能发挥到了最大。17 人在西部钻探公司技能竞赛取得名次，团队成员荣获中国石油集团公司技能竞赛银牌，先后培养出厅局级、厂处级劳模 6 名，钻井工程师、井队长、技术专家等岗位骨干 93 人，逐步成长为企业技术发展的中坚力量。

要让成果发挥最大的价值。2017 年，美国哈里伯顿公司多次联系张耀先，欲花百万美金购买“MWD 解锁式投捞器”发明专利版权，都被他婉言谢绝。他选择参加集团公司一线成果推介活动，与渤海钻探、川庆钻探达成推广应用意向，为科技成果转换提供更广阔的平台。几年来，他积极参加国家、自治区、中国石油技术交流活动上百次，对有需要的企业和单位学不藏私，将所学所得、所思所悟倾囊相授，跨地区、跨行业帮助国内石油企业解决生产技术难题 30 余项，为国内行业技术发展贡献出不可忽视的力量。

创新为荣耀，敢为天下先。张耀先立身于不甘平凡的坚持，成事于千锤百炼的不屈，成就于守正创新的初衷，在履行报国兴疆使命中体现了高尚人生价值，用守专长、制精品、创技术、持之以恒、精益求精、开拓创新的内心坚守向工匠精神致敬。

（西部钻探工程公司　谢冬梅）

择钻井事　成就钻井人生

7月17日这一天，年满60岁的刘泽明郑重其事地脱下红工衣，告别自己为之奔忙了一辈子的钻井一线，回到家乡，抱上小孙子，当起了爷爷。这对他来说，是一种全新的生命体验，过去43年间，他大部分时间都在大漠戈壁“面朝沙土背朝天”，错过了尽孝道，错过了温馨的家庭时光，也错过了儿子的成长。没有错过的是，他把自己经手的钻井队都带成了标杆队，没打废过一米进尺，口口井盈利创效，在轰轰烈烈的“拿面积、拿储量”的塔里木石油会战中留下了自己的名字！

大学梦终结　钻井梦开篇

17岁那一年，高考落榜的刘泽明参加原四川石油矿区的外招考试，以文化课第一名的成绩被录取，成为一名石油工人，“大学梦”由此终结。那时的他就下定决心，要在工作中干出个样儿来：“读大学的遗憾不能弥补，再不能给自己的人生留下其他遗憾。”光阴荏苒，43年弹指一挥间，在即将退出工作岗位之时，刘泽明由衷感慨：钻井选择了自己，自己没有辜负这个选择。

刘泽明被授予新时代川庆铁人称号

1989年，中国石油工业开发史掀开了崭新一页，4月10日，随着塔里木石油勘探开发指挥部在新疆库尔勒成立，塔里木会战正式开始。这是我国改革开放以来，中国陆上石油工业动员力量最多、涉及范围最广、对外开放程度最高，声势浩大，影响最为深远的一次石油会战。1991 年底，全国石油系统有 20 个局级石油企事业单位派出队伍参加，当时四川石油管理局参战的队伍被称为“川军”，以善打复杂地层的深井著称。到 1992 年，“川军”在塔里木的数量达到 12 支，刘泽明所在的 60119 队就在其中，他在这一年随队入疆，融入浩浩荡荡的会战大潮中。

初来乍到，虽因自然环境气候恶劣有诸多不适，但浓厚的会战氛围让刘泽明充满了干劲，他在塔里木这片创业的热土上，与来自五湖四海的同行同台竞技。会战中正在发生的“挑战钻探禁区的壮举”“横穿‘死亡之海’的壮举”“大漠千里走油龙的壮举”时刻激励着像刘泽明一样的钻井人要不甘人后，敢打敢拼，跻身一流。

1993 年，他随队征战塔中构造。那时候在沙漠腹地打井，去井场要换乘很多交通工具，坐沙漠车、甚至乘直升机，除了用于工作沟通的卫星电话，钻井队与世隔绝。一口井要安全钻达目的层位，既需要克服视野疲劳、身体疲劳、精神疲劳，还要对井下情况有准确的判断。在这样的极端环境中，1993 年到 1994 年，刘泽明所在的 60119 队打了塔中 4-12 井、4-16 井和塔中 401-6 井，这些井都是围绕 1992 年塔中 4 井获得重大发现后部署的，现在，它们是总体储量超 1 亿吨的整装油田塔中 4 油田的有机组

会带队伍的刘泽明

成部分。这期间，他对“只有荒凉的沙漠，没有荒凉的人生”这句闪烁时代精神的格言感同身受，曾无数次给后来者讲述那段历史，说“只有在塔里木这样的地方，这样的话说出来才不矫情！”

1997 年，60119 队更名为 70549 队，刘泽明被提拔为该队平台经理，并在这个岗位一干就是 26 年。26 年间，他带了三支标杆队，70549 队、70507 队和 90002 队。

刘泽明对 70549 队的感情最深，毕竟从 17 岁干到 48 岁，他把人生中最青春、最年富力强的时光都留在了这里。1999 年，70549 队在吉南 5 井钻获侏罗系、三叠系两个层位的高产油气流，开辟了塔里木满北地区黑油勘探的新领域；同年，塔里木油田点名让刘泽明率队打探区第一口总包井轮南 33-H3 井，这是油田探索总包钻井模式的发端。最终，这口井以提前 15 天钻揭目的层并获工业油气流得到甲方首肯。此后，钻井总包模式在塔里木探区全面推广，70549 队也以“第一支敢吃螃蟹”的队伍载入塔里木会战史册。2002 年，塔里木油田原油产量要上 500 万吨，哈得油田是上产的重中之重，当时川庆钻探二勘公司在哈得区块打的两口水平井接连失利，70549 队临危受命打哈得 4-11H 井，9 个半月时间拿下这口日产原油 150 吨的高产水平井；随后，刘泽明率队在哈得连续打了 5 口双台阶水平井，储层钻遇率达 90% 以上，为哈得油田增储上产作出了贡献。70549 标杆队的名声也不胫而走。

总是临危受命　总是力挽狂澜

在 70549 队当平台经理期间，刘泽明逐渐摸索出了钻井队的管理之道，找到了调教队伍的方式方法，这为他今后以“管理有方”闻名远近打下了基础。

2015 年 2 月，川庆钻探二勘公司在吐孜反承包区块打井的 70507 队因复杂不断紧急换帅，刘泽明以 52 岁的高龄临危受命、走马上任。到队上一看，他发现岗位职责不清晰，员工混日子思想严重，队伍精神面貌涣散，缺乏战斗力。从抓制度规范、制度落实入手，刘泽明手把手调教队伍。每天，他在井场巡检至少 6 次，仔细观察每个人怎么干，对症下药纠习惯抓作风。渐渐地，队伍走上正轨，一鼓作气拿下吐孜 102、103 平台 9 口从式井，井身合格率和中靶率均为 100%，钻井周期口口有节约，其中吐孜 103-X2 井只用了 21 天。15 个月，70507 队成了吐孜洛克反承包区块有口皆碑的标杆队。

2016 年 6 月，53 岁的刘泽明接到调往 90002 队当平台经理的调令。这曾是一支标杆队,2015 年 1 月，在克深 902 井以 8038 米创下过我国陆上最深井纪录，但遗憾的是，因发生榔头落井责任事故，队伍士气受到重创，不敢打，怕出事，畏首畏尾。赴任时，队伍承钻的博孜 103 井钻井进度比邻井滞后了 100 多天。摸清情况后，刘泽明一方面

复杂井段，刘泽明正在司钻房指挥操作

给大家鼓劲儿：从哪里跌倒就从哪里爬起来！另一方面给员工撑腰，盯操作，让他们放开手脚追进尺；寻帮助，用上新工艺新技术赶进度。很快，机械钻速从原来的每小时 280 米提升到了 400 米，各项工作步入正轨。最终，这口井提前设计 20 天完井，创造了 7000 米以深井段连续两次取心率 100% 的纪录。90002 队重新焕发生机！2017 年，队伍凭借在克深区块的优异表现，连续两次获得勘探月度流动红旗，在全油田 98 支钻井队伍考核中排名第一，成为库车山前超深钻井队中当之无愧的标杆。

不忘工作初心　方得事业始终

2019 年 4 月，在塔里木油田石油会战 30 周年之际，塔里木石油公司选树了各条战线上的劳动模范 30 人，刘泽明跻身其中，被誉为“钻井平台经理楷模”。楷模者，有忘我奉献的精神品格，有“三老四严”的求实精神，更有讲究科学、争创一流的进取之心。刘泽明善管理有口皆碑。从当钻工起，他就意识到，用心干一天工作和混日子混一天不一样，只有“人上岗、心上岗”，工作质量才能得到保障。这个心，就是责任心。当司钻带班组时，他会按照技术员下达的任务书统筹分配任务，厘清工作界面，不重复下达指令，避免员工不知所措；夜间值班时，从不允许自己打瞌睡，盯在岗位上，一刻不停地巡检，只为多操一份心，让别人放心。当上平台经理后，他在队伍里推行“管理到位、责任到位、培训到位、执行到位”的4D管理，让每个人都成为管理的主体。他说：“责任心”不只是一种态度，而是做每件事情都得认真，严明的规矩就是认真的保障，“四个到位”就是我带队伍的规矩，它能确保每个岗位上的每个人都能把自己的责任心落到实处、用在该用的地方。

他的知人善任也是有口皆碑。这些年，钻井一线迎来一批批社会化用工，这些新工人往往是培训十天半个月就要进入完全陌生的环境开始高强度工作，像无根的草，很难在大漠戈壁扎根，流失率非常高。刘泽明关注每一个新工人，他会了解他们的来历、受教育背景以及性格特点，通过日常巡检、培训、谈话、工作交流等方式，找准每个人的所长，给他们压担子，进行多岗位锻炼。他的队上既有因工作出色而实现身份转化的社会化用工，又有四十岁高龄从工人走上管理岗位的佼佼者，还有评上局级劳模和十大杰出青年的普通员工。据不完全统计，从90002队上，就陆续走出去了12名平台经理、16名工程师以及20多名司钻，成为川庆钻探新疆分公司名副其实的人才孵化基地。在刘泽明即将离开工作岗位的最后一天，川庆钻探新疆分公司为他准备了一场特别的告别仪式，他带出来的徒弟们纷纷前来道别，并给予他感谢。老刘在那一天泪光闪烁，感慨万千。

他感慨自己几十年如一日的坚守和付出，不仅为荒凉之地留下一口口油气井、一

亲力亲为的刘泽明

座座集气站、一个个油气生产基地；还为自己的人生积攒了许许多多的闪光时刻，那些去过的探区、打过的井、征服过的地层、创造过的纪录都成为珍贵的回忆；而最值得的是，在常年征战中结下的战友情谊，这情谊里，有他对石油事业的理解，他希望自己苦心守护的石油人的荣誉能代代相传！希望后来人不怕苦不怕累，在脚踏实地的耕耘中尝到石油的甜！希望石油事业长青，新时代的石油人能在石油精神激励下过精彩的一生！

刘泽明退休前，川庆钻探授予他“新时代川庆铁人”的荣誉称号，并为他举办了“新时代川庆铁人刘泽明先进事迹报告会”。报告会在 6 月 12 日到 25 日期间，先后走进四川、长庆和新疆地区，并在塔里木油田进行了宣讲。塔里木油田党工委称赞他既是“新时代的川庆铁人”，也是“新时代的塔里木铁人”。“一辈子干一件事，干好一件事，干成了一件事”的刘泽明无疑将成为更多钻井人的楷模，他为钻井付出了一切，钻井也成就了他的一生。

（川庆钻探工程公司　刘　玲）

秉持匠心　以“技”服人

进入西部钻探克拉玛依钻井公司“赵辉钻井机电技能专家工作室”，一张张操作台、一台台模具设备、一件件工具材料就能映入眼帘。在这里，赵辉用扎实的专业知识和精湛的技能，为井队解决了无数设备“顽疾”。24 年间，从一名普通的柴油机工，到西部钻探公司劳动模范、集团公司技能专家，赵辉的故事十分励志。

苦练内功，展露本色

“一开始什么都不懂，两眼一抹黑。”1998 年，19 岁的赵辉青春正好，从技工学校家电维修专业毕业当上了一名钻井队柴油机工，但因为所学专业和工作不太对口，刚开始是一个彻底的“门外汉”。每天懵懵懂懂，不知道要做什么，不知道为什么要做。好在这个迷茫期不是太长，很快，他在井队师傅和同事们的引导下，逐渐对石油钻井有了更多了解，又因为了解而爱上这个行业。

赵辉从小就爱“鼓捣”，动手能力强，慢慢地，井上的各种设备引起了他的兴趣。后来公司组织职业技能竞赛活动，他积极参与，通过努力，还在集团公司级竞赛上获得过三次奖项。

但成长之路并非一帆风顺。让他记忆深刻的是 2015 年，他第一次参加技能专家竞聘，结果落选了。那一次，面对前辈，他发现自己有太多不足，没有专利，更没有什么创新成果，硬件考核项目分数差得太远。他情绪低落，心里禁不住委屈：“一个技校生怎么会搞发明搞专利嘛。”

西部钻探榜样赵辉在工作室进行研发

不久，两个小故事启发了赵辉。故事说的是一家公司为了挑出生产线上的空肥皂盒，耗费几十万元安装了一套智能机械臂。无独有偶，遭遇相

西部钻探榜样赵辉在学习中进步

同情况，另一家公司工人却把电风扇摆在生产线旁，再在对面摆放一个箩筐，电扇开启，空盒子便会被吹离生产线，最后掉在箩筐里。

水无定势，人无定理，这就是定式思维的突破。两个公司的故事告诉赵辉，化繁为简，也能最大限度地节约成本；人也一样，不怕学历低，只要肯学、肯钻，不放弃，照样能干成事。

“但凡有一分希望，就要付出百分百的努力。”这是赵辉心中的信念，他说只要是自己认定的事情，就算脱几层皮也要做好。在之后的工作中，他有空就和班组员工交流，向领导同事请教，积累了大量工作经验，技能水平在不断提高，发明创新的步伐也愈加坚定。

他说：“年轻的时候工作都是被动接受，现在我知道自己要做什么，自己给自己加担子，每天都想着再改造点啥，咋样才能把工作干好。”这么多年，对于赵辉来说，改变的是能力，不变的是一直向前的勇气。

他的成长之路由没日没夜的钻研学习开始，白天忙里偷闲学、晚上挑灯夜读学、上井跟着师傅学，在这期间他还完成了大专学历教育。

2017 年，赵辉在 70208 钻井队当机房大班时，发现柴油机总是有跑冒滴漏现象，既不环保，也会增加油耗。经过细心观察和分析，他判断是密封圈材质所致。原来，厂家出于成本考虑，使用了黑色丁腈橡胶密封圈，这种密封圈耐高温、耐油性较差，时间一长，密封效果大打折扣，免不了发生跑冒滴漏。

赵辉在查阅了大量资料之后，选择了耐高温、耐油的氟胶密封圈进行替代，跑冒滴漏的难题迎刃而解，小小改良发挥了大大作用。随后他举一反三，把绞车、钻井泵、钻井液罐搅拌器骨架油封和液控管线自封接头上的密封圈都进行了更换，从此，队上设备跑冒滴漏的问题得到了遏制，不仅避免了油污落地造成环境污染，还止住了一个成本“出血点”，获得了同事和队领导的好评。

勇于担当，百炼成钢

在井队工作时，赵辉的“发明细胞”随时都处于活跃状态。经过反复推敲，他把井场照明和住地路灯改为光控，天黑时自动启动，天亮后自动熄灭，解决了长期以来由人控制容易早开、晚关，甚至忘开、忘关的问题，有效节约了照明费用。他还把住地走廊的长明灯改造成了体感照明灯，人来灯亮，人走灯熄，大大地减少了电量消耗。

赵辉常年在井队，与同事们转战于各个油区之间，过年过节很难与家人团聚。

有一年“五一”，他刚好轮休，就利用这难得的机会高高兴兴地陪着家人开始了一趟自驾游。但第二天，就在他一路上陶醉于美景、享受着与家人难得的团聚时光时，接到了队长发布的一条事故通报。那是一起其他单位的“二层台助力器亡人事故”，看到这条通报以后，赵辉心里五味杂陈，没心情欣赏美景了，连和家人说话也心不在焉了。

“这件事对一个家庭来说是多沉痛的打击，我满脑子都是他家失去亲人的悲伤画面。我觉得自己要做点什么才行。”赵辉说。随即他内疚地与家人商量结束旅游，快速回到了工作岗位。

回来他就一头扎进了资料堆。经多番查阅，他发现2009年、2014年也曾发生过类似的事故，原因也大致相同，都是员工身上的安全带尾绳与绞车滚筒发生缠绕，不断勒紧而造成人员窒息死亡。

一遍、两遍、三遍，光图纸他就画了一大摞，功夫不负有心人，经过一个多月不断研究和测试，一套由“安全急停、安全带快速分离、滚筒安全监控”三部分组成的

西部钻探榜样赵辉（右一）正在授课

二层台安全装置出炉了。

赵辉介绍说，在发生险情时，“安全急停装置”可以远程无线切断动力，让绞车滚筒立即停止运转，接下来员工就能通过“安全带快速分离装置”，迅速断开背部的安全带尾绳挂扣，脱离安全带的束缚限制，避免自己陷入险境，而当人与滚筒超过设定的安全距离时，“滚筒安全监控装置”就会启动，滚筒自动停止运转。

这套安全装置一经应用，就受到了员工们的欢迎，被大家称为“井架工安全卫士”，它大大地降低了岗位员工操作时的安全风险，杜绝了伤亡事故的发生，为钻井队高空作业筑起了一条生命保障。最后，这套安全装置获得了实用新型专利，还同时获得了公司创新成果二等奖。

赵辉说，他对自己热爱的事业，始终心怀敬畏之心；对培养自己的公司，始终充满感恩之情。因为热爱，所以坚持，他耐得住寂寞，用实际行动诠释了工匠精神的内涵，展示了钻井工人的风采，也演绎了自己更有意义的人生。

有时候，发明创新的过程并不顺利，但赵辉不服输，坚持啃硬攻坚，直到难题解决。就这样，与生产实践相结合的“多功能小板手”“辅助小吊卡”“司控房立管压力电子数显装置”等多项创新成果先后推出。其中，“防爆型套管切割机”成功申报中国石油创新基金项目，经现场测试，每次可节约切割时间 50%，节省费用 1.65 万元。效益与成本“一升一降”，受到井队的欢迎，得到广泛应用。

赵辉技术改革创新的思路逐年清晰，也获得了不少荣誉。2019 年，“新型钻杆盒空气加热装置”获集团公司创新成果二等奖，“柴油机冷却液及润滑油加热装置”获集团公司创新成果三等奖；2020 年，“泥浆泵耐磨盘取出工具”获集团工程技术专业创新大赛二等奖；2021 年，“缩短钻井队清罐时间”项目获得新疆维吾尔自治区 QC 成果三等奖，集团公司创新基金项目“防爆套管切割机的研究与应用”被评为优秀项目。

他个人先后参加过三届集团公司职业技能比赛，获得过银奖、优胜选手等荣誉，被授予“技术能手”“十佳青年”等称号，2019 年起连续多年被聘为集团公司技能专家。

严谨创新，传授技艺。作为工作室领衔人，赵辉没有骄傲，始终保持着匠人之心，以“技”服人，对自身所学不“藏私”，随时给工作室成员送上急需的“武功秘籍”，使工作室迅速成长为既不脱离生产实际，又突破传统、不断革新的“能打硬仗、善打胜仗”的团队。

他带着工作室成员一起为气瓶排水阀加装了“无限循环定时装置”，实现了储气罐自动排水，减少了气路积水，延长了钻机气路各阀件的使用寿命，被钻井队广泛应用。

另外，他还组织大家把日常表现集中和突出的问题列为科研及创新课题。其中，他们针对冬季施工发明的“新型钻杆盒保温装置”，利用压缩空气代替蒸汽对钻杆盒加热，既可避免使用蒸汽烟雾弥漫而影响视线、增加安全风险，又十分节能，受到钻井队员工们的一致好评。

赵辉把工作室作为“开展技术革新、解决实际难题、推广创新成果、进行带徒传技”的平台，形成了一批富有成效、具有推广价值的创新创效成果。其中，“低压自动报警装置”获得国家实用新型专利、集团公司工程技术专业一线创新成果三等奖；“自动刮泥浆装置”获国家实用新型专利、公司首届青工创新论坛一等奖。

除了是工作室的负责人，赵辉还是公司的兼职培训师，在“传帮带”工作中，他保持开放的姿态和严谨的标准，以工作室为名建立了网络群组，把基层车间、钻井队设备管理人员纳入其中，经常开展设备管理培训，通过网络就现场设备使用过程中的想法和建议展开互动交流，为设备“诊脉开方”。

另外，他还毫无保留地把每个创新项目从讨论、立项、试验、实践到形成成果的过程在群里进行共享、交流，引导大家在实践中查找、解决问题，在拓宽基层设备管理人员的视野、提升技能素质的同时，还降低了井队设备的维修时率，也因此培养了一批优秀的设备管理骨干。现在赵辉的徒弟中，有两人已经成长为克拉玛依钻井公司高技技师、首席技师，5 人成长为电器工程师，1 人成长为技师，发明创新蔚然成风，有效带动了设备管理水平整体上台阶。

工作室成员艾尼·库尔班、廖立枫先后被聘任为集团公司技能专家，孙冰心、芦宇鹏被聘任为克拉玛依钻井公司首席技师，成为设备疑难杂症的诊断专家。近两年，工作室累计解决集团级难题 3 项，企业级难题 11 项，贡献五新五小项目 16 项。《气动绞车安全控制装置》等被授权国家实用新型专利，设备创新改造累计经济效益达 1237.31 万元。

赵辉自一线走来，从一名普通的柴油机工，逐渐成长为如今的集团公司技能专家，每一次进步，每一项荣誉的获得，都是他心血的付出与回报。他与所带领的团队，以精雕细琢、追求完美的精神，让每一台设备在井队生产里稳如磐石，不负众望。

（西部钻探工程公司　侯红丽）

高原固井“英雄汉”

初次听到英雄岭这个地名，就仿佛一颗石子扔进心海，泛起阵阵涟漪。

什么样的地方，能称之为英雄岭？带着这样的疑问，笔者走进了这块石油人前赴后继、坚守奉献之地，寻求答案。

沿 315 国道一路西行，目的地是青海油田花土沟基地。这一路，从早到晚，汽车经过之处，尽是戈壁滩，我领教了什么叫不毛之地，什么叫寸草不生，什么叫无人区，什么叫渺无人烟。

即将抵达花土沟镇。望向车窗外，南北相望的阿尔金山和昆仑山并肩而行，公路两旁除了遍地黄沙，也只有数不尽的抽油机，从地层深处汲取着能源。戈壁的狂风，不时卷起滚滚沙尘，拍打在路边时时闪过的“石油红”们身上。

来到渤海钻探第一固井公司青海项目部基地，我询问起英雄岭名称的由来。项目部党支部书记辛志红告诉我，新中国成立之初，第一批地质勘探者挺进柴达木，因为有石油，这片人迹罕至的戈壁受到了关注，随后石油勘探队员们来到此处，不知是谁喊了句：“谁要是登上山顶谁就是英雄。”从此，这座山丘有了它如今的名字，英雄岭这个故事也一直流传至今，成了柴达木盆地内有名的故事。

曾经的一句玩笑话，如今却变成了现实。英雄岭因高海拔，石油资源开发难度大，也被称为柴达木盆地石油勘探开发的“修罗场”，以英雄岭为中心，昆北、英东、东坪、扎哈泉、英西等油田环绕在周边，这里又成了青海油田勘探开发的“主战场”。

能上英雄岭的人，都是英雄。渤海钻探第一固井公司青海项目部，就是这样一支英雄的群体。

固井，作为钻井施工的重要一环，是衔接钻井和采油的关键环节，如果固井作业出了问题，会对接下来的采油作业造成不利的影响。这项作业成本高、工艺复杂、可控难度大。

青海市场，更是如此。

对地上环境来说，这里被喻为“天上无飞鸟，地上不长草，风吹石头跑”的青海高原区域气候干燥多风，日照紫外线强。每名员工都或多或少出现了头晕、腹泻、气喘等不同程度的高原反应，甚至连走路都要大口喘气。

对井下地层而言，这里井下地层极为复杂，深层裂缝油气埋藏深、压力大、断层

茫茫青海戈壁滩上的高耸的钻塔

多、溶孔多、产量高、裂缝多，井漏、高低压互层导致的“窄压力窗口”、随时存在的“漏喷转换”等难题始终困扰着固井人。

难题，是难不倒渤海钻探固井人的，他们扎根青海市场二十多年，成功完成了多口股份公司重点井的固井施工作业，多次获得各级领导的好评，在青海市场创出了品牌，收获了荣誉。

是不是真英雄，还得上英雄岭

2022 年 3 月，刚刚圆满完成集团公司重点风险探井祁探 1 井固井施工的青海项部经理张红言，接到了上级的通知，做好青海油田英雄岭页岩油先导试验平台井固井作业的准备。

张红言心里咯噔一下。

英雄岭页岩油先导试验平台，是青海油田实现规模型页岩油开发的先导试验井，对于青海油田乃至整个中国西部地区由常规油气开发迈向非常规油气开发有着非凡的意义。

但是，英雄岭地区固井作业难度系数和复杂程度极高，稍有差错，就会对接下来页岩油开发造成影响。

干？还是不干？

面对这个选择，张红言没有犹豫，必须干，而且要干好！我们工程技术服务就是保障甲方勘探开发的，面对困难不退缩，才是真正的固井英雄。

为了做好英雄岭页岩油先导试验井的固井作业，他带领团队早做准备，提前将口井技术资料、地质资料详细分析，借鉴国外、国内的资料，进行综合对比，做足功课。仅仅是为了做好先导试验井首井英页 1H5-2 井的固井作业，他和项目部副经理、技术带头人孔哲就记了整整两大本技术笔记。

考验固井英雄们的日子很快到了。6 月 12 日，英页 1H5-2 井油层套管固井开始。该井固井存在水平段长、有机盐钻井液与水泥浆污染严重等诸多难点。难题虽然很多，但是大家的办法更多。在施工之前，项目部制定针对性的技术施工措施，严格按照模拟数据加放扶正器，同时不断优化水泥浆配方，使用自研的成熟水泥浆体系，有效提高了顶替效率，保障了套管居中度，为后期油气层压裂及开采提供了坚实保障。

在固井现场，项目部经理张红言、副经理张鑫、孔哲靠前指挥，按照提前半个月演练的流程进行固井作业，整个作业过程现场各环节有序衔接，技术措施落实到位，关键风险受控，施工排量和密度均达到设计要求，施工一气呵成。碰压正常，套管试压合格。

这是青海油田英雄岭页岩油先导试验平台首口完井固井。它的顺利完成，为接下来该区块的固井作业打下了坚实的基础。英雄的渤海钻探固井人，在英雄岭上踏出了第一行脚印。

什么困难都难不倒我们登上英雄岭

初战告捷，接下来才是真正的考验。渤海钻探公司在英雄岭先导试验平台上承钻的首口油基钻井液钻完井的英页 1H6-4 井固井的重任又落到了该项目部身上。这样的井以前相关的资料较为欠缺，对混浆返出排放要求高，裸眼段长、施工量大，对施工连续性要求极高。

必须确保固井质量，想尽一切办法！

"水泥浆与油基环境下的地层界面强度差，如何保证提升强度？"

"使用自研的水泥浆体系，肯定能够保障提升强度。"

"那万一产生污染怎么办？"

"我们使用新型隔离液，一定能够确保将污染控制住！"

又是一个通宵达旦的讨论会，孔哲揉着熬得通红的双眼，走出了会议室，明天就

青海英雄岭先导试验平台首口油基固井顺利完成

要上井固井作业了，他顾不得躺下休息，而是与现场技术团队一道，分析现场可能发生的问题，制定应急预案，将固井的各种风险控制在最小。

6 月 18 日，这一天万里无云、阳光灿烂。一切就绪，张红言下达了开始固井的指令，现场各环节有序衔接，技术措施落实到位，关键风险受控。大家紧张地等待着各类数据的反馈。

压碰上了！

井下试压合格！

当听到这个消息的时候，张红言长长舒了一口气，他感慨地说：“英雄岭，英雄岭，我们花了多少心血，今天我们成功了，我们也是固井实至名归的英雄。”

英雄之名　英雄无名

青海项目部党支部书记辛志红始终强调：“征服英雄岭不是哪个人，而是我们项目部这个战斗堡垒。”

项目部党支部以“一次施工、一个精品、一腔真情、一片诚信”为宗旨，教育引导员工牢固树立安全意识、质量意识、经营意识和大局意识，想甲方之所想、急甲方之所急，坚持发扬连续作战的精神，自觉克服困难，以“服务钻井生产”为己任，抓

狂风暴雪也挡不住高原固井人的脚步

好固井施工组织运筹，各项准备工作提前运作，每次接到生产指令，都要做到不讲条件、合理安排，不畏困难、积极响应，不分昼夜、随叫随到。

项目部成立“党员突击队”，在英雄岭固井期间，张红言带领全体班子成员上井，盯在井场，做好现场的固井工作。突击队长孔哲多次亲自操作，确保各项流程顺畅。副经理张鑫提前对车辆、装备进行认真检查，预防各类问题的发生，确保了英雄岭固井能够顺利、高效。

经过项目部全体员工的共同努力，先期部署的青海油田英雄岭 10 万吨页岩油先导试验平台 8 口全部顺利完井。渤海钻探人的艰苦付出，保障青海油田实现了浅层到深层、碎屑岩到碳酸盐岩、构造到岩性、常规到非常规的三个历程，对于祖国能源建设有着重要的意义。

在项目部员工的床头、办公桌上，很多都摆放着自己全家的合影，辛志红说道，远离亲人，常年离家在外，都是家常便饭，但是，为祖国找油争气的信念，始终鼓舞着大家，在这高寒、高海拔的地区坚守着、奉献着。亲人虽然不在身边，但能时刻看到自己取得的成绩，在这里工作也是幸福的、光荣的。

那一刻，笔者找到了英雄岭的答案。虽然英雄岭不是名副其实的山，但它应该配得上这个英雄的名字。

“谁要是登上山顶谁就是英雄。”这是初代勘探队员们对这块不毛之地的绝地呐喊，这是渤海钻探人高唱的无私奉献的战歌，是全体石油人面对风沙严寒刺入胸膛时的冲锋号。

“英雄岭”，是一个地名，是一本翻不完的巨著，是一座用石油精神铸造的丰碑。这座丰碑上写着，“越是艰苦，越要奋斗奉献，越要创造价值”。

（渤海钻探工程公司　郭达鹏　张　峰　张凯旭）

做技术的攀岩者

2023 年 6 月 1 日，在西部钻探克拉玛依钻井公司 EISC 办公室里，工程师侯君龙正在监测着井队生产信息，他监测的井位于新疆准噶尔盆地玛湖区域。

56 岁的侯君龙在钻井队一线有 31 个年头，调到 EISC 办公室也只有两年时间，是克拉玛依钻井公司年龄最大的技术员，在他的“字典”中“一就是一、二就是二”永远没有“模棱两可”这个词。

他说:“要想始终保持技术上的精进，技术员一定要相信手中的尺子。”

2015 年到 2019 年，新疆玛湖油田的钻井会战，是他最难忘的经历，他所在的 50071 队、70009 队实行“一队双机”，在玛湖会战中创下丰硕成果。2019 年，50071 队率先实现“六开六完”，70009 队实现“三开两完”。两队 15 次打破区块纪录；获中油技服、新疆油田公司表扬信 4 次、西部钻探公司提速流动红旗 1 次。2020 年 5 月，他获得了西部钻探第六届劳动模范称号。

“侯君龙不是负责，而是太负责了。”在克拉玛依钻井公司 50071 队，员工们异口同声地评价着侯君龙。

侯君龙在玛湖这几年，见证了玛湖施工的难、险、艰，他多次处置井下复杂情况，在极易发生易阻卡等复杂井段，不管白天黑夜都坚守在钻台上，指挥司钻操作刹把，将钻具一点一点提出风险井段，工作繁忙时，他长达两个多月一直坚守在井场上。

“其实，我挺笨的。”侯君龙总这样说自己。

“这口水平井，我们来得最少，有侯师傅在，我们放心。”玛湖协调组的技术管理人员评价他。

“他心细，想得多，准备得足，是队上的‘管家婆’。”50071 队队长康洪华说。

侯君龙一直记得，他刚任技术员时，当时的师傅说过的一句话。师傅说:“技术员要相信尺子，而不是自己的眼睛，眼睛看到的和现实不是一回事。”师傅是一名大学生，比他年轻，但这句话他一直记在心里，落实在行动中。

每口井中完、完井后都要平整井口，侯君龙每次都亲自丈量二级套管头和采油树的下四通。套管高度一般是 17.5 厘米，允许有 2 毫米的误差。但他要做到严丝合缝，不允许这个误差存在。

在井口，蹲在狭小的空间，站不直身子，他就拿着磨光机，一点一点将套管头磨平。

他不愿意随便比一下，也不能容忍接口坑坑洼洼，生怕一个疏忽造成 BT 密封圈损坏，影响采油树安装质量。侯君龙说，把工作做到完美无缺，才觉得踏实。

有一年，侯君龙在准噶尔盆地腹部滴西的克拉美丽气田打井，在中完下技套前通井提到钻铤换吊卡时，由于配合不好，钻杆吊卡上的销子受力弹出，直接从转盘通孔掉入井内。

销子长 180 毫米、直径 30 毫米。销子落井，在钻井过程中极为罕见。

2004 年，侯君龙遇到过一次。在乌尔禾打一口评价井，1000 多米深，钻头已钻至裸眼井段，销子入井，打捞和下磨鞋，共处理了 4 天。

侯君龙很是懊恼，他说，那口井打得挺好，如没有掉销子，工期还能提前。

时隔十多年，类似的事又发生了。“完了，又得下磨鞋。”钻工说。

但侯君龙分析认为：这次情况不同，销子尺寸较大，而钻具与套管的空隙小，钻头处于套管内，销子应该没有掉至井底，有可能卡在三牙轮钻头的巴掌上，如果仔细操作，把钻头提到井口，销子有可能被钻头带起来，这样在井口，人工就能把落井的销子“拿”出来。

把销子从井下提出来，如同从人体内取异物一样，要取出异物，又不伤人，这就要给井做一次“外科手术”，必须配合默契。

司钻盯着指重表，上提非常小心，既要防止销子卡住，又要在井口防喷器处取出来。

侯君龙在井口打着强光手电，照着井内，井内热气蒸腾……按照计算好的钻具尺寸，一根根钻具被提出井外，经过两个小时的小心翼翼地提钻，终于在提至最后一柱钻铤时——看到销子了。

大家欣喜若狂，侯君龙却非常冷静，侯君龙打着手电站在井口向下望去，已能看到销子头朝上。

这几年，他驾驭复杂局面和解决实际问题能力不断加强，每项工作都能提出新思路和有针对性的措施，并能一抓到底，务求实效。

侯君龙说，技术上没有老本可吃，也没有老资格可摆，自己就是一个攀岩者，每一步都要踩稳，容不得半点闪失。

（西部钻探工程公司　苏　玲）

希望我的软件能从天府阳光走向全国

每个人心中都有一个英雄。“我也有”，孟工说，“我一直想成为《钢铁是怎样炼成的》里面保尔·柯察金那样的人。”孟工名叫孟军贤，是川庆钻探公司天府阳光酒店的工程师，2016年旅游系统全国劳动模范，大家都喜欢叫他孟工。

2016年12月12日，全国旅游系统先进集体、劳动模范表彰会在北京人民大会堂举行。这次表彰会是全国旅游行业的盛会，每五年从全国各省、自治区、直辖市的两千八百万名从业人员中层层推举、选拔，最终能走进人民大会堂的只有95名劳动模范。当孟工穿着崭新的西装，戴着大红花身披绶带站在人民大会堂的领奖台时，他觉得自己离心中的那个英雄梦近了。

我这一辈子都在玩“电”，我觉得很幸福

孟工第一次出名是在1998年，他写的题为《低压供电法检修彩电行扫描故障》的文章发表在了全国性电气专业杂志《家电维修》上，得了700元稿费。

1997年到1999年，正值四川石油宾馆向安国酒店转型的过渡期，酒店停业扩建，大部分员工都放假回家了。作为酒店工程师，孟工留下来给施工方提供水电支持，协助施工管理。那时期，孟工正对电视机特别着迷，没事就喜欢去城隍庙电子市场晃悠，观察市场上有没有什么新配件，哪些配件可以有什么用途。趁着工作不忙，孟工痛快地玩起了电——他义务修理了酒店200台电视机。随着酒店的电视机在孟工手底下一台台重新恢复功能，他会修电视这件事儿也就传开了。

那时候，修理电视机对一个普通家庭来说是一笔不小的开支——“只开机就要60块，要换配件还要另给钱。”于是，同事朋友都开始把家里有故障的电器往孟工的办公室搬，不仅是电视机，还有录像机、收音机……久而久之，办公室就堆满了各式各样的家用电器。“我在办公室的空地上画了一条线，每次有人搬东西过来，我也不知道是谁，就喊一声公家的放左边，私人的放右边”，孟工笑着回忆道，“不然要搞混。”

孟工义务修电视给酒店节省了几万元的修理费，因这个在当年被评为先进个人，孟工说这是意外收获，因为“我是一个痴迷电气技术的人，我就喜欢玩‘电’，一辈子

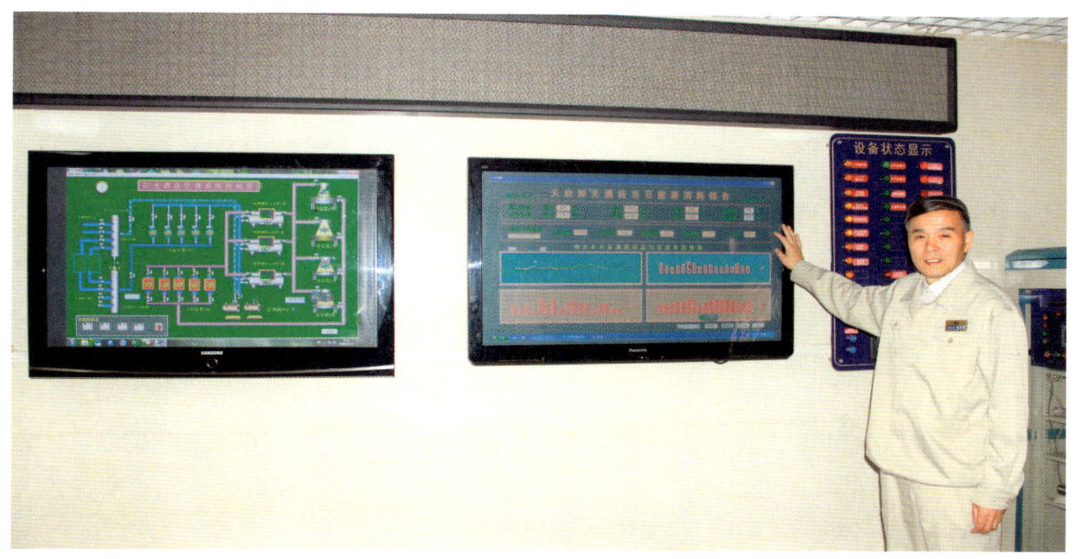

孟军贤工作照

能够玩‘电’，我就很幸福了。”

因为喜欢“玩”电，孟工认真钻研电工技术，几乎读完了市面上所有的专业书籍。从 20 世纪 80 年代到现在，他一直是电子科大图书馆和新华书店的常客。电子信息行业知识更新速度快，不进则退，孟工最常去春熙路的新华书店蹭书看，常常一站就是几个小时。“能看的尽量看，一般都是站得腰杆疼了才走”，孟工说，“电子专业的书都很厚，不便宜，至少得看 10 本才能确定买哪本。”

因为喜欢玩“电”，1984 年他报名参加了电子科大应用电子专业成人高等教育自学考试，每天白天上班，晚上上课，三年的学习，为他后来搞研发打下了坚实的专业知识基础。也因为喜欢“玩”电，孟工设计制作了数百种 PCB 电路板：自己画图，发给厂家制作，拿回来再焊接芯片，编写程序，做成各种科技项目硬件成品。

我要把工程部变成我的“作战室”

孟军贤的办公室在酒店主楼的地下二层，由于酒店的生活水泵和消防水泵也在这层，头顶上有各种管道穿过。走下楼梯，必须低头才能顺利穿过不足 1 米 7 高的低矮楼道。楼道尽头就是工程部的办公室，也就是孟工的“作战室”。孟工就常年坐在里间的两块显示屏后面指挥“各种设备人员进行信息作战”。

办公室墙上有两块屏幕和两个指示板，就在这面墙上集中了孟工的全部心血——MGX 酒店工程信息化管理系统。MGX 酒店工程信息化管理系统由 5 个功能模块组成：

部门基础管理模块、楼宇自动控制模块、维修单管理模块、能源管控模块、设备诊断预警模块。

说起这个系统，还要从五年前说起。

2011 年，孟工主持酒店工程部 QC 小组课题——“新风系统智能改造”。酒店的新风系统从十多年前开始，就一直靠人工手动操作，每次开启和关闭都需要人从 18 楼步行到 5 楼进入强电井一个个打开。因为操作麻烦，每天只统一开关一次，既费时又费力，更不能根据气温变化、入住情况随时调整。接了这个课题之后，孟工自学编程，自主开发了计算机控制软件，设计制作了一个远程按钮板，可以在酒店任何位置控制风机开关机。这个智能改造完成后，最终实现年节电 21880 千瓦时，节费 28470 元。

这年年底，孟军贤代表天府阳光酒店去参加川庆钻探公司的 QC 小组成果评比，满以为是第一名，但最终没得到评委的青睐，只拿到了三等奖。说起这个三等奖，孟工至今耿耿于怀，“我觉得不得一等奖怎么都说不过去。”

但这个只得了三等奖的成果却是孟工 MGX 酒店工程信息化管理系统迈出的第一步。

2013 年 7 月 23 日是一个值得纪念的日子，孟工研发的全新维修单管理系统投入了实战。第一张信息化维修单由客房部计算机维修单管理平台发出，进入工程部设备管控中心 EW2 号服务器。值班工程师在管理计算机调度平台上迅速完成在线签收分配，并由管理计算机自动向远在北楼的 7 号修理员发出了维修指令，修理员得到指令快速赶到 12F 完成维修任务，并传回了“已完成”信息，此刻调度控制室的员工发出胜利的欢呼声。

从客房部发出维修信息到修理员得到维修指令只用了 7 秒！

以往，酒店使用的是纸质维修单。举例来说，客房服务员发现 9 楼的灯坏了，要打电话给工程部报修，同时报给客房部秘书填写纸质维修单，由客房部秘书送到工程部，值班工程师再派人到 9 楼进行修理。整个过程不仅费时费力，而且一旦纸质维修单丢失，扯皮的现象也时有发生。而新的维修单管理系统则集成了网络信息技术、数据库技术和无线通信技术，相比旧的传统管理方式无疑表现出了强大的优势。在随后的 20 天连续测试中，共传送 274 个信息化维修单且无一失误，系统性能优异稳定。而这只是维修单管理系统的 1.0 版本。

2013 年 11 月 16 日，《现代物业》杂志社主办的主题为“适度超前——以品质·科技·创新成就市场”的 2013 年现代物业发展论坛在北京富力万丽酒店召开。天府阳光酒店只拿到两个参会的名额，因为知道他一直在研发酒店工程部信息化管理系统，总经理赵彩虹特意给孟工报了名。这个论坛是物业管理界公认的最高端、专业、前卫的交流盛会，来自中国大陆、香港、台湾地区及日本、韩国等地的众多行业精英和业界名流在每年一届的论坛上交流、总结和推广在商业物业管理、住宅物业管理、工业区及科技园区的企业不动产管理、国有资产后勤服务、企业不动产综合设施管理服务等先进经验、先进理论和先进思想。

这次论坛让孟工大开眼界，在参观了久负盛名的智能化建筑北京世贸大厦和中国石油集团公司新办公大楼的智能楼宇管理系统和监控系统之后，孟工心中的蓝图逐渐清晰起来，他要做的就是建立酒店行业自己的信息化管理系统！回到成都后，孟工给酒店领导提交的一份长达数千字的学习体会，提出了建立酒店公司工程管理系统的明确目标和方向。

而这一年，孟工到了正式退休年龄。“孟工，我晓得你还有点事儿没干完，心愿还没了。接着干吧！”天府阳光酒店总经理赵彩虹的挽留给了孟工极大的鼓励和信任。

从电脑到手机，从 1.0 到 2.0

2015 年，是酒店行业的寒冬，为了降本增效开源节流，天府阳光酒店进行了大幅度的裁员。很多部门都出现了人手不够的情况，最棘手的问题是以前有专人在维修单管理系统里向工程部报告维修单，现在没有了。接到几次客人投诉之后，酒店决定由总机负责工程维修单的录入报送工作：员工发现问题打电话给总机报告，再由总机录入系统。

虽然工程报修的问题解决了，但是总机岗位的工作量成倍增长，觉得压力很大，“每天接电话都忙不过来，常常一上午都喝不上一口水。”

而这个时候，孟工正在对酒店工程信息化管理系统进行从 C/S 结构到 B/S 结构的全面升级（B/S 结构即浏览器和服务器结构。它是随着 Internet 技术的兴起，对 C/S 结构的一种变化或者改进的结构）。简言之，就是将需要在电脑上安装软件才能使用的维修单管理系统转移到手机上，员工只要在浏览器上输入网址，登录系统就可以使用。一旦这个设想实现，哪怕是 300 元的智能手机都可以报送工程维修单，这就从根本上解决了报工单的问题。

“孟工，你搞出来没有？”总机小李几乎每天在食堂碰到孟工都要问一遍。他也只有摇摇头。

终于到了国庆长假，孟工特别高兴地跟小李说，“咱们七天后见！”这七天孟工独自一人带着两台电脑、8 公斤专业书，到外地的“山地工作室”开始了从 C/S 结构到 B/S 结构的攻坚。然而这次最喜欢说“都在我的火力之中”的孟工，却遭遇到了他软件研发过程中的最大困难。

第一天没有进展，第二天继续，第二天没有进展，第三天继续，工作时间从 12 个

小时延长到 14 个小时，最长一次连续工作了 16 个小时！孟工眼睛都要看花了，双手不停地在键盘上敲击，然而电脑屏幕上还是出现了无数的 bug 和标志着错误的红曲线。到了夜里，疲惫不堪的时候，那键盘的嗒嗒声，仿佛变成了保尔·柯察金那匹只有一只耳朵的战马的马蹄声，由远及近，再由近及远……他明白他必须勇敢前行跨过这个鸿沟，只有进入软件技术的前沿地带——云开发，才能确保自己的 MGX 系统具有超前性，和完整的自主知识产权。

这样一直拼到第六天，假期眼看就要结束了，才只看到一线曙光。孟工急了，他打电话给妻子说："不要过来了，我没有时间陪你。还有一天，要么我就累死了，要是累不死，你就看到英雄了！"然而到第七天假期结束，还是没有达到预定的目标。

孟工回到家，饭也顾不上吃，又一头扎进了他的"工作室"。从电脑端移植到手机端，这个动作看起来简单，而实际上两者之间有一条巨大的技术鸿沟。第九天，孟工终于在自己的手机上测试成功！他从"工作室"跑出来，高兴地跟妻子说，"冬尼娅同学赶紧给保尔弄点好吃的，铁路修通啦！他快饿死了"。

10 月 22 日是孟工的生日，他的维修单管理系统 2.0 版本已经连续测试了两个星期，眼看就可以投入使用了。而天府阳光酒店当月为员工开生日会的日子刚好也选在了这天。总经理赵彩虹把孟工叫来参加，孟工抑制不住内心的兴奋："我跟大家汇报个好消息，过两天整个酒店就可以用手机报送工程维修单了！"听到这个消息，小李首先欢呼了起来，"太好了，这下我们总机工作可以轻松一点了！"

这个连专业软件工程师需要几个月才能完成的跨越，孟工只用了 9 天！到 2016 年底，维修单管理模块已经正式成功运行三年，传输各类维修单 24000 张，实现了每年可节约纸张 3000 元的经济效益。

人生最后的胜利其实是生活方式的胜利

用"人生赢家"四个字来形容孟工最恰当不过。首先，他有一个人人羡慕的完美家庭：油二代，父母跟石油打了一辈子交道；妻子刘微是他的中学同学，西南建筑设计院有名的一姐，两人青梅竹马；女儿在奥克兰攻读研究生。而他本人也一直顺风顺水：16 岁参军入伍，在部队里学习了发报和通信，转业后分配到了四川石油管理局，从四川石油总机械厂到四川石油管理局宾馆再到天府阳光酒店，他 40 年来一直单纯地做着他喜爱的事情，还做成了自己喜爱的领域的高手。

不喝酒不抽烟不打麻将不应酬，这是所有人对孟工的一致认识。天府阳光酒店安全总监齐智陵说，"我认识老孟几十年了，平时不管再忙，到了 12 点他一定得吃饭，他说他早饭吃多少是计算好了的，到了 12 点必须得吃。"

除了工作，孟工闲暇时间的休闲是拉小提琴和听音乐。当年，他正是靠着拉得一手好琴才俘获了妻子的芳心，退休的他放在今天，一定会得个“文艺青年撩妹高手”的头衔。

清晨是孟工雷打不动的思考难题的时间，“我跟我老婆说，你不要跟我说话，我要思考问题，不要打扰我。”孟工不喝酒，因为他需要大脑时刻保持清醒。在这个人人都在刷微博刷朋友圈的时代，孟工没有开通朋友圈功能，因为他要保护视力，“眼睛坏了就不方便搞研究了”。孟工不打牌极少应酬，很少有人能请得动他出去吃饭打牌，这样不合时宜，是因为他认为“当你内心有了一个目标，就要调整自己的身体，让身体来适应这个目标。”

人民大会堂领奖

俗话说“台上一分钟，台下十年功”。练了十年功之后，孟工的机会来了。2014 年，天府阳光酒店进行星级复核。四川省旅游局、旅游协会都对酒店工程管理设备系统给予了高度评价：“你们给酒店行业的工程管理打开了一扇门，让我们知道工程还可以这么管。”并向天府阳光酒店发出邀请，要孟工带着这套系统到旅游行业年会上进行展示。此后，荣誉接踵而来，2015 年，孟军贤因这套系统拿下川庆钻探公司“技术革新先进个人和节能减排先进个人”“年度 QHSE 先进个人”和“四川省技术能手”三项荣誉。

“人要有两个战场，一个战场在 8 小时之内，而另一个战场胜负如何，全在 8 小时之外。”孟工说自己的胜利其实是生活方式的胜利，人们只看到领奖台上的光鲜，却不知要坚持几十年如一日的自律生活有多么的不容易。从北京回来之后，孟工更红了，不时有人来参观学习，也有很多公司向他伸出了橄榄枝，有软件公司，也有五星酒店，有的想买系统，有的想谈合作开发，有的想直接挖人，开出的条件一个比一个好。可孟工仍然在那个位于酒店地下二层低矮走廊尽头、进出都要低头的工程部办公室，穿着灰白色的工装坐在两块电脑屏幕后面，一如往常地工作。

“天府阳光是我实现理想的地方，我的作品还没有完成，我的作品在哪儿我就在哪儿。”孟工说出这句话的时候，深情地看了一眼自己的系统，目光像在看自己的孩子。

MGX 酒店工程信息化管理系统是管控一体化大型计算机网络应用系统。整体化解决了酒店工程管理多领域信息化问题，系统作为一种全新的酒店后台工程管理模式在天府阳光酒店成功运行，2015 年节电 7.1 万千瓦时，节水 15298 吨，节气 41317 立方米，体现数字化酒店工程部特有的节能高效的运作模式和精细化管理，得到业界领导、星评专家的高度评价，该信息化工程管理系统也获得川庆钻探公司技术创新特等奖。

（川庆钻探工程公司　朱天一）